UNDERSTANDING
CHINA

중국, 새로운 패러다임

18인 석학에게 묻다

한국고등교육재단

한울
아카데미

일러두기

1. 이 책은 2013년 8월부터 2015년 4월까지 한국고등교육재단 주관으로 열린 대중강연 〈Understanding CHINA〉의 내용을 묶은 것입니다.

* 비고: 제2부 제4강 '중국의 국제통상관계'는 한중 관계의 최신 현황인 한중 FTA(2014년 11월)에 대한 특별기고문입니다.

2. 〈Understanding CHINA〉의 강연 영상은 한국고등교육재단 홈페이지(www.kfas.or.kr)에서 시청할 수 있습니다.

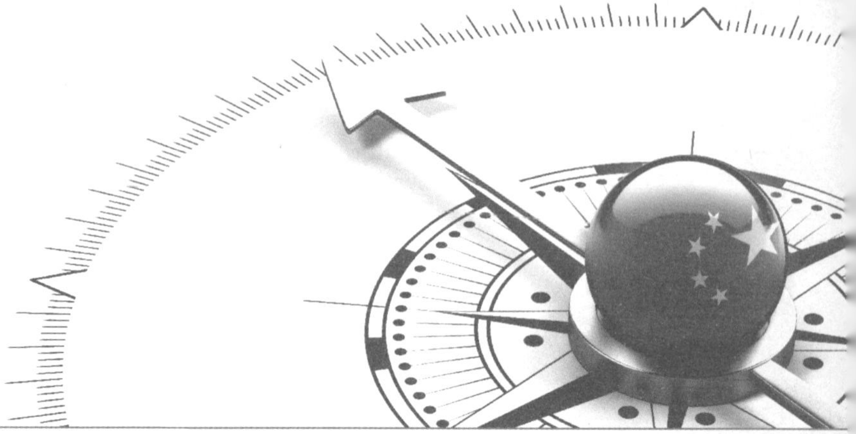

제3부 중국 사회, 언론 및 법제

제4부 제국적 유산과 문화 전통

축하의 글

우수한 인재를 양성해 학문과 국가 발전에 이바지한다는 신념으로 한국고등교육재단이 설립된 지 40년이 지났습니다. 지난 40년의 시간 속에 대한민국은 제2차 세계대전 후 독립한 국가들 중 가장 먼저 산업화, 민주화, 선진화를 이뤄내면서 최대의 수원국(受援國)에서 원조를 주는 공여국(供與國)으로 눈부시게 성장했습니다. 재단도 한국의 세계무대에서의 도약과 궤를 같이하면서 재단이 배출한 인재들을 통해 많은 분야에서 사회 발전과 국제학문교류에 크게 기여해오고 있습니다.

제가 이사장으로 취임한 1998년부터 재단은 기존의 해외유학장학사업에 추가해 '아시아 학문 발전과 공동번영'이라는 새로운 목표를 설정하고 국제학술교류사업을 시작했습니다. 2000년부터 매년 50~60명의 아시아 지역 학자를 초청해 한국에서의 학술연구를 지원하고 2002년부터는 중국을 중심으로 아시아 각국의 17개 명문 대학과 연구기관에 아시아연구센터를 설립해 아시아 지역 학술교류의 중심으로 자리매김해 왔습니다. 교류가 가장 활발한 국가는 단연 중국입니다. 올해까지 재단이 초청한 805명의 해외 학자 중 중국 학자가 580여 명에 이르고 17개 아시아연구센터 중 11개가 베이징대, 칭화대, 푸단대, 런민대 등 중국 핵심 대학에 설립, 운영되고 있습니다.

중국의 눈부신 부상은 20세기 후반 세계사의 획기적인 사건입니다. 중국은 1978년 개혁개방으로 돌아선 후 기록적인 성장을 거듭하면서 세계 최대의 무역국가로 올라섰고 6억 명 이상을 절대빈곤의 굴레에서 탈출시켰습니다. 1992년 한중 수교 이후 중국은 한국의 최대 무역, 투자 상대국이 되었고 한중 간 기업인, 예술인, 체육인, 학자, 학생, 관광객 등 인적 교류가 우리의 상상을 초월하고 있습니다. 중국의 급변하는 외관 속에 내재하는 핵심적 흐름을 읽어내고 중국이 가는 길을 짚어보는 것은 이 시대를 살아가는 우리에겐 너무나 당연한 과제가 되었습니다.

이러한 시대적 요청에 부응하기 위해 재단은 'Understanding CHINA(理解中國)' 프로그램을 기획하고 2013년 8월부터 2015년 4월까지 18회에 걸쳐 국내 최고의 전문가들을 초청해 토론의 장을 열었습니다. 직접 강연에 참석한 많은 분의 성원은 물론이고 재단 홈페이지의 동영상 조회 수도 12만 건을 넘어 시대적 과제인 중국에 대한 담론의 장을 적시에 열었다고 생각합니다. 이제 더 많은 분과 귀중한 강연 내용을 공유할 수 있도록 강연록을 책으로 엮어 발간하게 되었습니다. 재단이 앞으로 더욱 다양한 프로그램으로 여러분께 다가가기를 기대합니다.

2015년 10월

SK 회장

최태원

축하의 글

오랫동안 중국의 명문 대학, 저명한 학자들과의 학술교류에 정성을 기울여온 한국고등교육재단이 지난 2년간 진행한 국내 중국 전문가들의 강연 내용을 책으로 엮어 『중국, 새로운 패러다임: 18인 석학에게 묻다』를 출간하게 되었습니다.

중국은 지난 30여 년간 개혁개방과 WTO 가입을 발판으로 세계무대에서 빠르게 부상했습니다. 자신감을 얻은 중국은 이제 '중국의 꿈(中國夢)'을 향해 비상(飛上)하기 위해 대내적으로 강력한 개혁을 추진하는 한편, 대외적으로도 과감하고 적극적인 발언과 행보를 보이면서 한층 강화된 존재감을 드러내고 있습니다.

이러한 중국의 변화가 한국에 끼치는 영향은 지대합니다. 2014년 기준 한국 전체 수출 가운데 대중국 수출이 차지하는 비중은 25%에 달했습니다. 그와 동시에 지난해 양국 간 인적 교류 규모는 1000만 명을 넘었습니다. 중국의 부상은 한국사회 전반에 큰 영향을 미치고 있습니다.

따라서 중국에 대한 깊이 있는 이해와 변화하는 중국에 대한 통찰력을 갖추는 것은 중요하고 필요한 일입니다. 한국고등교육재단은 정치, 경제, 사회, 문화 등 각 분야별 국내 최고의 중국 전문가들을 초청해 강연을 진행함으로써 중국에 대한 대중의 명확한 이해를 돕고자 했습니다. 나아가 중국에 대해 그 어느 때보다 관심이 집중되고 있는 요즘, 강연 내용을 정리해 책으로 출간하는 것은 매우 시의적절하다고 생각됩니다.

이 책이 한국사회의 중국에 대한 인식의 지평을 넓혀주고 한·중 학술교류에도 보탬이 될 수 있기를 기대합니다. 다시 한 번 출간을 진심으로 축하합니다.

2015년 10월

고려대학교 총장

염재호

서문

중국을 알지 못하고 국가나 기업의 미래를 이야기할 수 없는 세상이 되었다는 점이 21세기의 가장 큰 변화 중 하나라고 하겠다. 19세기 말 서구 열강의 침탈과 청일전쟁의 패배로 세계사의 중심무대에서 비켜서 있던 중국이 100여 년 만에 글로벌 체제의 G2 국가로 다시 부상해 세계 경제에 큰 영향을 미치고 있기 때문이다. 특히 2008년 세계 금융위기 당시 기대와 예상을 뛰어넘어 중국이 보여준 위기 완충의 역할과 탄력적인 대응은 이전까지 중국의 성장에 대해 주류를 형성해왔던 부정적 시각과 의구심에 대해 그러한 견해가 서구 중심의 일방적 결론일 수도 있다는 가능성에 무게를 옮기게 되었다. 사실 Rise of China와 함께 등장했던 Beijing Consensus나 G2의 개념도 중국이 스스로 만들어낸 것이 아니라 서방세계가 만들어준 것이다. 2014년에 집중 거론되기 시작한 '신형대국관계'나 '일대일로(一帶一路, One Belt and One Road)'는 아직 명확한 정의나 개념을 제시하고 있지는 않지만 적어도 중국 스스로가 강대국으로서의 정체성을 확립하려는 구체적인 시도라는 점에서 특별히 주목할 필요가 있다.

변화의 핵심에 서 있는 시진핑(習近平) 주석은 2012년 11월 제18차 당대회를 통해 당 지도부 전면에 등장한 후 '중국의 꿈(中國夢)', '신 실크로드' 등의 키워드를 내세우며 21세기 중국의 중흥과 세계경제 발전에 로드맵을 제시하고 있다. 그것이 과연 시진핑의 바람대로 실현될지는 알 수 없으나, 적어도 중국이 세운 국가전략의 내용과 성패는 그것이 긍정적 방향이든 부정적 방향이든 한국에 적지 않은 영향을 미칠 것이다. 그것이 위기이든 기회이든 최인접 국가 중 하나로 가장 오랜 역사를 공유한 한국으로서는 이러한 예상을 뛰어넘는 중국의 변화를 기회로 바꿀 수 있는 국가 차원의 대처 방법과 운영 방침을 세우기 위해 무엇보다 중국에 대한 바른 이해를 갖춰야 할 것이다. 중국의 변화는 그 크기 못지않게 속도에 더 큰 주목을 해야 한다. 그리고 그것은 국가 간 관계뿐 아니라 민간기업과 개인까지 영향력의 접점을 확대해나갈 것이다.

2014년 중국은 이미 구매력지수(Purchasing-Power Parity: PPP) 기준의 국내총생산(Gross Domestic Product: GDP)에서는 미국을 추월했다. 전통적 GDP 기준에서 보더라도 10년 이내에 미국을 추월할 수 있다는 것이 일반적 견해가 되고 있다. GDP가 국력의 차이를 비교할 수 있는 잣대가 될 수는 없겠지만 우리가 간과해서는 안 될 것은 그 변화의 속도이다. 아울러 미국의 GDP 성장률이 2~2.5%로 예상되고 있는 데 비해 중국은 경제 성장이 둔화한다고 해도 앞으로 10~20년간 5~7%대의 성장률을 지속해나간다면 미국과의 격차도 상당한 수준으로 벌어질 것이다. 이러한 격차가 경제·통상은 물론이고 동북아 그리고 세계 전체에 가지는 지정학적 함의에 대해 철저하게 분석하고 대비하는 것이 필요하다.

이러한 배경에서 한국고등교육재단은 지금이야말로 한국사회에 중국에 대한 좀 더 정확하고 심도 있는 이해의 장이 마련되어야 할 때라는 판단을 내렸다. 이에 따라 2013년 여름 'Understanding CHINA(理解中國)' 프로그램을 시작했고, 첫 사업으로 중국을 대표하는 저명 학자들을 초청해 '시진핑 정부의 대외정책과 사회개혁'(2013년 7월 16일), '시진핑 정부의 중국 경제: 도전과 전망'(2013년 9월 24일)이란 주제의 국제포럼을 개최했다. 두 차례에 걸친 포럼에는 모두 40명의 한·중 학자와 1500명에 이르는 방청객들이 참여했고, 갓 출범한 시진핑 정부의 성격과 방향, 개혁 의제에 관한 뜨거운 이슈 제기와 논의가 있었다.

아울러 그 성과와 열기를 이어 매월 중국학 관련 석학을 초빙해 강연을 듣는 'Understanding CHINA(理解中國) 중국강연 시리즈'를 진행했다. 2013년 8월 정재호 교수를 시작으로 총 18회에 걸쳐 정치, 경제, 사회, 문화, 역사 등 각 분야 국내 최고 학자들을 초빙해 최신 연구 성과를 바탕으로 특별 강연을 진행했다. 이 강연을 동영상으로 제작해 재단 홈페이지와 유튜브에 올렸는데, 현재까지 무려 12만 건이 넘는 조회 수를 기록했다. 이는 한국사회의 중국에 대한 지식 수요가 얼마나 많이 확산되어 있는지를 보여주는 것이라 하겠다. 재단에서는 강연 내용을 다시 정리해 한 권의 책으로 묶어 내면 좀 더 많은 사람들이 보고 중국에 대한 이해를 넓힐 수 있을 것으로 판단해서 책을 출간하기로 했다.

전공별로 진행되는 중국에 대한 연구가 책 한 권에 모임으로써 상호 교차하는 시각과 참조점이 형성되고 중국에 대한 전체적인 조망이 가능하고 국내 중국학의 주요 담론이 어떻게 형성되고 있으며 담론을 위한 우리의 현재적 역량과 지형이 어떤 한계와 가능성을 내포하고 있는지에 대해서 검토와 성찰을 할 수 있도록 기획했다.

책의 목차는 중국에 대한 총체적 시각의 형성과 조망이 가능하도록 모든 강연을 네 개의 주제로 묶어 편제했고 그 안에서 순서는 별 구분 없이, 기본적으로 강연 시점 선후에 따라 배치했다.

제1부 '중국의 새로운 리더십과 미래'에서는 모두 5개의 강연이 편성되었는데, 먼저 **정재호 교수**는 경제력과 군사력 영역에서 이미 강대국 궤도에 진입한 중국이 내부통제 및 소프트파워 영역에서도 패권국의 위상을 갖출 수 있을지에 주목하면서 중국의 부상은 21세기 국제사회의 가장 복잡한 방정식일 수밖에 없음을 강조했다. **이남주 교수**는 '중국은 어디로 가야 하는가'에 대한 중국 내 논의에 좀 더 주목하면서 단순히 양적 성장이 아니라 중국 사회가 어떤 가치와 수단으로 그 변화를 실현하고자 하는지를 살펴야 한다고 강조했다. **조영남 교수**는 시진핑의 5세대 지도부 리더십을 '보수정치, 시장경제, 실용외교'로 요약하면서 국정목표인 '중국의 꿈'을 달성하기 위해 어떤 국정방침이 추진되고 있는지를 설명했다. **박철희 교수**는 중국의 부상에 따르는 중일양강(中日兩強) 시대는 동아시아의 새로운 지평을 예고한다면서 한국은 중국에 경도되기보다 미국과 동맹을 강화하면서 중·일 양국에 대한 균형외교 노선을 유지해 한·중·일 3국의 협력을 유도하는 한편, 북한에 대해 원칙 있는 포용정책을 취해야 한다고 강조한다. **김흥규 교수**는 시진핑 시기의 중국은 더 이상 발전도상국이 아니라 강대국이라는 인식으로 전환하고 있고 유라시아의 허브국가가 되려는 국가대전략을 추진하고 있다면서 한국은 '연미협중(聯美協中)' 전략을 바탕으로 국가이익을 제고해야 한다고 강조했다.

제2부 '중국경제의 비상과 그 영향'에서는 총 4개의 강연이 편성되었다. 먼저 **지만수 위원**은 중진국 반열에 들어선 중국의 고도성장이 새로운 문제에 직면하면서 이를 해결하기 위한 장기적 노력으로, 이른바 성장전략의 전환이 추진되고 있고 한중 경제협력의 미래는 이러한 전환에 한국이 얼마나 잘 대응하는지에 달렸으므로 대응의 주안점이 어디에 있는지

를 제시한다. 백승욱 교수는 중국을 통해서 세계적 변화의 의미를 이해하기 위해 도구적 시각을 넘어 '시간의 겹쳐짐' 속에 중국을 이해할 필요가 있다고 역설하며 포스트 사회주의 시대의 중국 사회변동 및 경제 변화를 사회주의의 유산과 동아시아라는 맥락을 중심으로 살펴보았다. 또한 김시중 교수는 중국경제가 고속 성장시대를 마감하고 성장률 하락과 구조 변화가 나타나는 전환기에 접어들면서 중국정부가 경제발전 방식의 전환을 추진하고 있다고 진단하면서 여러 가지 요인을 바탕으로 중국경제의 미래에 대한 다양한 견해가 제시되지만 그 잠재력과 정책능력을 고려할 때 중속(中速)성장이 지속될 것이라고 예견한다. 최병일 교수는 지금까지 중국의 부상은 동아시아의 생산분업체제와 서구시장의 접근으로 가능한 것이었다면서 이제 '세계의 공장'에서 '세계의 시장'으로 역사적인 전환을 모색하는 중국 변신의 핵심 촉매제는 통상관계이고 그 출발점에 한중 FTA가 있다고 강조한다.

제3부 '중국 사회, 언론 및 법제'에는 모두 5개의 강연이 편제되어 있는데, 먼저 김광억 교수는 중국을 이해하는 데 있어 국가와 사회의 관계에 주목하면서, 중국은 실제로 민족·영토·문화·역사에서 고도의 이질성과 다양성을 동시에 가진 국가공동체로서 그 사회문화적 실체를 파악하기 위해서는 정부의 공식적 설명을 넘어 다양한 배경을 가진 인민들이 국가와 맺는 관계를 긴장과 타협의 역동성으로 바라보는 방법론적 시각을 가져야 한다고 역설했다. 박승준 교수는 마오쩌둥(毛澤東) 시대부터 지금까지 중국 언론의 변화 추이를 소개하면서 개혁개방 이후 중국 언론은 관영 언론과 함께 시장에서 팔릴 수 있는 뉴스를 생산하는 시장경제형 언론의 두 가지 트랙이 허용되고 있다면서 중국공산당이 의도했든 그렇지 않았

든 인터넷의 발달로 언론자유의 유무 논쟁이 별 의미가 없는 시대로 전환되고 있다고 설명했다. 정영록 교수는 중국의 인적 자본 양성이 그간의 발전에 주요한 동력이 되었음을 강조하면서, 특히 현 지도층 대부분이 1950년 이후 출생으로 훌륭한 교육과 풍부한 경험을 바탕으로 중국 경영에 훨씬 더 혁신적일 것이라 전망한다. 국내에서 보기 드문 중국 법률 전문가인 강광문 교수는 중국에서 법의 개념이 어떻게 이해되고 있고, 수천 년을 이어온 중국 법제를 어떤 큰 틀에서 봐야 하는지, 특히 서양 법 개념과의 차이점을 고찰하며 중국 사법제도의 일반적인 특징과 문제점을 흥미롭게 설명하고 있다. 양한순 교수는 '모범학습'이라는 중국의 전통과 관광이라는 활동을 통해 국가와 현대성의 문제를 논하면서 중국의 제1 부촌으로 알려진 화시촌(華西村)의 사례를 중심으로 중국이 사회주의 혁명에서 개혁개방을 거쳐 탈현대성의 흐름으로 가는 과정을 흥미롭게 보여준다.

제4부 '제국적 유산과 문화 전통'에서는 모두 4개의 강연이 편성되어 있는데, 먼저 허성도 교수는 중국이 공자를 비롯한 유학을 세계에 알리기 시작한 내부·외부적 요인이 무엇인지 설명하면서 이에 대해 우리는 어떤 이해와 수용 및 대응이 필요한지를 설명한다. 백영서 교수는 '제국으로서의 중국'을 설명하는 주요 담론으로 조공체제론, 문명국가론, 천하관을 소개하면서 한반도의 통일 담론에서 제기된 복합국가론과의 비교를 통해 비판적 중국연구의 길과 주변의 시각으로서 한반도의 시각을 강조한다. 강진아 교수는 중국 중심의 위계적 조공질서가 평등하지는 않았지만 전근대 아시아 지역에서 세력이 불균형한 각국 간의 공존을 보장했다면서 오히려 개항 이후 서구가 도입한 주권국가의 조약질서가 조공관계를

부정한 것은 아시아의 식민화에 대한 중국의 개입을 차단하려는 포석이었다고 진단한다. '중국은 이에 대해 과거의 종주권을 점차 서양과 같은 실질적 속국으로 주장하려는 시도를 하면서, 조선을 비롯한 아시아 국가들의 저항을 불러왔다'며 19세기 말 상황이 오늘날 우리에게 전하는 시사점을 제공한다. 아울러 전인갑 교수는 문화주의에 입각해 통치되는 국가를 이상으로 인식하고, 그러한 이상을 실천해왔던 중국에서 중화문화를 재평가해 '중국적 표준'을 설정하려는 사상적 모색은 과거를 모델로 미래를 기획하는 중국의 문화사적 관성을 생각할 때 '중국몽'의 실현과 밀접한 관련을 맺고 있고 결국 위대한 꿈을 향한 중국의 21세기 미래 기획은 이 같은 문화주의 전통에 기반을 두고 있는 것임을 강조한다.

이 책이 나오기까지 많은 분들의 도움이 있었다. 무엇보다 'Understanding CHINA(理解中國) 중국강연 시리즈' 초빙에 기꺼이 응해주시고 훌륭한 강연을 해주신 열여덟 분 교수님들께 깊은 감사를 드린다. 출판에 동의하시면서 녹취·정리된 원고를 재검토하시고 몇 차례에 걸친 번거로운 편집 작업에도 수고로움을 마다 않고 모든 분들이 동참해주셨다. 박지현 박사와 재단 관계 직원들에게도 특별한 감사를 표한다. 마지막으로 이 책이 세상에 나올 수 있도록 흔쾌히 출판을 맡아주신 한울엠플러스(주) 김종수 사장님과 좋은 책을 만들기 위해 많이 애쓴 강민호 편집자에게도 감사의 말씀을 드린다.

열여덟 번의 강의가 국내에서는 가장 긴 시간의 연속 강의이긴 하지만 빠르게 그리고 폭넓게 변화하는 중국을 다 이해하는 데는 아직도 빈 구석이 많을 것이다. 이러한 점에서 2015년 하반기부터 약 2년에 걸쳐 이번에는 중국의 최고 전문가들을 초청해 분야별로 중국의 시각을 접하고 이를 한국의 시각에 접목해보려는 계획을 구체화하고 있다. 2년 후 이를 정리해 후속 서적이 나오면 변화하는 중국에 대한 좀 더 명확한 이해를 해보려는 우리의 노력이 큰 수확을 거둘 것으로 기대한다.

2015년 8월 15일

한국고등교육재단 사무총장
박인국

★

제 1 부

중국의 새로운 리더십과 미래

중 국,
새 로 운
패 러 다 임

제1강 중국의 부상을 어떻게 볼 것인가

국제사회와 한국에의 함의

정재호 (서울대 정치외교학부 교수)

강연 개요

30여 년째 지속되는 중국의 부상은 경제력과 군사력의 영역에서 이미 강대국화 궤도에 성공적으로 진입한 듯하다. 패권국의 위상까지는 아직 내부통제력과 대외적응력 변수가 남아 있기는 하나 어떻게 보더라도 중국의 부상은 21세기 국제사회의 가장 복잡한 방정식일 수밖에 없다.

들어가며: 중국의 부상인가 부흥인가

1989년 톈안먼(天安門) 사건이 일어났을 당시의 중국과 현재의 중국을 생각해보자. 1991년 소비에트 연방이 붕괴되고 동구 사회주의권이 몰락한 이후 많은 사람이 중국의 미래에 대해 걱정했다. 그때 끊임없이 제기되었던 중국붕괴론은 이제 논단에서 그 영향력이 예전 같지 않다. 현재 중국은 굉장히 빠른 속도로 발전하고 있고, 많은 국가에게 롤 모델이 되고 있다.

우리는 현재 중국의 이 같은 발전을 중국의 '부상'이라고 표현하지만, 이미 10년 전 싱가포르의 역사학자 왕경우(王賡武)는 "중국은 부상하는 것이 아니라 부흥하는 것"이라 표현한 바 있다. 미국처럼 18세기에 나라가 새롭게 만들어진 것이 아니라, 근대 이전 대제국이었던 당(唐), 명(明), 청(淸)과 같은 제국 규모의 번성을 경험했기 때문이다.

중국 부상의 실증적 지표와 근거

그럼 중국이 어떻게 부상하고 있는지 숫자로 알아보자.

첫째, '10%'. 이는 1979년 개혁개방 이후부터 2008년 글로벌 경제위기가 오기까지 30년간 중국의 GDP 연평균 성장률이다. 정확하게는 9.9%로, 전 세계 평균성장률의 3배에 가까운 수치이다. 근래는 7% 남짓의 성장을 예상하는데(중국에서는 성장률이 8% 이하로 떨어지는 것을 두려워하고 있기는 하다), 여전히 전 세계 대비 매우 높은 성장률이라 할 수 있다.

둘째, '1조+α 달러'. 중국에 유입된 해외투자액이다.

셋째, '3조+α 달러'. 3조 9000억 달러에 이르는 중국 외환보유고이다.

넷째, 'P5'. 이는 'Permanent 5'의 약자로 중국이 유엔(UN) 안보리 상임이사국 멤버임을 의미한다.

다섯째, 'G9'. 2000년대 초반에 당시 러시아까지 포함하는 G8(미국, 일본, 영국, 프랑스, 독일, 이탈리아, 캐나다 등 서방 선진 7개국, 즉 G7에 러시아가 참여하는 세계경제대국 정상의 모임)이 중국에 초청장을 보내 가입을 제안했지만 중국은 자국이 개도국이라며 가입을 거부했다.

여섯째, 'G2'. 미국과 중국이 세계 정치 및 경제를 주도하는 양대 핵심

국가라는 의미의 용어이나 중국은 이 용어의 사용을 의식적으로 경계하며 조심스런 입장을 취하고 있다.

일곱째, 'G20'. 오히려 중국이 적극적으로 참여하고 있는 세계 정상 모임은 선진국과 개도국이 함께 글로벌 문제를 해결하기 위해 구성된 G20이다. 이 안에 포함된 아시아 국가는 한국, 일본, 중국, 인도네시아, 인도 5개국이며, G8에 동시 포함된 아시아 국가는 일본이 유일하다.

여덟째, '13억 4000만 명의 무게'. 중국의 인구이다. 물론 중국의 인구가 실제 정확히 얼마인지 알기는 어렵다. 이 같은 수치는 중국이 단순히 세계의 공장이 아닌 세계의 시장으로도 작동하고 있는 현 상황에서 앞으로 엄청난 힘을 발휘할 것이다. 한 예로 1979년 중국과 미국이 수교 당시 양국 간 경제규제가 풀리면서 많은 수의 미국 다국적 기업이 중국시장의 문을 두드렸는데, 코카콜라(COCA-COLA)가 대표적인 기업이었다. 당시 코카콜라의 계산은 11억 명의 중국인이 하루 한 병씩의 콜라를 사기만 해도 1년 매출이 어마어마할 것이라고 예측했으나 결과는 참담한 실패였다. 가장 큰 이유는 당시 콜라를 매일 한 병씩 살 구매력이 있는 중국인이 얼마 되지 않았기 때문이다. 그러나 현재 중국의 1인당 평균소득은 6000달러가 넘어 한국의 1/4 수준이며 이미 세계 명품시장의 1/3을 점유하고 있다. 만약 중국인의 1인당 평균소득이 한국과 비슷한 수준이 된다면 세계의 명품은 거의 모두 중국인이 싹쓸이하는 상황이 될 수도 있다.

아홉째, '≪포춘(FORTUNE)≫지 선정 500대 기업'. 최근 이 안에 포함된 중국기업 수가 급격히 늘어나고 있다. 이는 중국의 부상을 보여주는 좋은 지표 중의 하나이다. 10년 전에는 단 11개에 지나지 않았으나 2012년에는 89개로 급증했다. 같은 해 일본기업이 62개만 포함된 것에 비하면 중국이 어느 정도로 빨리 성장하고 있는지를 알 수 있다.

중국의 강대국화와 패권화 전망

⁝ 강대국과 패권의 조건

중국이 부상하면 강대국이 되는 것은 맞지만, 강대국이 된다고 해서 반드시 패권국이 될 수 있는 것은 아니다. 세계의 역사는 패권국과 도전국 사이 갈등의 역사라고 할 수 있다. 중국이 향후 미국의 질서에 도전하고 이에 성공해 과연 패권국이 될 것인가는 앞으로 두고 봐야 할 문제이다. 그렇다면 그 가능성은 어떻게 평가할 수 있을까? 먼저 강대국이 되기 위해서는 그에 대한 '의지', '인식', '능력'이 필요하다.

첫째, 의지의 문제. 세계에서 국민과 지도자가 똘똘 뭉쳐 강대국화를 의식적으로 지향하는 국가의 수는 아마 20%도 채 되지 않을 것이다. 중국은 이런 국민적 의지가 매우 강하다.

둘째, 인식의 문제. 한 국가가 강해지더라도 주변에서 이를 강하다고 인식하지 않는다면 강대국이라 보기 어렵다. 유엔 리포트는 오스트레일리아와 캐나다를 가장 큰 잠재력을 가진 국가로 평가하고 있지만, 일반적으로 이 두 나라를 강대국으로 인식하지 않는 것은 이들이 군사력 증강 등을 포함해 강대국처럼 행동하지 않기 때문이다. 비슷한 맥락에서 만일 북한이 핵무기를 개발하고 운용하게 될 때 주변 국가가 북한을 강대국으로 인식할 것인지는 한국에게도 매우 중요한 질문이다.

셋째, 능력의 문제. 패권국이 되기 위해서는 '군사력(guns)', '경제력(money)', '비전(vision)'이 필요한데, 대부분의 강대국은 군사력과 경제력을 갖추는 데 그치고 비전을 만들고 확산하는 것까지는 이르지 못하는 경우가 많다. 미국이 20세기에 패권국이 될 수 있었던 이유는 자유, 인권, 시장경제 등과 같이 국제사회가 나아가야 할 길, 즉 비전을 보여줬고 국제사회 또한 이를 자발적으로 따랐기 때문이다. 향후 중국이 이를 대체할 비전을 보여주며 미국을 제치고 새로운 패권국이 될 수 있을지를 벌써부터 단정하기는 이르다.

이제 중국의 강대국화와 패권국화 전망을 '군사력', '경제력', '내부통제력', '대외환경적응력' 네 가지 측면에서 구체적으로 설명하겠다.

:: 중국의 군사력 평가

군사력 평가는 크게 핵전력과 재래식 전력 두 가지로 나누어 생각할 수 있다. 먼저 '핵전력'은 궁극적으로 사용되지 않기 위해 존재하는 전력이다. 인류 역사상 핵무기는 히로시마와 나가사키에서 딱 두 번 쓰였으며 이외에는 사용된 전례가 없는데, 이는 핵무기의 가공할 파괴력 때문이다. 핵보유국(공식 5개국과 비공식 4개국) 사이의 '상호확증파괴(Mutual Assured Destruction: MAD)'라는 심리적 억지가 바로 핵무기의 역설인데, 적에게 '네가 날 공격하면 나도 널 공격하고, 그 결과는 공멸이니 아예 공격할 생각을 하지 마라' 하는 인식을 심어주는 것이 바로 핵무기의 힘, 즉 억지(deterrence)력이라 할 수 있다.

중국의 경우 1964년 원자폭탄 실험에 성공했으며 뒤이어 수소폭탄 실험에도 성공했다. 1980년대는 대륙간탄도미사일(Intercontinental Ballistic Missile: ICBM) 개발에 성공했으며, 핵추진 잠수함도 여러 척 보유하고 있다. 중국이 갖고 있는 핵탄두 수는 미국이나 러시아에 비해 훨씬 적지만, '최소 억지력' 보유에는 2차 공격 능력이 핵심이지 핵탄두 수가 적다는 사실 자체는 그리 중요하지 않다. 따라서 핵전력 측면에서 현재 미국과 중국은 상호 억지의 상황에 있다고 볼 수 있다.

다음 '재래식 전력'에 대해 본다면, 현재 상황에서 재래식 전력의 측면에서는 미국이 중국을 압도하고 있다. 예컨대, 미국은 중동에 문제가 생기면 6함대를 보내고, 아시아에 문제가 생기면 7함대를 즉각 파견한다. 이는 미국의 뛰어난 장거리투사능력(long-range projection capabilities)을 보여주는 것으로, 미국은 전 세계 어디에나 자국의 군사력을 동원해 자신의 힘을 투사할 수 있는 능력이 있다.

이라크전에서 보듯이 현대전은 그 양상이 매우 달라졌다. 페르시아 만(Persian Gulf)에 자리 잡은 미국 함대에서 우선 엄청난 양의 미사일을 발사한 후 전투기가 날아가서 남아 있는 목표를 정밀 타격해 기선을 완전히 제압한 다음 지상군이 진입하는 방식이다. 앞으로의 전쟁은 훨씬 가공할 수준일 것이다. 바로 '무인기의 출현'이 그것인데, 지금까지는 전투기 조종사 한 명을 키우는 데 20~30년의 시간과 수십만 달러의 돈이 들어갔지만 이제는 조종사 없이 컴퓨터로 모든 제어가 가능한 시대로 바뀌고 있다. 죄의식이 별로 없는 전쟁이 수행될 수 있는데, 이는 인류의 전쟁사를 바꿀 수도 있는 상황이라 할 것이다.

반면 중국은 현재 아시아 권역을 넘어서면 투사능력이 많이 떨어지지만 결코 별 볼일 없는 군사력을 보유한 것은 아니며, 굉장히 빠른 속도로 성장하고 있다. 미국 국방정보국(Defense Intelligence Agency: DIA)에 따르면, 2018년 이전에는 중국이 스텔스(stealth) 전투기를 개발할 능력이 없을 것이라고 평가되었지만 중국은 보란 듯이 2012년 J-20 스텔스 전투기 시험비행에 성공했다. 또한 중국은 이른바 '반접근지역거부(Anti Access/Area Denial: A2AD)' 능력을 보유하기 위해 많은 노력을 기울이고 있는데, 이는 미국의 함대나 전단이 중국 연근해에 접근해 작전을 수행하기 어렵게 만드는 능력을 의미한다. 예컨대, 대함탄도미사일(Anti Ship Ballistic Missile: ASBM)의 개발이나 위성요격기술의 개발 등이다. 전 미국 해군제독인 마이클 맥데빗(Michael McDevitt)은 현재 중국 군사력에 대해 '지역적 동급 경쟁자(regional peer competitor)'라는 평가를 내린 바 있다. 중국은 전 지구적으로는 아직 미국의 적수가 아니지만, 아시아라는 지역전장(regional theater)에서는 충분히 미국과 겨룰 수 있는 국가라는 뜻이다. 즉, 중국은 주변 14개 국가와 국경을 맞대고 있기 때문에 항공모함 같은 장거리투사능력 없이도 전쟁 수행이 가능하다는 의미이다.

중국의 경제력 평가

중국의 경제력을 한 단어로 평가하자면 '따라잡기 또는 축약(telescoping)', 중국어로는 '간차오(趕超)'의 지속이라 할 수 있다. 즉, 멀리 있는 것, 먼 미래의 일들을 급속히 당겨서 이루고 있다는 뜻이다. 2003년 골드만삭스(Goldman Sachs)에서 「BRIC's 국가와 함께 꿈을(Dreaming with BRIC's)」이란 보고서를 발간했는데, 이에 따르면 2030년경에야 중국의 경제규모가 일본을 추월할 것이라고 예측했다. 그러나 실제로 중국은 2010년에 일본을 앞질렀다. 또 이 보고서는 중국경제의 미국 추월은 2050년경이 될 것이라고 했지만 현재는 대략 2019~2025년 사이에 일어날 것으로 보는 전망이 많다.

많은 학자가 GDP 총량은 그리 중요하지 않으며 1인당 국내총생산(GDP per capita)이 더 중요하다고 한다. 개인적으로 의견이 조금 다른데, 13억 인구를 가진 중국은 1인당 GDP만 두고 논하기에 굉장히 특수한 사례이다. 구소련의 사례만 보더라도 1960~1970년대 소련은 결코 잘사는 나라가 아니었지만 40년이나 미국과 전략적 경쟁을 할 수 있었다. 따라서 이미 세계 2위 경제대국인 중국의 경우, 개인 평균소득이 낮음에도 불구하고 경제총량이 매우 크기 때문에 중앙정부가 그 경제력을 어떻게 잘 운용하느냐가 가장 중요한 변수가 될 수 있다.

사람들은 지금까지 중국이 보여준 빠른 경제성장에도 불구하고 향후에도 이 같은 성장이 가능하겠는지 의문을 던진다. 중국경제에 대한 비관론은 마치 '양치기 소년' 이야기마냥 지속적으로 반복된, 20년도 넘은 가설이다. 중국이 실제로 1997년 한국의 경제위기처럼 큰 어려움을 겪을 가능성을 배제할 수는 없겠지만 나는 중국의 지속적 성장가능성에 대해 신중한 낙관론을 취하고 있다. 그 이유는 다음과 같다.

첫째, 중국은 지난 30여 년간 경제발전에서 하나의 고정된 전략이 아니라 시기와 상황에 따라 계속적으로 진화하는 전략을 취했다. 1980년대부터 1990년대 중반까지의 전략이 중국의 값싼 노동력을 해외 자본 및 기술과 바꾸는 것이었다면, 1990년대 중반부터 2000년대까지의 주된 전략은 중국의 국내시장을 주고 해외의 선진기술을 얻어내는 과정이었다. 이에 더해 2000년대 후반부터는 축적된 많은 외환을 가지고 밖으로 나가[走出去] 저평가된 기술을 보유한 외국기업, 원자재, 광산, 임야 등을 사들이고 있다. 이렇듯 시기와 상황에 따라 변하는 중국의 발전전략은 바로 중국 리더십의 적극적인 '학습'의 결과이다. 한국의 IMF 위기 때에도 당시 한국정부가 그 상황을 어떻게 관리하고 헤쳐 나가는지 배우기 위해 중국은 조사단을 몇 차례 파견했는데, 그 지식과 경험이 현재 빛을 발하고 있다고 생각한다.

둘째, 지금까지 중국은 해외교역에 주로 의존하는 발전전략을 취했으나 지난 몇 년 사이 내수진작을 통해 더 이상 해외에만 의존하는 체제로 볼 수 없게 변모하고 있다. 2000년대 중반에는 중국 GDP의 60% 이상이 교역에 의존하고 있었으나 최근 들어 그 비율이 40%대로 하락하고 있다. 국내시장의 성장과 더불어 국제사회가 중국에 직접적인 영향력을 미치기가 더 어려워졌다는 의미이다. 따라서 중국은 최근 '세계의 공장'에서 '세계의 시장'이 되고 있으며, 이 같은 내수시장의 진작과 확대가 앞으로 더 큰 발전의 근간을 마련할 것이라 전망한다.

셋째, 동북부에서 서부 지역으로 이어지는 중국의 거대한 개발현장 역시 향후 중국경제에 대해 신중한 낙관론을 제기하도록 만드는 또 하나의 이유이다. 19세기 미국이 제국의 규모로 성장할 수 있었던 주요한 배경에는 골드러시(gold rush)라고 부르는 서부개발이 있었다. 만약 미국이 동부지역 개발에만 머물렀다면 지금과 같은 규모의 대국으로 성장하기 어려웠을 것이며, 그와 같은 개발전략을 채택해 100년이 넘는 개발의 공간적·시간적 확대가 가능했다. 중국 역시 현재 진흥동북(振興東北), 중부굴기(中部崛起), 서부대개발(西部大開發)을 추진 중이며, 특히 서부대개발의 경우는 빠르면 2050년경에 완료되는 것으로 알려져 있다. 이를 통해 중국 또한 2050년, 2070년, 2100년까지 발전의 공간과 시간의 축을 늘려갈 수 있게 되었다.

∷ 중국의 내부통제력 평가

강대국화 및 패권화의 조건에서 내부통제력은 사실 지금까지 많은 학자가 관심을 가졌던 변수는 아니다. 하지만 나는 소련의 사례가 이에 대해 시사하는 바가 크다고 보는데, 즉 소련은 미국 때문에 망한 것이 아니라 스스로를 통제하지 못해서 붕괴된 것이다. 소련의 붕괴는 밖에서 촉발된 것이 아니라 스스로 '와해'의 과정을 겪었으며, 이것이 중국에게 주는 함의는 지방에 대한 효율적 통제, 징세 및 물리력 동원 능력의 유지와 강화, 국가통합의 능력(사회통합과 위기관리) 등이 향후 중국의 강대국화·패권화에 매우 중요할 것이라는 점이다.

그렇다면 중국은 얼마나 안정된 국가일까? 나는 중국이 소련과 같은 길을 가지는 않을 것이라 평가한다. 소련의 경우 1989년 당시 백러시아인(white russian)의 비율은 48%에 지나지 않았지만 중국 인구의 94%는 한족으로 구성되어 있다. 또 양국은 주변 영토 통합의 역사에서도 상당한 차이가 있다.

역사적으로 중국은 진시황의 통일 이래 분열된 왕조의 통치 기간이 2000여 년 중 880여 년이었다. 그렇다면 중국 역사상 왕조의 분열 또는 몰락이 일어날 때는 어떤 조건들이 만족되었던 것인가? 첫째, 외세의 침입이다. 현 상황에서 이러한 가능성은 거의 제로에 가깝다고 생각한다. 아마도 중국 역사상 가장 안전한 환경에 놓인 것이 아닐까 싶다. 둘째, 군벌의 등장이다. 군벌은 인민해방군 이외의 물리력을 가진 세력이 등장할 가능성을 가리키는데, 사회주의 국가에서는 당이 군대를 통제하므로 쿠데타가 일어날 가능성은 거의 없다. 물론 그 가능성이 0%보단 크지만 1%보단 작다고 할 수 있다. 셋째, 농민·민중 봉기이다. 1993~2010년 사이에 있었던 군체성(群體性) 사건의 통계를 보면 해가 갈수록 그 규모와 빈도가 증가하는 것을 알 수 있다. 1998년에는 사건당 평균 55명 정도가 참여했지만 2008년에는 평균 95명 정도가 참여하는 것으로 나타난다. 또한 그 성격도 점차 폭력적으로 변하고 있다. 지역 분포를 살펴볼 때 군체성 사건이 가장 많이 발생하는 곳은 쓰촨(四川), 장쑤(江蘇), 후난(湖南) 등인데, 이는 군체성 사건이 경제발전의 정도나 지리적 환경에 관계없이 일어나고 있다는 것을 보여준다.

그러나 우리가 주목해야 할 것은 흥미롭게도 시위 참여자의 대부분이 중앙정부를 저항의 상대로 보지 않고 오히려 '부패하고 정의롭지 못한' 지방정부를 주적으로 삼고 있다는 점이다. 중앙정부는 오히려 민중을 지원하는 이미지를 갖고 있다. 따라서 서로 다른 지역 간 수평적 연계가 부재하고 반(反)중앙 이데올로기도 결여되어 있으며 아직까지는 중앙정부가 물리적 통제력을 견실히 확보하고 있는 상황에서 내부통제력에 대한 중국의 평가는 그리 큰 문제가 없다는 결론을 내릴 수 있겠지만, 향후에도 계속 그렇게 될지는 쉽게 단정할 수 없다.

:: 중국의 대외환경적응력 평가

한 국가가 강성해지면 기존의 패권국과 국제사회는 이에 대해 긴장하고 경계하기 때문에 새롭게 등장하는 국가는 자국의 성장이 국제사회에 위협이 되지 않을 것을 확신시켜야 한다. 이런 점에서 대외환경적응력은 강대국화·패권화 조건의 중요한 요소 중 하나이다. 예컨대 20세기 전반 미국이 강대국화에 성공하고 결국 패권을 얻을 때 기존의 패권국 영국과 전쟁은 없었다. 1870년대 이미 미국 경제규모가 영국을 추월했지만 미국은 스스로를 크게 드러내지 않으려 조심했고, 두 번의 세계대전을 거치면서 영국이 자연스레 힘이 빠져 미국으로의 세력선이가 이뤄진 측면도 있다. 중국 역시 이른바 '낮은 자세'라고 볼 수 있는 '도광양회(韜光養晦)'를 표방하고 있지만, 국제사회가 중국의 이런 모습을 언제까지 받아 줄지는 별개의 문제이다.

시기별 중국의 대외전략 변화를 정리하면 다음과 같다. 먼저 1950년대에서 1970년대까지 중국의 대외전략은 대략 10년 주기로 변했다. 1950년대의 '일변도(一邊倒)정책'은 오로지 소련에 의지해서 미국과 서방 자본주의 체제에 저항하는 전략이었다. 하지만 중국과 소련 간 분쟁이 일어나면서 1960년대에는 미국 제국주의와 함께 소련의 패권주의를 반대하는 '반미·반소 정책[反對帝修反]'을 시행한다. 1970년대 초에는 미국과 관계 개선을 하면서 이른바 '미국과 연대해 소련을 견제하는[一條線]' 전략을 시행한다. 즉, 이 30년의 기간에는 뒤의 10년 전략이 앞의 10년 시기를 지속적으로 대체하는 모양새이다.

1980년대 이후의 대외전략은 대체라기보다 진화 및 축적의 성격을 띤다. 1980년대의 '자주독립외교'가 그전까지 미국과 소련 중심의 대외전략을 과감히 탈피하고 자국의 이익을 위해 새로운 틀을 제시한 것이었다면, 1990년대의 '선린외교[睦隣外交]'는 아시아 중시, 1990년대 후반의 '대국외교[負責任的大國外交]'는 선린외교를 더욱 진화·숙성시킨 것이라 할 수 있다. 2002년 이후는 '평화로운 부상/발전[和平崛起/發展]', 2007년 이후의 '조화로운 세계[和諧世界]'에 이어 2013년 이후는 이른바 '중국몽(中國夢)'이 천명되었다. 1950~1970년대 첫 30년은 안보를 확보하는 데 전력을 경주했다면, 1980~2000년대 두 번째 30년은 경제성장에 몰입했다고 할 수 있고, 이후 세 번째 30년은 과연 무엇에 몰두하는 중국이 될 것인지 지켜볼 문제이다.

중국의 부상과 세계

∷ 중국의 강대국화와 미국-중국 관계

중국의 강대국화는 결국 언제 중국이 미국을 대체할 것인지의 문제, 즉 세력전이(power transition)가 일어날 것인가의 문제로 귀결된다. 과연 이것이 일어난다면 어떤 방식이 될까? 무참한 전쟁을 동반했던 유럽모델(17~19세기)에 가까울까, 아니면 이와는 대조적으로 평화로운 영미모델(20세기)을 따르게 될까? 20세 후반기의 가장 중요한 국제정치 변수가 '미국-소련 관계'였다면 21세기는 '미국-중국 관계'가 될 것이다. 과거 미국-소련 관계와 다르게 현재 미국-중국 관계는 두 나라 간 상호작용하는 영역이 굉장히 많아지고 있다. 전략·군사·군축, 경제·통상, 환율·금융·통화, 인권, 가치, 타이완, 통항권, 우주, 심해, 북극, 비(非)전통 안보요인인 기후변화, 에너지, 자원 등 중첩 영역이 급속도로 확대되고 있고, 바로 그런 이유로 이른바 G2라는 말까지 나오게 된 것이다.

일련의 여론조사 결과를 보면, 현재 중국이 실제로 가지고 있는 힘보다 중국을 더 강하게 보려는 인식이 팽배한 것을 알 수 있다. 이러한 인식은 중국이 이미 역사적으로 제국·패권국의 경험이 있었다는 점에서 기인한 것이 아닌가 생각된다. 퓨 리서치(Pew Research Center)에서 조사한 바에 따르면, '세계경제를 이끄는 최대 국가가 어디인가?'라는 질문에 응답자의 41%가 미국을, 47%가 중국을 선택해 실제 상황보다 사람들의 인식이 앞서가는 모습을 보이고 있다. 또한 미국의 월간지 ≪애틀랜틱(ATLANTIC MONTHLY)≫에 따르면, 세계 최강국으로 미국을 선택한 미국인은 20%에 지나지 않았고, 중국을 선택한 미국인은 무려 50%로 집계되었다.

미국-중국 관계가 어떻게 바뀌느냐에 따라 국제사회와 여타 국가의 향배가 달라질 수 있기 때문에 미국-중국 관계는 국제정치의 핵심적인 독립변수라 할 수 있다. 향후 미국-중국 관계의 변화를 결정하는 데는 실질적으로 다음 네 가지 요인이 중요할 것이다. 첫째, 양국 간 실질적 힘의 격차이다. 미국이 계속해서 중국을 앞서 나간다면 현재 상황은 유사하게 유지될 것이다. 하지만 중국이 미국을 현저히 추월한다면 양국관계는 새로운 차원으로 갈 수밖에 없을 것이다. 둘째, 국제사회의 인식 문제인데, 양국 간 힘의 격차를 실제로 국제사회가 어떻게 인식하는지, 즉 과대 또는 과소평가하는지도 적잖은 영향을 미칠 수 있다. 셋째, 미국-중국 간 상호 정책이다. 미국은 중국에 대해, 중국은 미국에 대해 어떤 정책을 펴는지도 상당한 영향을 미칠 수 있다. 넷째, 지역적 변수인데, 특히 아시아 지역에서 양국의 상대적 영향력이 관건이라고 하겠다.

향후 미국-중국 관계의 성격을 볼 때, 적(enemy)-경쟁자(competitor)-파트너(partner)-친구(friend)-동맹(ally)의 스펙트럼에서 현재 양국은 경쟁자와 파트너 사이 어딘가에 있다고 할 수 있다. 현재는 양국관계를 '협력에 기반을 둔 경쟁(cooperation-based competition)'으로 묘사할 수 있지만, 시진핑(習近平) 임기 후반에 가서는 '경쟁에 기반을 둔 협력(competition based cooperation)'으로 바뀌게 될 가능성이 높다.

여기서 미국-중국 관계의 미래에 대한 학계의 주요 관점을 다음 다섯 가지로 정리할 수 있다. 첫째, '대체불가론'. 중국이 미국을 넘기는 어려워 영원한 이인자로 남는다는 관점이다. 1990년대와 2000년대 초반까지는 상당한 청중을 확보했던 관점이었으나 2010년 중국이 일본을 앞서가면서 설득력 크게 잃어가고 있다.

둘째, '인식론적 패권경쟁론'. 미국-중국 관계를 전망하는 데 중국의 의도가 매우 중요하다고 보는 관점이다. 즉, 중국이 현상을 유지하려고 하는지 아니면 수정주의적인지가 관건이라고 보는 것이다. 중국이 현상변경적 의도가 있다면 미국-중국 간 전략적 경쟁 및 대립은 불가피하다는 입장이다.

셋째, '구조론적 패권경쟁론'. 중국의 부상으로 중국만의 공간이 커진다는 것은 미국이 전략적으로 움직일 수 있는 공간이 상대적으로 작아지는 것을 의미하기에, 중국의 의도나 인식에 상관없이 미국-중국 간 한판 승부는 불가피하다는 관점이다.

넷째, '분할 패권론'. 실제로 1950년대에서 1991년까지 미국-소련 진영으로 나눠진 국제사회가 겪었던 상황을 의미한다. 공유패권(shared hegemony) 혹은 양두패권(bigemony)을 가리킨다. 이념의 축이 아니라 지역적 분할을 의미한다는 점에서 아시아 국가들에게는 경계의 대상이 될 수도 있는 관점이다.

다섯째, '신(新)중화질서론'. 전통적 질서의 현대적 구현이 이뤄지는 것을 상정하는데, 이는 동아시아의 거의 모든 국가가 그리 반기지 않는 관점일 것이다.

개인적으로 평가하기는 향후 5~10년까지는 '인식론적 패권경쟁론'을 지지하는 사람이 많겠지만, 점차 '구조론적 패권경쟁론'으로 추세가 바뀔 가능성이 있을 것으로 전망한다.

⁝ 미국-중국 관계와 동아시아

이미 동아시아에서는 미국-중국 간 첨예한 전략적 경쟁이 시작되었다. 미국은 '아시아로의 회귀(pivot to Asia)', '재균형(rebalance)' 등 아시아로 중심축 이동 필요성에 대해 말하고 있는데, 이는 사실 대부분 중국을 염두에 둔 것이다. 이에 대해 중국은 자신의 부상이 평화로울 것이므로 미국의 아시아로의 회귀는 불필요하다는 입장이다. 미국의 아시아 개입과 대중국 견제를 군사적으로 막기 위해 중국은 '반접근지역거부' 전략을 채워가고 있으며, 미국 또한 이에 대응하기 위해 '공해전(air sea battle)'이란 개념을 가져와 운용하고 있다. 이 와중에서 동맹강화를 추구하는 미국과 파트너십의 외연 확대를 노리는 중국의 경쟁이 치열하다.

경제적으로도 미국은 환태평양경제동반자협정(Trans-Pacific Partnership: TPP) 체결을 통해 중국을 배제한 구조를 구축하려 하고, 중국 역시 역내포괄적경제동반자협정(Regional Comprehensive Economic Partnership: RCEP) 체결을 통해 미국을 제외한 협력체 구성을 주도하고 있다. 가치와 규범 영역에서도 '워싱턴 컨센서스'와 '베이징 컨센서스'가 대립하고 있다.

이에 대해 동아시아 국가들은 어떻게 움직이고 있을까? 물론 중국의 부상이 역내 국가들에게 최대의 경제적 기회를 제공하고 있기에 중국에 대한 '개입/교류(engagement)'는 거의 모든 국가에게 공통분모로 나타나고 있다. 그럼에도 이들 간 구체적인 대중국전략은 조금씩 편차를 보이고 있다. 첫째, '균형자(balancer)'. 중국의 부상을 안보의 위협으로 간주하고 미국과 같은 역외 국가들과 협력을 강화하는 일본, 오스트레일리아, (부분적으로) 몽골 같은 국가를 가리킨다. 둘째, '편승자(bandwagoner)'. 중국의 부상을 반기는 국가로 중국의 부상을 통해 미국을 견제하고자 한다. 그중 미얀마는 중국의 부상을 가장 반겼던 국가였지만 최근 민주화 등으로 다소 변하고 있는 것으로 보인다. 셋째, '위험분산자(hedger)'. 위험분산을 위해 양쪽에 다 보험을 거는 국가로 대부분의 아시아 국가가 이에 해당하며, 중국의 경제적 부상은 반갑지만 안보적 효과에 대해서는 자신이 없기 때문에 미국과 협력도 강화한다.

한국은 어떤가? 한국은 이른바 '지전략적(地戰略的) 저주'를 받은 국가이다. 현재의 실력을 지닌 한국이 동남아시아에 있었다면 이미 동남아시아의 패권국이 되었겠지만, 동북아시아에 속함에 따라 역내 가장 작은 나라 중 하나가 되었다.

한국의 현재 최대 문제는 안보논리와 경제논리가 분화(bifurcation)되고 있다는 것이다. 중국은 한국의 최대 교역국, 최대 흑자국, 제2의 투자대상, 최대 인적 교류국이다. 한국의 전 세계 투자 금액 중 무려 18.1%가 중국에 있으며, 매주 양국 간 비행편수도 800편이 넘는데, 이는 한국과 일본, 한국과 미국을 공히 능가하는 수치이다. 반면에 미국은 한국에게 가장 중요한 전략적 동맹이자 최대무기 수입국이고 북한이라는 예측 불가한 적을 맞아 함께 싸워주는 나라이다. 이렇듯 한국 상황에서는 예전과 달리 경제논리와 안보논리가 다르게 움직이고 있다는 것이 큰 딜레마로 다가오고 있다.

한국과 중국처럼 상호 의존도가 높은 나라 사이에는 마찰 역시 많을 수밖에 없다. 따라서 전략적 소통을 통한 체계적인 문제 해결이 중요하다. 특히 국내정치의 가변성이 외교에 미치는 악영향을 극소화하고 무엇보다도 네티즌이 형성하는 무분별한 '인터넷 민족주의[net-(nat)ionalism]'의 폐해를 줄이려는 노력을 경주해야 한다. 몇 년 전, 한 서울대 교수가 쑨원(孫文)이 한국인이었다는 글을 썼다는 내용이 인터넷에 퍼진 적이 있다. 이를 중국의 여러 매체가 그대로 옮겨 유포했으나 결국은 허위 보도로 드러났다. 이렇듯 인터넷 공간의 근거 없는 말이 여론에 미치는 악영향을 어떻게 관리할 것인지가 중요하다.

나가며: 향후 중국의 과제

나는 비교적 중국을 방문할 기회가 많은 편이다. 중국에 가서 여러 학자, 공무원, 전문가와 대화하며 느끼는 것은 그들도 당초의 전망과 예상보다 너무도 빠른 발전과 변화에 스스로 매우 놀라며 당황하고 있다는 점이다. 그래서 바로 '전략적 내부 성찰(strategic soul-searching)'의 필요성이 대두되고 있는데, 이는 곧 '중국은 과연 스스로를 잘 아는가?'라는 말이 될 것이다.

중국 ≪인민논단(人民論壇)≫에 기고한 적이 있다. 요지는 중국이 '백년국치(百年國恥)'에 기반을 둔 '포위심리(siege mentality)'의 관성으로부터 하루빨리 벗어나야 한다는 것이었다. 과거 중국은 많은 국가가 자신을 침탈하고 무시한다고 느껴 모든 것을 열강의 음모로 간주하고 실제보다 예민하고 강력하게 반응하는 행태를 보였지만, 이제는 자신감을 가지고 좀 더 전향적으로 움직여야 할 때라는 의미이다. 그래야만 좀 더 겸손하고 합리적인 대국이 될 수 있기 때문이다.

'세계(世界)'라는 말과 '천하(天下)'라는 말이 있다. 전자는 현대 국제법에서 말하듯이 국가 사이의 호혜 평등한 관계, 즉 수평적인 관계를 상정한다. 반면 후자는 중국의 인식에 따라 주변국의 위계가 결정되는 수직적인 관계를 지칭한다. 향후 강대국화에 성공해 패권국으로서 중국이 마련할 국제질서가 있다면 그것은 아마도 이 두 가지의 혼합물이 될 것인데, 그 구체적 구성 비율이 중요하다.

최근 중국에서는 이른바 '중국의 내향화(內向化)'가 많이 언급된다. 중국이 국내적으로 너무 많은 문제에 직면했기 때문에 대외관계에서의 문제를 일으키기 어렵다는 의미이다. 물론 이에 대해 단정적인 결론을 내리기는 어려우나, 소련 역시 1970년대 내부적으로 많은 문제를 안고 있었지만 대외적으로 평화로운 국가는 아니었다. 미국도 현재 많은 국내 문제를 안고 있지만 대외전략의 연속성을 유지하고 있다. 따라서 핵심은 국내 문제의 다소(多少) 여부가 아니라 실제로 중국이 어떤 대외전략을 모색하고 이를 시행하느냐의 문제이다.

커가는 중국에 대한 주변국의 우려에 대해 중국이 좀 더 많은 고려를 하는 것도 중요하다. 중국은 지금껏 자신의 전략이 '방어성 국방(防禦性國防)'이라고 말했다. 상대가 시비를 걸지 않으면 대응하지 않고, 상대가 분쟁을 걸어오면 반드시 이에 보복한다는 뜻이다. 지금까지 중국은 이를 상당 부분 지켜온 것으로 보인다. 그러나 문제는 앞으로 중국이 더 강한 힘을 가진 후에도 이 원칙이 계속 유효할지이다. 많은 중국 전문가는 중국이 자신의 재능이나 명성을 드러내지 않고 참고 기다린 도광양회의 시대는 지나갔고, 해야 할 일은 적극적으로 나서서 이뤄내는 유소작위(有所作爲)의 시대가 왔다고 말한다. 과연 중국이 유소작위하고 싶어 하는 것이 무엇인지, 그 개념과 범위는 어디까지인지에 대한 설명이 필요하다고 본다. 중국이 말하는 중국몽과 국제사회가 생각하는 세계몽(世界夢)이 정말로 수렴할 수 있기를 희망한다.

(강연일 2013.8.14)

더 읽을 책

샴보, 데이비드(David Shambaugh). 2014. 『중국, 세계로 가다』. 홍승현 옮김. 아산정책연구원.

정재호. 2011. 『중국의 부상과 한반도의 미래』. 서울대학교출판문화원.

자크, 마틴(Martin Jacques). 2010. 『중국이 세계를 지배하면』. 안세민 옮김. 부키.

Geoff A. Dyer. 2014. *The Contest of the Century*. Vintage.

Jonathan Fenby. 2014. *Will China Dominate the 21st Century?*. Polity.

제2강

중국 내 사상논쟁과 사회주의의 미래

이남주 (성공회대 중어중국학과 교수)

강연 개요

최근 중국에서는 '중국은 어디로 가야 하는가'에 대한 논의가 활발해지고 있다. 이제 중국의 변화를 제대로 이해하기 위해서는 단순히 양적 성장에만 주목하는 것이 아니라, 중국사회가 어떤 가치와 수단으로 그 변화를 실현하고자 하는지를 주목해야 한다. 이 강연은 최근 중국 내 사상논쟁을 검토함으로써 이와 관련한 중국의 고민을 파악하고 중국의 변화를 전망하고자 했다.

들어가며

'중국 내 사상논쟁과 사회주의의 미래', 조금 거창한 주제지만 문제의식의 출발점은 이렇다. 최근 중국 부상에 대해 중국의 외면적 성장뿐 아니라 중국 사람들이 앞으로 어떻게 중국을 이끌어나가려고 하는지에 대한 논의도 그에 못지않게 중요하다고 생각했다. 학계에서는 그 논의들이 다소 전문적이고 특수한 경향이라든지 특정한 인물에 초점을 맞춰 진행되었기 때문에 중국 문제에 관심 있는 일반인이 접근하기 어려웠다. 그래서 여기서는 '중국이 어디로 가야 하는가'라는 문제와 관련된 중국 내 논의, 사상논쟁이라 지칭하는 것의 큰 흐름과 그 속에서 제기된 중요한 쟁점을 중심으로 설명하겠다.

중국 내 사상 흐름을 몇 가지로 나누어 이야기할 텐데 분류에 다소 자의적인 면이 있다. 나의 분류에 동의하지 않는 경우도 많을 것이다. 몇몇 사람은 자신의 이데올로기적 성격에 대해 굉장히 분명하게 주장한다. 반면에 신좌파라고 하는 일군의 지식인 중에는 '신좌파'라는 명칭에 대해 상당히 거부감을 표하는 경우가 있다. 이 표현이 처음 등장한 1990년대는 지식인 사회에서 좌파라는 규정이 상대방을 폄하하는 의미를 갖기도 했기 때문이다. 그런데 신좌파란 용어가 굳어진 감이 있고, 그 용어가 중국의 특수한 상황에서는 거북하게 들릴 수 있겠지만 국제적으로 보면 그럴 필요가 없으며, 오히려 그 사람들의 생각을 더 정확하게 표현하는 방식이지 않을까 하는 생각에서 이 표현을 계속 사용할 것이다.

왜 사상논쟁인가

앞에서 중국의 외면적 성장뿐 아니라 중국이 앞으로 어떤 방향으로 나아갈 것인가에 대한 논의, 즉 사상논쟁에 대한 관심도 중요하다고 했다. 향후 중국의 변화를 생각할 때 특별히 이것이 중요하다고 생각하는 것은 시진핑(習近平) 체제가 2013년 초에 출범해서 특별한 돌발 상황이 없는 한 앞으로 10년 동안 중국의 변화를 이끌게 되는데, 그 10년 안에 이념적이고 사상적인 문제가 중요한 이슈로 등장할 가능성이 매우 높기 때문이다. 2013년 8월에 열린 중국공산당 중앙선전공작회의에서 시진핑 총서기가 한 연설에 상당히 주목을 끄는 한 구절이 있었다. "이데올로기 사업은 당의 극도로 중요한 사업이다[意識形態工作是黨的一項極端重要工作]." 이 강조야말로 중국공산당의 이데올로기나 사상 문제를 대하는 태도에 모종의 변화가 있음을 보여주는 것이 아닌가 하는 생각을 했는데 그 변화의 내용은 다음과 같다. 첫째, 덩샤오핑(鄧小平)이 제기한 이른바 '부쟁론(不爭論)'이라는 원칙의 변화이고, 둘째, 이데올로기에 대한 위협이 과연 어디로부터 오는가에 대한 인식의 변화이다.

:: '부쟁론' 원칙의 변화

'부쟁론'은 한국어로 번역하면 '논쟁하지 말자, 논쟁하지 마라' 하는 의미인데, 이것은 덩샤오핑이 개혁개방을 하면서 내세운 일종의 원칙이었다. 개혁개방이 완전히 새로운 실험이었기 때문에 시장화 개혁이나 대외개방 같은 정책은 이전 중국공산당이 신봉했던 전통적 사회주의 이론으로부터 비판받을 소지가 많다. 온건하게 말하면 사회주의로부터 일탈이고 심하게 얘기하면 반(反)사회주의적인 것인데, 당연히 그런 실험을 할 때 논쟁이 가열되면 실험 자체가 불가능한 상황에 놓이게 된다. 그래서 덩샤오핑이 '자본주의냐, 사회주의냐'를 두고 논쟁하지 말고 '한번 해보자, 실험해보고 그 결과가 도움이 되느냐 안 되느냐로 판단하자'라고 강조했던 것이다. 그래서 개혁개방 실험을 할 수 있는 시간과 공간을 마련했던 것인데, 이 '부쟁론'이란 원칙을 덩샤오핑이 좀 더 분명하게 표명한 것은 1989년 톈안먼(天安門) 사태 이후 중국공산당에서 개혁개방 시기 정책의 성격이 자본주의냐, 사회주의냐 따져야 한다는 주장이 적극적으로 제시되던 상황에 대응하기 위해서였다.

1992년 덩샤오핑은 1월에서 2월까지 '남순강화(南巡講話)'라는 개혁개방을 촉구하는 일련의 연설을 하는데, 이 연설에서 그는 "부쟁론은 내가 발명한 것이다. 이는 시간을 얻기 위한 것으로 논쟁의 상황이 한번 복잡해지면 시간은 모두 낭비되고 아무것도 이루지 못한다. 논쟁하지 말고 대담하게 시도하고 돌파하라"라고 말했다. 이런 주장은 가능하면 이데올로기 논쟁에 따라 여러 가지 정치적 혼란이나 갈등이 증폭되는 것을 피하고, 국가의 힘을 개혁개방을 통한 경제활성화에 집중할 수 있도록 하자는 것이었다. 그리고 지금까지 중국공산당은 대부분 이런 방식으로 이데올로기 문제를 처리해왔다. 그런데 지금 이렇게 '이데올로기가 극도로 중요하다'라고 강조할 뿐 아니라, 여러 가지 잘못된 경향에 대해 적극적으로 대응할 필요성을 제기하고 있는 것은 중국공산당이 이러한 원칙으로부터 약간의 변화를 보이는 것이 아닌가 하는 생각이 든다.

:: 이데올로기 위협에 대한 인식의 변화

사실 중국공산당은 이데올로기 정당이기 때문에 이데올로기를 강조하는 것은 당연하다. 그러나 최근 눈에 띄는 것은 이렇게 이데올로기를 강조하는 동시에, '어느 쪽으로부터 오는 위협이 더 큰가? 좌(左)로부터 오는 위협인가, 아니면 우(右)로부터 오는 위협인가?'에 대한 인식에서 모종의 변화가 나타났다는 사실이다. 덩샤오핑은 '남순강화'에서 이런 말을 했다. "중국은 우에서 오는 위협도 경계해야 하지만, 주요하게는 좌의 위협을 방지해야 한다." 중국의 사회주의 건설 과정에서 항상 좌경적 경향이 사회주의 건설을 가로막거나 그 과정을 어렵게 만들었다고 판단했기 때문이다. 문화대혁명이 대표적인 예라고 할 수 있다. 중국공산당에서는 좌경적 오류는 방법상의 잘못으로 간주되어 복권될 가능성이 상대적으로 높지만, 우경적 오류는 입장의 문제[부르주아 등의 반(反)혁명세력의 입장에 섰다는 것을 의미한다]로 더 엄중하게 다뤄져 왔다. 이러한 점을 고려하면 덩샤오핑의 주장은 중국공산당의 이데올로기 지형에 중대한 변화를 의미했다. 그런데 올해 시진핑 체제에서는 이데올로기 선전 부분에서 오히려 우에 대한 비판이 커졌다.

2013년 4월에 나온 「현재 이데올로기 영역 상황에 대한 통보[關於當前意識形態領域情況的通報]」라는 중국공산당 중앙 문건은 여러 가지 이데올로기 사업의 중요성을 강조하는 동시에 현재의 이데올로기, 즉 중국공산당이 견지하고자 하는 이데올로기에 대해 위협이 되는 경향을 다음 일곱 가지로 꼽았다. 첫째는 헌정민주론(憲政民主論)이다. 중국도 헌법이 있어 헌정이라고 할 수 있지만, 여기서는 서구식 헌정을 의미한다. 삼권분립, 경쟁적 다당제 등을 포함한 서구식 정치질서를 가리킨다. 둘째는 보편가치론(普世價值論)이다. 흔히 인권, 자유 등 개념의 의미가 나라마다 다르지 않고 모두에게 보편적으로 적용되어야 한다는 주장으로, 중국에서 자유주의적 경향의 사람들이 강조한다. 셋째는 시민사회론(公民社會論)이다. 이에 대한 선전도 문제가 된다는 것이다. 이제 이런 것들을 말하면 "당의 통치를 위험하게 한다. 당 통치의 기초 이데올로기를 흔든다"와 같은 비판이 따라오게 된다. 넷째는 서방언론관(西方言論觀)이다. 이것은 언론의 독립과 관련된다. 다섯째는 신자유주의(新自由主義)이다. 신자유주의 경제에 대한 선전이 사회주의 경제정책을 위협한다는 것이다. 여섯째는 역사허무주의(歷史虛無主義)이다. 이는 중국공산당의 과거 역사를 비판함으로써 중국공산당의 통치정당성을 부정하려는 경향으로 비판되고 있다. 이상 여섯 가지는 대체로 자유주의 경향에 대한 비판 사례라고 할 수 있다. 그럼 좌경적 경향에 대한 비판 사례는 없을까? 마지막 일곱째 개혁개방의 사회주의적 성격의 부정이 그에 해당된다고 할 수 있다. 개혁개방에 대한 비판은 좌에서도 하고 우에서도 하지만, 이 표현 자체는 좌를 겨냥한 것이다. 이상 일곱 가지 전체를 놓고 보면, 자유주의 견해에 대한 비판이 더 많다. 실제로 2013년 8월 이후 헌정민주에 대해서 비판하는 글이 ≪인민일보(人民日報)≫ 해외판에 몇 차례 연속해서 실렸다. 이런 것들이 덩샤오핑이 좌로부터 오는 위협을 중요하게 봤던 것과 조금 다르고, 부쟁론의 원칙에서 벗어나 이데올로기의 위험한 경향에 대해 이제는 적극적으로 대응하겠다는 태도를 보여주는 사례가 아닌가 한다. 이러한 이데올로기에 대한 강조와 더불어 2012년 11월 시진핑이 총서기로 선출된 중국공산당 제18차 전국대표대회에서 채택된 정치보고에서 세 가지 자신이라며 '도로자신(道路自信), 이론자신(理論自信), 제도자신(制度自信)'을 제시한 것을 함께 주목할 필요가 있다. 이는 중국과 중국공산당이 다른 나라의 모델을 추구하는 것이 아니라 가장 올바른 길을 만들어가고 있다는 점에 대한 신념을 가지라고 요구하는 것인데, 중국이 자신의 주장을 더 적극적으로 펼치겠다는 신호로 보인다.

이런 변화와 관련해 시진핑 체제의 좌경화에 대한 이야기가 많고, 일부에서는 '좌회전 신호 켜고 우회전한다'라는 전망도 있는데, 시진핑 체제의 우에 대한 비판은 장기적인 원칙이라기보다는 정세적인 대응의 성격이 강한 것 같다. 2012년 3월 보시라이(薄熙來)가 연루된 충칭(重慶) 사건이 터졌을 때 중국공산당이 개혁개방 노선에 비판적인 좌파를 강하게 통제했고, 새로 출범할 시진핑 체제가 더 개혁적인 방향으로 가지 않겠느냐는 전망과 그에 대한 일부 개혁파의 기대가 상당히 컸다. 그 당시 나는 한 칼럼에서 '지금 중국공산당이 보시라이 사건을 계기로 좌에서 나오는 비판에 대해 굉장히 적극적인 대응을 하고 있지만, 중국공산당이 취하는 기본 입장은 어느 한쪽으로 기울어지기보다 좌와 우 사이에서 균형을 유지하는 것이기 때문에, 아마 우에서의 어떤 위협이 커진다면 그 부분에 대한 통제를 강화할 것이다'라는 요지의 의견을 밝혔다. 내가 보기엔 현재 상황도 그 정도의 균형점을 찾는 측면이 강하고, 시진핑 등 지도부가 어느 한 방향으로 입장을 정했다고 생각하지 않는다. 다만 전반적으로 이데올로기 문제, 즉 이데올로기적 논쟁의 문제를 중국공산당이 전보다는 굉장히 중요하게 받아들이고 있다는 점은 분명하다. 그렇다면 이러한 변화가 앞으로 중국의 변화에 어떤 영향을 미칠지에 대해 관찰해보자.

사상논쟁이 중요해진 이유

그럼 사상논쟁이 이렇게 중요해진 이유는 무엇일까? 2000년대 이후 개혁개방에 대한 컨센서스와 중국공산당의 이데올로기 주도성이 계속 약화되어왔기 때문이다. 기존 중국공산당에 대한 비판은 주로 자유주의적 입장에서 나왔다. 특히 정치개혁을 하지 않는다는 비판이 많았다. 그런데 2000년대 들어와 좌에서의 비판, 예컨대 개혁개방 노선이 사회주의 방향을 벗어난 것이라는 비판이 증가했다. 이는 중국공산당에게 매우 난처한 비판이다. 중국의 이데올로기 지형에서 자유주의는 중국의 실정에 부합하지 않는다는 식으로 일축하는 것이 가능하다. 즉, '우리가 가졌던 역사적 경로는 이와 다른 것이다'라고 대응하면 되는데, 좌에서 사회주의 이데올로기를 내세워 개혁개방 노선을 비판하는 것은 중국공산당 스스로가 사회주의 가치를 내걸고 있는 이상 상당히 곤혹스러운 비판이다. 그 세력이 아주 강하다고는 볼 수 없지만 중국공산당으로서는 상당히 대처하기 어려운 문제임이 분명하다.

과거 중국의 사회주의 역사를 보면, '붉은 깃발을 앞세워서 붉은 깃발을 무너뜨린다', 즉 '좌로서 좌를 타도한다'라는 표현이 있는데, 개혁개방 노선을 견지하려는 입장에서 보면 이런 현상이 21세기 들어 다시 출현한 것이다. 물론 우에서의 비판도 확실히 증가한 양상이다. 현재 더 주목할 점은 단순히 이런 경향이 나타났다는 것이 아니라 이들이 사회 혹은 정치 역량들과 상호작용을 하기 시작했다는 것이다. 그 대표적인 사례가 '충칭모델[重慶模式]'을 둘러싼 논란인데, 보시라이가 중국공산당 충칭시 서기로 취임한 이후 국유기업 중심의 개발, 개발이익을 활용한 민생 관련 사업 강화, 범죄에 대한 적극적인 소탕, 전통적 사회주의 문화의 복원(혁명가요 제창) 등 일련의 새로운 정책이 충칭모델로 불리고, 이것이 중국 내 좌파에 의해 널리 선전되었다. 그리고 이 모델과 중국공산당이 주장하는 노선, 즉 개혁개방 노선과의 관계가 관심의 대상이 되었다. 충칭모델을 개혁개방 노선에 대한 도전으로 보는 경우가 적지 않았는데, 단순히 지식인의 논쟁이 아니라 일정한 정치적·사회적 토대를 갖는 현상으로 출현했다는 점이 과거와는 크게 달랐다. 나는 앞으로도 이런 상황이 출현할 가능성이 많고, 그 과정에서 중국공산당의 이데올로기적 주도성이 계속 도전받게 될 것이라고 생각한다. 물론 중국공산당의 이데올로기 주도성의 약화는 개혁개방 이후 조금씩 꾸준하게 진행되었던 문제이고, 지금까지 나름대로 그 약화에 효과적으로 대응해왔다. 중국이 상당히 오랜 기간 고도성장을 유지하면서 이데올로기적 호소나 매력이 조금 떨어져도 경제적 실적으로 국민을 만족시키고 중국공산당에 대한 정치적 지지를 이끌어낼 수 있었던 것이다.

그런데 앞으로는 그러한 방향으로의 대응이 다소 어려워지리라 생각한다. 시진핑 체제에서는 지금까지와 같은 고도성장이 어렵기 때문이다.

이제는 후진타오(胡錦濤) 체제에서 기록했던 10% 이상의 고도성장이 어렵다. 그리고 그렇게 고도성장할 경우에 나타나는 부작용도 굉장히 크다. 거품경제, 부동산 문제, 환경문제 등이 나타난다. 그래서 중국공산당 스스로 경제성장률 목표를 낮추고 양적인 성장보다 질적인 성장을 중시하는 방향으로 가고 있다. 확실히 전망하기는 어렵지만 대체로 8% 이하에서 성장률 목표를 설정하고 있는 것 같다. 그런데 이러한 전환이 불가피한 상황이라고 하더라도 성장률이 떨어질 경우 나타나는 단기적인 문제를 피할 수 없기 때문에 이전처럼 경제적 실적으로 이데올로기적 약화에 대응하기는 어렵다. 그래서 정치적이고 이데올로기적인 측면에 대한 관심과 중요성이 더욱 높아질 수밖에 없다. 실제로 이러한 변화를 잘 보여주는 것이 부패 문제에 대한 시진핑과 중국공산당의 적극적인 대응이다. 단순히 경제적 실적에 의존하는 정당성이 아니라, 정치적 정당성 혹은 통치 정당성을 다른 방식으로 강화할 필요성에서 비롯된 대응이라고 생각한다. 물론 그러한 시도가 얼마나 성공할 수 있을지는 좀 더 지켜봐야겠지만 중국공산당이 직면한 문제의 성격이 조금 달라졌고, 시진핑 체제는 이러한 새로운 문제에 대응할 필요성이 높아지고 있다.

개혁개방 컨센서스의 약화

∷ 개혁개방 컨센서스란 무엇인가

시진핑 체제가 출범하기 이전에 개혁개방 컨센서스의 약화가 어떻게 진행되어왔는지 설명하겠다. 개혁개방 컨센서스란 무엇인가? 이는 경제발전중심론이라고 말할 수 있다. 개혁개방을 결정한 1978년 중국공산당 제11기 3차 중앙위원회 전체회의에서 채택된 방침은 간단히 말해서 '당과 국가사업의 중점을 경제건설로 이동한다'라는 것이다. 과거 문화대혁명 시기의 계급투쟁에서 경제건설로 이동한다는 것이다. 이것은 지금까지도 상당히 중요한 원칙이고, 그만큼 많은 논란을 불러일으키고 있는 '하나의 중심'이다.

경제건설이라는 하나의 중심 아래 그것을 실현해가는 두 개의 기본 방향, 중국공산당의 공식 표현에 따르면 "기본점"이 있는데, 하나는 개혁개방이고, 다른 하나는 네 가지 기본 원칙이다. 개혁개방이란 기본적으로 시장화 개혁, 경제의 자유화를 의미하고, 네 가지 기본 원칙은 첫째, 사회주의의 도로를 견지하고, 둘째, 인민민주독재[人民民主專政]를 견지하고, 셋째, 중국공산당 영도를 견지하고, 넷째, 마르크스-레닌주의(Marx-Leninism)와 마오쩌둥(毛澤東) 사상을 견지하는 것이다. 이 같은 개념이나 내용은 이전부터 있었지만, '하나의 중심'과 '두 개의 기본점'으로 정식화된 것은 1987년 중국공산당 13차 전국대표대회[十三大] 정치보고에서였다. 그 이후 이것을 합리화하려는 여러 가지 이데올로기적 조정이 있었는데, 한 예로 1987년 이것과 함께 만들어진 '사회주의 초급단계론'이 있고, 1992년에 나온 '사회주의 시장경제론'이 있다.

이런 이데올로기적 조정은 과거 사회주의 경제체제의 특징이 '국가소유제+계획경제'라는 공식으로 요약되는데, 개혁개방을 하면서 국가소유가 다원화되어 민영, 사영, 외자 기업이 등장하고, 계획경제에서 시장경제로 전환한 상황을 어떻게 사회주의적 원칙과 조화를 이루게 만들 것인가 하는 고민의 결과라고 할 수 있다. 왜 사회주의 국가에서 시장경제를 하는가라는 문제에 대해 처음으로 이론적 답을 제시한 것이 '사회주의 초급단계론'이다. 중국은 카를 마르크스(Karl Marx)가 말했던 대로 공업화되고 현대화된 국가에서 사회주의로 이행한 것이 아니라, 낙후된 농업국가에서 사회주의로 이행했기 때문에 그 과정에서 '초급단계'가 필요하고, 이 단계에서는 무엇보다 생산력 발전이 중요한 목적이 되어야 한다는 것이 핵심 내용이다. 그리고 이 이론을 바탕으로 1992년 '사회주의 시장경제론'을 채택하게 된다.

이와 함께 정치적으로는 '사회주의 민주'를 한다고 설명했다. '사회주의 민주'에는 여러 가지 내용이 있지만 결국 중국공산당 영도라는 원칙을 계속 유지할지의 여부가 중요한 쟁점이다. 그래서 항상 이 노선은 양쪽으로부터 비판에 노출될 가능성이 많다. 한편에서는 시장경제 중심으로 가고 대외 개방하는 것에 대해 이것이 사회주의 경제 혹은 이상에 부합하는가에 대한 비판이고, 다른 한편에서는 중국공산당 영도라는 사회주의 민주가 독재나 전제라는 비판이다. 중국공산당은 이 노선을 계속 견지하려 하고, 좌우에서는 계속 비판하는 상황이기 때문에 2012년 중국공산당 18차 전국대표대회[十八大]의 정치보고에 이런 표현이 담겼다. "폐쇄되고 경직된 구식의 길을 가지 않는다." 이 말은 개혁개방 이전의 사회주의 방식으로 돌아가지 않는다는 의미이다. 이와 함께 강조된 "기치를 바꾸는 사특한 길을 가지 않는다"라는 말은 중국공산당 영도나 사회주의 건설을 버리고 서구식 제도나 가치를 수용하는 방향으로 가지 않는다는 뜻이다.

:: 도전에 직면한 개혁개방 컨센서스

이러한 중국공산당의 방향에 대한 도전이 점점 거세지고 있다. 여기에는 매우 중요한 객관적인 요인이 있다. 1990년대 이후 빈부격차가 급격하게 증가한 것이다. 사회의 빈부격차 수준을 보여주는 지표인 지니계수는 1981년 개혁개방 직후 약 0.27~0.28 사이였고, 1980년대 중반까지는 떨어지다가 1989년 이후부터 빠르게 상승한다. 그리고 최근까지 중국사회의 빈부격차가 계속 확대되어 0.45를 넘는 수준을 기록하고 있다. 이는 개혁개방의 효과가 일부 사람들에게는 좋지만 다수의 사람들에게는 나쁘게 나타나고 있다는 증거이다. 당연히 이 부분에 대한 불만이 축적될 수밖에 없다. 중국의 불평등 지수가 실제 얼마나 심각한지 정확한 비교를 하기는 쉽지 않지만, 아시아에서는 거의 최상급, 한두 국가를 빼고는 가장 높고, 남미의 가장 높은 나라보다 조금 낮은 정도의 상황이라는 것이 대체적인 평가이다. '공동 부유'를 목표로 하는 중국공산당이 개혁개방의 결과로 이런 빈부격차의 증대를 가져왔으니 정치적으로 상당히 어려워질 수밖에 없는 것이다.

한국에서 중국을 볼 때 꼭 고려해야 할 점 세 가지가 있다. 첫째, 중국은 인구가 굉장히 많은 나라이다. 인구가 많다는 것은 같은 문제라도 그 성격이 다르다는 의미이다. 둘째, 중국은 폐쇄된 나라가 아니다. 굉장히 다원화된 문화와 접촉하고 교류하는 나라이다. 중국은 전 세계에서 가장 많은 나라들과 국경을 접하고 있다. 그 나라들의 문화적 특징이 다 다르다. 유교에서부터 이슬람과 불교에 이르기까지 다양하다. 마지막 셋째, 중국은 아직 농민국가이다. 사실 GDP로 보면 농업이 차지하는 비중은 이미 10% 초반대로 떨어졌으니 중국은 공업화가 높은 수준으로 진행된 나라라고 볼 수 있다. 하지만 인구 구성으로 보면 여전히 농민 인구가 50%로 농민국가라 할 수 있다. 그래서 도농의 격차가 사회적으로 굉장히 중요한 의미가 있는데, 이것 역시 빈부격차와 같은 추세를 보여준다. 개혁개방 직후 1980년대 중반까지 그 격차가 줄다가 1990년대 중반 이후 빠르게 증가해서 지금은 3배 이상의 평균 소득 차이를 보이고 있다.

이러한 변화와 연관된 현상이 이른바 '군체성 사건(비합법적 집단행동)'인데, 토지 수용시 보상 문제 등과 관련된 집단 시위가 가장 대표적인 예로, 이와 같은 사건이 1990년대 이후 급격히 증가했다. 1993년 8000여 건에서 2005~2006년에는 9만여 건으로 증가했다. 2006년 이후 통계는 확인이 안 되는데, 현재도 매년 9만 건에서 10만 건 정도 발생한다고 추정한다. 이는 1990년대 이후 중국의 사회구조 및 경제구조가 복잡해지고 이익의 분화가 빠르게 진행되면서 이에 따른 갈등이 증가하고, 그 결과 개혁개방에 대한 지지의 동력이 약화되고 있음을 보여주는 사례이다.

종종 "중국사회는 어때요?"라는 질문을 받는데, 중국이 과연 안정적으로 잘 발전하고 있는가, 아니면 불안한가 하는 궁금증에 따른 질문이다. 그런 질문을 받을 때마다 딱히 정확한 답을 할 수 없어 곤란한데, 지금까지는 "거시적으로는 안정적으로 잘 굴러가고 있지만 미시적으로는 굉장히 불안하다"라고 대답한다. 다시 말해 "농촌이나 하층에 가서 보면, '이 사회가 어떻게 유지되지?' 하는 불안감이 일지만, 중앙 차원에서 보면 상당히 안정적으로 잘 돌아가고 있다"라는 것이다.

어떻게 그것이 가능한가? 한국은 미시적인 부분과 거시적인 부분이 굉장히 빠르게 상호작용하는 국가이다. 작은 사건도 굉장히 큰 정치적 파문을 일으킬 수 있고 정치적 변화를 불러올 수 있다. 반면 중국은 큰 나라여서 미시적 사건과 거시적 정세 사이에 벽을 쌓는 것이 가능한데, 나라가 크다고 해서 꼭 가능한 것은 아니고 중국공산당이 이 문제를 다루는 나름의 전술과 방식 때문이다. 먼저 끊임없이 이데올로기적 조정을 하면서 새로운 과제에 대응한다. 예를 들면 2003년 이후 제기된 '허셰사회(和諧社會)'론은 '빈부격차에 대해 우리도 계속 관심을 갖고 대응하고 있다'

라는 신호를 주는 것이고, 중국공산당은 그에 따른 몇 가지 정책을 새로 채택한다. 아주 근본적인 방향의 전환은 아니더라도 농업세 폐지 같은 것은 '정부가 농민의 어려움에 관심이 있고 문제를 해결하려 한다'는 의지를 과시하고, 불만이 높아진 농민에게 중국공산당을 계속 지지할 것을 설득하기 위한 것으로 볼 수 있다.

다음은 어떤 돌발적 사건이 발생했을 때 널리 알려지지 않고 그 지역에서 조용히 해결되는 것이다. 그렇지만 요즘은 인터넷 때문에 이것이 쉽지 않다. 중국에서도 아주 조그만 시골 마을에서 발생한 사건이 굉장히 빠르게 전파된다. 이때 중국공산당의 중앙지도부는 적극적이고 빠른 조처를 하며, 중국공산당이 인민의 관심에 계속 대응하고 있다는 것을 보여줌으로써 통치의 정당성을 유지한다. 마지막은 사회체제와 관련된 것인데, 횡적인 네트워크의 형성을 철저히 통제하는 것이다. 그래서 중국에서는 어떤 국지적 사건을 전국적으로 전환시킬 수 있는 사회적 네트워크가 취약하다. 반대 역량의 조직화 자체가 어렵다. 물론 인터넷의 발달로 어떤 특별한 조직적 지원 없이도 국지적인 사건이 전국적인 의미를 가질 가능성이 과거보다 매우 높아졌다. 중국공산당의 이러한 대응에도 불구하고 사회·경제적 변화가 개혁개방 컨센서스를 약화시키고 있는 것은 분명하다.

사상논쟁의 출현

: 1990년대 자유주의와 신좌파

그럼 이제 개혁개방 컨센서스의 약화가 사상논쟁적인 차원에서 어떻게 표현되었는지, 다시 말해 개혁개방 노선에 대해 비판적인 지식인들의 논쟁이 어떻게 진행되었는지 설명하겠다. 개혁개방 이후 새로운 사회문제가 등장했고 적지 않은 사람들이 개혁개방으로 권리와 이익을 침해받았지만, 아무나 이에 대해 문제를 제기할 수 있는 것은 아니었다. 단순히 개인의 손익을 따지는 것으로는 사회적 관심을 끌기 어렵고, 이를 사회적 구조와 연관시켜 설명할 수 있는 담론이 매개가 되어야 사회적 논의의 대상이 될 수 있기 때문이다. 이를 위해서는 지식인들의 개입이 필요한데, 그 첫 번째 사례는 1990년대 중·후반의 자유주의와 신좌파의 논쟁이다. 사실 이 논쟁을 주도했던 일군의 지식인은 1980년대에 '계몽' 또는 '신계몽'이란 기치 아래 모여 일정한 공감대를 형성하고 있었다. 그 당시는 문화대혁명이 끝난 지 얼마 되지 않은 시기였기 때문에 많은 지식인들이 왜 그와 같은 사건이 발생했는지 성찰하고 나름의 결론을 찾던 시절이었다. 그 과정에서 '신계몽'이라는 기치를 내걸기도 했는데, 간단히 말하면 문화대혁명 같은 사건이 발생한 것은 근대적 정신, 즉 과거 5·4운동 때 얘기했던 민주와 과학의 정신이 중국에 제대로 수용되지 못한 탓이고, 그러므로 그러한 과제들을 다시 전면에 내걸어야 한다는 인식으로부터 나온 개념이다.

그런데 1989년 톈안먼 사태가 발생한 이후 일련의 정치 변화가 일어나고, 특히 1992년 사회주의 시장경제론이 채택되면서 다시 시장화 개혁이 가속화되는 상황에서 지식인 그룹 내 앞서 말한 문제에 대한 생각과 태도에 분화가 나타났다. 중국의 미래에 대한 위협, 즉 중국의 발전을 막는 주요한 장애물이 어디에 있느냐고 했을 때, 한편에서는 1989년 톈안먼 사태 이후 중국공산당의 영도에 대한 강조와 권력 집중에 있다고 보고, 다른 한편에서는 시장화 개혁에 따른 부작용, 특히 신자유주의, 즉 전 지구적 자본주의 체제로 끌려 들어가는 부분에 원인이 있다고 주장했다. 후자의 입장에 있는 사람들을 신좌파라고 부르고, 전자의 입장에 있었던 사람들 중 일부가 1990년대 후반에 들어 '우리가 추구하는 가치는 자유주의'라는 것을 좀 더 명확히 제기하면서 이들 간의 논쟁을 자유주의 대 신좌파 논쟁이라고 부르게 된다.

그때 출현한 자유주의적 경향과 관련해서 주목할 만한 것은 프리드리히 하이에크(Friedrich Hayek)와 같이 서구에서도 개인의 자유[이사야 벌린(Isaiah Berlin)의 구분에 따르면 소극적 자유]를 다른 어떤 가치보다 앞세우는 고전적 자유주의 전통을 계승한 학자들의 저작이 번역되어 소개되고, 중국 내 자유주의적 경향의 지식인들에게 많은 영향을 줬다는 점이다. 20세기 초 중국에 출현한 후스(胡適) 등 자유주의적 지식인들의 경우는 영국의 페이비어니즘(Fabianism) 등의 영향을 받아 경제적 평등에 대해서도 강조했던 것과는 차이가 있다. 어쨌든 신좌파-자유주의 논쟁을 계기로 1980년대까지는 모호한 기치 아래 모여 있던 지식인 그룹이 분화되고, 이후 중국 내 사상논쟁이 확대재생산되는 과정이 시작되었다.

:: 개혁성찰 논쟁(2003~2006년)

그 과정에서 내가 관심을 가졌던 것은 2003~2006년의 이른바 '개혁성찰[反思改革] 논쟁'이다. 이 논쟁은 개혁개방에 대해 폭넓은 문제를 제기했기에 상당히 의미가 있다. 이러한 현상이 등상할 수 있었넌 이유는 앞서 설명한 일련의 사회적 변화에 있다. 사실 2002~2003년에 등장했던 후진타오-원자바오(溫家寶) 체제도 그 문제를 어느 정도는 인식하고 그에 대응했다. 그래서 '과학발전관(科學發展觀)'이라든지, 사람을 근본으로 한다는 '이인위본(以人爲本)', '허셰사회' 등의 새로운 이데올로기적 지향을 발표하면서 개혁개방이 초래했던 여러 가지 부작용에 적극적으로 대처하는 자세를 보여줬다. 이런 전반적인 분위기에서 일군의 지식인들이 적극적인 문제제기를 하고 나섰다.

이 논쟁의 핵심적인 쟁점은 랑셴핑(郎咸平)의 경우, 국유기업이 사유화되는 과정에서 '과거 국가가 어렵게 쌓은 자산이 유실되고 있다'라는 점에 초점을 맞춰 비판했고, 양판(楊帆)이나 다른 경제학자들은 경제개혁의 방향이 신자유주의로 가는 것과 지나친 효율 우선 논리를 비판했다. 특히 양판은 권력과 자본의 유착이라는 '권력의 자본화' 문제를 굉장히 강하게 비판했고, 순리핑(孫立平)은 이미 개혁개방 컨센서스는 파열되었다는 표현을 쓰면서 이제 지나치게 급진적인 개혁 조치들을 중단하고, 사회공평을 중시하는 방향으로의 정비가 필요하다고 주장했다. 이것은 시장화와 효율 제고를 기본방향으로 하는 개혁개방 노선에 대한 비판이라고 할 수 있는데, 이들의 주장은 지식인들만이 아니라 일반 대중 사이에서도 큰 반향을 일으켜서 "랑셴핑 현상"이라는 말이 등장할 정도였다.

그러자 반대쪽, 즉 적극적인 개혁을 추진하려는 사람들이 당연히 이들의 주장에 반박했다. '빈부격차의 증가 등은 개혁을 중단시킬 문제가 아니라 오히려 개혁이 제대로 되지 않아서 생긴 문제이기 때문에 개혁을 심화해야 한다, 시장화 개혁을 더욱 과감히 하고 정부의 과도한 개입은 없어야 한다'와 같은 주장을 2005년 가을부터 2006년 봄 사이에 적극적으로 펼쳤다. 개혁개방 노선에 대한 문제제기가 광범위한 지식인들에 의해 이뤄졌다는 것은 개혁개방 컨센서스가 약화되었다는 변화를 보여준다. 이것이 이 시기 논쟁의 중요한 의미이다.

당시 중국공산당 지도부는 계속해서 적극적으로 개혁을 심화할 것이고, 개방도 확대할 것이라는 발언을 하면서 이 논쟁이 초래할 수 있는 정치적 혼란과 충격을 막는 방향으로 대응했다. 이런 입장은 2006년 6월 5일 ≪인민일보≫에 게재된 중쉬안리(鍾軒理)의 글에서 나타난다. 그럼 실제로 지난 2006년 이후 이러한 논쟁이 어떤 변화를 일으켰는가? 다시 말해 '개혁개방에 대한 비판이 많았기 때문에 방향이 바뀌었는가, 아니면 개혁을 심화하자는 주장이 있었기 때문에 더 심화되었는가?'라고 물을 수 있는데, 나의 평가는 어느 쪽으로도 변화되지 않고 현 상황을 유지하고 관리하는 데 치중했다는 것이다. 물론 부분적으로는 개혁개방의 부작용에 대한 대응이 있었다. 농업세 폐지 등 '삼농(三農, 농업·농민·농촌)' 문제에 대한 대응이나 지역 간 불균형을 조정하는 정책을 펼친 것은 사실이지만, 그렇다고 개혁개방의 기본 노선이 근본적으로 변화하지는 않았다.

정부의 재정분배라는 차원에서 이 시기 예산을 통한 재분배의 효과가 어느 정도인지 분석한 적이 있었는데, 급진적인 재분배는 없었다. 그렇다고 개혁파가 원하는 방식의 대단한 개혁 조치가 있지도 않았다. 이에 대해서 다시 설명하겠지만, 개혁파 경제학자 중에는 후진타오 체제 10년의 경제개혁에 대해 상당한 불만이 있는 경우가 많다. 시장화 개혁을 촉진하기 위한 정책을 적극적으로 추진하지 않았다는 불만이다. 좌와 우에서 모두 중국공산당 노선에 대한 불만이 고조되었고, 이러한 불만을 최근 들어 더욱 노골적으로 표현하면서 사상논쟁을 격화시키고 있다.

시진핑 시대의 사상논쟁

⁝ 사상논쟁의 새로운 양상

⁙ 사상 분화의 가속화: 신좌파와 마오좌파, 사회민주주의와 고전적 자유주의

결론적으로 현재 시진핑 체제에서 사상논쟁은 '더 분화되고 격화되고 있다'라고 말할 수 있다. 1990년대 사상논쟁에서 1차 분화가 진행되었다면, 2000년대 들어 2차 분화가 일어났다고 할 수 있다. 이 2차 분화의 특징은 신좌파나 자유주의 내에서의 분화이다. 먼저 좌파 내부에서는 마오좌파[毛左]의 영향력이 증가했다. 마오좌파의 입장은 간단하게 말해 마오쩌둥(毛澤東)의 문화대혁명 노선을 계승하자는 것이다. 이 문화대혁명 노선을 비판하고 등장한 것이 개혁개방이기 때문에, 마오좌파는 개혁개방에 대해 당연히 전면적으로 부정한다. 중국공산당의 공식 입장이 문화대혁명에 대한 부정인데, 이제 그걸 다시 기본 노선으로 삼아야 한다는 것이다.

마오좌파는 문화대혁명 노선의 정당성이 증명되고 있다고 생각한다. 문화대혁명의 기본 논리는 사회주의 단계에서도 자본주의로 돌아가려는 가능성과 위험성이 상존하기 때문에 중단 없는 지속적인 계급투쟁을 해야 한다는 것이다. 개혁개방 이후 이러한 논리에 대한 중국공산당의 공식 입장은 다음과 같다. '중국은 이미 사회주의화가 되었고 자본가 계급도 소멸시켰는데 어떻게 자본주의로 돌아간다는 것인가? 이것은 마오쩌둥의 과도한 우려였고, 그런 잘못된 인식이 그릇된 정책 판단을 낳았으며, 그 결과 문화대혁명이 발생한 것이다.' 앞에서 설명한 것처럼 21세기

들어 빈부격차가 심화되고 일부 사람들이 엄청난 부를 축적하니 이런 관점이 다시 등장할 수 있는 사회적 토대가 생긴 것이다. '마오쩌둥이 한 말이 맞았다, 사회주의에서 다시 자본주의로 돌아가는 것이 아닌가' 하는 주장이 사회적 담론으로 형성될 수 있는 공간이 만들어진 것이다. 1990년대의 신좌파 내에서도 문화대혁명을 전면적으로 부정하는 데는 다소 비판적이면서 이 시기의 여러 실천 중에 긍정적인 유산도 있다는 식의 평가가 있었지만, 마오좌파는 이보다 한발 더 나아가 전면적인 계승을 들고 나온 것이다.

우파 내부를 들여다보면, 고전적 자유주의를 추구하는 입장과 사회민주주의를 추구하는 입장의 분화를 볼 수 있다. 앞에서 말한 것처럼 중국은 5·4운동 이후 서구 근대 사상을 받아들이면서 1920~1930년대에 자유주의 사상이 많이 들어왔다. 그때 주로 영향을 끼쳤던 것은 사회민주주의 성향이 강한, 자유만이 아니라 부의 분배나 공평 문제를 강조하는 자유주의였다. 그런데 1990년대 이후로 일부 지식인이 개인의 재산권이나 자유 등의 가치를 우위에 두는 고전적 자유주의(하이에크 같은)를 수용하게 된다. 그리고 또 다른 한편에서 사회민주주의를 해야 한다는 흐름이 생겨났다. 후자의 경향을 대변하는 것으로는 ≪염황춘추(炎黃春秋)≫라는 중국 당내 원로 개혁파가 만든 잡지가 있는데, 2007년 2월호에 '민주사회주의(사회민주주의)'야말로 중국이 나아가야 할 방향이다[民主社會主義與中國出路]'라고 주장하는 글이 실렸다.

따라서 중국의 사상논쟁을 주도하는 경향을 마오좌파와 신좌파, 사회민주주의와 고전적 자유주의에 기초한 자유주의, 이렇게 네 가지로 나눌 수 있으며 이것은 서구의 분류와는 조금 다르다. 서구에서는 사회민주주의라고 하면 보통 좌로 분류된다. 나는 사회민주주의를 우로 분류했는데,

그 이유는 현재 중국에서 좌우를 구분하는 상당히 중요한 쟁점이 중국공산당 및 정치 민주와 관련되어 있다고 보기 때문이다. 정치 민주에 대해서 사회민주주의자들은 민주헌정론을 수용하거나 공산당의 권력을 견제하는 정치개혁을 지지한다. 그래서 이런 분류를 하게 되었는데, 이 부분에서는 또 다른 논의가 충분히 가능하다고 생각한다.

※ 이데올로기의 극단화

최근에 벌어진 사상논쟁의 두 번째 새로운 양상은 이데올로기가 좀 더 극단화되는 것이다. 논쟁이 더욱 치열하고 격렬해진다는 것인데, 이는 좌에서는 마오좌파, 우에서는 고전적 자유주의라는 양 극단의 경향이 출현했기 때문이다. 또 다른 이유는 사상논쟁에서 다양한 사회세력 혹은 정치세력과 연동 또는 상호작용이 증가했기 때문인데, 1990년대 자유주의 대 신좌파 논쟁이 주로 지식인 사회 내부의 논쟁이었다면 현재는 그렇지 않다. 1990년대 논쟁은 지식인 사회에서 큰 관심을 끌고 논란을 불러일으켰지만 사회적인 충격은 크지 않았다. 그런데 최근의 논쟁은 다양한 사회적 흐름과 연계되거나 상호작용을 하고 있고 사회적 파장도 크다.

예를 들면 자유주의 경향 내에서 중요하게 관심을 끌었던 사건으로 2008년 이른바 '08헌장(零八憲章)'이라는 일련의 정치개혁을 요구한 선언이 있었다. 이 선언을 주도했다는 이유로 류샤오보(劉曉波)가 체포되어 11년 형을 선고받고 2010년 노벨평화상을 수상했다. 상당히 큰 정치적 파문을 일으키고 '08헌장'에 대한 서명운동이 약 1년간 진행되었다. 또 다른 예로 좌파에서는 '충칭모델'을 들 수 있다. 충칭모델을 둘러싼 사건은 보시라이의 체포로까지 이어지는 등 사회적·정치적으로 큰 충격을 줬는데, 중국에서 사상논쟁은 시기에 따라 부침이 있기는 하겠지만 기본적으로는 갈수록 치열해지고 사회적 영향력도 더욱 커질 것이라고 생각한다. 물론 중국의 정치체제를 감안하면, 이러한 흐름이 당장 큰 변화를 가져오지는 않을 것이다. 하지만 중국공산당이 새로운 변화를 추구할 때 이 중 어떤 아이디어를 수용하고 변화의 기회로 삼을 가능성은 존재한다. 그런 의미에서 현재 중국공산당이 견지하고 있는 노선도 중요하지만, 사상논쟁의 분화 속에 분출되고 있는 아이디어들도 주목할 필요가 있다.

사상논쟁의 중요 쟁점

역사 문제

앞에서 설명한 최근 네 가지 사상의 흐름 간 차이를 보여주는 주요 쟁점을 세 가지로 정리해보겠다. 먼저 역사 문제에 대한 쟁점이다. 한국도 현재 역사 문제와 관련해서 논란이 많은데 중국도 만만치 않다. 역사 문제에 대한 중국공산당의 공식적인 입장, 즉 사회주의 건설에 대한 평가는 1949년 신중국 수립에서 1956년 사회주의 개조가 완수되는 시점까지 대체로 긍정적이다. 그리고 1957년 이후 잘못된 경향이 출현했다고 설명한다. 전반적으로 부정하지는 않지만 잘못된 경향들이 나타났다고 보는 것이다. 그리고 1966년 이후 문화대혁명은 재난이었다고 완전히 부정한다. 개혁개방은 문화대혁명의 잘못을 수정하고 사회주의 건설을 올바른 방향으로 이끈 것이니 1978년부터 현재까지의 변화는 긍정적으로 평가한다. 이것이 중국공산당의 공식적인 입장인데, 이에 대해 좌우 둘 다 불만족스럽게 생각한다. 왜냐하면 문화대혁명을 계승하자는 마오좌파의 입장에서는 문화대혁명이야말로 마오쩌둥 사상의 정수이다. 그래서 그들은 현재 중국공산당이 추구하는 개혁개방 노선을 비판한다. 사회주의의 길로부터 벗어나 변질된 길을 가고 있다는 것이다. 신좌파의 경우에도 문화대혁명을 전면부정하는 데는 비판적이다. 거기에 여러 가지 긍정적 요소가 있다는 것이다. 예를 들면 대중적 참여의 유산들, 이것은 현재 중국에도 매우 중요하다고 강조한다. 신좌파는 문화대혁명을 선택적으로 수용하는 입장이라고 할 수 있는데, 전면적으로 부정되는 공식적인 역사 서술에 대해서는 마오좌파와 마찬가지로 비판적인 입장이다.

우로부터의 비판은 기본적으로 사회주의, 즉 혁명 유산에 대한 부정이라 할 수 있다. 자유주의 사상 자체가 그런 것들을 수용할 수 있는 가치가 아니기 때문이다. 특히 두 가지 점에서 현재 공식적인 역사 서술과 충돌된다. 하나는 중국공산당이 문화대혁명을 전면적으로 부정했지만 사실상 문화대혁명에 대한 논의 자체도 같이 금지시킨 것에 대한 비판이다. 그것이 금지된 이유는 그 내부의 복잡한 문제를 손대기 시작하면 중국공산당의 단결과 안정에 부정적 영향을 주고, 중국공산당의 위신이 떨어질 것이라는 생각에 있다. 그런데 자유주의적인 입장에서는 문화대혁명이야말로 중국공산당이 독재, 전제라는 특징을 보여주는 가장 중요한 역사적 사건이기 때문에 더 적극적으로 문제 삼아야 하는 대상이다.

두 번째는 비단 문화대혁명뿐 아니라 그전의 중국공산당 역사도 대체로 비판적으로 보는 경우가 많다. 심지어는 혁명 자체에 대해서도 비판적인데, 예를 들면 과거 공산당 역사에서 연안정풍(延安整風)이라는 정치운동이 있었다. 중국공산당이 대장정을 끝내고 연안이라는 서북지역의 조그만 농촌마을에 들어가서 중국공산당을 갱신하는 과정이었는데, 이를 통해 항일 시기의 어려움을 극복하고 국공내전에서 이길 수 있는 힘을 길렀다고 하는, 아주 긍정적인 평가를 받는 혁명 유산이다. 그런데 자유주의자 입장에서 보면 연안정풍 시기 일어났던 정치적 숙청은 사실상 문화대혁명의 원형이다. 이런 식으로 거슬러 올라가서 중국공산당의 역사를 부정하게 된다. 앞에서 중국공산당이 이데올로기 영역에서 일곱 가지 위험한 경향으로 꼽은 것 중 '역사허무주의'가 바로 중국공산당의 역사적 잘못을 과도하게 비판하는 이러한 경향들을 지칭한다.

개인적으로 흥미로운 부분은 민주사회주의론(사회민주주의)인데, 이들 진영의 입장은 중간적이다. 대체로 신중국 혁명 자체의 정당성은 긍정하지만, 1953년 사회주의 개조부터는 문제가 있다는 평가이다. 중국공산당은 1949년 혁명 당시 곧바로 사회주의를 도입하는 대신 신민주주의를 하겠다고 했다. 그래서 경제적으로는 사회주의적 요소와 자본주의적 요소를 결합하고, 정치적으로는 공산당뿐 아니라 비공산당 계열의 사람들도 정부에 참여했다. 하지만 신민주주의 시스템은 불과 몇 년을 가지 못하고 1953년부터 사회주의 개조가 시작되었다. 이 부분에 대해 문제제기를 하면서 최근 중국에서 신민주주의에 대한 논의가 다시 일어나고 있는데, 과거에 추구했던 신민주주의 체제 정도를 당면한 개혁의 목표로 삼아야 되는 것이 아닌가 하는 관점이라고 볼 수 있다.

※ 정치 민주

두 번째 주요 쟁점인 정치 민주는 복잡하게 설명하지 않아도 직관적으로 이해할 수 있다. 좌우를 구별하는 방법 중 좌파는 아직까지 중국공산당 영도라는 원칙을 대체로 수용한다. 즉, 공산당 영도 아래 중국식 민주를 발전시키자는 것이고, 우파는 그것이 바로 중국의 정치발전을 가로막는 가장 중요한 제도적 장애 요인이라고 생각한다. 우파 자유주의에서 보는 정치개혁의 요구가 '08헌장'에 구체적으로 나와 있고, 핵심적인 요구 몇 가지는 다음과 같다. 헌법 개정, 즉 개인의 권리를 보장할 수 있는 방식으로 헌법을 개정하고, 이 헌법에 따라 통치하자는 것이고(헌정 실시를 요구한다), 분권을 통한 견제와 균형, 즉 삼권분립 같은 내용이 포함되어 있다. 입법기관의 직접 선거, 사법 독립, 군대의 국가화 등이 중요한 요구사항이다. 현재 중국의 인민해방군은 중국공산당의 지휘를 받기 때문에 국가의 군대가 아니라는 것인데, 이 문제는 중국의 특수성과 서구식 정치제도의 중요한 차이점 중 하나로 자주 언급된다. 티베트 및 타이완과 관련된 연방공화국 제안도 중국공산당의 입장과 정면으로 충돌한다. 전체적으로 사회주의 민주라는 현 제도를 부정하고 상층의 제도를 서구식으로 개혁하는 것에 초점을 맞춘 아이디어들이 제시되어 있지만, 중국에서 정치개혁을 원하는 사람들이 다 이에 동의하는 것은 아니다. 이런 제안들이 모두 중국의 현실에 부합하는지도 의문이고, 현실적으로 실행하기 굉장히 어렵기 때문이다. 방향은 동의할 수 있지만 실제 과정에서는 좀 더 신중하고 점진적인 태도, 당내 개혁파들과 상호작용이 필요하다는 논의가 특히 민주사회주의 경향 내부에서 나오고 있다.

좌파에서는 원칙적으로 인민 민주, 대중 민주를 주장하며 현재 서구의 대의제 민주가 단지 대표자를 뽑는 것일 뿐, 진정한 민주가 아니라고 비판한다. 정기적인 선거를 통한 통치자의 교체만이 민주주의가 아니라는 것이다. 이것은 서구의 비판이론에서도 많이 제기되고 있는 문제로, 중국의 좌파들은 좀 더 강하게 그 부분을 비판하고, 참여에 기초한 인민 민주, 대중 민주를 강조한다.

그런데 과연 '그러한 민주주의가 어떻게 가능한가?'에 대해서는 사실 뚜렷한 답을 찾았다고 보기 어렵다. 마오좌파 같은 경우는 '문화대혁명 시기의 참여가 인민 민주이다'라는 쉬운 대안을 내놓을 수가 있다. 하지만 이 주장은 많은 사람들의 동의를 얻을 수 없다. 그 당시 일어났던 여러 가지 사건에 대한 트라우마가 있기 때문이다. 그럼 신좌파 내 다른 아이디어나 논의가 있는가? 부분적으로는 있지만 구체적인 대안이라고 보기는 어렵다. 대체로 인민 민주를 강조하면서 협의 민주, 심의 민주 같은 개념을 언급하지만, 이것은 다당제를 통한 경쟁보다 협의를 더 중시하는 방식이다. 이런 방식이 중국공산당 권력을 효과적으로 견제할 수 있는가 하는 질문에 대해선 자유롭지 못하다고 생각한다. 그래서 일부에서는 신좌파의 이런 태도를 사실상 현 정치체제를 옹호하는 것이라고 비판한다.

※ 경제개혁 방향

또 다른 주요 쟁점은 경제개혁에 관한 것으로, 이 부분에서 한 가지 강조하고 싶은 것은 경제개혁 역시 이데올로기적인 성격이 강화되었다는 점이다. 중국은 1992년 시장경제를 채택한 후 국유기업에 대한 구조조정을 단행해 소유제 개혁 영역에서 상당히 많은 변화가 있었으나, 최근 양상을 보면 소유제 문제가 여전히 중국에서는 넘기 어려운 벽이라는 생각이 든다. 사회주의 시장경제에서 사회주의적인 요소가 무엇인가 하는 질문에 중국에서는 다음 세 가지 요소를 든다.

첫째는 다양한 소유제를 공동으로 발전시키는 동시에 공유제(公有制)를 주체로 한다는 것이고, 둘째는 노동시간에 따른 분배를 한다는 것, 셋째는 시장에만 맡기는 것이 아니라 정부가 거시조정을 한다는 것이다. 그런데 마지막 '정부의 거시조정'은 다른 자본주의 국가도 한다. 정도의 차이만 있을 뿐이지 과연 이것이 사회주의적인 특징인지는 의구심이 든다. 둘째 '노동시간에 따른 분배' 역시 별 의미가 없다. 중국이 지속적으로 빈부격차가 커지는 건 노동시간이 다르기 때문이 아니라, 대부분 자산가치라든지 시장에서의 효율 등의 차이가 커졌기 때문이다. 결국 남은 것은 첫째, '공유제 주체'인데, 이것이 새로운 논쟁거리를 계속 만들고 있다.

예컨대 중국의 개혁파 경제학자들이 최근 몇 년 사이에 이른바 '국진민퇴(國進民退)'가 심화되었다며 민간영역의 확대를 요구했다. 국유기업이 개혁되면서 그 수는 많이 줄었지만, 100개 남짓 남은 중앙기업, 즉 중앙정부에 소속된 국유기업이 중국의 중요한 전략적 산업을 독과점으로 장악하고 있다. 그렇기 때문에 민간기업이 성장할 수 있는 기회가 없는 셈이다. 개혁파들이 보기에는 이것이 중국경제의 위험요인이고 그래서 민영경제가 그 부문에 참여할 수 있는 기회를 달라는 것인데, 결국 이 문제가 소유제와 부딪치면 어떻게 될까 하는 문제가 생긴다. 공유제마저 포기하면 '도대체 뭐가 사회주의인가?' 하는 이론적 반발이 따라올 수밖에 없다. 그래서 소유제 논쟁이 1990년대 중반 치열하게 진행된 적이 있고, 최근에는 이데올로기적 성격이 뚜렷한 논의로 재등장하고 있다.

현재 대부분의 중국인들은 신도시화가 대단히 중요하다고 동의하고 있지만, 토지 소유에 관련된 이슈가 있다. 왜냐하면 중국에서 농민들은 소유권이 아닌 경작권을 갖고 있고, 지방정부에게 소유권이 있다. 그래서 개발을 할 때 지방정부가 소유권을 행사하면 농민들은 적절한 보상을 받기 어렵다. 개인이 소유권을 가지고 있으면 끝까지 버틸 수 있지만, 경작권은 협상의 레버리지(leverage)로서 매우 약하다. 그래서 한편으로는 농민의 권리 차원에서 사유권을 인정해야 하고, 사유화가 되어야 농민들이 경작권에 묶여 있지 않고 도시로 진출하는 유인(誘因)이 될 것이라는 주장이 있는데, 중요한 것은 이것이 단순히 경제정책으로서가 아니라 이데올로기적인 성격의 문제라는 점이다. 이런 부분들이 좌우 논쟁에서 중요한 이슈로 계속 부상하고 있다.

나가며: 사상논쟁과 시진핑 체제의 미래, 세 가지 시나리오

이상으로 사상논쟁의 주요 쟁점 세 가지를 간단히 짚었다. 마지막으로 사상논쟁이 중국사회 변화에 어떤 영향을 미칠 것인가에 대해 설명하겠다. 현재의 논쟁구도는 '좌우 논쟁'으로 불린다. 그리고 앞으로도 이 구도가 강화될 가능성이 높다. 이 좌우 구도에서 세 가지 가능성이 있는데, 첫째는 좌파연합이 강화되는 것이다. 마오좌파와 신좌파의 연합이 강화되고 이 좌파연합이 우위에 서는 구도이다. 다만 이 연합이 강화되더라도 일부 강경한 마오좌파가 원하는 변화는 일어나기 어렵다. 이들은 주변화된 세력이고, 이들이 내세우는 이데올로기적인 자원, 특히 문화대혁명이 많은 사람의 지지를 받기 어렵기 때문이다. 이보다는 신좌파와 공산당이 결합하는 방식, 즉 신좌파의 문제제기가 일부 수용되고 그 과정에서 어떤 이데올로기적인 재구성이나 좌파의 이데올로기가 다시 강화되는 방식으로의 전개가 훨씬 현실성 있다. 그런데 이것은 현 체제의 급진적인 변화가 없을 것이라는 점에서 대체로 현상 유지적인 시나리오이다. 개인적으로 이 시나리오가 중·장기적으로 가장 현실성 있다고 생각한다. 동시에 이러한 경로 내에서 개혁개방 이후 성장과 효율 위주의 발전노선에 대한 도전과 성찰이 강화되고, 이것이 중국공산당의 노선으로 수용될 경우, 중국이 새로운 방향으로 변화될 가능성도 내포한다는 점에서 주의할 필요가 있다. 즉, 이 경로 내에서는 중국공산당이 그럭저럭 현상을 유지하는 방향으로 나아가거나 아니면 새로운 발전모델을 창출하는 방향으로 나아갈 수 있는 가능성이 동시에 존재한다.

둘째는 좌우 구도에서 우파연합이 우위에 서는 것이다. 이 경우 정치개혁에 대한 요구가 전면에 부상하면서 가장 급진적인 변화의 시나리오가 만들어질 수 있다. 하지만 고전적 자유주의 경향은 대중적 기반이 취약하다. 중국의 특성을 고려할 때 친서방주의적인 경향이 대중의 지지를 받을 가능성은 높지 않아 보인다. 만약 우파연합에서 변화의 계기가 만들어진다면, 그것은 중국공산당의 개혁파와 사회민주주의 경향 사이의 연대가 강화되는 방식이 될 것이다.

중국인들에게는 유명하지만 한국인들은 잘 모르는 이야기가 하나 있다. 앞에서 말한 ≪염황춘추≫라는 잡지의 고문 중에 두룬성(杜潤生)은 정치개혁의 필요성을 상당히 적극적으로 주장한 인물로, 1980년대 농촌개혁의 핵심이었다. 1982년부터 1986년까지 5년 연속으로 「중앙1호문건(中央一號文件)」을 기초한 사람인데, 1913년생인 그가 얼마 전 병원에서 100세 생일을 치렀다고 한다. 그의 생일에 관련된 보도 중 원자바오와 왕치산(王岐山)이 위문을 했다는 내용이 있고, 최근에는 리커창(李克强)이 몇 개의 정책 자문팀을 구성했는데 그 팀 소속 위원들이 다녀갔다는 것도 있다. 이로 보건대 당내 개혁파의 통로가 전혀 없지는 않다는 것을 알 수 있지만 현재로선 주된 경향 같지는 않다. 그래서 첫째 구도가 좀 더 현실적이라고 생각한다. 하지만 장기적으로 볼 때 둘째 구도 역시 중요한 가능성 중 하나로 남아 있을 것이다. 이와 관련해 많은 사람들이 주목하는 것은 중국 중산층의 출현과 이들의 동향이다. 향후 중산층이 중국의 미래에 미치는 영향력이 증가할 텐데 중산층에서 어떠한 경향이 주도권을 쥘 것인지를 주의해서 관찰할 필요가 있다.

셋째는 좌우 구도가 깨진 좌우연합이 있을 수 있다. 호사가들은 '마오좌파와 아주 극단적인 자유주의적 경향, 이 둘이 만날 수도 있지 않겠는가'라는 말을 하기도 하는데, 그 이유는 둘 다 중국공산당에 대한 태도가 유사한 것에 있다. 마오좌파와 고전적 자유주의 우파가 공히 중국공산당의 현행 노선을 거부한다. 하지만 양자의 이데올로기적 거리를 고려하면 가능성은 거의 제로에 가깝고, 담론 수준에서 한 번쯤 생각할 수 있는 것은 신좌파와 사회민주주의 사이의 교류일 것이다. 이 두 경향은 사회적 가치의 지향이나 사회주의의 현대화라는 측면에서 일정하게 공유하는 아이디어가 있기 때문에 담론이나 지식 공간에서 교류하거나 발전적으로 논의할 수 있는 가능성이 전혀 없지 않다. 하지만 현재로서는 가능성이 높지 않은데, 서로 비판하고 갈등하는 측면이 더 강하기 때문이다. 나는 이 두 경향의 접점 사이에서 중국사회의 변화를 위한 아이디어가 만들어지는 것이 바람직하다고 생각한다. 마오좌파나 고전적 자유주의가 현실과 유리되어 추상적 목표에 집착하는 것과 달리, 신좌파와 사회민주주의 사이의 접점에서 미래의 변화에 중요한 의미를 갖는 현실적인 이슈가 논의되고, 이에 대한 새로운 해결방안이 제출될 수 있다고 보기 때문이다. 예를 들면 중국도 '어떻게 정치질서에 대중적 참여를 증대시킬 것인가'에 대한 고민이 필요하고, 경제개혁과 관련해서 시장화 개혁도 중요하지만 신자유주의의 폐단이라든지 과도한 개혁이 초래하는 문제에 대해서도 고려할 필요가 있다. 이런 문제에 대해 새로운 해법을 만들어가는 협력이 있어야 할 것이다.

중국공산당에게도 경제체제와 정치체제 사이의 괴리를 조정할 수 있는 장치가 필요하다. '정치적으로는 사회주의를 강조하면서 경제적으로는 괴리가 있는 방향으로만 개혁이 추진된다면, 앞으로 이 괴리를 조정하기가 점점 어려워지지 않을까?'라는 위기의식도 높아지고 있다. 그래서 반(反)부패와 관련해 최근 정풍운동이 있었지만, 이런 것만으로는 문제 해결이 어렵다. 사회 시스템에 변화가 필요하고, 이를 위해 문제 해결에 도움을 줄 수 있는 새로운 아이디어가 제출되어야 하고, 이를 가다듬을 수 있는 건강한 담론 공간이 만들어져야 한다.

이것과 관련해서 한 가지 우려할 사항이 있다. 앞에서 언급한 이데올로기 영역의 일곱 가지 위험한 경향 중 '공민사회, 즉 시민사회에 대한 선전'과 관련해 한때 중국은 시민사회에 대해 긍정적인 태도를 보인 적이 있다. 그런데 현재 와서 비판적인 태도인 이유는 중앙아시아에서부터 중동까지 확산되었던 이른바 '색깔혁명'이라는 정치적 사건에 대한 경계심에 있다. 중국은 색깔혁명에 미국이나 서구의 의도가 개입되어 있고, 그 매개가 시민사회, 즉 NGO라고 판단하고 이를 견제하는데, 나로서는 이런 입장에 동의하기 어렵다. 일부 정치적 사태를 이유로 다양한 가능성을 지닌 시민사회를 부정할 필요는 없고, 자율적인 주체들이 모여 새로운 아이디어를 만들고 자치능력을 강화하는 공간으로 적극 살려가야 한다. 이를 지나치게 통제하거나 원천적으로 부정하는 것은 긍정적인 발전의 기회를 상실하는 것이다.

중국의 부상 또는 경제 시스템, 이런 표면적인 현상의 변화도 중요하지만 중국 내부에서 중국이 어떤 방향으로 갈 것인지 고민하고 논의하는 과정에 대해서도 좀 더 관심을 가졌으면 한다. 인접 국가로써 중국을 경제적인 이익이나 성과만으로 이해하기보다 서로의 가치를 잘 이해하고 공유할 수 있는 부분을 확대하는 방향으로 관심을 높일 필요가 있다.

(강연일 2013.11.11)

더 읽을 책

왕후이(汪暉). 2014. 『탈정치 시대의 정치』. 성근제 · 김진공 · 이현정 옮김. 돌베개.
원톄쥔(溫鐵軍). 2013. 『백년의 급진』. 김진공 옮김. 돌베개.
이창휘 · 박민희 엮음. 2013. 『중국을 인터뷰하다』. 창비.
조경란. 2013. 『현대 중국 지식인 지도』. 글항아리.
전리군(錢理群). 2012. 『모택동 시대와 포스트 모택동 시대 1949~2009』. 연광석 옮김. 한울아카데미.

제3강 중국의 꿈

시진핑 리더십과 중국의 미래

조영남 (서울대 국제대학원 교수)

강연 개요

2012년 11월 중국공산당 18차 당대회를 기점으로 시진핑과 리커창 중심의 5세대 지도부가 등장했다. 이들이 추구하는 리더십에는 '보수정치, 시장경제, 실용외교'가 복합되어 있다. 시진핑 정부는 국정목표로 '중국의 꿈'을 제시했고, 이를 달성하기 위해 법치(정치), 전환(경제), 민생(사회), 소프트파워(문화), 화평굴기(외교)의 국정방침을 추진하고 있다.

들어가며: 중국 개황

본격적인 내용으로 들어가기에 앞서서 중국에 대한 몇 가지 사실을 짚고 넘어가자. 첫째는 인구이다. 2013년 12월 기준으로 중국 인구는 13억 6000만 명이다. 인구 구성은 한족(漢族)과 55개 소수민족을 더해 모두 56개 민족으로 다민족국가이다. 55개라는 소수민족 숫자는 인류학자인 페이샤오퉁(費孝通) 교수가 1950년대에 조사·분류한 것으로, 실제는 55개보다 많다. 이것을 보고 혹자는 중국도 구소련처럼 민족국가로 분열되는 것이 아닌가 한다. 하지만 그럴 가능성은 거의 없다. 중국과 구소련의 상황이 다르기 때문이다. 구소련은 백러시아계가 중심인 러시아와 나머지 14개 공화국으로 이뤄졌는데, 민족 구성에서 백러시아계가 약 50%, 소수민족이 대략 50%였다. 또한 경제적으로 잘사는 소수민족 공화국은 주로 서쪽에 있었다. 따라서 페레스트로이카(перестрóйка)를 시작한 이후, 1989년 무렵 소련 공산당이 붕괴되기 시작하자 소수민족 공화국이 독립을 선언했고, 그 결과 다민족 연방체제가 무너졌다.

하지만 중국은 민족구성에서 한족이 91.5%이고, 소수민족이 8.5%에 지나지 않는다. 경제적으로는 한족이 경제가 발전한 연해지역에, 소수민족은 빈곤한 내륙지역에 밀집해 있다. 예를 들어, 티베트 같은 일부 소수민족 지역은 중앙정부의 재정적인 지원이 없으면 경제적으로 유지될 수가 없다. 그런 의미에서 중국과 구소련은 다르다.

또한 구소련은 공산당이 붕괴되고 러시아가 독자적인 행보를 하는 상황에서 나머지 14개 공화국을 붙들고 있어야 할 이유가 없었다. 각자도생(各自圖生)인 것이다. 구소련은 민족 결합이 볼셰비키(большевик) 혁명 이후에 이뤄졌기 때문에 연방공화국의 역사가 그리 길지 않았다. 하지만 중국은 신장(新疆), 티베트[西藏], 네이멍구(內蒙古) 자치구 등 모두 5개 소수민족 자치구가 있는데, 이들이 중국에 통합된 지는 200년이 넘었다. 게다가 소수민족 지역은 전체 영토의 60%나 된다. 따라서 소수민족 지역이 분리되면 중국 자체가 분해되기 때문에 중국정부는 이를 결코 허용할 수 없다. 또한 이것은 타이완, 홍콩, 마카오까지 연결된 문제이다. 그래서 중국은 소수민족이 독립하려고 한다면 필사적으로 막을 것이다. 이런 여러 가지 이유로 중국은 비록 다민족국가이지만 구소련처럼 분열할 가능성은 거의 없다.

둘째는 영토의 크기이다. 이것 역시 많은 함의가 있다. 나의 대학 은사이기도 했던 고(故) 민두기 교수는 중국을 제대로 이해하려면 한국적 시각을 극복하라고 했다. 중국을 공부할 때는 몸을 한반도에서 번쩍 들어 중국의 한가운데에 놓고 보라는 가르침이다. 그렇게 하면 중국 역사가 이해되기 시작한다는 것이다. 단적으로 중국은 한국과 달리 육속(陸續) 국경선이 14개국과 인접해 있고, 해양 경계선은 5개국과 맞닿아 있다. 이에 비해 한반도는 3개 국가, 즉 일본, 중국, 러시아와 국경선을 맞대고 있다.

그렇다면 이것은 무엇을 의미하는가? 우선, 북한의 가치를 말해준다. 중국은 북한의 전략적 가치를 인정하지 않을 수 없다. 중국은 총 19개국에 둘러싸여 있는데, 만약 북한이 없다면 어떤 문제가 발생하겠는가? 중국은 이미 지역 강대국에서 세계 강대국으로 빠르게 성장하는 과정에 있다. 그래서 중국의 입장에서 가장 중요한 과제는 세계 강대국으로 성공적인 부상을 하는 것, 즉 글로벌 파워가 되는 것이다. 이 과정에서 결정적인 요인은 미국이다. 다시 말해 미국이 중국의 부상을 견제하고 있다는 것이다. 동아시아에서 미국과 군사동맹을 맺고 있는 국가는 5개국이고, 그 밖에 다양한 방식으로 안보협력을 하는 국가들이 중국을 둘러싸고 있다. 이러한 상황에서 북한은 중국이 미국과 직접 충돌할 가능성을 줄여주는 이른바 '완충지역(buffer zone)'의 가치가 있다. 완충지역으로서 북한의 가치는 한국과 중국의 경제교류가 3000억 달러를 넘어 5000억 달러가 되어도 여전할 것이다. 또한 남북통일이 동아시아에 평화를 가져오고 중국에게 이익이라 하더라도, 중국이 꺼려하는 이유가 바로 여기에 있다.

이를 통해 중국에게 주변국 외교는 매우 중요한 과제라는 것을 유추할 수 있다. 중국이 부상하기 전에는 주변국 외교가 중요하지 않았다. 그런데 중국이 급격히 부상하면서 상황이 달라졌다. 예를 들어, 2012년 중국의 GDP는 8조 4000억 달러였는데, 2014년에는 10조 달러가 넘었다. 이처럼 중국이 급속하게 부상하면서 '중국위협론'이 등장했고 현재 중국은 딜레마에 빠져 있다. 경제가 발전하면서 국력이 커지면 위험하다고 경계하고, 경제가 위축되면 주변국에 피해를 준다고 불평한다. 그리고 아무것도 하지 않으면 불안하다고 한다. 따라서 중국이 주변국에 취하는 외교적 입장이나 정책은 한국의 고민과는 차원이 다르게 복잡하다. 한국의 관점으로는 이를 이해하기가 어렵다. 당장 중국의 북쪽으로는 중앙아시아가 있어 이들 국가와 협력을 위해 만든 상하이협력기구(Shanghai Cooperation Organization: SCO)가 중요하다. 남쪽으로는 동남아시아국가연합(Association of Southeast Asian Nations: ASEAN)이 존재하고, 이들 국가와 관계를 강화하기 위해 중국은 매우 노력하고 있다. 중국의 북동쪽으로는 6자회담이라는 다자 간 협력기제가 있다. 중국은 이를 단순히 북핵 문제를 해결하는 다자 간 임시기구가 아니라, 동북아시아의 다양한 문제를 협의하는 상설기구로 발전시키기를 원한다.

셋째는 경제성장이다. 1992년 한중수교 이후 지금까지 20년 동안, 세계 GDP에서 차지하는 한국 GDP 비중은 1.4%에서 1.6%로 거의 늘지 않았다. 반면 중국 GDP 비중은 1.7%에서 10.5%로 6배 이상 증가했다. 그래서 나는 지난 20년을 이렇게 규정한다. '일본은 잃어버린 20년, 한국은 정체한 20년, 중국은 비약한 20년.' 중국의 1인당 GDP는 2014년 기준으로 7572달러인데, 이 수치는 큰 의미가 없다. 지역·계층 간 편차가 매우 심하기 때문이다. 예를 들어 상하이(上海)나 선전(深圳)의 1인당 국민소득은 명목 GDP로 2만 달러이다. 구매력지수(Purchasing-Power Parity: PPP)로 계산하면 선전에 사는 1000만 명은 대한민국 국민보다 잘사는 셈이다. 반면 내륙 소수민족의 1인당 GDP는 3000~4000달러 정도이다. 이처럼 1인당 GDP는 인구수로 나누어 평균을 낸 것이기 때문에 중국인들의 실제 삶의 수준을 측정하는 지표로는 별로 의미가 없다.

넷째는 중국의 외환보유고이다. 2014년 3월 기준으로 중국 외환보유고는 3조 9500억 달러이다. 기업으로 치면 중국은 굉장한 우량기업이다. 1년 매출액이 8조 4000억 달러인데, 현금을 3조 달러씩이나 가지고 있기 때문이다. 이 중에서 약 1조 2000억 달러는 미국 국채를 사고 있다. 그래서 중국은 미국 국채 최다 보유국이다. 그리고 1조 달러는 각종 포트폴리오 투자를 하고 있다. 총 2조 달러 이상이 미국에 들어가 있다. 이것이 의미하는 바는 중국은 더 이상 외국기업이 단순히 돈만 가지고 오는 것을 원치 않는다는 점이다. 기술과 최신 경영기법을 함께 들고 와서 중국에 전수하기를 원한다. 중국은 현재 자신들이 보유한 외환보유고를 어떻게 처리해야 할지 몰라 걱정하고 있기 때문이다. 또한 이것은 중국정부가 재정적 기반이 충분하다는 의미이기도 하다. 이런 사실을 배경으로 중국은 경제성장방식에 변화를 꾀하고 있고, 그렇기 때문에 한국 중소기업의 투자에 대해서도 그렇게 우호적이지 않다.

왜 시진핑의 '중국의 꿈'인가

2012년 11월 시진핑(習近平)이 총서기로 당선된 후 첫 대외활동은 정치국 상무위원 6명을 대동하고 혁명박물관에서 열린 '중흥의 길'이라는 특별전시회를 관람한 일이다. 그곳에서 그는 20여 분 동안 '중국의 꿈[中國夢]'이라는 유명한 연설을 했다. 여기서 그는 두 가지를 말했다. 첫째로 '중국의 꿈은 중화민족의 부흥'이라는 것이다. 둘째로 중화민족의 부흥은 두 단계에 걸쳐 달성된다는 것이다. 중국에서는 이것을 "두 개의 백년[兩個百年]"이라고 부른다. 이에 따르면, '중국의 꿈' 1단계(전면적 소강사회 완성)는 공산당 창당 100주년이 되는 2021년에 달성하고, 2단계(중화민족의 위대한 중흥)는 건국 100주년이 되는 2049년에 달성할 예정이다.

그렇다면 도대체 '중국의 꿈'은 무엇일까? '중국의 꿈'은 두 가지 성격이 있다고 생각한다. 하나는 정치구호이다. 바로 2049년 이야기이다. "부강하고 민주적이며, 문명이 있고 조화로운 사회주의 현대화 국가." 이것이 무엇을 의미할까? 너무 추상적이어서 내용이 없다. 이것이 하나의 특징이다. 다른 하나는 구체적인 정책 프로그램이다. 바로 2021년 이야기이다. 중국은 2022년 20차 공산당 전국대표대회(당대회)까지 달성할 목표와 정책이 있다. 그런데 이것은 이미 2002년 16차 당대회에서 결정되었다. 2012년 18차 당대회는 2002년의 결정 사항을 다시 확인했을 뿐이다. 즉, '중국의 꿈'은 추상적인 정치구호이기도 하지만 구체적인 정책 프로그램이기도 하다는 것이다. 여기서는 둘 중 정책 프로그램으로서의 '중국의 꿈'을 설명하겠다. 이를 설명하기 위해서는 시진핑과 리커창(李克強)을 중심으로 하는 '5세대 지도자'에 대해서도 언급해야 하기 때문에 이들의 리더십을 간단하게 살펴보겠다. 마지막으로 '중국의 꿈'이 앞으로 어떻게 될 것인가, 즉 '중국의 꿈'의 실현 가능성에 대해서도 말하겠다.

이 대목에서 질문 하나, 왜 시진핑 총서기는 갑자기 '중국의 꿈'을 말했을까? 2013년 1년간 중국언론에서 가장 많이 등장한 말이 바로 '중국의 꿈'이었다. 2013년 상하이에서 국무원 신문판공실이 주최하는 국제학술회의의 주제 또한 '중국의 꿈과 세계의 대화(World Dialogue on Chinese Dream)'였다. 현재 중국에서는 '팔항규정(八項規定)'이나 '사풍정돈(四風整頓)'이라 하여 관료주의·형식주의·향락주의·사치풍조 타파를 위한 정풍

(整風)운동이 대대적으로 추진되고 있기 때문에 국제회의 또한 검소하게 치러지는 추세이다. 하지만 이 회의는 거대한 규모와 화려한 준비 등으로 보아 예외인 것 같았다. 이러한 점은 '중국의 꿈'이 얼마나 중시되고 있는가를 보여주는 하나의 사례라고 할 수 있다.

두 가지 주장

∷ 시진핑의 리더십: 보수정치, 시장경제, 실용외교

새로 등장한 5세대 지도자의 특징과 리더십에 대해 설명하겠다. 5세대 지도자는 시진핑과 리커창뿐 아니라 중앙과 지방의 장관급[省部級] 이상의 지도자, 예를 들어 국무원 부장(部長), 지방의 성(省) 당서기와 성장(省長)을 모두 포함한다. 중국의 5세대 지도자는 한마디로 규정하기 어려운 복합적 리더십(hybrid leadership)을 가지고 있다. 경우에 따라 복합적 요소가 상승작용이나 충돌을 일으킨다.

먼저 이들은 정치적으로 '독실한' 사회주의자이다. 시진핑과 리커창 같은 지도자들의 전기나 지난 5년간 이들이 정치국 상무위원으로 활동해온 모습을 보면, 이들은 공산당과 사회주의를 진짜로 믿는 것 같다. 공산당이 중국을 구원했고 앞으로도 중국을 이끌 것이며 유일한 대안이라는 굳건한 믿음이 있는 듯하다.

이런 태도가 이전 지도자들과 다르다. 단적으로 장쩌민(江澤民)이나 후진타오(胡錦濤)는 주저하는 모습을 보였다. 예를 들어, '중국도 민주주의를 해야 하는데 중산층도 두텁지 못하고 아직 시민의 민도(民度)도 낮아

당장은 할 수 없다'라는 식이었다. 외국 정상과 회의할 때도 장쩌민이나 후진타오는 항상 짜인 틀 안에서 움직였다. 그들은 중요한 대화가 시작되면 주머니에서 수첩을 꺼내 읽었다고 한다. 일명 '수첩왕자들'이었다.

그런데 현재 지도자들은 그렇지 않다. 당당하게 '중국보다 성과가 더 좋은 정치체제가 있으면 따라갈 테니 내놓으라' 하고 말한다. 2013년 6월 미국 캘리포니아에서 있었던 버락 오바마(Barack Obama) 대통령과 시진핑 국가주석의 정상회담은 좋은 사례이다. 둘 다 넥타이를 풀고 자유롭게 대화하면서 어울렸다. 정해진 틀에 얽매이지 않으면서 대등한 자세로 당당하게 정상회담을 했다. 이것이 이전 중국 지도자와 다른 모습이다. 중국의 5세대 지도자가 자유 민주주의를 도입하지 않는 것은 중국이 그럴 조건을 갖추지 못했기 때문이 아니라 그럴 필요가 없다고 판단하기 때문이다. 그래서 이들은 정치적으로 보수주의자이다.

경제정책 면에서 5세대 지도자는 책으로 시장경제를 배운 것이 아니라 몸으로 배우고 실천한 사람들이다. 이것이 4세대 지도자와 다른 점이다. 시진핑은 1953년생이고 리커창은 1955년생이다. 후진타오를 위시한 4세대 지도자들은 1940년대에 태어나 이들이 개혁개방정책을 실시할 때는 이미 40대였다. 그래서 이들은 시장경제가 무엇인지도 제대로 모르는 상태에서 상부가 시키는 정책을 집행했다고 할 수 있다. 반면 5세대 지도자는 문화대혁명 이후 대학교육을 받고 현장에 투입되어 시장경제를 몸으로 익히며 개혁개방을 추진했다. 예를 들어 시진핑은 푸젠성(福建省)에서 17년, 저장성(浙江省)에서 5년, 상하이에서 1년 등 대부분의 시간을 개혁개방의 중심지인 연해지역에서 시장경제를 추진하면서 경력을 쌓았다. 따라서 5세대 지도자는 단순히 머리로 시장경제를 아는 것이 아니라, 몸으로 배우고 직접 실천한 철저한 시장주의자라고 할 수 있다.

간혹 대기업 최고경영자를 대상으로 강의를 하면서 한국경제의 신화를 일군 사람들을 만날 때가 있다. 그들은 지난 30년간 반도체나 자동차를 직접 들고 전 세계를 돌면서 시장을 개척해 현재의 성공 신화를 만든 주인공들로 경영 지식을 머리로 배운 것이 아니라 몸으로 익히고 실천한 사람들이다. 그래서 시장경제, 세계화, 혁신 등이 몸에 익어 있다. 현재 중국을 이끌고 있는 5세대 지도자의 성격도 이와 비슷하다. 그래서 이들은 경제 면에서 대단히 혁신적인 개혁정책을 계속 추진할 것이다. 2013년 9월 상하이 자유무역시범구가 출범했다. 이는 5세대 지도자가 경제적으로 매우 혁신적이라는 점을 상징적으로 보여준다. 또한 시진핑이 푸젠성과 저장성의 지도자로 있을 때 투자했던 외국기업들은 하나같이 그를 사업하기 가장 좋은 지도자 중 한 사람이었다고 기억한다. 그리고 그곳에서 펼친 기업혁신정책들이 이후에 많은 효과가 있었다.

시진핑의 아버지인 시중쉰(習仲勛)은 후에 전국인민대표대회(전국인대) 상무위원회 부위원장(한국의 국회 부의장에 해당한다)을 지낸 사람인데, 그가 1978년 복권된 뒤 맡은 자리가 광둥성(廣東省) 당서기였다. 그가 선전의 경제특구를 계획해서 덩샤오핑(鄧小平)에게 제안했다. 즉, 선전 경제특구는 덩샤오핑이 지지하고 시중쉰이 주도한 것이다. 시진핑은 지근거리에서 그것을 보았다. 늘 아버지의 생각과 경험을 본받아 본인도 그런 바탕 위에서 정책을 추진한 것이다.

외교 면에서 5세대 지도자는 민족주의자이다. 특히 시진핑은 사회주의자이면서 민족주의자이다. 그는 늘 주권, 영토, 강한 군대를 강조한다. 시진핑은 칭화대(清華大) 졸업 후 중앙군사위원회(중앙군위) 비서장이며 국방부 부장이었던 겅비아오(耿飈)의 부관으로 3년 근무한 후 지금까지 어떤 형태로든지 군과 관련된 업무를 계속 맡아왔다. 그래서 그는 군 전문가라고 할 수 있고 군 문제에 관해서는 서슴없이 말한다. 아무리 중앙군위 주석이라고 해도 군 경험이 없다면 나이 많은 장성들 앞에서 자신 있게 말할 수 있을까? 설령 그렇게 말한다고 한들 장성들이 따를까? 하지만 시진핑은 그렇지 않다. 2013년 11월 시진핑이 방공식별구역(Air Defense Identification Zone: ADIZ)의 선포를 직접 지시했다. 중앙군위 주석으로서 시진핑은 그것을 직접 심의하고 결정할 권한이 있기 때문이다. 5세대 지도자는 주권이나 영토 문제와 관련해서는 절대로 양보하지 않을 것이다. 현재 중국은 일본과 센카쿠열도(尖閣列島, 일본명)/댜오위다오(釣魚島, 중국명)를 놓고 영토분쟁을 벌이고 있는데, 5세대 지도자는 비타협적으로 나올 것이다. 이상이 지난 1년간 중국의 외교정책과 행동을 유심히 관찰한 결과, 새로운 지도자들이 보인 모습이다. 주의할 점은 이들이 민족주의자이지만 동시에 '실용적(pragmatic)'이라는 사실이다. 이러한 지점에서 시진핑 총서기는 일본의 아베 신조(安倍晋三) 현 총리나 이시하라 신타로(石原愼太郞) 전 일본유신회 대표와 다르다. 이들 일본 지도자는 '우익' 민족주의자로 분류할 수 있지만, 중국의 5세대 지도자는 그렇지 않다. 중국의 '실용적' 민족주의자들은 항상 국가이익을 우선시하는 반면, 일본의 '우익' 민족주의자들은 개인적인 가치관과 역사관을 현실정치를 통해 구현하려고 한다.

우리는 향후 10년간 '보수정치', '시장경제', '실용외교'가 결합된 복합적 리더십의 중국 5세대 지도자를 마주하게 될 것이다. 복합적 리더십은 경우에 따라 충돌할 가능성도 있다. 예를 들어 외교의 민족주의 성향과 경제의 개혁주의 성향이 서로 충돌할 수 있다. 현재 중국과 일본의 경제교류는 영토분쟁으로 많은 어려움에 직면했다. 또한 '독실한' 사회주의는 평등과 분배를 강조하는데, 이것은 경쟁, 효율, 혁신을 강조하는 시장경제와 충돌할 수 있다. 이런 점들은 앞으로 눈여겨보아야 할 문제이다.

⁝ '중국의 꿈'을 실현하기 위한 5대 국정방침: '싱가포르형' 국가건설

'중국의 꿈'은 어떤 정책을 통해 실현될 수 있을까? 일단 2021년까지 중국이 추진할 구체적인 정책 프로그램인 '중국의 꿈'은 이미 10년 전에 결정되었다. 2012년 공산당 18차 당대회에서도 크게 바뀐 것은 없었다. 단지, 소강사회(小康社會)의 전면적 '건설(建設)'이 '완성[建成]'으로 자구가 바뀌었고, '생태문명의 건설(주로 환경보호)' 개념이 정책목표에 추가되었다.

'중국의 꿈'을 실현하기 위해 중국이 추진하고 있는 국가정책을 다섯 가지 키워드로 정리할 수 있다. 정치는 법치(法治) – 중국의 공식 명칭은 의법치국(依法治國, 법률에 근거한 국가통치) – 이다. 경제는 전환(轉變)이다. 사회는 민생(民生)이다. 문화는 소프트파워(soft power)이다. 외교는 화평굴기(和平崛起, 평화적 부상)이다. 이 모두는 공산당이 2002년 16차 당대회와 그 직후에 결정한 것으로, 지난 10년간 중국정부는 이를 국정방침으로 삼아 관련 정책을 추진했다.

먼저 정치의 방침이 민주(民主)가 아니라 법치라는 점이 흥미롭다. 중국은 처음부터 민주주의를 도입할 생각이 없었다. 30년 전에도 그랬고 현재도 그렇다. 앞으로도 마찬가지일 것이다. 여기서 말하는 법치란 흔히 말하는 대륙식(독일식) 법치 혹은 법학 개념으로 형식적 법치이다. 즉, 법은 정해진 절차에 따라 만들어지고, 만들어진 법은 공포되고, 공포된 법은 반드시 집행되어야 한다는 것이다. 이른바 '악법도 법'이나 '법 앞에서의 평등'은 이를 표현한 말이다. 아시아에서 형식적 법치를 가장 잘 구현하고 있는 나라가 바로 싱가포르이다. 중국의 법치 방침은 싱가포르를 모델로 해서 결정되었다고 생각한다. 법치가 공식적인 공산당 방침이 된 것은 1997년 15차 당대회이다. 그 당시 공산당은 '의법치국'을 새로운 국가통치방침으로 결정했고, 이후 이것은 정치개혁 전체를 관통하는 방침이 되었다.

다음으로 경제의 방침은 전환이다. 이것은 경제성장방식을 양적 성장에서 질적 성장으로 전환한다는 것이다. 이 방침에 가속도가 붙은 것은 2008년 하반기 세계 금융위기 이후 중국이 내수확대정책을 대대적으로 추진하면서였지만 실제로는 그 이전에 결정했다. 한국이 최근에 경험했던 경제위기만 해도 1997~1998년과 2008년 두 차례인데, 중국은 이를 다 피했다. 이것이 단지 행운이나 우연일까?

사회의 방침은 민생이다. 후진타오 집권기(2002~2012년) 중 공산당이 가장 중시했던 정책 하나를 뽑으라면 민생개선을 뽑을 수 있다. 덩샤오핑 시기와 장쩌민 시기에는 그렇지 않았다. 같은 질문으로 시진핑 집권기 중 가장 중시할 만한 정책 하나를 뽑으라면 역시 민생개선이다. 내용은 한국의 민생정책과 거의 같다. 중국에서는 취업, 주택, 교육, 의료를 4대 민생 문제라고 하는데, 관건은 취업이다. 예를 들어 2012년 중국의 대학 졸업생은 710만 명이었다. 또한 13억 6000만 인구로부터 매년 쏟아지는 신규 노동력은 약 2000만 명이다. 그중에 약 700만 명이 대학을 졸업하고, 500만 명은 직업학교 내지 고등학교를 졸업하며, 나머지는 그 이하의 학력이다. 이들에게 일자리를 주는 것은 결코 쉬운 일이 아니다. 그런데 중국사회가 안정을 유지하려면 신규 노동력 중 50% 정도에게 일자리가 있어야 한다. 다시 말해 중국은 매년 약 1000만 개의 일자리를 만들어야 하는 것이다. 이를 위해 필요한 성장률이 대략 7%이다(성장률 1%가 대략 130만~140만 개의 일자리를 창출한다고 한다). 중국이 2020년까지 경제성장률을 매년 7~7.5%로 잡은 것은 이 때문이다.

이상으로 살핀 국정방침은 2002년 16차 당대회의 방침과 거의 같다. 이런 국정방침을 전제로 '중국의 꿈'을 한마디로 표현한다면, '중국의 싱가포르화' 혹은 '중국 대륙에 싱가포르형 국가 건설하기'라고 할 수 있다. 덩샤오핑부터 장쩌민, 후진타오를 거쳐 시진핑에 이르기까지 중국 지도자들이 모델로 삼고 있는 국가는 바로 싱가포르이다. 그렇다면 이와 같은 '싱가포르형 국가건설'은 가능할까? 어렵다고 생각한다. 물론 전혀 불가능하지는 않다. 싱가포르를 100이라고 하면, 중국은 50~60 정도는 이룩할 수 있을지도 모르겠다. 왜 중국이 싱가포르처럼 될 수 없을까?

첫째, 인구 규모가 다르다. 싱가포르 인구는 550만 명이다. 중국과 비교하면 일개 도시에 지나지 않는다. 게다가 싱가포르는 도시국가라서 중앙-지방 관계랄 것이 없다. 그래서 중앙정부가 결정하면 그 정책은 전국에서 집행된다. 그런데 중국은 그렇지 않다. 중앙정부가 결정한 정책이 지방에서 집행된다는 보장이 없다. 그래서 중국에는 '위에 정책이 있다면 아래에는 대책이 있다[上有政策 下有對策]'라는 말이 있다.

둘째, 싱가포르는 홍콩과 더불어 과거 영국의 식민지 지배를 150년간 받았다. 영국은 자기들의 이익을 위해서 싱가포르와 홍콩에 선진적인 행정체계를 건설했다. 물론 민주주의까지 도입하진 않았다. 그 결과 싱가포르와 홍콩은 세계에서 가장 효율적이고 합리적인 행정체계를 100년 넘게 운영한 경험을 쌓았다. 하지만 중국은 그러한 경험이 없다. 아마도 중국 중앙과 몇 개의 성 단위, 예를 들어 베이징(北京), 톈진(天津), 상하이 정도는 싱가포르형 체계를 건설하는 것이 가능할 수도 있지만 나머지는 힘들 것이다.

중국 5세대 지도자의 특징과 시진핑 리더십

∷ 세대 구분

중국 지도자들의 정치세대(political generation)를 구분하면, 1세대는 마오쩌둥(毛澤東, 1893~1976년)과 저우언라이(周恩來, 1898~1976년)이다. 2세대는 덩샤오핑(1904~1997년)과 천윈(陳雲, 1905~1995년)이고, 중간에 — 나는 이를 2.5세대라고 부른다 — 후야오방(胡耀邦, 1915~1989년)과 자오쯔양(趙紫陽, 1919~2005년)이 있다. 3세대는 장쩌민(1926~), 리펑(李鵬, 1928~), 주룽지(朱鎔基, 1928~)이고, 4세대는 후진타오(1942~)와 원자바오(溫家寶, 1942~)이다. 그리고 5세대는 시진핑(1953~)과 리커창(1955~)이다.

이상에서 알 수 있듯이 개혁기 정치세대는 10년 단위로 나뉜다. 그래서 각 세대별 나이 차이는 대략 열 살 정도이다. 공산당과 국가기관의 임기는 5년이고, 같은 직위에서 연임(10년)하면 반드시 물러나거나 다른 직위로 옮겨야 하기 때문이다. 그런데 3세대 지도자와 4세대 지도자 간에는 나이 차이가 좀 더 난다. 3세대 지도자가 1989년 톈안먼(天安門) 사건 이후 예정보다 앞서 들어왔기 때문이다. 그리고 1992년 14차 당대회에서 이들이 다시 총서기(장쩌민)와 총리(리펑) 등 중요 직책을 맡았다.

그렇다면 향후 중국을 이끌 6세대 지도자는 1960년대 출생으로 짐작할 수 있다. 실제로 1963년생 지도자 2명이 2012년 18차 당대회에서 정치국 위원(25명)에 선출되었다. 그중 1명이 후춘화(胡春華) 광둥성 당서기이고, 다른 1명이 쑨정차이(孫政才) 충칭시(重慶市) 당서기이다. 현재 상황에서 보면, 별일이 없는 한 후춘화가 2022년 20차 당대회에서 총서기가 되고, 쑨정차이가 총리가 될 가능성이 높다.

5세대 지도자의 공통점

5세대 지도자에게는 어떤 공통점이 있을까? 이들은 1950년대 출생해서 청소년 시절에 문화대혁명을 겪었다. 또한 마오쩌둥의 지시로 농촌 등 오지에서 노동에 종사하는 '상산하향(上山下鄕)' 프로그램에 참여했다. 즉, 이들은 꽃밭에서 성장한 샌님들이 아니라 엄청난 시련과 고통을 겪고 단련된 지도자들이다. 그리고 개혁 초기에 대학을 다녔고, 개혁개방을 몸으로 익히고 추진한 사람들이다. 한편 이들은 모두 1949년 이후에 출생했기 때문에 사회주의혁명과 관련이 없다. 즉, '비(非)혁명형 지도자'이다. 그 밖에도 이들은 개혁개방과 함께 당정간부의 경력을 시작한 '개혁개방형 지도자'이다. 마지막으로 이들은 '인문사회형 지도자'라는 특징이 있다. 3세대와 4세대 지도자는 70~80%가 기술관료(technocrat)였다. 즉, 이들은 문화대혁명 이전 대학에서 이공계 분야를 전공한 이후에 10년 이상 엔지니어로 전문직에 종사하다가 발탁되어 고위 당정간부로 성장했다. 그에 비해 5세대 지도자의 80% 이상은 대학에서 인문사회 계열을 전공한 후 당정기관에서 각종 실무 업무를 담당했고, 이후 선발되어 고위 지도자로 성장했다.

시진핑 리더십의 특징

5세대 지도자의 특징은 시진핑의 '복합형' 리더십(독실한 사회주의자, 시장지향적 개혁가, 실용적 민족주의자)에서 그대로 드러난다. 특히 시진핑 리더십에 부친 시중쉰이 미친 영향이 크다고 생각하는데, 공산당 원로인 시중쉰은 국무원 부총리를 지내던 1962년 '반당 분자'로 몰려 수감되었고,

문화대혁명이 시작되자 하방되어 노동교화의 고된 삶을 살았다. 그 당시 시진핑은 베이징에서 중학교를 다니다가 16세에 산시성(陝西省) 옌안(延安) 외곽의 량자허촌(梁家河村)에 하방되어 토굴에서 7년간 살아야 했다.

시진핑이 쓴 전기나 인터뷰를 보면 그 시절의 삶이 얼마나 혹독했는지 알 수 있다. 이런 어려움을 극복하고 칭화대에 입학했는데, 그는 자신의 인내력, 친화력, 지도력 등 지도자로서의 자질은 모두 그 힘들었던 시절에 배웠다고 말한다. 그 시절 왕치산(王岐山)도 근처에 있었고, 리커창은 다른 곳에서 힘든 삶을 경험했다. 나머지 5세대 지도자도 비슷하다. 그래서 이런 특징이 공통적으로 나타나는데, 이를 5세대의 '집단적' 특징이라 할 수 있다. 이들을 굳이 보수파, 개혁파로 분류해야 한다면 신중한(cautious) 개혁파로 분류하고 싶다.

⁝ 중국공산당의 집단지도체제

여기서 간략히 중국의 엘리트정치가 어떻게 움직이는지 설명하겠다. 엘리트정치는 주로 공산당 정치국과 정치국 상무위원회가 중심이 된다.

중국은 당-국가 체제로써 국가도 중요하지만 공산당이 더 중요하다. 공산당과 국가가 하나인 이 체제에서 공산당 전국대표대회(당대회)는 최고의결기관이지만, 5년에 한 번씩 열리기 때문에 엘리트정치에서는 실제로 큰 의미가 없다. 공산당을 기업에 비유한다면, 당대회는 주주총회라고 할 수 있다. 당대회에서는 중앙위원회를 구성할 약 200명의 정(正)위원과 회의에 참석하지만 의결권이 없는 약 150명의 후보위원을 선출한다. 당대회가 주주총회라면 중앙위원회는 대주주총회라고 할 수 있다. 문제는 중앙위원회 역시 1년에 한 번밖에 열리지 않아 실제 정치에서는 큰 역할을 하지 못한다. 그래서 실질적으로 중국을 이끌어가는 지도자는 정치국원 25명과 이들 중에서 다시 선출된 정치국 상무위원 7명이다. 기업에 비유하자면 각각 이사회와 최고경영진이라고 할 수 있다. 그들이 바로 시진핑(총서기, 중앙군위 주석, 국가주석)과 리커창(총리)을 포함해 장더장(張德江, 전국인대 상무위원회 위원장), 위정성(兪正聲, 전국정협 주석), 류윈산(劉雲山, 서기처 제1서기), 왕치산(王岐山, 중앙기율검사위원회 서기), 장가오리(張高麗, 상무 부총리)이다. 참고로 정치국원과 정치국 상무위원은 모두 중앙위원회에서 선출한다. 여기에 더해 7명의 중앙 서기처가 있는데, 이 중 일부는 정치국원이다. 중앙 서기처는 정치국과 정치국 상무위원회의 지도 아래 일상적인 업무를 처리하는 상설기구이다. 이들을 모두 합하면 약 30여 명의 지도자가 중국을 통치한다고 할 수 있다.

한편 정치국과 정치국 상무위원회는 정해진 회기가 없지만, 특별한 일이 없는 한 정치국은 월 1회 회의를 개최한다. 그리고 대개 회의 전 두 시간은 공부를 한다. 바로 정치국 '집단학습(集體學習)'이다. 반면 정치국 상무위원은 특별한 일이 없는 한 주 1회 모이는 것으로 알려져 있다.

그렇다면 정치국 상무위원은 어떻게 구성되고 운영될까? 한마디로 중국에는 대통령이 7명이 있다고 생각하면 된다. 이들이 마치 교수사회처럼 1인 1표 동급의 표결권을 가지고 집단적으로 중요 문제를 결정하기 때문에 이를 집단지도체제(集體領導體制, collective leadership system)라고 한다. 정치학에서 정치국원과 정치국 상무위원의 성격을 보여주는 가장 유사한 개념으로 영국의 내각(內閣, cabinet)을 들 수 있다. 여기서 내각 구성원은 모두 의원(議員)으로서 동등한 지위에 있다. 이 중에서 수상(prime minister)은 내각 구성원을 대표하는 '동급자 중 일인자(first among equals)'이다. 총서기도 이와 비슷하게 동급자 중 일인자이며, 기본적인 지위는 나머지 정치국 상무위원과 거의 동등하다.

또한 총서기와 나른 상무위원은 각자 고유한 권한(portfolio)이 있다. 총서기는 공산당·인민해방군·국가를 대표한다. 인민해방군은 '국가의 군대'가 아니라 '공산당의 군대'이다. 그래서 중앙군위 주석은 총서기가 맡는다. 그러다 보니 실질적으로 당무(黨務)를 관장할 사람이 필요해서 정치국 상무위원 중에서 1명을 고른다. 이처럼 7명의 정치국 상무위원 중에서 군과 당을 대표하는 사람이 2명이다. 그리고 인민해방군과 공산당 다음으로 중요한 정부를 대표해서 국무원 총리가 상무위원에 포함된다. 그런데 정부는 일이 너무 많기 때문에 부총리 4명 가운데 상무 부총리 1명을 상무위원에 추가한다. 그래서 정부 몫도 2명이다. 한국의 국회의장에 해당하는 전국인대 위원장이 들어가고, 공산당을 제외한 중요한 정당(이른바 민주당파)과 사회단체를 포괄하는 인민정치협상회의 전국위원회(전국정협)의 주석이 포함된다. 남은 자리 하나는 중앙기율검사위원회(중앙기위) 서기이다. 중앙기위 서기가 포함되는 이유는 일당제 국가라는 특성에 있다. 중국에서 정치권력은 공산당에게 집중되어 있기 때문에 공산당이 부패하면 끝이다. 그래서 당의 부패를 막기 위해 중앙기위를 두고 당정영도간부의 부패를 엄격하게 관리하는 것이다.

그럼 정치국 상무위원회는 어떻게 운영될까? 공산당 규정에 따르면, '집단지도와 개인책임분담의 결합원칙'으로 운영된다. 중요한 사항은 정치국 상무위원회에서 공동으로 결정하고(집단지도), 이때 각자 한 표를 행사한다. 그와 동시에 상무위원은 각자 맡은 전문분야를 책임지고 주도적으로 처리한다(개인책임분담). 예를 들어 시진핑 총서기의 고유 권한은 국방, 외교, 당무이고 리커창 총리의 고유 권한은 경제, 사회, 행정이다. 그래서 중국의 경제정책을 일본의 '아베노믹스(Abenomics)'에 빗대어 '리커노믹스(Likenomics)'라고 부른다. 이 고유 권한은 총서기도 함부로 건드릴 수 없다. 당 서열 3위인 장더장 전국인대 위원장은 입법과 국가기관 감독이 고유 권한이다. 당 서열 4위인 위정성 전국정협 주석은 지식인정책, 소수민족정책, 화교정책, 과학기술정책 등을 총괄한다. 반부패정책은 중앙기위 서기가 주도한다. 그렇다면 중국의 한반도정책 혹은 북한정책은 어떻게 결정될까? 만약 이 문제로 정치국 상무위원회를 개최한다면, 의제를 제안하는 사람은 시진핑이다. 외교는 시진핑의 고유 권한이기 때문이다. 반면 2013년 9월에 설치된 상하이 자유무역시범구의 권한은 리커창 총리에게 있다. 물론 혼자 결정하지는 못한다. 하지만 이 정책이 결정된 후에 정책의 집행은 리커창 총리가 책임진다.

이처럼 중국의 집단지도체제는 합리적으로 역할이 분담되고 일정한 규칙에 따라 운영되기 때문에 비교적 안정적이고 견실하다. 그런데 지난 1년을 관찰한 결과, 총서기 시진핑의 권한이 점차 강화되는 경향이 있다. 한마디로 현재 정치국 상무위원회는 시진핑을 중심으로 삼두마차(三頭馬車) 체제로 굴러간다. 경제개혁과 행정은 시진핑이 지원하고 리커창이 주도한다(제1마차). 정풍운동과 공산당 개혁은 시진핑이 지원하고 류윈산이 주도한다(제2마차). 반부패(反腐敗) 운동은 시진핑이 지원하고 왕치산이 주도한다(제3마차). 이처럼 삼두마차 체제의 정점에 시진핑이 있다. 또한 공산당 18기 중앙위원회 3차 전체회의(18기 삼중전회)에서 '국가안전위원회(國家安全委員會)'와 '전면심화개혁영도소조(全面深化改革領導小組)'라는 두 개의 영도소조가 신설되었는데, 시진핑이 두 조직을 모두 맡게 되어 권한이 더 강해졌다. 그래서 벌써 학자들 사이에서는 중국의 집단지도체제가 깨지는 것이 아닌가 하는 논생이 벌어지고 있지만 나는 조금 더 지켜보자는 입장이다.

시진핑 정부의 국가발전전략: '중국의 꿈'을 실현하기 위한 정책

∷ 중국의 '2020 프로젝트'와 공산당 18차 당대회(2012년)

공산당 18차 당대회(2012년)의 국정방침은 이미 16차 당대회(2002년)와 그 직후에 결정된 것이다. 그래서 나는 이를 '차이나 2020 프로젝트'라고 부른다. 그렇다면 중국에서는 어떻게 20년 동안 같은 국정방침이 유지되는 것일까? 중국의 일부 학자들은 일본정치 혹은 '일본식' 민주주의의 문제를 '십년구상(十年九相)'이란 말로 비판한다. 10년 동안 총리(재상)가 아홉 번이나 바뀐다는 것이다. 실제로 일본은 2001년부터 2006년까지 고이즈미 준이치로(小泉純一郎) 이후 평균 1년 4개월마다 총리가 바뀌었다. 이런 상황에서는 제대로 된 정치적 지도력을 발휘하기 힘들다. 일본이 오랫동안 침체에 빠진 중요한 이유 중 하나가 바로 이와 같은 정치적 지도력의 부재에 있다.

반면 중국에서 정책의 연속성이 보장되는 것은 다음 두 가지 규범이 작동하기 때문이다. 첫째, 국가방침과 정책을 결정할 때 신(新)지도부 단독으로 나서지 않고 구(舊)지도부와 공동으로 처리한다. 단적인 예로 18차 당대회의 정치보고는 후진타오 전 총서기가 했다. 2013년 3월에 개최된 12기 전국인대 1차 회의에서 정부 업무보고는 원자바오 전 총리가 했다. 이처럼 세대 간 합의를 통해 정책이 결정되기 때문에 신지도부가 등장했다고 해서 정책이 바뀌지 않는다.

둘째, 권력승계와 정책결정을 교묘하게 분리한 것이다. 중국은 사회주의 국가이기 때문에 국민경제 및 사회발전 5개년 계획을 계속해서 추진하고 있다. 시진핑 정부가 2015년까지 추진할 '국민경제 및 사회발전 5개년 계획'은 2011년 3월에 개최된 11기 전국인대 3차 회의에서 결정되었다. 시진핑이 2012년에 총서기가 되었지만 그가 추진할 국가정책은 이미 정해져 있었다. 그래서 집권한다고 해서 새로운 것을 결정하는 것이 아니라, 이미 공동으로 결정한 큰 방침을 상황 변화에 따라 일부 조정하는 것뿐이다. 그러다 보니 지도자 세대교체 과정에서 벌어지는 권력투쟁은 '노선투쟁'이 아닌 '자리다툼'의 성격을 띤다. 이것이 정책의 안정성과 연속성을 보장하는 것이다.

:: 현실인식과 정책목표

그렇다면 10년 전 중국지도부는 현실을 어떻게 인식했을까? 후진타오로 대표되는 4세대 지도자는 중국이 2020년까지 당면한 현실을 '전략적 기회기'라고 규정했다. 먼저 '전략적'이라는 말은 매우 중요하다는 의미이다. 중국의 1인당 GDP가 1000달러가 된 때가 2003년이고, 그래서 이 무렵에 중국은 '중진국 함정(middle-income trap)' 시기에 접어들었다. 그 당시 중국지도부는 '앞으로 중국이 중진국 함정을 벗어나서 강대국이 될지 여부는 향후 20년이 결정한다'라고 생각했고, 2020년까지를 '전략적 시기'로 규정했다. 만약 중국이 정책을 잘못 펼치면 강대국 문턱도 못 가서 끝난다는 것이다.

다음으로 4세대 지도자는 2020년까지를 두 가지 측면에서 '기회기'라고 생각했다. 하나는 1840년 아편전쟁 이후 중국이 드디어 외세의 침입으로부터 완전히 해방되어 더 이상 중국을 군사적으로 침략할 나라가 없기 때문에 국내발전에 전념할 수 있는 국제환경이 조성되었다는 것이다. 다른 하나는 1999년 무렵에는 공산당에 대한 국민의 신뢰가 매우 높아졌다는 점이다. 1976년 문화대혁명이 끝나고 공산당은 '세 가지 신뢰의 위기(三信危機)'에 직면했다. 즉, 국민이 공산당, 혁명, 사회주의를 믿지 않았던 것이다. 개혁개방을 통해 이런 위기를 돌파해서 국민의 마음을 다시 얻은 지도자가 바로 덩샤오핑이다. 개혁개방을 추진한 지 20여 년이 지난 2000년 무렵에는 국민이 공산당을 굳건히 믿기 시작했다. 공산당은 외부적으로는 국제환경이 안정되고 내부적으로는 국민의 신뢰를 얻어 중화민족의 중흥을 달성할 천재일우(千載一遇)를 얻었기 때문에 이를 절대로 놓치면 안 된다고 생각한 것이다.

이 같은 현실 인식에서 공산당은 2020년까지 달성할 새로운 목표를 설정했다. 그것이 바로 '전면적 소강사회의 건설'이다. 문화대혁명 이후 덩샤오핑의 과제는 등 돌린 민심을 잡는 것이었다. 1978년 중국 인구가 약 9억 6000만 명이었다. 그중 농민이 8억 명이었는데, 이 중 2억 명의 농민이 아사 직전의 상태였다고 한다. 그래서 덩샤오핑이 "빈곤은 사회주의가 아니다"라고 주장하면서 개혁개방정책을 시작했다. 그때 덩샤오핑은 국민에게 '3단계 발전[三步走]'전략을 제시하고 빈곤 탈출과 번영을 약속했다. 먼저 공산당에게 10년의 시간을 주면 1990년에는 기아 상태를 벗어나게 해주겠다고 약속했는데, 1단계는 '온포사회(溫飽社會)', 즉 등 따뜻하고 배부른 사회의 건설이다. 다시 10년을 주면 2000년에는 2단계인 '소강사회', 즉 그럭저럭 편안한 사회, 생존의 문제가 아닌 인간의 문제를 해결한 사회를 만들겠다고 했다. 덩샤오핑이 말한 소강사회의 수준은 1인당 GDP 800달러 정도였다. 그리고 다시 공산당에게 50년의 시간을 주면 건국 100주년이 되는 2049년에는 3단계인 '부유사회(富裕社會)'를 건설하겠다고 약속했다. 이는 중국이 개발도상국 수준 — 중국식 표현으로는 '중등발전국가(中等發展國家)' — 에 도달하는 것으로, 덩샤오핑이 약속한 1

인당 GDP는 4000달러였다. 참고로 이 4000달러 목표는 2010년에 이루었다. 약속보다 40년 앞당겨서 달성한 셈이다.

이 같은 상황 아래 2002년 16차 당대회에서 '전면적 소강사회의 건설' 목표를 제시한 것이다. 2000년에 중국은 그럭저럭 먹고사는 사회(소강사회)에 도달했다. 하지만 경제는 발전했어도 정치, 사회, 문화, 환경 등 다른 분야가 이를 따르지 못하면서 '불균형'이 심화되었다. 그래서 '전면적'이라는 목표가 등장한 것이다. 불균형 문제를 해결하자는 것으로, '전면적 소강사회의 건설'이 목표로 결정되었고, 18차 당대회에서는 전면적 소강사회의 '완성[建完]'으로 한 단계 발전했다. 구체적인 경제목표로 공산당은 2020년에 2010년의 GDP와 주민소득을 2배로 늘리겠다고 약속했다. 이를 달성하기 위해 중국은 매년 7~7.5%의 성장을 해야 한다. 그렇게 되면 2020년 중국의 GDP는 20조 달러가 되어 미국의 GDP와 같아진다. 또한 1인당 GDP는 1만 2000달러가 된다. 이것이 '중국의 꿈' 1차 목표이다.

∷ 국정방침의 변화

그럼 왜 2002년 16차 당대회에서는 국정방침이 바뀌었을까? 덩샤오핑을 대표로 하는 2세대 지도자와 장쩌민을 대표로 하는 3세대 지도자는 경제성장 지상주의(至上主義)를 추구했다. 그런데 이것이 바뀐 것이다. 심각한 사회문제 때문이다. '4대 격차', 즉 도농·지역·계층·민족 간 격차가 너무 심각하게 벌어진 것이다.

먼저 지역 간 격차로, 2002년에 성급(자치구, 직할시를 포함한다) 행정단위 중에서 가장 잘사는 지역(상하이시)과 가장 못사는 지역[구이저우성(贵州

省)]의 1인당 GDP가 13배 차이 났다. 이것을 하나의 국가라고 할 수 있을까? 이런 상황을 그냥 방치하면 지역격차는 더욱 확대되어 결국 중국이 자연스럽게 분열될 가능성이 있다. 그래서 2000년에 서부대개발(西部大開發)정책을 시작으로 매년 약 3000억 위안(한화로 약 50조 원)의 국채를 발행해 10년 동안 낙후지역에 투자했다. 그 결과 2011년에는 상하이시와 구이저우성의 1인당 GDP 격차가 13배에서 5배로 줄었다. 최소한 통계상으로는 그렇다.

다음은 계층 간 격차로, 그동안 중국정부는 도시와 농촌을 통합한 지니계수를 발표하지 않다가 2013년 1월에 갑자기 국무원 성명으로 통합 지니계수가 0.47이라고 발표했다. 그 이유는 2012년 12월 서남재정대학과 중국인민은행이 함께 만든 연구소가 지니계수를 0.61이라고 발표한 데 있다. 그래서 국무원이 '그건 아니다'라며 정정한 것이다. 내가 볼 때 중국의 지니계수는 최소한 0.5는 될 것이다. 이는 중국의 불평등이 남미 수준이라는 의미이다. 정치학에서는 지니계수 0.43을 '경계선(red line)'으로 본다. 지니계수가 0.43을 넘으면 사회가 매우 불안정해져 각종 소요와 시위가 빈발한다. 중국이 심각한 상황이라는 점은 말할 필요가 없다. 참고로 한국의 지니계수는 0.302(2013년)이다. 그 밖에도 중국의 상위 10% 계층과 하위 10% 계층 간 소득격차는 23배였다.

'4대 격차' 중에서 특히 심각한 것이 도농 간 격차이다. 중국에서는 이를 '삼농(三農, 농민·농업·농촌)' 문제라고 한다. 중국이 개혁개방을 막 시작한 1978년에는 도시민과 농민 간의 가처분소득 차이는 1.36배였는데, 1985년에는 1.72배, 2001년에는 3.1배, 2007년에는 3.3배로 늘었다. 각종 정부보조금과 직간접적인 혜택을 합하면 도농 간 실제 생활수준 격차는 6~7배 정도이다. 이런 이유로 노동할 수 있는 농민들은 모두 도시로 나가려고 한다. 이들이 바로 2억 6000만 명에 달하는 '농민공(農民工)'이다. 이들은 호적제도상 불이익을 받는데, 즉 도시호구(戶口)가 아닌 농촌호구를 갖고 있어 도시민이 누리는 각종 혜택(교육, 의료, 주택, 사회보장)을 전혀 받지 못한다. 이것이 바로 심각한 농민공 문제이다.

또한 중국은 현재 대중 소요 사건, 즉 '군체성 사건(群體性事件)'의 급격한 증가로 고통을 겪고 있다. 중국정부는 2005년을 마지막으로(8만 7000건) 군체성 사건 통계를 발표하지 않고 있다. 비공식 통계에 의하면 중국에서는 매일 약 500건의 대중 소요 사건이 일어난다. 예를 들어, 2010년에는 군체성 사건이 약 18만 건이나 발생했다.

이런 중국사회의 격차와 불안정에 대해 개인적인 경험이 있다. 가족 여행으로 중국을 갔는데, 산시성에서 아들이 농촌의 화장실 등 열악한 환경을 보고 이런 질문을 했다. "어떻게 상하이와 산시성이 한 나라에 속할 수가 있죠?" 이것이 중국이다. 그러니 10년 전 국정방침의 변화가 불가피했던 것이다. 그래서 '전면적'이라는 표현이 등장했고, 성장 우선이 아닌 성장과 균형의 동시 고려가 국정방침이 된 것이다.

∷ 새로운 방침: '과학적발전관'

현재 한국은 이념이 그렇게 중요하지 않다. 정치적으로 자유민주주의, 경제적으로 시장경제가 한국사회의 지향점이라는 공감대가 형성되었기 때문이다. 이에 대해 의문을 제기하거나 반대할 사람은 많지 않을 것이다. 하지만 중국은 사회주의 국가이기 때문에 중요한 국정방침 — 중국식 표현으로 당 노선과 총방침 — 이 바뀔 경우 그것을 정당화할 이론(논리)이 필요하다. 그래서 나온 것이 '과학적발전관(科學的發展觀)'이다. 한마디로 이전의 발전이 '비(非)과학적'이었기 때문에 문제가 많았고, 이제부터 이런 문제를 해결하기 위해 '과학적' 발전을 하자는 말이다. 과학적발전관의 핵심이념은 '이인위본(以人爲本, 사람을 근본으로 한다)'이다. 이에 따라 중국은 더 이상 성장만을 위한 성장, GDP 증가만을 위한 성장방식을 버리고, 국민생활(민생)을 개선시킬 수 있는 성장방식을 추구하겠다고 선언한 것이다. 이것이 바로 양적 성장에서 질적 성장으로의 변화이다.

경제성장에는 두 가지 종류가 있다. 하나는 국민의 생활수준 개선과 전혀 상관없이 GDP가 증가하거나 성장률만 올라가는 성장이다. 다른 하나는 GDP는 증가하지 않지만 국민의 실질적인 생활수준은 개선되는 성장이다. GDP 계산법 때문에 이런 현상이 생기고, 똑같은 규모의 예산으로도 GDP를 키우겠다는 방침을 정하면 그렇게 할 수 있다. 가장 간단한 방법은 토목건설이다. 고속도로와 전철을 깔고, 큰 건물을 짓고, 다양한 기반시설(infrastructure)을 마련하면 된다. 그런데 이렇게 해서 GDP는 7~8% 성장했는데 고속도로에는 차가 없다. 경전철은 다니는데 객실에 승객이 3~4명뿐이다. 국제컨벤션센터를 세웠는데 국제회의는 고사하고 1년에 결혼식 두세 번만 한다. 이것이 이른바 국민의 생활수준과 무관한 경제성장이다.

다른 종류의 성장은 같은 규모의 예산을 민생개선에 쓰는 것이다. 가난한 마을의 학생들을 위해 마을도서관에 좋은 책을 가득 채운다. 일하는 엄마들을 위해 유아원과 유치원을 짓고, 선생님의 월급도 많이 줘서 아이들을 행복하게 만든다. 연금을 못 받아 생활이 어려운 이들도 지원한다. 이렇게 할 경우 GDP는 거의 늘지 않지만 국민의 생활은 좋아질 것이다. 도식적으로 말하면 중국이 이제 전자의 성장방식을 포기하고 후자를 택하겠다는 것이다. 그것이 사람 중심의 성장이다. 이럴 경우 경제성장률의 감소는 감수해야 한다. 중국의 지도자들은 대략 10년 전부터 그렇게 하겠다는 생각을 품기 시작했다.

경제정책

이 같은 사람 중심의 경제발전방침, 즉 '과학적발전관'을 실현하기 위해서는 어떤 경제정책들이 필요할까? 시진핑 정부는 세 가지 정책을 중점적으로 추진하고 있다. 첫째는 경제성장방식의 전환이다. 이것이 리커노믹스의 첫 번째 요소이다. 먼저, 투자와 수출 중심에서 민간투자와 소비(내수)로 전환한다. 또한 제조업에서 서비스업 중심으로 산업구조를 조정한다. 그 밖에도 노동집약형 성장에서 자본 및 기술집약형 성장으로 전환한다. 나는 이것을 통칭해 경제발전방식의 전환이라고 부른다. 중국이 2008년 하반기에 본격화한 세계 금융위기에도 버틸 수 있었던 이유는 바로 이런 방침을 2002년부터 추진했기 때문이다. 2000년 무렵에 중국의 무역의존도(GDP에서 수출입이 차지하는 비중)는 70~80%였다. 만약 그때 세계 금융위기가 와서 미국과 유럽의 시장이 위축되었다면 중국경제는 심각한 위기에 직면했을 것이다. 그런데 내수확대정책을 꾸준히 추진하면서 2008년 무렵 중국의 무역의존도는 40%대로 떨어졌고, 미국과 유럽의 시장이 위축되었어도 중국은 적극적인 재정정책을 통해 이에 대응할 수 있었다.

둘째는 균형발전이다. 그중에서도 도시화[城鎮化]인데, 이것이 리커노믹스의 두 번째 요소이다. 도시화에는 두 가지 종류가 있다. 먼저 공간의 도시화, 즉 농촌을 도시로 바꾸는 도시화가 있다. 그런데 중국은 '사람 핵심의[以人為核心] 도시화'를 추진하겠다고 선언했다. 현재 중국에는 약 2

억 6000만 명의 농민공이 도시에 거주하고 있지만 농촌호구를 갖고 있어 도시민과 같은 혜택을 받지 못하고 있다. 하지만 도시화를 통해 농민공이 각종 복지혜택을 누릴 수 있도록 만들겠다는 것이다. 그래서 사람 핵심의 도시화라고 부른다. 중국 학자들의 계산에 따르면, 보통 1명의 농민공을 도시민으로 바꾸는 데 10만~20만 위안(한화 약 1700만~3400만 원)이 든다고 한다. 만약 2억 6000만 명의 농민공이 도시민으로 바뀌면 어떻게 될까? 일단 농민공의 생활이 개선될 것이다. 생활이 개선되고 여유가 생기면 이들이 소비자가 될 것이다. 그렇게 되면 유효수요가 창출된다. 민생이 개선되고 유효수요가 창출되면 내수가 확대된다. 이렇게 선순환구조를 만들어 경제성장을 이끌겠다는 것이 중국정부의 방침이다. 실제로 이것이 이뤄지려면 시간이 걸릴 것이다.

셋째는 지속 가능한 발전이다. 에너지 효율을 높이고, 오염물질의 배출을 감소하겠다는 정책으로 재생에너지를 적극 활용해 녹색성장을 추진하겠다는 것이다. 공산당 18차 당대회에서는 이런 내용을 묶어서 '생태문명(生態文明)의 건설'이라는 개념으로 표현했다.

∷사회 및 정치 정책

다음은 사회정책으로, 방침은 '조화사회[和諧社會, harmonious society]의 건설'이다. 이전에는 사회가 조화롭지 못했는데, 앞으로 조화롭게 바꾸겠다는 방침이다. 세부적인 정책으로는 빈부격차의 해소, '4대' 민생 문제(취업·교육·의료·주택)의 해결, 호적제도의 수리를 통한 농민공 처우의 개선이 있다. 이 중에서 빈부격차의 해소는 리커노믹스의 세 번째 요소이다. 그래서 2013년 2월 지난 10년 동안 지지부진했던 소득재분배정책

방안이 국무원 심의를 통과했다.

마지막으로 정치정책은 '의법치국[依法治國, 법에 의한 통치, 약칭 법치(法治)]'으로 싱가포르를 모델로 하는 방침이다. 중국공산당은 현재 '정치개혁의 주변화(marginalization) 전략'을 쓰고 있다. 이는 경제발전과 민생개선을 통해서 국민들이 정치개혁, 특히 민주화의 필요성을 느끼지 못하게 만들려는 것이다. 즉, 정치개혁이 아니라 경제 및 사회 개혁을 중심에 놓는다. 현재까지는 이 전략이 잘 통했는데, 앞으로도 효과가 있을지는 두고 볼 일이다.

:: 중국은 어떻게 정책을 집행할까

그렇다면 중국정부는 어떤 방식으로 이와 같은 정책을 추진할까? 다시 말해, 공산당이 결정한 정책을 정부관료나 지방정부가 추진해야 하는 이유는 무엇일까? 예컨대 한국에서는 선거라는 기제(mechanism)가 있다. 각 정당과 후보는 선거에서 이기기 위해 최소한 자기가 약속한 정책의 일부만이라도 지켜야 한다. 즉, 한국과 같은 민주주의 국가에서는 선거가 정책집행의 중요한 기제가 된다. 여기에 더해 언론과 시민단체가 정부와 공무원을 감독한다. 물론 이렇게 한다고 해서 정책이 다 집행되는 것은 아니지만, 어쨌든 이것이 자유민주주의에서 정책이 집행되는 기본 메커니즘이다.

그런데 중국은 민주주의 국가가 아니기 때문에 이러한 기제가 없다. 이 문제를 해결하는 방법 중 하나가 바로 '중점정책의 지정'이다. 만약 공산당 중앙과 국무원이 특정 정책을 중점정책으로 결정하면 지방정부는 이를 반드시 집행해야 한다. 만약 그렇지 않을 경우 당정간부는 불이익

(심할 경우 처벌)을 받는다. 구체적으로, 중국의 공직자들도 매년 인사고과를 비롯해 5년 임기마다 승진 여부를 결정하기 위한 업무평가를 실시한다. 이때 만약 중점정책을 완수하지 못하면 면직을 포함해 상당한 불이익을 받는다. 이를 중국에서는 '일표부정(一票否定, one-ballot veto system)'이라고 한다. 이는 중점정책을 완수하지 못하면 다른 정책을 아무리 성공적으로 달성해도 결국 불합격이라는 말이다. 예를 들어, 중국에서 가장 오래된 중점정책은 산아제한[計劃生育]이다. 만약 정부책임자(예를 들어 시장과 담당 부서장)가 산아제한정책을 제대로 집행하지 못하면 면직된다. 강제낙태와 같은 인권유린이 자주 발생하는 이유가 바로 이 때문이다. 탄광사고와 같은 인재나 자연재해도 그 대상이 된다. 예컨대 2003년에 베이징시장이었던 멍쉐눙(孟學農)은 사스(SARS)의 허위보고로 해임되었다. 최근에는 원저우(溫州) 근처에서 대형 고속철도사고가 났을 때 그와 관련된 100여 명의 공직자가 면직되었다(일부는 형사 처벌되었다). 멜라닌분유사건의 경우에도 마찬가지였다.

다른 사례로 주택 문제 해결을 살펴보자. 최근 중국에서는 주택부족 문제가 매우 심각하다. 그래서 중국정부는 매년 400만~500만 호의 국민주택[保障性住房]을 공급한다. 그렇다면 어떻게 이런 막대한 물량의 주택을 공급할 수 있을까? 국민주택보급을 중점정책으로 지정하는 것이다. 구체적으로 먼저, 인구수 등을 고려해 매년 각 지역(주로 도시)이 건설해야 할 국민주택을 할당한다. 예컨대 'A시는 1년에 1000호를 건설한다'라는 식이다. 이렇게 할당하면 그 시의 당서기와 시장은 이를 달성하기 위해 필요한 예산을 무조건 배정해서 연말까지 목표를 완수해야 한다. 만약 목표를 완수하지 못하면 인사고과에서 심각한 불이익(면직)을 받는다. 이것이 중국의 중점정책방식이다.

그러나 중점정책방식은 무리가 따르고 허위보고의 가능성도 있다. 그래서 실제로 그렇게 집행되었는지 결과를 점검해야 한다. 중점정책이 제대로 집행되게 만드는 더 좋은 방법으로는, 정책과 함께 예산을 지원하는 것이다. 예컨대 2006년부터 농민은 농업세를 내지 않았다. 지방정부가 농업세를 면제하면, 중앙정부와 성 정부가 그만큼을 보전해준다. 그래서 농업세면제정책은 잘 추진된다. 또 다른 예로 같은 시기에 농촌지역의 초등학교 의무교육도 이런 방식으로 해결했다. 사실 호적제도를 개혁해 농민공을 도시민으로 바꾸는 가장 효과적인 방법은 이를 중점정책으로 정하고, 동시에 중앙정부와 성 정부가 이에 필요한 예산을 해당 지역(도시)에 지원하는 것이다. 이렇게 하면 문제는 금방 해결될 것이다. 단, 공산당이 이 문제를 그렇게 절박하다고 느끼지 않고 있기 때문에 하지 않은 것뿐이다. 결국 농민공 문제는 능력이 부족해서가 아니라 의지가 없어 해결되지 않는다고 말할 수 있다.

나가며: '중국의 꿈'은 이뤄질 것인가

∷ 결정 요소

그렇다면 '중국의 꿈' 1단계(2021년)는 달성될 수 있을까? 이를 결정하는 가장 중요한 요소는 경제성장률이 얼마나 유지될 것인가와 엘리트정치가 얼마나 안정될 것인가로 요약할 수 있다. 이 중에서 후자는 문제가 없기 때문에 주로 전자를 설명하겠다.

요즘 중국의 경제학자와 정치학자의 일부가 논쟁을 벌이는 주제가 있다. 바로 '공산당이 권력을 유지하려면 몇 %의 성장률이 필요한가?'이다. 중국이 더 이상 두 자릿수의 경제성장을 할 수 없다는 것은 이미 정해진 일이다. 그래서 공산당도 7% 성장을 말한다. 그렇다면 몇 %가 마지노선일까? 두 가지 주장이 있다. 하나는 7%이다. 이 주장의 근거는 일자리 창출인데, 즉 매년 1000만 개의 일자리를 창출하기 위해서는 7%의 성장이 필요하다는 것이다. 그래서 지난 20년간 중국에서는 7% 성장률을 '공산당의 생명선'이라고 불렀다.

또 다른 유력한 주장은 경제성장률이 3% 정도면 된다는 것이다. 그 근거는 일자리 창출이 아니라 국민 가처분소득의 증가이다. 여러 나라에서 조사한 바에 따르면, 국민들이 현 체제에 불만을 갖는 경우는 자신의 현재 소득이 개선되지 않을 때라고 한다. 다시 말해 단순히 성장률이 몇 %인가가 중요한 게 아니라, 내 소득이 실제로 늘었느냐가 관심사란 뜻이다. 그런데 보통 3%의 경제성장이면 가처분소득은 3~5% 정도 증가하고, 이렇게 되면 국민들은 현 체제에 만족한다고 한다. 그래서 체제유지에 필요한 성장률이 3%라는 것이다. 공산당에게는 매우 좋은 소식이다.

전망: '중국의 꿈'의 1단계 목표는 달성될 것이다

만약 공산당 일당제를 유지하는 데 3%의 성장률로도 충분하다면, 대단히 낙관적일 수밖에 없다. 예를 들어, 중국의 도시화율이 2012년 기준으로 약 52%인데, 개발도상국의 평균 도시화율은 60%이다. 그래서 중국의 도시화는 선진국(80~90%)은 말할 것도 없고 개발도상국과 비교해도 낮은 편이라 아직 성장의 여력이 남아 있다. 지난 20년간 중국은 매년 약 1%씩 도시화가 이뤄졌는데, 이를 통해 1% 정도의 경제성장률을 끌어올릴 수 있었다. 이는 앞으로 도시화만으로도 1%의 경제성장이 가능하다는 말이다. 시진핑과 리커창 등 중국지도부의 얼굴에서 자신감을 엿볼 수 있다면 아마 이런 이유 때문일 것이다. 또한 중국은 3조 9000억 달러라는 막대한 현금(외환보유고)을 갖고 있다. 게다가 중국정부는 거대한 국유기업을 소유하고 있다. 국무원 국유자산관리감독위원회에 소속된 120여 개의 대형기업들과 성 정부에 소속된 기업은 국가가 40~50%의 주식을 갖고 있다. 그리고 상당수 기업은 중국뿐 아니라 뉴욕이나 홍콩에 상장되어 있다. 어떤 경제학자의 계산에 따르면, 국유기업에 영향을 주지 않으면서 비상시에 정부가 보유한 일부 주식을 팔아서 동원할 수 있는 돈이 6조 달러가량이라고 한다. 현재의 외환보유고와 합하면 9조~10조 달러에 달하는 막대한 현금을 중국정부가 동원할 수 있다는 계산이 나온다.

현재 아베노믹스가 실패할 가능성이 높은 것은 일본정부 부채율이 GDP의 250%에 육박하기 때문이다. 미국정부 부채도 GDP 대비 100%를 넘었다. 이런 상황에서도 아베정부는 계속 채권을 발행하고 있는데, 이것이 쌓이면 어떻게 견딜 수 있을까? 중국 지방정부의 부채는 대략 20조 위안(한화 4000조 원) 정도로, 한국의 1년 예산이 350조~400조 원 정도이니 한국 1년 예산의 10배 가까이 되는 것이다. 하지만 중국의 정부부채율은 GDP의 60%밖에 되지 않는다. 중국의 자신감은 여기서 나온다.

참고로 한중 간 경제상황을 잠깐 살펴보면, 1992년 수교 당시 중국의 GDP는 약 4900억 달러, 한국은 3400억 달러로 양국 간 격차는 약 1.4 대 1이었다. 반면 1인당 GDP는 한국이 몇 배가 많았다. 그런데 수교 후 20년이 지난 2012년에는 GDP 격차가 7 대 1로 벌어졌다. 앞으로 2020년이 되면 중국 GDP는 20조 달러가 될 텐데, 한국 GDP가 2013년에 1조 4000억 달러였으니 매년 평균 3% 성장한다고 해도 2조 달러가 안 된다. 그 결과 2020년에는 한국과 중국의 GDP 격차가 10 대 1이 될 것이다. 이처럼 양국 간 경제격차는 계속 확대될 것이다.

정치에서는 현행 권위주의 체제가 유지될 것이라고 전망한다. 그리고 사회문제는 해결되지 못할 것이라고 보지만 6~7%의 경제성장을 지속하면서 지금처럼 민생개선 우선 정책을 추진한다면 사회문제는 관리 혹은 통제할 수 있을 것이다. 외교에서는 2020년이 되면 중국이 미국과 함께 세계를 공동으로 관리하는 진정한 'G2(Group of Two)' 시대가 도래할 가능성이 높다. 한 예로 미중의 국력을 비교할 때 보통 경제력, 군사력, 소프트파워 세 가지 요소를 말한다. 많은 사람들이 예상하기를 중국이 경제력(GDP)으로는 조만간 미국을 추월하겠지만 군사력이나 소프트파워는 그렇지 않을 것이라고 말한다. 이에 일정 부분 동의한다. 중요한 것은 군사력이다. 4~5년 전만 해도 미국과 중국의 군사력 격차는 20~30년 정도라는 것이 중론이었다. 그런데 요즘 중국 전문가 사이에서는 이를 재검토해야 한다는 주장이 제기되고 있다. 그 격차가 10~15년이라는 주장도 나온다. 단순히 양국의 국방비 규모로만 비교한다면, 2013년 미국의 국방비가 약 6000억 달러였다. 이에 비해 중국 국방비는 중국정부의 발표와 외국기관의 발표를 종합할 때 대략 1500억 달러이다. 그런데 2020년이 되면 어떻게 될까? 연방예산 자동삭감(sequester)으로 미국의 국방비는 계속 줄어 4000억~5000억 달러가 될 것이다. 반면 중국은 지금처럼 매년 10% 정도 국방비를 늘린다면 2020년에는 3000억 달러가 넘을 것이다. 미국은 태평양과 대서양을 모두 관리해야 하는데, 태평양만을 관리하는 데 국방비의 50%(2500억 달러)를 쓴다고 가정하면, 미국과 중국의 국방비는 동일해진다. 그런데 중국은 자기 앞마당에서 3000억 달러를 쓰고, 미국은 멀리 바다를 건너와서 2500억 달러를 쓰는 것이다. 결국 군사력으로도 아시아 지역만을 놓고 본다면 2020년에는 미국과 중국이 대등해진다. 미국과 중국이 라틴 아메리카에서 전쟁할 일은 없다. 양국이 군사적으로 대치한다면 주로 아시아 지역에서 충돌하게 될 것이다.

2020년에 미국과 중국 관계가 어떻게 변할 것인가를 엿볼 수 있는 재미있는 사례가 있다. 2013년 12월 조 바이든(Joe Biden) 부통령이 일본과 중국을 방문하면서 보인 중국 '유화적'인 태도가 바로 그것이다. 이 방문에서 아베 총리는 바이든 부통령이 방공식별구역의 철회를 중국에 강력하게 요구할 것을 기대했는데, 바이든 부통령은 일본 방문에서 결코 그렇게 하지 않았다. 중국에 도착해서 그는 더욱 유화적인 모습을 보여줬다. 나는 이 모습이 2020년에는 더욱 일상이 될 것이라고 생각한다. 최소한 아시아를 두고 중국은 명실상부한 G2가 되는 것이다. 하지만 아직은 G2 시대가 오지 않았다.

(강연일 2013.12.5)

더 읽을 책

조영남. 2013. 『중국의 꿈: 시진핑 리더십과 중국의 미래』. 민음사.
______. 2012. 『용과 춤을 추자: 한국의 눈으로 중국 읽기』. 민음사.
______. 2012. 『중국의 법치와 정치개혁』. 창비.
______. 2009. 『21세기 중국이 가는 길』. 나남.
조영남 · 안치영 · 구자선. 2011. 『중국의 민주주의: 공산당의 당내 민주 연구』. 나남.

제4강 아시아-태평양 지역의 세력변동과 한·중·일 관계

박철희 (서울대 국제대학원 교수·일본연구소장)

강연 개요

중국의 부상에 따르는 중·일 양강 시대는 동아시아의 새로운 지평을 예고한다. 중국은 점진적인 질서수정을 지향하고 있고, 일본은 적극적인 방위노선을 통한 보통국가화를 내세우고 있다. 한국은 중국에 경사(傾斜)하기보다는 미국과 동맹을 강화하면서 중·일 양국에 대한 균형외교 노선을 유지해야 한다. 또한 한·중·일 3국의 협력을 적극 유도하는 한편, 북한에 대해 원칙 있는 포용정책을 취하는 유연한 외교를 구사해야 한다.

들어가며: 새로운 시대, 새로운 도전

역사의 변화

요즘 '세력전이(power shift)'라는 주제를 이야기하는 많은 사람들이 19세기와 현재의 상황이 비슷하다고 지적한다. 일본과 중국 간 그리고 미국과 중국 간 힘의 균형이 변화하고 있기 때문이다. 일본은 아시아에서 최초로 19세기 말 메이지유신[明治維新]을 거쳐 근대국가로 성장했다. 그리고 탈아입구(脫亞入歐) 정책을 추진해 아시아에서 벗어나 서구 열강과 대등한 근대국가가 되려는 열망으로 독자노선을 걸었다. 반면 유감스럽게도 중국은 서구 열강에 의해 분할되고 지배를 받는 상황에 처했다. 이러한 변화 가운데 청일전쟁을 전후로 아시아의 세력역학에 변화가 생긴다. 동아시아에서 일본이 중국을 앞선 것이다. 그 후로도 좋은 의미나 나쁜 의미에서 일본이 약 150년간 동아시아 질서를 주도해왔다. 그리고 동아시아는 전쟁, 식민지 같은 불행한 경험을 하게 된다. 한국은 일본에 수직적으로 통합되면서 35년간 일본의 지배를 받았다.

이후로 냉전질서 속에서 새로운 관계가 정립되는데, 한·미·일의 남방삼각연대와 중·소·북의 북방삼각연대가 서로 대결하고 갈등하는 양상이 오랫동안 지속되었다. 두 세력은 이데올로기를 전면에 내세우며 냉전을 벌였다. 그러나 한반도에서는 단지 냉전에 그친 것이 아니라 열전(熱戰), 즉 한국전쟁이라는 비극이 일어났다. 한국은 식민지 지배, 분단, 전쟁이라는 아픈 경험을 할 수밖에 없는 시대를 살았던 것이다.

한국전쟁 종전 후에도 한국과 일본은 사회주의 노선을 걷는 중국과 대립 상태에 있었다. 그래서 남기정이 말하듯 일본은 미국의 '기지국가'로, 한국은 '전선국가'로 냉전시대를 살아야 했다. 그러나 이 시기가 반드시 불행한 것만은 아니었다. 미국이 전격적으로 중국과 관계를 정상화하면서 일본에서는 이른바, '닉슨쇼크(Nixon Shock)'가 일어났다. 중국과 미국 관계가 정상화되면서 일본에서는 '버스에 타지 않으면 버스를 놓치게 된다(시대에 뒤떨어진다)'는 '노리오쿠레(乗り遅れ)'론이 대두되었다. 일본은 서둘러 중국과 국교정상화를 추진했다. 비록 냉전시대였지만 미·중 관계가 크게 대립 양상을 보이지 않았고, 중·일 양국도 기본적으로 평화적인 관계를 유지했다. 냉전이라는 살벌한 시대상황에서도 평화와 공동번영의 질서가 계속되었다.

이와 같은 과거와 비교하면 현재 일본은 상대적으로 침체되고 미국의 영향력도 약화되었다. 그와 동시에 국제관계를 논의하는 자리에서는 누구나 '중국의 부상(rise of China)'을 이야기한다. 중국의 부상을 논하지 않고서는 국제관계를 논할 수 없는 시대가 된 것이다. 불과 20년 전만 해도 모두가 '일본의 부상(rise of Japan)'을 이야기했다. '일본이 부상하고 있다, 일본이 세계질서를 바꾸려고 한다, 일본이 수정주의 국가가 될 수도 있다' 등의 논의가 있었다. 그때 미국에서는 향후 일본과 갈등이 불가피할 것이라는 의견도 있었고, 일본에 어떻게 대응해야 할지가 큰 화두 중의 하나였다. 힘을 키워가는 일본이 어떤 목적이 있는지, 과연 일본은 국제질서를 바꾸려는 세력인지 아니면 기존 질서를 유지하려는 세력인지, 일본은 조력자(supporter)인지 아니면 수정론자(revisionist)인지 등이 논란의 대상이었다. 수많은 박사학위 논문이 이상의 주제를 중심으로 쏟아져 나왔다. 현재는 똑같은 말을 그대로 중국에 적용할 수 있다. 부상하는 중국이 어떤 목적으로 국제사회에서 행동할 것인가가 가장 큰 화두이다.

중국이 힘을 가지게 되었고, 그 힘을 키워나가고 있다는 것에 대해서 이의를 제기할 사람은 없을 것이다. 논란의 핵심은 힘을 가진 중국의 목적이 대체 무엇인가 하는 문제이다. 존 미어샤이머(John J. Mearsheimer)와 같은 공세적 현실주의자들은 중국을 국제질서를 변화시키려는 세력으로 본다. 반면 중국은 결코 현 질서를 바꾸려는 의지가 없다고 이야기하는 사람도 있다. 현재 이 문제를 두고 많은 논의가 이뤄지고 있다.

한국의 가장 큰 도전은 과거와 다른 새로운 상황에 처해 있다는 점이다. 한국은 조선시대까지 중화질서에 편입되어 살아왔다. 이후 일본의 영향력이 커졌을 때는 일본의 식민지 혹은 일본과 동일한 진영에 있는 국가로 지내왔다. 바꿔 말해 어떤 한 국가의 세력이 강한 '일강(一强)'의 상황 속에서 놓여 있었다. 그런데 현재는 중국이 세계 제2위의 경제대국으로 부상했고, 동시에 일본 역시 세계 제3위의 경제대국 자리를 지키고 있다. 한국은 이제 '중일양강(中日兩強)'의 틈새에서 살아가야 한다. 이러한 큰 과제가 있기 때문에 한국은 중국의 부상과 일본의 상황에 대해서 관심을 갖는 것이다.

새로운 도전으로서 중국의 부상

세계적 차원의 도전

최근 중국의 부상에 따른 도전은 국제사회가 20세기 이후에 겪었던 도전과 성격이 조금 다르다. 우선 전 세계적 차원에서 볼 때 제2차 세계대전 이후 미국을 중심으로 하는 세계질서가 유지되고 있다는 것에는 변함이 없다. 미국 중심의 세계질서에 도전했던 가장 큰 세력은 소련이었다. 소련은 이념적·군사적으로 미국을 중심으로 하는 자유주의 질서와 대립했다. 양 진영이 대립하면서 제3세계와 발전도상국에서는 많은 갈등이 발생했다. 1970~1980년대에 유행했던 근대화론과 종속이론 등은 자유주의적 이론과 사회주의적 이론의 대결이 학문에까지 번졌던 사례이다. 미국과 같은 핵보유국으로서 소련의 도전은 미국에게 군사적으로 위협이 되는 굉장히 강한 도전이었다.

그런데 역설적으로 소련의 경제적 도전은 미국에게 큰 영향을 주지 못했다. 소련은 체제운영상의 문제를 인식하고 페레스트로이카와 글라스노스트를 추진하는 과정에서 붕괴했다. 경제적인 도전을 스스로 극복하려다 실패한 소련의 붕괴 역사는 곧 20세기 후반의 역사가 된다. 소련의 도전은 군사적으로는 강력했지만 경제적으로는 힘을 발휘하지 못했다.

냉전이 거의 끝나갈 무렵, 세계의 많은 학자들은 소련 이후 기존 질서에 도전하는 세력은 일본이 될 것이라고 예상했다. 일본을 두고 '경제적인 활력이 넘치지만 중상주의적인 정책을 취하는 것 같다, 내수는 지키면서 해외시장에 진출하려는 성격이 강하다'라는 지적을 했다. 그래서 미국은 일본시장을 개방하기 위해 많은 압력을 가했다. 일본에서는 이 같은 미국의 압력을 '가이아쯔(外壓)', 즉 외압이라고 불렀다. 그 당시 미국에서는 외압을 통해 일본시장을 개방하고 미국상품도 수출하면서 궁극적으로는 일본을 미국 주도의 경제질서에 편입시켜야 한다는 논의가 있었다. 일본은 미국의 압력에 저항하면서도 다른 한편으로는 미국 중심의 경제질서에 적응하며 발전했다.

일본은 한때 경제적으로 미국을 추월할 만한 힘을 가졌지만 군사적으로는 결코 미국에 위협이 되지 못했다. 일본은 미국의 동맹국이고, 미국이 추구하는 군사적인 패권질서에서 미국의 협력자와 파트너였기 때문에 세계질서를 전면적으로 수정하려는 의지는 없다고 여겨졌다. 그래서 일본이 국제사회에서 도전이 되기는 했지만, 일본의 체제변화보다는 시장 측면의 개혁을 이끌어내자는 것이 당시 국제사회의 기본 논리였다.

이와 비교해 중국은 전혀 새로운 도전이다. 실제로 미국의 질서에 도전한다는 의미에서가 아니라 경제력과 군사력을 동시에 보유한 국가로 성장하고 있다는 점, 소련이나 일본과 다른 새로운 양상으로 미국 중심의 국제질서에 편입되고 있다는 점이 그렇다. 과연 중국이 국제사회에서 기존 질서를 유지하는 국가로 남을 것인지, 아니면 기존 질서에 도전하는 국가로 변모할 것인지는 동아시아뿐만 아니라 전 세계적인 관심사이다.

⁜ 지역 차원의 도전

지역 차원에서 본다면, 한국은 활력이 넘치는 중국의 성장과 아직 건재한 일본 사이에서 새로운 도전을 맞이하고 있다. 한국에서는 일본이 활력을 잃었다고 생각할 수도 있지만 일본은 여전히 세계 3위의 경제대국이다. 아울러 병력, 국방비 등 군사적 측면에서도 세계 6위권에 드는 국가이다. 이런 상황에서 중국과 일본의 갈등이 지속된다면 그 사이에 자리 잡은 한국은 굉장히 어려운 상황에 처하게 될 것이다. 반대로 일본과 중국이 서로 손잡고 한국을 무시한다면 그 역시 우려스러운 상황이다.

나는 10여 년 전 어느 세미나에서 "한국의 입장에서 중국과 일본의 대립 상황이 우려된다. 한국이 중국과 일본 양국의 손을 잡고 있다가 어디로 끌려갈지 모르는 곤란한 상황에 처할지도 모르겠다"라고 말한 적이 있다. 그때 도쿄대(東京大)의 다나카 아키히코(田中明彥) 교수는 "중국과 일본이 다소 대립하고 경쟁하는 상황이 있기에 한국이 활동할 공간이 있으니 너무 걱정할 필요 없다"라며 재미있는 대답을 했다. 현재 중·일 관계 자체가 동아시아에서는 새로운 도전으로 받아들여지고 있다. 또 한 가지, 아시아-태평양 지역의 패권을 둘러싼 미·중 관계 역시 지역적인 도전이 되고 있다. 중국의 시진핑(習近平) 주석은 "태평양은 미국과 중국이 함께 살 수 있을 정도로 넓다. 그러므로 미국과 중국이 공존하는 질서를 추구하자"라고 말한 바 있다. 그러나 미국의 어느 학자는 "세상에 두 개의 태양이 존재할 수는 없다"라고 반격했다. 즉, 지역질서를 어떻게 끌고 갈 것인가에 대해 미국과 중국이 동상이몽(同床異夢)이라는 말이다. 지역질서에 관한 미국과 중국의 서로 다른 이해는 역내 국가들에게 상당한 도전이 되고 있다.

※ 한반도 차원의 도전

이번에는 한반도 문제로 시야를 좁혀보자. 중국과 북한은 혈맹관계를 맺고 있다. 두 나라는 한국전쟁 이래로 오랫동안 특별한 관계를 심화시켜왔다. 그런데 최근 들어 중국이 북한을 대하는 태도가 조금 달라졌다. 중국의 대북전략이 근본적으로 변했다고 생각하지는 않는다. 중국은 결코 북한을 포기하지 않을 것이다. 그러나 적어도 중국지도부는 북한이 동북아시아의 골칫거리로 지내는 것을 더 이상 방치할 수 없다고 여기게 된 것 같다.

최근 한중 관계는 굉장히 좋아 보인다. 그러나 중국이 북한을 포기하지 않을 것이라는 전제로 한국은 북·중 간 우호관계를 인정하면서 한중 간 파트너십을 만들어나갈 방안을 고민해야 한다. 정재호는 '동맹국과 파트너 사이(between allies and partners)'라고 표현했는데, 미국이라는 동맹국과 새로운 파트너인 중국 사이에서 한국이 어떻게 살아가야 하는지는 한반도와 관련해 한국에게 굉장히 중요한 도전이 되고 있다.

⁝ 새로운 지역질서에 관한 네 가지 시나리오

※ 미국의 쇠퇴, 중국의 지배

이러한 지역질서의 변동 속에서 향후 아시아-태평양 질서가 어떻게 전개될 것인가를 둘러싸고 다양한 논의가 진행되고 있다. 첫째 의견은 미국의 세기(pax Americana)는 지나갔다는 입장이다. 욱일승천(旭日昇天)하는 중국이 미국을 따라잡는 것은 시간문제이고, 중국이 아시아-태평양 지역을 지배할 것이라는 입장이다. 미국이 점차 힘을 잃고 중국이 세계를 지배하는 시대가 올 것이라고 예측하는 사람도 있다. 특히 버락 오바마

(Barack Obama)의 미국 대외정책을 보면 국방예산을 축소하고 군사개입을 최소화하는 방향으로 가고 있다. 심지어 재정적자로 인해 시퀘스터(sequester, 자동 예산삭감 조치)를 시행한 적도 있다. 이런 상황 아래, 미국이 의지는 있지만 과연 아시아-태평양 지역의 이익을 지킬 만한 충분한 힘이 있는지 의문을 제기하는 사람들이 생겨나고 있다.

※ 미국-중국 공동통치

둘째는 미·중 관계가 아시아-태평양 지역질서를 결정할 기본 메커니즘이 될 것이라는 입장이다. 나는 '콘도미니엄(condominium)'이라는 표현을 사용하는데, 미국과 중국이 무엇을 함께한다기보다 양국이 질서의 중심을 잡는 두 세력으로 남을 것이라는 의미이다. 이러한 경우 두 나라는 협력할 수도, 혹은 신(新)냉전 상황을 만들어낼 수도 있다.

※ 지역 강국 간 힘의 균형

셋째는 아시아-태평양 지역 강국 간 힘의 균형이라는 입장이다. 미국의 힘이 약해지고, 중국도 아시아-태평양 지역의 맹주로 성장하지 못하고, 일본도 완전히 몰락하지 않고, 한국 역시 통일 후 역동성을 가지면서 이들 국가가 지역 내에서 상호 경쟁하는 상황이 될 것이란 입장이다. 마치 19세기 유럽과 같은 전통적인 힘의 균형(balance of power) 상태가 일어날 수도 있다는 것이다. 찰스 쿱찬(Charles A. Kupchan)은 '노 원스 월드(no one's world)'가 도래할지도 모르며 누구도 패권적 지위를 가지지 못하는 상태의 국제질서가 형성될 수도 있다고 주장하는데, 동아시아에서도 이와 같은 세력의 균형, 즉 각국의 합종연횡(合從連衡)과 같은 상황이 충분히 일어날 수 있다.

⁜ 지역 세력 간 협력

넷째는 유럽연합(EU)처럼 한·중·일을 중심으로 지역국가 간 협력이 심화되는 것이다. 이것이 단기간에 실현될 것이라고 생각하는 사람은 거의 없다. 하지만 우리는 이러한 가능성을 배제할 수 없고 또 배제해서도 안 된다.

새로운 시대, 지역 세력의 행동 패턴

과거와 다른 질서가 출현하고 이로써 나타난 복잡한 상황들이 현재 우리가 살고 있는 시대의 모습이다. 한 시대의 모습은 지역국가들이 행동하는 유형을 통해 파악할 수 있다. 나는 사회과학자로서 레토릭(수사)보다는 실제 어떻게 행동하느냐에 더욱 중점을 두면서 국가 간 관계나 정치 현상을 바라본다. 그런 측면에서 최근 한·중·일의 행동 유형은 확실히 과거와 다른 양상을 보이고 있다.

⁜ 새로운 전략의 모색

한·중·일에 국한한다면 각국은 세력전이(power shift)에 따른 새로운 전략을 모색하기 시작했다. 앞서 언급했듯이 전략의 기본 논점은 중국이 수정주의 국가가 될 것인가, 현상유지세력(status quo power)이 될 것인가 하는 문제이다. 미국을 중심으로 하는 현실주의자들은 중국이 수정주의 국가로 성장할 가능성이 높다고 보고 있다. 반면 중국의 지도부나 학자들은 중국이 미국질서에 도전하거나 수정할 생각이 없다고 강조한다.

※ 중국: 지역질서의 점진적 수정

미·중 정상회담에서 공표된 이른바 '신형대국관계'라는 개념이 최근의 중국 입장을 잘 반영하고 있다. 신형대국관계는 중국이 자국을 대국으로 인식하기 시작했고 이것을 대외에 공표했다는 데 의미가 있다. 그와 동시에 지금까지 알고 있던 대국관계와 전혀 다른 새로운 대국관계를 추구하겠다고 설명한다. 중국은 소련처럼 이념적인 고집을 부리며 미국과 군사적으로 대립하는 국가가 되지 않겠다는 것인 동시에 일본처럼 미국질서에 완전히 편입된 수동적인 국가도 되지 않겠다는 것이다. 또한 영국처럼 미국과 손발을 맞춰 국제질서를 공동으로 운영하는 국가도 되지 않겠다는 것이다.

중국이 신형대국관계를 통해 말하고자 하는 바는 무엇일까? 중국은 미국이 주도하는 질서에 직접 도전하지 않을 것이며 충분히 미국과 협력할 용의가 있다고 말한다. 그러나 중국이 주장하는 주권과 핵심이익에 대해서는 결코 양보할 수 없다는 입장이다. 미국이 이런 점을 충분히 이해해 줄 것을 바라는 것이 신형대국관계의 핵심이라고 생각한다.

그렇다면 중국이 추구하는 신형대국관계가 지역질서에 어떠한 영향을 미치게 될까? 국제사회 전반의 문제에 대해서는 중국이 기존 질서에 도전하거나 수정하려는 모습을 보이지 않는다. 하지만 내가 관찰한바 중국은 아시아-태평양 지역에서만큼은 점진적 수정자(gradual modifier)의 역할을 추구하고 있다. 점진적으로 지역질서를 바꾸기 위해 노력하고 있다는 것이다. 이는 최근 발생한 몇 가지 분쟁을 통해 알 수 있다. 중·일 간 센카쿠열도(尖閣列島)/댜오위다오(釣魚島) 분쟁, 남중국해 분쟁, 동중국해 분쟁 등이 그 사례이다. 중국이 이 지역의 질서를 바꾸겠다는 의도를 드러내지는 않았지만, 이와 같은 분쟁을 통해 적어도 중국의 핵심이익을 위해서는 절대 물러서지 않겠다는 의지를 확실히 보여줬다고 생각한다.

중국과 다른 국가 간 해양지배를 둘러싼 여러 이슈야말로 현재 주목받고 있는 부분이며, 이러한 현상을 어떻게 해석하느냐가 큰 논쟁으로 떠오르고 있다. 중국이 추구하는 바가 '수정주의이냐, 부분적인 수정주의이냐, 기존 질서의 방어이냐'에 대해 앞으로 수많은 박사 논문이 발표될 것이라고 예상한다.

※ 일본: 보통국가로의 점진적 이행

일본은 공세적으로 비춰지고 있는 중국을 바라보면서 평화헌법에 손발이 묶여 있는 현 상태를 유지해서는 안 되겠다는 생각을 하기 시작했다. 이제는 '보통국가(normal country)'의 길을 가야겠다는 생각이 강해진 것이다. 보통국가의 개념은 최근에 나온 것이 아니다. 1990년대 초 걸프전 당시 일본은 다국적군에 130억 달러에 달하는 자금을 지원하고도 헌법조항 때문에 병력을 파병하지 않아 국제사회에서 그 공로를 인정받지 못한 적이 있다. 그러자 이를 계기로 경제력에 부합하는 정치·군사적 영향력을 가져야 하고 이를 위해 개헌을 해야겠다는 생각을 하게 된다. 이것이 보통국가의 기본적 논지였고, 최근 들어 다시 언급되는 내용이다. 그러나 중국이나 한국에서는 일본이 보통국가가 되면 제국주의로 다시 돌아가는 것이 아닌가 하는 우려를 한다.

전후(戰後) 일본은 두 가지 축을 중심으로 국제질서에 참여했다. 첫째는 일본과 국제사회가 타협한 '평화헌법'이다. 평화헌법의 주요 내용 세 가지는 '하나, 국제분쟁의 해결수단으로 전쟁을 포기한다, 둘, 군대를 보유하지 않는다, 셋, 교전권을 가지지 않는다'이다. 일본은 평화국가의 모습을 지키려고 오랫동안 노력했다. 하지만 평화헌법이 좌절의 근원이 되기도 했는데 '왜 다른 나라도 하는 것을 우리는 못할까?'라는 좌절이다.

둘째는 미·일 동맹이다. 미·일 동맹의 의미는 전전(戰前)처럼 패권을 추진하지 않고 최소한의 방위력만 보유하면서 일본의 안보나 지역 방위는 미국에게 의존하겠다는 것이다. 이 두 가지 내용이 일본 대외정책의 근간이었다. 하지만 최근 들어 변화가 생기기 시작했다. 가장 큰 이유는 중국의 부상이다. 단순히 중국의 힘이 강해져서가 아니라 2010년부터 불거지기 시작한 센카쿠열도/댜오위다오 분쟁이 큰 불씨가 되었다. 센카쿠열도 문제에 대한 중국의 입장은 센카쿠열도의 국유화는 일본이 먼저 현상변경을 시도한 것으로, 이 지역을 영유권 분쟁지역으로 인정해야 한다는 것이다. 그러나 일본의 이해는 조금 다르다. 2010년 9월 7일 14명의 선원이 탑승한 중국 어선이 센카쿠열도에 접근하려다 일본 해양경비대의 저지를 받자 일본 해양보안청 소속 순시선을 들이받는 사건이 발생했다. 그 당시 일본 해상보안청 호위함이 크게 손상되고 일본은 중국이 의도적으로 접근했다는 생각을 하게 된다. 일본은 중국이 과거보다 훨씬 공세적으로 일본 영토에 대한 접근을 시작했다고 이해하고, 센카쿠열도가 미·일 동맹의 적용 대상이 되어야 한다는 입장을 미국에 누차 전달한다. 그 결과 2014년 4월 오바마 대통령이 방일 중 센카쿠열도가 미·일 안보조약의 적용 대상임을 밝히게 된다.

한편 한국과 중국에서는 일본의 집단적자위권을 매우 위험한 시도로 본다. 일본이 전쟁을 일으킬 수 있는 국가로 변모하고자 한다고 생각하기 때문이다. 집단적자위권이란 동맹국이 제3국의 공격을 받았을 때 이를 자국에 대한 공격으로 간주해 함께 대응할 수 있는 권리이다. 이는 유엔(UN)헌장과 샌프란시스코 강화조약, 그리고 미·일 안전보장조약이 보장하는 권리이다. 하지만 일본은 평화헌법 때문에 그것을 행사할 수 없다는 것이 현재까지의 해석이었다. 그런데 아베 신조(安倍晉三)가 이끄는 내각은 일본이 집단적자위권을 행사할 수 있도록 헌법 해석을 변경했다. 일본의 의도는 미국의 안보 공약이 약화된 상황에서 아시아-태평양 지역을 지키기 위해서는 일본도 힘을 발휘해야 한다는 것이다. 미국이 곤경에 처했을 때 일본이 도움을 줄 수 있으려면 일본도 집단적자위권을 행사할 수 있어야 한다는 것이다. 이런 체제를 구축하겠다는 것이 현재 아베 내각의 집단적자위권 허용에 관한 내용이다.

그뿐만 아니라 일본은 자국의 방위능력을 점차 강화하고 있다. 한국과 중국에서는 이를 두고 일본의 '군사대국화'라고 생각한다. 일본은 2002년부터 2012년까지 지속적으로 방위비를 삭감했다. 방위비 삭감의 가장 큰 원인은 고령화로 인한 사회복지비용의 증가이다. 일본 인구의 24%가량이 65세 이상의 노인이다. 고령화사회에 진입하면서 사회복지비용, 특히 의료비용이 큰 폭으로 증가하니 어쩔 수 없이 방위비를 줄여왔던 것이다. 그런데 일본정부는 2013년부터 다시 방위비를 증액하고 있다. 자위대의 인건비를 늘림으로써 현재 자위대의 규모를 유지하고, 향후 규모를 확대할 수 있는 기반을 마련하고 있다. 무기체계도 잠수함, P3C(해상초계기)같이 해양 경계업무와 관련된 무기를 새로 구입하고 있다. 그와 동시에 대규모 자위대 병력을 남서쪽으로 이동시키고 있다. 과거 냉전시대에는 소련의 침략에 대비해 대부분의 병력을 북쪽 홋카이도 지역에 배치했다. 그러나 지금은 중국의 접근에 대비해 병력을 남서쪽으로 재배치하고 방어 태세에 변화를 주고 있다. 이처럼 일본은 법질서에 제한을 받았던 내용들을 유연하게 수정함으로써 다른 나라와 마찬가지로 방어 능력을 갖춘 국가로 변모하겠다는 강한 의지를 보이고 있다.

※ 한국: 헷징전략

한국은 중국의 부상에 대해 헷징(hedging)전략, 즉 양다리 걸치기를 하고 있다. 중·일 양국과 모두 좋은 관계를 유지해야만 하는 것이 한국의 지정학적 숙명이다. 최근 들어 중국과 협력은 점차 심화되고 있다. 경제적으로는 무역의 25%가량을 중국에 의존하고 있고, 정치적으로는 다음 세 가지 측면에서 북한 문제의 원만한 해결을 위해 중국과 협력이 불가피하다고 생각한다.

첫째, 북한의 군사적 도발을 자제시키기 위해서는 한중이 협력해야 한다. 현재 한국에 가장 큰 위협은 북한의 국지적 도발 혹은 북한과 전면전이다. 중국도 한반도에 전쟁이 일어나길 바라지 않기 때문에 전쟁방지와 도발관리를 위해 협력이 필요하다.

둘째, 한반도의 비핵화를 위해서는 중국과 협력이 불가피하다. 북한은 에너지와 식량의 70% 정도를 중국에 의존하고 있다. 따라서 필요할 경우 북한에 가장 큰 압력을 가할 수 있는 국가가 중국이다. 아울러 북한이 중국을 향해 핵무기를 사용할 가능성도 배제할 수는 없기 때문에 북한의 비핵화를 위해 한중 양국이 힘을 합쳐야 한다.

셋째, 통일 과정에서도 접경국인 중국과 협력은 꼭 필요하다.

이같이 다양한 측면에서 중국과 협력이 필요하기 때문에 중국과 우호적인 관계를 유지해야 하지만, 다른 한편으로는 북한의 침략이나 전면전에 대비해 일본과도 안보협력이 필요하다.

많은 한국인이 일본은 한국의 안보와 아무런 관계가 없다고 생각한다. 미·일 동맹과 한미 동맹이 각각 존재하기 때문인데, 이는 부분적인 이해에 지나지 않다. 현재 한반도는 휴전상태지만 한국에는 유엔군 사령부가 자리 잡고 있다. 그런데 일본에 있는 일곱 군데의 유엔사 후방기지(요코

스카, 요코다, 캠프 자마, 사세보, 가데나, 화이트비치, 후텐마)를 활용하지 못한다면, 한반도 유사시 미국이 대응할 수 있는 여지는 크게 줄어든다. 그래서 북한이라는 직접적인 위협이 존재하는 한, 한·미·일 안보협력은 불가결하다는 것이 나의 의견이다. 중국의 입장에서는 한·미·일 공조를 통해 중국에 위협을 가하려는 것이 아닌가 하고 생각할 수도 있다. 하지만 한미 동맹은 확실히 북한을 대상으로 한 것이다. 그래서 중국은 한국이 헷징전략을 구사할 수밖에 없는 상황을 이해해야 한다고 생각한다.

⁑ 지역 내 새로운 시도와 시험

※ 중국의 공세적 외교

최근 중국은 공세적(assertive)인 외교전략을 구사하기 시작했다. 특히 동남아시아에 대한 접근을 강화하고 있는데, 작년에 연구차 동남아시아 국가를 다니면서 그들이 중국을 어떻게 보고 있는가를 연구한 적이 있었다. 그중 한 가지 결론은, 중국이 남서부 쿤밍(昆明)을 거점으로 미얀마, 타이, 베트남으로 진출하는 전략을 추진하고 있다는 것이다.

동남아시아 진출전략 외에도 중국은 아시아의 기본 구도(structure)를 바꿔보려는 시도를 하고 있다. 하지만 수정주의 입장이 아니라 점진적으로 구조를 수정·보완하려는 것이다. 예를 들어 아시아개발은행(Asian Development Bank: ADB)에 대항하는 아시아인프라투자은행(Asian Infrastructure Investment Bank: AIIB)을 설립하거나 아세안지역안보포럼(ASEAN Regional Forum: ARF)에 해당하는 아시아교류및신뢰구축회의(Conference on Interaction and Confidence Building Measures in Asia: CICA)의 지위를 격상시키려고 한다. 또 미국이 설정한 방공식별구역(Air Defense Identification Zone: ADIZ)에 대항해 동중국해에서 방공식별구역을 선포하기도 했다. 이러한 시도들은 중국이 이제 자국의 계획에 따라 지역질서를 조금씩 변화시켜보겠다는 의도가 반영된 움직임으로 보인다. 또 소프트파워(soft power)에서도 중국은 공자학원(孔子學院) 등을 활용해 예전보다 훨씬 능동적인 외교정책을 펼치고 있다.

※ 일본의 사전 방어

일본은 중국의 공세적인 외교를 보면서 중국에게 일방적으로 밀려서는 안 되겠다는 생각을 하고 있다. 특히 현재 아베 정권은 과거 일본 중심의 지역질서를 유지하고 중국의 공세를 방어해야겠다는 생각이 매우 강하다. 아베가 추구하는 정책을 한마디로 표현하면 '강한 일본을 다시 되찾겠다'는 것이다. 아베는 총리 연임에 성공한 직후 미국 국제전략문제연구소(Center for Strategic & International Studies: CSIS)에서 'Japan is back'이라는 제목의 연설을 했다. 연설의 기본 내용은 일본은 결코 이류국가가 아니며, 이류국가로 만들지도 않겠다는 것이었다.

아베 총리의 외교행보는 아주 명확하다. 중국 에워싸기 전략이다. 이를 위해 가장 힘을 기울이고 있는 것이 동남아시아이다. 2013년만 해도 아세안(ASEAN) 10개국을 모두 순방했다. 이어 같은 해 12월에는 아시아 10개국 정상들과 도쿄(東京)에서 회의를 개최했다. 특히 중국과 분쟁관계에 있는 베트남과 필리핀에 대해서 특별한 배려를 하고 있다. 예를 들어 필리핀에 일본 순시선 10척을 제공하겠다고 밝혔는데 이는 중국을 염두에 둔 결정이다. 아베 총리와 일본 외상은 동남아시아, 몽골, 러시아, 사우디아라비아, 리비아, 터키 등 중국 주변국들을 대상으로 외교에 집중하고 있다. 혹자는 일본이 봉쇄정책을 쓰는 것이 아닌가 하지만, 나는 일본이 중국을 봉쇄할 능력이 없다고 생각한다. 일본의 행보는 군사적 함의가 있는 것이 아니라 외교적인 균형을 잡겠다는 것이다. 일본의 우호국이었던 국가들이 중국의 우호국으로 변모하는 것을 보고만 있지는 않겠다는 의도가 저변에 깔려 있다. 아울러 아베 총리는 중국의 해양 진출을 견제하면서 일본, 미국, 오스트레일리아, 인도가 연계해 다이아몬드 대열을 갖춰야 한다는 '안보 다이아몬드' 구상을 제시했다.

아베 총리가 해외에서 강연하는 내용은 거의 일관된 메시지를 담고 있다. 힘을 사용해 현상변경을 추구하는 대상에 대해 공동으로 대처해야 하며 법질서가 존중되는 국제질서를 수립해야 한다는 것이다. 이는 바꿔 말하면 중국이 힘을 사용해 지역 해양질서를 바꾸려고 한다면, 해양국가인 일본에게는 사활이 걸린 문제이므로 적극적으로 대응하겠다는 말이다.

※ 한국의 원칙적 적응

한국은 지나치게 한반도에만 집중(principled adaptation)하고 있다. 이것은 한국의 외교전략에서 다소 안타까운 측면이라고 생각한다. 박근혜 정부가 한반도 문제에만 몰두하니 마치 금방이라도 통일이 이뤄질 듯한 인상을 주는 '통일대박론'이라는 구상이 나왔다. 통일에 대비해야 한다는 것에 대해서는 전혀 이견이 없다. 그러나 통일이 금방 이뤄질 것 같은 환상을 심어주는 것은 잘못이라고 생각한다. 통일은 그렇게 간단히 오지 않는다. 왜냐하면 상대방이 있기 때문이다. 통일대박론과 더불어 동북아시아 평화협력구상이라는 내용도 있다. 이것 역시 한반도 문제를 어떻게 풀어갈 것인가를 주요 내용으로 하는 외교구상인데, 나는 한국이 지역질서 변화에 충분히 대응하지 못하고 있다고 본다.

지역 세력 간의 광범위한 오해

∷ 국가 정체성 재정의와 내부적 모순

※ 중국: 중화제국의 부활?

우려되는 것은 아시아-태평양 지역 국가들이 상당한 수준의 상호 불신과 오해의 상태에 빠져 있다는 점이다. 특히 중국을 바라보는 일본의 시각에는 '중국이 중화(中華)제국을 부활시키려고 한다, 중화질서를 재건하려고 한다' 같은 극단적인 해석도 있다. 아울러 한·중·일 세 나라 모두 자국이 피해자라는 인식이 있다. 흥미롭게도 어느 한 국가도 가해자라는 인식은 없다. 중국은 일본과 서구 열강에 의해 강력했던 중화질서가 무너졌다고 생각한다. 그래서 최근 중국지도부에서 역사에 대한 언급을 자주 하고 있는 것은 결코 우연이 아니다. 이제 중국의 자존심을 회복하면서 '중국몽(中國夢)'을 다시 추구하겠다는 의욕이 강하게 일어나고 있다. 그런데 흥미로운 것은 중국이 자유주의 국제질서의 이점을 충분히 향유하며 성장했다는 사실이다. 그렇기 때문에 중국이 기존 질서를 뒤집게 되면 오히려 손해를 보는 구조에 편입되어 있다. 결론적으로 중국은 기존 질서 안에서 중국의 자존심을 살리면서 어떻게 그 나름의 꿈을 키워갈 것인가 하는 과제를 안고 있다.

※ 일본: 전전 질서로의 회귀?

일본도 비슷한 상황이다. 일본의 보통국가 지향 움직임을 보며 한국과 중국은 군국주의의 부활이나 전전의 일본으로 회귀하려는 것으로 생각한다. 이것 역시 극단적인 시각이라고 할 수 있다. 그런데 실제 일부 우익을 중심으로 전전 체제로의 회귀를 주장하는 세력도 있다. 그들은 '일본은 정정당당한 전쟁을 했는데 아쉽게 미국에게 패해서 가해자 낙인이 찍혔다, 하지만 일본도 원폭의 피해자이다'라고 주장한다. 열강의 피해를 받았기 때문에 이제 일본의 자존심을 회복해야 하고, 미국에 속박되어 있는 국가가 아니라 자율성을 가진 보통국가로 되돌아가고 싶다는 것이다. 여기서도 딜레마로 작용하는 것은 일본이 민주주의 국가이고 미국과 군사동맹을 맺고 있으며 자유주의 국제질서 수호세력의 최전선에 서 있다는 점이다. 그래서 자율성을 찾으려는 독립적 움직임과 현 국제질서 안에서 살아가고 있는 일본의 모습 사이에는 간극이 존재할 수밖에 없다.

※ 한국: 중국 쪽으로 기울기?

한국은 특히 일본에 강한 피해의식이 있다. 일본 얘기만 나오면 흥분하고 모든 스포츠 경기에서 일본만은 꼭 이겨야 한다고 생각한다. 이에 대해 박정희 대통령을 보면 흥미롭다. 박정희 대통령은 한일 국교정상화를 타결시킴으로써 한국의 발전에 기여한 인물이다. 한국은 일본에서 선진 기술과 자본을 유치함으로써 근대화를 이룩하고 국제적 통상 국가로 성장할 수 있었다. 그런 박정희 대통령이 가장 존경하고 국민적인 영웅으로 추앙한 사람이 바로 이순신이다. 이는 '한국이 일본 문물은 받아들이지만 정신은 절대 잃지 않아야 한다, 우리는 일본을 격파한 역사가 있다'라는 자부심을 잃지 말라는 의미일 것이다.

하지만 최근 한중 간 협력이 강화되면서 일본은 불편한 기색을 내비치고 있다. 박근혜 대통령이 시진핑 주석과 여러 차례 만나면서도 왜 아베 총리와는 만나지 않는지, 한·미·일 정상회담에서 아베 총리가 한국말로 인사를 건넸는데도 왜 대꾸를 하지 않았는지 격앙되어 있다. 미국에서도 한국이 중국으로 기우는 것이 아닌가 하는 오해가 점차 커지고 있다. 이러한 우려는 결코 한국에게 바람직하지 않다. 중국과 협력이 잘못되었다는 말이 아니라 한쪽으로 치우치는 모습이 한국의 외교전략에 불리하기 때문이다. 북한이라는 직접적인 도전이 존재하는 한, 미·일과 안보협력은 반드시 필요하다. 그래서 미·중·일 사이에서 외교전략의 균형을 유지하는 것이 한국에게 중요한 도전이 되고 있다.

이처럼 한·중·일 3국이 모두 '우리는 피해자다, 앞으로 발전하고 싶고 지금은 자존심을 회복하고 싶다'라는 생각을 가지고 각자 꿈을 꾸고 있다. 하지만 3국이 추구하는 모습과 현재 몸담고 있는 국제질서 사이에는 간극이 존재한다. 이 문제를 어떻게 해결할 것인지가 각국에게 도전이 되고 있다.

각국의 지나친 전략구상에 따른 위험

중국의 공세적 외교: 역균형연합 형성

각국이 자국의 꿈을 이루기 위해 너무 몰두하다 보면 자충수를 두게 된다. 예를 들어 중국이 중국몽 실현을 위해 적극적으로 지역에 진출하는 과정에서 외부세력에게 호전적인 태도를 보이거나 기존 질서에 도전하는 모습을 보인다면, 다른 국가들은 의도치 않게 '역균형연합'을 형성할 수 있다. 중국이 너무 강하게 나오니 연합해서 대처하거나 외부세력의 힘을 빌려야 한다는 논리이다. 이미 동남아시아 일부 국가에서 이런 현상이 나타나고 있다. 필리핀이 미국과 군사협력관계를 회복하기 시작했고, 베트남도 미군에 해군 항구를 개방했다. 싱가포르도 해군 항구 한 곳을 추가로 건설함으로써 미국 해군의 정비능력을 강화하고 있다. 이들

국가가 중국을 결코 적대시하지는 않겠지만 만약 중국이 공세적으로 나올 경우 이에 대응하는 역균형연합이 형성될 것이라는 점이 중국의 딜레마이다.

※ 일본의 역사수정주의: 연성균형의 출현

일본 역시 경제적·군사적으로 강한 일본을 재건하고 일본 국민의 자부심을 강화하고자 한다. 그 연장선상에서 아베 총리를 비롯한 일본 우익 세력은 과거 일본의 과오를 모두 부정하고 있다. 야스쿠니신사(靖國神社)를 참배하거나 "침략엔 정해진 정의가 없다"라는 말을 하고, 고노담화(河野談話)를 계승한다면서 오히려 재검증을 하고 있다. 만약 과거의 잘못을 모두 인정하게 되면 자부심을 회복할 수 없으니 잘못된 것을 조금씩 덮고 가자는 다소 비뚤어진 역사의식이 낳은 결과라고 본다. 이것이 바로 역사수정주의의 실체이다. 나는 일본이 역사수정주의를 통해 전전의 일본으로 돌아갈 것이라고는 생각하지 않는다. 일본은 미국과 동맹을 맺고 있고 민주주의, 다원주의 국가를 표방하기 때문이다.

그런데 일본의 역사수정주의가 재밌는 현상을 만들어내고 있다. 역사인식을 공유한 국가들 간 일본에 대해 군사적인 견제가 아닌 소프트밸런싱(soft balancing)을 하는 것이다. 한국과 중국이 가까워지고 있는 근본적 배경은 아마 역사인식의 공유일 것이다. 일본이 반성은커녕 피해자들에게 화를 돋우는 발언을 함으로써 피해자들이 인식을 같이하는 것이다.

일본이 추구하는 역사수정주의에 대한 반발은 한국이나 중국뿐 아니라 미국에서도 나타나고 있다. 미국 워싱턴에서는 한일 관계가 악화되면 일본 전문가인 나를 부른다. 특히 작년과 올해에 걸쳐 나를 초청하면서 한일 관계가 왜 이렇게 악화되었는지, 관계가 회복될 수 있는지 등에 대해 집중적으로 질문했다. 그들과 대화를 하면 미국 역시 역사 문제에 관해서는 일본을 편들 수 없다는 것을 분명히 알 수 있다. 특히 일본군 위안부 피해자 문제에는 미국도 일본에 강경한 태도를 보이고 있다. 이러한 측면에서 일본은 자국의 자부심을 고취하기 위해 전진하는 과정에서 원치 않게 일본에 대항하는 전선을 만들어내고 있는 상황에 부딪히고 있다.

※ 한국의 헷징전략: 동맹국과 파트너국의 등 돌리기

한국의 양다리 걸치기 전략은 어떠한가? 헷징전략은 잘못하면 어느 쪽에서도 신뢰를 받지 못하는 국가가 될 위험이 있다. 지금까지는 한·미·일이 좋은 관계를 유지하고 있었다. 그런데 한국이 일본과 사이가 틀어지고 중국과 협력을 강화하고 있다. 중국은 현재 포용적인 자세로 한국을 대하고 있지만 향후 어느 순간 한중 간에도 갈등이 생길 수 있다. 그렇게 되면 한국은 일본과 중국 모두에게 신뢰를 잃고, 심지어 미국의 의심을 살 수도 있다. 따라서 한국의 헷징전략도 상당한 위험성이 있다는 것을 염두에 두어야 한다. 하지만 나는 앞서 설명한 각국의 모순 그리고 자충수가 오히려 협력의 기반이 될 수도 있다고 생각한다.

나가며: 한국 외교전략의 도전과 기회

∷ 기대되는 역할

마지막으로 이런 상황에서 한국의 바람직한 역할은 무엇인지에 대해 설명하겠다. 안보에서는 미·일과 협력하는 것이 바람직하다. 그와 동시에 중국과 일본 간의 갈등이 심화되지 않도록 한국이 두 국가 사이에서 대화의 촉진자이자 서로의 입장을 전달하는 중재자의 역할을 해야 한다. 그런 점에서 2013년 한국이 한·중·일 정상회담의 개최국이었음에도 불구하고 이상의 책임을 방기한 것은 대단히 안타까운 일이다. 물론 중국이 회담 개최를 반대했지만, 그럼에도 한국 입장에서는 어떤 수를 써서라도 한·중·일 협력을 이끌어내는 것이 이익이었기 때문이다. 북한 문제에 대해서도 통일대박론이 실현되려면 점진적이고 단계적인 준비와 노력이 필요하다. 하지만 실제로는 많은 노력과 시간이 소요되는 전제를 두고 대북정책이 추진되는 경우가 다반사여서 우려하는 바가 있다.

⁝ 부적절한 가정

⁙ 미국과 중국은 협력자이다?

미·중 관계는 겉으로 볼 때 매우 협력적이다. 싸울 의향도 없고 서로를 무시할 생각도 없다. 양국은 미·중 전략경제대화에서 볼 수 있듯이 상호 대화의 여지를 넓혀가고 있다. 그러나 군사적으로는 서로를 견제하고 있다. 중국은 태평양이 넓으니 함께 나누자고 하지만 미국은 이러한 발상을 절대 받아들일 수 없다. 따라서 한국이 미·중 관계의 우호적인 면만 고려해 외교정책을 펼치게 된다면 위험한 상황에 처할 수도 있다.

⁙ 중국과 일본은 앙숙이다?

현재 한국의 외교전략은 중국과 일본의 갈등을 불가피한 것으로 보고, 앞으로도 계속 양국관계가 좋지 않을 것이라는 전제를 하는 것 같다. 하지만 나는 중국과 일본이 표면적으로는 대립하고 있지만, 오히려 한일 정상회담보다 중·일 정상회담이 먼저 개최될 가능성이 높다고 생각한다. 실제로 후쿠다 야스오(福田康夫) 전 일본 총리가 베이징(北京)을 방문해 시진핑 주석에게 정상회담을 제안한 바 있다. 이어 아세안지역안보포럼에서도 중·일 양국의 외상이 회담을 가졌다. 아세안지역안보포럼에서는 한일 외교장관도 11개월 만에 회담을 했지만 사실상 한국이 일본의 역사인식에 대한 비판과 ≪산케이신문(産經新聞)≫ 보도에 대해 비난하는 데 그쳤다. 매우 안타까운 일이다. 2014년 11월 베이징 APEC 회의에서 중·일 정상회담이 열렸다. 하지만 한일 정상회담은 열리지 않았다. 나는 '중국과 일본은 끝까지 대립할 것이다'라는 전제조건을 둔 외교전략은 실패할 것이라고 보는데, 대국관계는 절대로 대립상태만을 지속할 수 없기 때문이다.

한미 동맹은 굳건하다?

한미 동맹은 굳건하기 때문에 걱정할 필요가 없다는 이야기를 많이 듣지만 과연 그러한지 생각할 필요가 있다. 역사 문제에 관해 미국은 한국의 입장을 옹호하고 있다. 그러나 안보 문제 등 기타 이슈에 대해서 미국이 한국을 바라보는 시각은 조금 다르다. 미국은 '한국이 과거사에 사로잡혀 일본과 대화를 거부한다, 미국은 일본의 집단적자위권 행사를 지지하는데 한국은 대단히 비판적인 태도를 취하고 있다'라고 생각한다. 그래서 한국이 중국으로 치우치는 것이 아니냐는 의구심을 가지고 있다. 한미 관계가 공고하다는 전제에서 한국이 관계유지를 위해 꾸준한 노력을 기울이지 않으면 양국관계에도 일순간 변화가 발생할 수 있다.

※ 북한은 고립되어 있다?

북한에 대해 한국은 고립정책을 유지하고 있다. 점진적으로 대화를 위한 노력도 하고 있지만, 기본적으로는 우선 중국을 통해 북한 문제를 안정시키고 북한이 대화 테이블에 나올 때까지 기다리겠다는 구상이다. 북한이 국제사회에서 완전히 고립되면 결국 항복할 것이라고 생각한다. 하지만 북한은 그렇게 호락호락한 나라가 아니다. 북한은 오히려 이런 상황을 정확하게 읽고 일본과 타협하기 시작했다. 우리가 생각했던 것보다 납치자 문제를 둘러싼 북·일 관계의 개선이 빠르게 진전되고 있다. 아마 빠른 시일 내에 북한에서 '북한에게 납치되거나 북한에 살고 있는 일본인들이 수십여 명에 이른다, 일본 지도자가 북한에 와서 이들을 데려간다면 특별히 반대하지 않겠다'라는 메시지가 나올 것이다. 일본은 최대한 빨리 북한을 방문해 생존 납치자를 본국으로 송환하고 싶을 것이다. 북·일 관계개선은 우리가 예상하는 것보다 많이 진척될 수 있다. 한국이 이에 대해 충분한 준비를 해야 한다.

∶ 한국의 바람직한 외교정책

※ 아시아-태평양 지역 내 미국의 전략에 대한 종합적 이해

앞서 말한 상황을 모두 고려했을 때, 한국은 과연 무엇을 해야 하는가? 한국은 지정학적 특수성 때문에 한반도 문제에 집중하는 경향이 매우 강해서 지역 전체를 조망하는 시각이 부족하다. 특히, 미국의 세계전략과 중국의 지역전략에 대해 종합적인 그림을 그릴 수 있어야 한다. 국제 문제와 지역 문제를 종합적으로 조망하는 시야가 있어야만 외교적 유연성을 가질 수 있다. 그렇지 않으면 '한반도 문제에 아무런 도움이 되지 않는데 왜 이 나라들과 관계를 개선해야 하는가'라는 논리가 나오게 된다.

※ 중·일 간 균형외교

중국과 우호관계를 유지하면서도 절대 일본에 등을 돌려서는 안 된다. 한국이 일본과 중국 사이를 오가며 한쪽 입장에서 다른 쪽을 비난하는 데 앞장서는 것은 바람직하지 않다. 그보다는 중국, 일본과 균형적인 외교 관계를 유지해야 한다. 또한 한반도 전체, 나아가 동아시아 전체의 협력 방안에 대해 한국이 주도적인 아이디어를 낼 수 있어야 한다. 한국이 아이디어를 제시한다면 그것은 더욱 설득력을 가질 수 있다. 한국은 다른 나라에 위협을 주는 군사 강대국이 아니기 때문이다. 한국은 식민지, 전쟁, 빈곤, 독재 등 다양한 경험을 한 나라이다. 경험을 통해 쌓은 역량을 십분 발휘해 지역을 선도할 수 있는 능력을 충분히 보여야 한다.

※ 북한에 대한 '봉쇄포용'전략

북한과 관계개선을 위한 노력이 필요하고 북한 문제 해결에 주도적으로 나서야 한다. 그렇지 않으면 어떤 나라도 북한 문제 해결을 위해 적극적으로 나서지 않을 것이다.

군사적인 측면에서는 북한을 견제(containment)하면서 유사시에 대한 충분한 준비를 해야 하지만, 동시에 어떻게 하면 북한을 대화 테이블로 이끌어내어 관계를 개선할 수 있을지 고민해야 한다. '콘게이지먼트(congagement)'라는 용어는 미국의 대중국전략을 언급할 때 등장했던 단어로, 경제적 포용(engagement)과 군사적 봉쇄(containment)의 합성어이다. 나는 한국의 대북전략이 이 같은 '봉쇄포용(congagement)'이어야 한다고 생각한다.

한국은 새로운 시대에서 낯선 도전을 맞이하고 있다. 이때 아시아-태평양 지역 전체의 틀에서 지역의 평화와 안정을 위해 무엇을 할 수 있을지 깊은 고민을 해야 한다. 그와 동시에 지역 문제를 주도적으로 해결할 수 있는 역량과 의지를 키워야 한다. 그래야만 한국이 국제사회로부터 인정받는 중견국으로 남을 수 있을 것이다.

(강연일 2014.8.14)

더 읽을 책

박철희 엮음. 2014. 『동아시아 세력전이와 일본 대외전략의 변화』. 동아시아재단.

조영남. 2013. 『중국의 꿈』. 민음사.

Gilbert Rozman(ed.). 2013. *National Identities and Bilateral Relations*. Stanford Univ. Press.

______. 2012. *China's Foreign Policy*. The Asan Institute for Policy Studies.

Jae Ho Chung. 2007. *Between Ally and Partner*. Columbia Univ. Press.

제5강 시진핑 시기 중국 외교와 대한반도전략

김흥규 (아주대 정치외교학과 교수·중국정책연구소장)

강연 개요

시진핑 시기의 중국은 더 이상 발전도상국이 아니라 강대국이라는 인식으로 전환하고 있다. 동아시아 국가라는 정체성을 넘어서서 유라시아의 허브국가가 되려는 국가대전략을 추진하고 있다. 이것은 미·중 관계에 파장을 가져오고 한국의 외교정책에도 큰 도전 요인이 되고 있다. 한국은 연미협중(聯美協中)전략을 바탕으로 이 도전에 수동적으로 응전하기보다는 적극적으로 관여하면서 국가이익을 제고해야 한다.

들어가며

중국은 1주 여행하면 너무 신기한 것이 많아서 보고 들은 것으로 책 한 권을 쓴다고 한다. 그런데 1달을 여행하면 약간 혼란스러워지기 시작한다. '내가 아는 것이 진짜 중국인가' 하는 마음에 자신 있는 분야 하나 정도만 글을 쓸 수 있다는 것이다. 하지만 1년 정도 살면 글을 도저히 쓰지 못한다는데, 그 이유는 내가 아는 중국이 정말 중국인지에 대해 자신이 없어진다는 것이다. 중국은 그만큼 규모가 크고 복잡하다. 개혁개방 이후 매년 10%씩 30년 이상을 성장했다. 인류 역사상 전례 없는 규모의 변화를 경험했다. 그런 중국을 우리가 일정 부분, 일정 시점을 경험했다고 해서 안다고 자신하는 것이 얼마나 위험한 일인가!

시진핑 시기 새로운 외교전략의 추진

ː중국 외교정책 결정의 특색과 변화

많은 이들이 2009년을 기점으로 중국의 외교기조가 상당히 공세적으로 바뀌었다고 지적한다. 그 당시 '중국이 왜 저럴까?'라는 질문에 중국연구자들도 답을 하지 못했고, 일반인들은 '원래 중국인들이 그래'라고 생각했을 것이다. 연구자 입장에서는 중국이 절대 저렇게 공세적으로 나올 시기나 조건이 아닌데 왜 그랬을까 하는 의문이 있었는데, 거기에 대한 나의 생각은 이렇다.

2008년 세계적인 금융위기를 겪으면서 중국은 이제껏 하나의 이상향으로 생각했던 미국이라는 나라가 얼마나 취약해질 수 있는지, 그리고 바로 그 나라가 오히려 세계의 문제를 야기할 수 있고, 중국이 그 문제를 치유할 수 있는 중요한 역량을 지녔다는 것을 스스로 인식하기 시작했다. 엄청난 자신감이다. 이러한 상황들이 2010년 일본과 분쟁이 발생했을 때, 중국의 정책결정과정의 문제점과 결합되면서 상당한 혼란상을 드러냈다.

장쩌민(江澤民) 시대 이래로 특히 후진타오(胡錦濤) 시대에 들어와서 집단지도체제가 정착되면서 중국의 주요 정책결정은 장쩌민이나 후진타오가 독단적으로 결정할 수 없었다. 중요한 사안은 반드시 정치국 상무위원회의의 합의를 봐야 한다. 그 대신 각 사안에 대한 전문성을 유지하기 위해 정치국 상무위원마다 자신이 맡은 영역이 있다. 그 영역에서 해당 정치국 상무위원이 입장을 정하면 대체적으로 동의한다. 그런데 2009년 이후 특히 2010년에 센카쿠열도(尖閣列島)/댜오위다오(釣魚島) 사태가 발생하자 중국의 민족주의적인 열풍과 동시에 고양된 자신감, 그리고 이것이 외교가 아닌 국가안보와 관련된 사안이라고 생각하면서 각 정치국 상무위원들이 한마디씩 하기 시작했다. 다시 말하면 국가주석이자 외사영도소조(外事領導小組) 조장인 후진타오가 그것을 주도해야 하는데 정치국 상무위원들이 제각기 다른 입장에서 한마디씩 하기 시작하면서 후진타오가 도저히 합의를 볼 수 없는 상황이 되어버렸다. 따라서 이 분야 최고의 정책조정기구인 당 중앙 외사영도소조가 정책결정이 가장 필요할 때 개최조차 되지 못한 것이다.

중국의 경우 각 부처와 성(省)은 장관급으로 동급이다. 예컨대 해당 부처인 외교부와 해당 지역인 산둥성(山東省)이 각자 이해관계를 주장하기 시작하면 서로 강제할 수 없다. 그때는 상부에서 결정을 해야 하는데 그 조정기구가 바로 외사영도소조이다. 중국의 정책결정 특성상 상호 이해가 충돌하는 사안은 보통 밑에서 조정이 안 되기 때문에 문제가 생기면 결정을 상부로 올린다. 그러면 외사영도소조와 같은 최종 조정기구에서 다 같이 모여 합의를 해야 하는데, 문제는 이것이 단순히 외교 문제가 아니라 국가안보와 관련된 중요한 문제라고 생각을 하니 너도나도 한마디씩 하기 시작했다는 것이다. 그래서 합의가 이뤄지지 않았다. 중국은 합의가 이뤄지지 않으면 아예 손을 대지 않고 연기해버린다. 그러다 보니 2010년의 센카쿠열도/댜오위다오와 같은 중요한 이슈에 대해 외사영도소조가 열리지 않았다. 즉, 윗선에서 손을 놔버린 것이다. 사실은 대단히 당혹스러운 상황이지만, 상황이 이리 되니 밑의 각 부문들은 자신의 조직에게 최신의 이익이라고 생각되는 것을 추진해버렸다. 기회주의적으로 행동한 것이다. 바로 이 같은 상황이 대외적으로는 대단히 공세적인 모습으로 나타났다.

따라서 나는 이때부터 중국의 외교가 공세적으로 전환했다고 하는 의견에 대해서 동의하지 않는다. 그보다 중국 외교안보정책결정라인의 대혼란 상황이었다고 생각한다. 중국 내에서도 그 같은 상황에 대해 심각히 고려하기 시작했고, 그것이 국가안전위원회가 성립되는 중요한 단초를 제공한 것이다. 시진핑(習近平)이 현재 권력을 강화하면서 정책결정과정을 좀 더 명쾌하게 하고 있는 중요한 단초를 제공한 것이다. 이 같은 맥락에서 2012년에 발생한 센카쿠열도/댜오위다오 사건은 2010년과 달랐다. 2012년의 상황에서는 중국이 상당히 조직적으로 대응했다.

중국 내 대한반도 외교전략사고로 세 가지 부류가 있다. 첫 번째는 '지정학적인 전통파'로 한반도를 완충지대(buffer zone)로 여기고 북한을 혈맹으로 대하는 부류이다. 두 번째는 중국을 발전도상국이라고 생각해서 현재 가장 중요한 것은 경제발전이고 이를 위해서 대외관계가 종속되어야 한다고 생각하는 부류이다. 이들은 대외적 안정을 최우선 순위로 여긴다. 미국과 관계도 좋아야 하고 주변국과 관계도 어떻게 해서든지 현상유지를 해야 한다고 생각한다.

흔히 '한반도 전문가'라고 알고 있는 사람들의 90%는 바로 첫 번째 전통파이다. 이들은 대부분 김일성종합대학에서 공부했고, 중국이 어렵던 시절에 북한에게 신세를 진 기억이 있기 때문에 가슴으로부터 북한이 어려운 것을 아파하는 사람들이다. 하지만 실제로 지난 후진타오 시대에 정책결정라인의 주류는 두 번째 부류, 즉 '발전도상국론자'들이었다. 그래서 천안함, 연평도 사건이 일어났을 때 중국의 관심은 오로지 안정과 현상유지였다. 어떻게 하면 사태를 빨리 수습하고 확대되는 것을 방지할지가 기본적인 전략사고 속에 있었다.

나는 시진핑 시기에 들어서면서 '중국이 새로운 강대국이라고 생각하는 그룹이 주류가 될 것'이라고 전망했는데 그들이 바로 세 번째 부류이다. 약 3년 전 ≪조선일보≫ 기고문에 '중국 외교의 DNA가 바뀌고 있다'라는 주장을 한 적이 있다. 중국 외교의 DNA가 바뀌고 있기 때문에 표면적으로는 보이지 않지만 나중에 그 모습을 드러내면 현상적으로는 우리가 상상할 수 없을 정도로 너무 많이 달라져 있을 것이므로 미리 대비해야 한다는 논지였다.

이 이슈는 사실 2013년 박근혜 대통령이 방중할 당시 중요한 논쟁이 되었다. 만약 내 주장이 맞다면 박근혜 대통령은 시진핑 주석과 회담할 때 중국의 변화에 초점을 맞춰, 중국이 거북해하더라도 우리가 쟁점들을 모두 이끌어내서 논의할 필요가 있었다. 중국이 변하고 있으므로 우리는 그 공간을 적극적으로 활용하고 확보하는 전략을 도모해야 하는 것이다. 만약 중국이 변하지 않는다면 그것은 괜한 싸움만 하는 꼴이다. 그냥 가서 좋은 이미지를 주고 인사하고 웃으면서 잘 지내다 오면 되는 것이다. 어느 쪽 전략을 가지고 갈 것인가 고심할 때, 한국의 전략은 최대한 중국을 흔드는 것이었다.

중국 외교의 DNA 변화

이런 판단의 근거는 무엇인가? 나는 2012년 초 아산정책연구원 주최 국제회의에서 '97531 법칙'을 발표한 적이 있다. 이 수치는 중국의 외교

안보정책에서 중국의 최고 지도자가 차지하는 영향력의 수준을 나타낸 것이다. 즉, 마오쩌둥(毛澤東)이 90%, 덩샤오핑(鄧小平)이 70%, 장쩌민이 50%, 후진타오가 30%, 따라서 시진핑은 10%대라고 예측하며 내놓은 법칙이다. 나는 당분간 시진핑이 독단적인 혹은 독자적인 정책결정을 내리기는 어려울 것이라고 예측했다. 왜냐하면 중국은 합의의 정치이기 때문이다. 기존 후진타오 세력과 장쩌민 세력이 모두 공존하는 상황에서 시진핑의 독자적인 운신의 폭은 적을 것이라고 생각했다. 더군다나 이제는 중국언론도 만만치 않고, 6억 명 이상의 네티즌도 있다. 중국이 아주 쉽게 통제될 것 같지만 실제로는 그렇지 않다. 정책이 있으면 대책이 있고, 상책이 있으면 하책이 있다. 중국에서 카카오톡(Kakao Talk)이나 지메일(Gmail)이 안 된다고 하지만 음성적으로는 한다. 그래서 중국의 지도자가 외교안보정책에서 결정적인 영향력을 발휘하는 것이 갈수록 어렵겠다고 봤다. 적어도 시진핑이 2017년 2기로 넘어가면서 자신의 세력을 구축하기 전까지는 말이다. 그런데 이런 예상이 틀렸다. 지금은 '97531'을 폐기하고 '97535+'로 간다. 현재 시진핑의 권력과 정치적 영향력, 즉 정책결정력은 상당히 강력하고 최소한 장쩌민 시대의 정점보다 높다는 것이 나의 판단이다. 일부에서는 덩샤오핑의 권력에 근접하고 있다고까지 말하고 있다.

이제 그 이유와 그것이 갖는 국제정치적인 함의에 대해서 설명하겠다. 여기서 가장 주목할 것은 중국이 금융위기를 지나오면서 자아정체성이 아주 빠르게 변했다는 점이다. 과거에는 발전도상국이었는데 이제는 자신들 스스로가 강대국이라고 생각한다. 그래서 강대국이라는 자아정체성에 입각해서 지역전략, 세계전략, 대한반도전략을 재평가하는 과정에 들어간 것이다. 그것은 과거 자신의 자아정체성이 발전도상국이라고 했을 때와는 완전히 다른 새로운 세계이다. 강대국은 스스로의 전략적 공간을 확보하면서 자신의 영향력을 확대하고 동시에 국제적인 책임을 어떻게 분담할지도 고민한다. 따라서 중국은 더 이상 지역국가, 즉 지역 내 주도권을 놓고 경쟁하는 지역강국이 아니고 그 공간을 전 세계로 확장해서 게임을 벌이는 전략적 사고를 하기 시작했다.

과거의 중국은 어떻게든 현상유지를 통해 불필요한 비용을 줄이는 것이 외교정책의 주요한 목표였기 때문에 전략적인 사고를 하지 않았다. 실제 2000년대 초 중국에서 심각한 논쟁이 벌어졌다. 그 주제는 '우리가 과연 국가대전략을 가져야 하는가?' 였는데, 결론은 '갖지 말아야 한다'였다. 즉, 세계적인 강국이 아닌 나라가 국가대전략을 갖는 것은 스스로를 제약할 수 있으며 그보다는 중국 스스로 유연성을 갖는 편이 국가이익에 바람직하다는 의견이었다. 그런데 시진핑 시기에 들어서면서 강대국이라는 자아정체성을 바탕으로 중국이 이미 국가대전략을 구사하고 실천하는 단계에 들어가지 않았는가 생각된다. 물론 '그 실체가 무엇인가, 증거가 무엇인가?'라고 물으면 대답은 '명확히는 없다'이다. 하지만 겉으로 드러나는 일련의 현상들과 중국 내부 학자들의 논의와 움직임을 관찰하면 그럴 개연성이 대단히 크다.

시진핑 시기 외교의 큰 흐름에 대해서 설명하면, 중국은 강대국이라는 자아정체성을 가지고 세계를 다시 바라보기 시작했다. 그 공간은 지역이 아닌 전 세계이고, 단순히 어떤 사안에 대해서 대응적이거나 수세적인 접근을 하는 것이 아니고 적극적이고 능동적으로 공간을 찾아가는 외교를 하고 있지 않나, 그리고 그 시야는 대단히 전략적이라고 생각한다. 즉, 중·장기적인 포석을 깔고 있는 것이다. 중국은 서양식의 체스가 아니라 동양식의 바둑을 두고 있다. 미국도 아마 그것을 인지해서 자신들도 동양식의 바둑을 두겠다는 대지정학 게임을 시작한 것으로 보인다. 바로 '재균형(rebalancing)'이란 개념이 그에 대한 맞대응이 아닌가 싶다. 아무래도 이런 게임은 중국이 좀 더 유리하지 않을까 생각한다. 왜냐하면 중국에게 상당히 익숙한 게임이기 때문이다.

⁝ 중·장기적 포석

※ 신형강대국관계의 추진

그러면 이런 중·장기적 포석은 구체적으로 어떻게 나타나고 있는가? 먼저 신형강대국관계의 추진이다. 중국은 신형강대국관계를 버락 오바마(Barack Obama)에게 제시했다. 그 핵심은 세 가지이다. 첫째, 중국은 '신흥' 강대국이기 때문에 미국에게 직접 도전하지 않겠지만 미국의 국제질서 안에서 비군사적 방식으로 경쟁하겠다는 것이다. 둘째, 중국의 부상에 걸맞게 새로운 국제적 지위를 인정해달라는 것이다. 그리고 상호 평등하고 호혜적인 관계를 유지하자는 것이다. 셋째, 상호 간 핵심이익 혹은 전략적으로 중시하는 사안에 대해서 서로 존중하자는 것이다.

이것은 엄청난 함의를 가지고 있다. 왜냐하면 한미 동맹은 미국의 핵심이익이다. 중국의 관점에서 북한은 핵심이익에 영향을 미칠 수 있는 전략적 중대지역이지 핵심이익은 아니다. 그런데 중국이 제안한 신형강대국관계에 의하면 바로 이러한 전략적 중대지역도 상호 간에 존중하기를 요구한다. 즉, 한반도에 현상변경은 미국과 중국이 합의하지 않으면, 서로 간의 논의와 타협이 없으면 불가하다는 의미이다. 흥미로운 사실은 오바마 대통령이 2013년 6월 정상회담에서 이에 대해 긍정적인 화답을 했다는 것이다.

⁘ 2.5+@ 전략의 적용

두 번째, 중국은 강대국 외교에서 기존 후진타오 시기에 대미 외교를 중심에 놓고 전략을 구상했던 '1+@ 전략'에서 벗어나고 있다. 후진타오 시기에는 미국이 세계 최고의 강대국이었고, 따라서 미국과 관계를 가장 중요시했다. 미·중 관계를 중심으로 다른 나라와 관계를 풀어나갔던 것이다. 그런데 시진핑 시기에 들어서면서 중국은 그런 사고에서 벗어나고 있는 것 같다. 미국을 1로 놓으면서 러시아도 1로 놓고, 독일을 중심으로 한 유럽연합(EU)을 0.5 정도로 놓으면서 다극적인 세계전략, 즉 새로운 '대지정학 게임'에 들어간 것이다.

이에 따라 시진핑은 제일 먼저 러시아를 단독방문했다. 이전 중국 지도자들은 웬만하면 단독방문을 하지 않았다. 워낙 일정도 많고 바쁘기 때문에 보통 한 번에 적어도 3개국을 묶어서 가는 것이 전통이었다. 그런데 시진핑 체제 들어서 단독방문을 했다. 이른바 '점혈식 외교'인데, 필요한 혈도를 딱 집는 것을 말한다. 그래서 러시아를 처음으로, 이어서 한국, 몽골을 단독으로 방문했다. 그러면서 러시아와 아주 중요한 합의를 했다. 국제무대에서 상호 핵심이익을 존중하고 서로를 지지해주기로 했다. 즉, 국제무대에서 아무리 미국이 반대한다 하더라도 러시아가 이것은 우리의 핵심이익에 속한다고 하면 반대표를 던지지 않겠다는 의미이다. 이것이 2014년 5월에 블라디미르 푸틴(Влади́мир Влади́мирович Пу́тин) 러시아 대통령과 시진핑이 만나서 합의한 상황이다.

가스와 에너지 공급 문제는 중국 측이 가격을 더 내릴 것을 요구해 최근까지도 러시아와 타결을 하지 못했던 사안이었다. 그런데 러시아가 우크라이나 사태로 국제무대에서 고립되었을 때, 중국은 오히려 가격을 더 올려서 장기간 에너지 수급계약을 맺었다. 이것은 이제 시진핑이 러시아를 파트너로 삼고 새로운 대지정학 게임을 하겠다는 뜻이다. 미국, 러시아, 중국이 함께 게임을 하자는 것이다. 그러면서 시진핑은 중·러 관계를 세계에서 가장 중요한 양자관계, 즉 가장 좋은 대국관계라고 공식적으로 칭한다. 그리고 러시아와 '전면적 전략협력[協作] 동반자' 관계를 체결한다. 이것은 중국의 외교 개념으로 보면 최고의 단계이다.

중국이 양자관계에서 최고로 평가하는 국가는 바로 파키스탄이다. 중국은 파키스탄을 아주 특별한 개념으로 두고 이야기한다. 바로 '전천후 관계'이다. 이는 비가 오나 눈이 오나 한결같은 관계라는 의미로 중국 외교에서 최고의 수식어이다. 하지만 이것을 공식적인 개념으로 사용하지는 않는다. 공식 외교관계 중에서 가장 높은 단계는 러시아와 관계이다. 아무 개념이나 사용하는 것 같지만 '전면적'이라는 것은 군사 부문을 포함한 모든 부문에서 협력관계를 의미한다. '전략적'이라는 것은 현안을 넘어서 중·장기적인 사안, 그리고 양자관계를 넘어서 양국이 관심을 갖는 제3국의 문제까지 논의할 수 있는 관계이다. 그래서 한국은 중국과 '전략적 협력 동반자' 관계를 맺은 다음부터 전략대화를 통해 북한 문제를 논의할 수 있게 된 것이다.

'동반자 관계'란 양자관계에서 근본적인 이해의 충돌이 없는 관계를 가리킨다. 그래서 중·일 관계는 양자 간의 근본적인 갈등을 전제한 '전략적 호혜 관계'이다. '동반자 관계'라고 표현하지 않는다. '협력' 관계라는 것은 '허쭤(合作)'인데, 말 그대로 일반적인 협력을 상호 증진하자는 관계를 이른다. 그런데 주목해야 할 것은 다른 나라와 달리 러시아만 '허쭤'가 아니라 '셰쭤(協作)'라는 것이다. 영어로는 둘 다 협력적(cooperative)이라는 같은 뜻이지만 중국어로는 구분된다. '허쭤'는 한국 같은 일반 국가들이 갖고 있는 관계이다. '셰쭤'는 같이 행동한다(action-oriented)는 행동 지향적인 의미를 내포하고 있다. 그래서 중·러 관계를 최고의 관계라고 말한 것이다.

❖ 주변국 외교의 강화

만약 중국이 새로운(신형)강대국관계를 추진한다면 이는 사실상 미·중 간의 상호 교착적(dead-lock)인 관계를 형성하는 것이다. 왜냐하면 서로를 존중해줘야 하기 때문이다. 이 상황에서는 한동안 새로운 돌파구는 없고 양국이 계속 경쟁해야 한다. 그런데 강대국끼리 경쟁을 하려면 결국 주변국 외교를 강화할 수밖에 없다. 그래서 중국이 한국을 다시 보기 시작한 것이다.

중국과 국경을 맞대고 있는 나라는 14개국이다. 그중에 북한은 서로 접하는 국경이 여섯 번째로 길다. 그런 의미에서 본다면 중국에게 한반도는 아마도 제일 중요한 나라는 아닐 것이다. 그런데 중국이 새로운 세계전략의 차원에서 주변국 외교를 다시 중시하기 시작했다.

중국 외교사를 보면 주변국을 세 번 중시하게 된다. 모두 자국이 힘들었을 때인데, 첫 번째는 중·소 분쟁이 시작되었을 때, 두 번째는 사회주의권이 붕괴되었을 때, 그리고 이번이 세 번째로 신형강대국관계 추진을 위한 주변국 외교강화전략에서 중국은 이미 대주변국전략을 세분화하고 능동적으로 대응하기 시작했다. 필리핀, 베트남, 북한과 같이 중국의 이익에 부정적인 행위를 하는 주변국에 대해서는 무력을 포함한 압박을 강화하고, 일본은 적극적으로 견제하고, 중앙아시아, 한국, 몽골, 동남아시아 국가들과 같이 경계선에 있는 주변국에 대해서는 적극적인 포용정책을 펴고 있다. 중국은 2013년에 이미 20여 개국 원수들과 정상급 회담을 했다. 2014년에는 한국이나 몽골처럼 이전 관행과 달리 단독방문을 통해서 중국의 전략적 이익을 증진하는 과감한 점혈식 외교를 추진하고 있다.

※ 국가대전략의 추진

이 같은 행보는 중국이 이제 단순히 강대국 외교나 주변국 외교에 머물지 않고 전 세계를 대상으로 새로운 포석을 깔기 시작했음을 보여준다. 중국은 21세기 새로운 실크로드 구상을 추진 중이다. 중앙아시아와 유럽 전역을 연결하는 신(新)육상 실크로드와 더불어 인도, 미얀마, 방글라데시, 파키스탄 등을 연결하는 신해상 실크로드를 동시에 추진하고 있다. 나중에는 육상 및 해상으로 아프리카까지 연결될 수 있을 것이다. 그리고 그 돈은 아시아인프라투자은행(Asian Infrastructure Investment Bank: AIIB)이나 브릭스은행(BRICS Bank)에서 대려고 한다. 또한 중국은 새로운 아시아 안보체제를 구축하겠다고 한다. 이미 2014년 5월 상하이(上海)에서 개최된 '아시아교류및신뢰구축회의(Conference on Interaction and Confidence Building Measures in Asia: CICA)'에서 미국을 배제한, 즉 동맹체제를 배제한 중국 중심의 아시아 신안보체제 수립을 제안한 바 있다.

중·장기적으로 보면 이것은 유라시아 대륙의 허브가 되고자 하는 원대한 구상을 추진하고 있다. 그렇게 되면 미국이 오히려 고립된 섬으로 남게 된다. 반면에 중국은 교통, 에너지, 무역, 그리고 각종 경제협력과 인적 교류의 중심지로 부상하게 된다. 모든 것이 중국으로부터 나오고 흘러 들어간다. 이 같은 구상과 계획에는 아주 흥미로운 사실이 있다. 과거에는 중국이 미국질서에 도전하지 않겠다는 이야기를 틈만 나면 해왔다. 그런데 그 내용을 들여다보니 오히려 미국과 일본 등 기존의 서방이 주도한 질서에 대한 도전을 담고 있다는 것이다.

또한 중국은 군사적으로 직접적인 도전을 하지는 않겠지만 제도와 규범에서는 미국과 경쟁하겠다는 의지를 노골적으로 보이기 시작했다. 이러한 경쟁은 중국이 미국을 경제적으로 따라잡는 2020년 이후에나 시작해서 미국 중앙정보국(Central Intelligence Agency: CIA)이 이야기했던 것처럼 중국과 미국의 군사력이 서로 간의 균형을 이루는 2030년대에 가서 치열하게 전개될 것으로 예측했는데, 생각보다 훨씬 빠르게 시작되고 있는 것으로 보인다. 이것은 우리에게 외교적으로 대단히 어려운 상황이 빨리 찾아오는 것을 의미한다.

격랑이 일고 있는 미·중 관계

앞에서 말한 결과는 지금부터 설명할 격랑이 일고 있는 미·중 관계이다. 나는 미·중 관계에 대해서 굉장히 긍정적인 관점을 가지고 있었다. 왜냐하면 현재는 20세기와 달리 군사적·기술적으로 어떤 한 나라가 다른 나라를 압도하기가 어려운 시기이기 때문이다. 전쟁의 비용이 너무 크다. 더군다나 세계화와 정보화의 여파로 말미암아 그 피해가 더욱 클 수밖에 없다. 우리는 그런 시대에 살고 있고 미국과 중국은 이 점을 잘 이해하고 있다.

2005년을 기점으로 미국의 대중정책은 다음 세 가지 결론에 이른다. 첫째, 중국의 부상은 막을 수 없고, 둘째, 중국을 봉쇄정책으로 견제할 수 없고, 셋째, 중국의 대외정책은 불확실성을 안고 있어서 이를 미국 중심의 질서로 유도해야 한다는 결론이다. 그래서 이를 계기로 중국을 지역적인 '이해상관자(stake-holder)'로 인정하고 '전략대화'를 시작한다. 그리고 헷징(hedging)정책을 가동한다.

그런데 우리의 오해는 이 헷징정책을 대중견제정책으로 생각하는 데 있다. 그렇지 않다. '헷징'은 투자를 하겠다는 것이고, 투자를 하는 데 위험부담이 있기 때문에 위험회피(risk aversion)를 하겠다는 것이다. 즉, 근본은 중국을 포용하고 관여하겠다는 것이다. 그럼에도 우리는 마치 헷징 정책을 학교 운동장 담벼락에 서서 밖으로 도망갈 것인가 아니면 학교 안으로 들어갈 것인가의 선택적인 상황으로 이해한다. 하지만 미국은 중국을 적극적으로 포용하고 관여하겠다는 생각이었고, 이는 중국의 위상을 인정한 것이다. 오바마는 이를 더욱 적극적으로 받아들여서 중국을 지역을 넘어 세계의 이해상관자로서 대우했다. 그런데 중국의 변화가 미국이 생각했던 것보다 훨씬 빠르게 진행되어 그 영향력을 확대하고 있고, 심지어는 중국의 정체성이 변하고 있는 상황이다.

따라서 미국에서는 현재 격렬한 논쟁이 벌어지고 있다. '신흥강대국관계' 재평가, 즉 중국이 영향력을 확대하도록 놔둬서는 안 되고 미국이 적극적으로 개입해야 한다는 생각이 점차 강해지고 있다. 이번 2014년 11월 베이징(北京)에서 개최된 아시아태평양경제협력체(Asia-Pacific Economic Cooperation: APEC) 정상회담에서 과연 오바마와 시진핑이 "신흥강대국관계"를 어떻게 정립할지가 큰 관심사였다. 현재까지 드러난 바에 의하면, 시진핑은 중국이 미국에 도전해 새로운 국제질서를 구축하려는 것이 아니라는 점을 분명히 하여 미·중 관계를 안정적으로 만드는 데 성공한 것으로 보인다.

그러나 이러한 일시적인 안정조치에도 불구하고 구조적으로 볼 때 미·중 간의 갈등과 경쟁은 이제 불가피한 단계로 들어서지 않았나 하는 생각이 든다. 다만, 미·중은 현재 서로를 노골적으로 적대시하거나 분쟁에 들어가기에는 부담스러울 것이다. 중국은 여전히 내구성에 문제가 있고,

미국은 러시아와 갈등 중인 상황에서 중국마저 적으로 돌리면 이는 외교적으로 엄청난 부담을 안게 되는 것이다. 또한 중국을 견제할 수단도 그리 마땅해 보이지 않는다. 아마 중·장기적으로 미·중은 서로 간의 협상체제 구축으로 갈 것이다. 그렇지만 그 십수 년에 이르는 과정 동안 한국에게는 대단히 곤혹스러운 압력이 주어질 것이다.

우리는 현재 OX의 시대 — 오바마('O'bama)와 시진핑('X'iJinping) — 에 살고 있다. 그래서 미·중은 한국에게 자꾸 O인지 X인지 물어보고 대답을 요구한다. 그것이 바로 현재 상황으로 나타나고 있다. 그런데 중국은 왜 이렇게 빨리 샴페인을 터트렸을까? 그것은 중국이 현재 당면하고 있는 국내정치 문제와 깊은 연관이 있다. 그동안 중국은 급속한 경제성장의 결과로 엄청나게 많은 문제점들을 국내적으로 안고 있는데, 그중의 하나가 부패 문제이다. 시진핑이 이 부패 문제를 척결하겠다고 강력하게 나서고 있다. 그런데 사실 이것은 권력투쟁이다.

시진핑이 현재 타깃으로 한 대상은 장쩌민 그룹의 좌장 노릇을 하는 저우융캉(周永康)이다. 과거의 중국은 정치국 상무위원회 정도의 사람은 어떤 경우라도 정치적 숙청을 하지 않는다는 묵계가 있었다. 그런데 시진핑이 그것을 깼다. 기존의 정치적 합의를 깨고 장쩌민 그룹에 대한 공격을 한 것이다. 두 번째 타깃은 링지화(令計劃)이다. 이 사람은 후진타오의 비서실장을 했던 사람이다. 다시 말하면 기존의 중국 양대 정치세력을 시진핑이 공격하고 있는 것이다. 그만큼 위험한 정치적 길을 선택했다고 볼 수 있다. 이것은 시진핑의 권력이 강한 것 같으면서도 그만큼 취약하다는 증거이다. 과거 미하일 고르바초프(Михаúл Сергéевич Горбачёв) 전 소련 공산당 서기장이 연상된다. 고르바초프는 기득권 세력을 타파해야만 소련이 개혁과 개방으로 나아갈 수 있었기 때문에 정치개혁인 글라스노스트(гла́сность)부터 시작했다. 즉, 정치개혁을 통해 언론의 자유를 부여하면서 기득권 세력을 공격하는 것을 시작으로 개혁과 개방 정책인 페레스트로이카(перестро́йка)를 추진했다. 물론 그 결과는 고르바초프의 실각으로 이어졌다.

시진핑은 기득권 세력을 공격하기 위해서 대외정책을 활용하고 있다. '중국의 꿈'을 말하면서 대외적으로 중국의 주권, 영토, 영해, 위신과 관련된 사안에 대해서는 대단히 강경한 자세를 유지하고 있다. 이 때문에 국민들의 엄청난 지지를 받고 있다. 이 지지를 바탕으로 해서 기득권 세력을 공격하고 있는 것이다. 따라서 단기적으로 보면 시진핑은 일본이나 미국에게 중국의 핵심이익과 연관된 사안에 대해서는 그렇게 호락호락하게 타협하거나 양보하는 정책은 취하지 않을 듯하다. 자신이 완전히 권력을 장악하기 전까지는 유연성이 별로 없을 전망이다. 그런 관점에서 본다면 미·중 관계는 앞으로도 풍랑이 제법 많을 것이며, 중·일 관계도 쉽사리 타협하거나 우리가 우려하듯이 갑자기 중국과 일본이 정상회담을 통해서 모든 것을 옛날로 돌리거나 하지는 않을 것으로 보인다.

시진핑 시기 중국의 대한반도정책: 중대조정과 한국에 대한 우호정책

그렇다면 이러한 변화의 결과로 중국의 대한반도정책에는 어떤 변화가 나타나게 될까? 일단 한국의 전략적 위상이 제고되었다. 왜냐하면 한국은 미국과 경쟁하기 위한 가장 좋은 전략적 공간이다. 한국은 미국의 가장 오랜 동맹이고 이른바 서구 자본주의, 자유민주주의의 실험이 가장 성공한 국가 중의 하나이다. 바로 그 국가가 중국과 친해지고 최소한 중립국으로 남을 수 있다면 중국 외교에서는 대단히 큰 성공이다. 일본은 현재 그럴 수가 없다. 지정학적으로나 일본이 가지고 있는 독특한 위상으로 볼 때 일본은 미국에 의지할 수밖에 없고 중국을 견제하는 역할을 해야 한다.

그러나 한국은 그렇지 않다. 따라서 중국의 입장에서는 한국이 아주 중요한 전략적 공간이 된다. 그렇지 않다면 중국은 오히려 냉전 시기보다도 더한 이른바 남방과 북방의 대결구도로 돌아가야 하는 상황에 직면한다. 그것은 중국이 원치 않는 상황이다. 따라서 한국에서 어떤 외교적 성과를 거두는지에 따라 향후 중국의 전략적 측면에서 편익이 크게 증대한다. 과거에는 북한이 중국의 전략적 공간이었고 완충지대였다면, 이제는 한반도 전체가 전략적 공간이 된 것이다. 중국이 그만큼 자신감이 생겼다는 의미이다.

국제정치이론에 의하면 강대국에 가장 가까이 있는 약소국은 그 강대국의 영향력으로부터 벗어나기가 어렵다. 그리고 이미 한국의 경제구조는 중국과 거의 연동되어 있다. 우리는 무역국가이고 전체 GDP의 25%가 중국과 무역으로부터 나온다. 홍콩까지 합하면 30%에 달한다. 중국이 없었다면 한국은 지난 두 차례의 세계적인 경제위기를 견뎌내기 어려웠을 것이다. 한국은 중국 경제발전의 가장 큰 수혜국 중 하나이다. 중국이 자신감이 생길 수밖에 없는 이유이다. 한국이 그런 중국을 어떻게 버릴 수 있겠는가 하는 것이다. 중국은 이제 한반도 전체를 전략공간으로 보면서 한국과 북한에 대한 영향력을 동시에 확보해 유라시아에서 허브가 되고자 하는 구상에 일익이 되게 하는 계획을 추진하고 있다.

최근 아주대학교 중국정책연구소의 개소식을 하면서 많은 중국 학자들을 초대했다. 그중 일부가 바로 한중 동맹론을 주장하는 그룹이다. 이들은 수직으로는 얼마 되지 않지만 시진핑 시기에 들어 상당한 영향력을 발휘하고 있다. 그래서 한중 동맹론을 일부만의 현실성 없는 목소리로 지나치는 것이 아니라 중국의 새로운 세계전략구도에서 충분히 가능하다고 보는 것이다. 물론 한중 동맹론은 미국을 배제하고 한중 동맹만을 하자는 것이 아니라 양쪽 다 하자는 것이다. 즉, 한국을 중립화하는 것이 근본 목적이다. 내용을 들어보면 논리도 그렇게 단순하지 않다. 역사적으로 한국은 그런 예가 많았다는 것이다. 이것이 중국의 새로운 한반도 정책의 단면이라고 할 수 있다.

한발 더 나아가 한반도 통일에 대해서도 중국은 훨씬 더 긍정적으로 보기 시작했다. 통일된 한국이 중국에게 더 유리할 수 있다고 생각하는 그룹이 점점 늘어나고 있다. 또한 한반도를 지정학적 공간으로 보지 않고 지경학적 공간으로 보는 그룹의 목소리도 점점 커지고 있다. 즉, 지경학적인 관점에서 한반도가 통일국가로 존재하는 것이 중국에게 훨씬 더 유리하다는 것이다. 그리고 타이완 통일을 위해서라도 한반도 통일을 반대하는 것은 명분이 없다는 생각을 그들 일부는 하고 있다.

중국은 2021년 공산당 창당 100주년을 맞이한다. 시진핑은 엄청난 야심을 가진 사람 같다. 직설적이고 자신감도 대단하다. 그런 시진핑이 중국공산당 창당 100주년을 맞이해 중국인들에게 영원히 남을 지도자로 각인되고 싶어 하는 것처럼 느껴진다. 첫 번째 업적은 경제적으로 미국을 따라잡는 것이다. 이는 어렵지 않게 달성하리라고 본다. 왜냐하면 구매력평가지수(Purchasing Power Parity: PPP) 기준으로는 이미 2014년 미국을 능가했다. 현재와 같은 추세가 지속된다면 2018~2020년 사이에 미국을 추월할 것이다.

중요한 건 두 번째 업적인데, 시진핑은 중국 통일의 중요한 돌파구를 마련하려고 할 것 같다. 특히 2017년 이후 시진핑 2기로 들어서면 상당히 강력한 대타이완 외교가 전개될 것으로 보인다. 그러면 한반도 통일을 반대할 명분이 없어진다. 과거에는 한반도 통일이 양안(兩岸, 즉 중국과 타이완) 통일에 방해가 된다고 여겼다. 왜냐하면 미국이 훨씬 더 전략적인 유연성을 갖게 되어 양안 통일에 반대할 여지를 제공한다고 생각한 것이다. 그러나 지금은 오히려 한반도 통일이 양안 통일을 촉진할 수 있다고 보기 시작했다. 과거 후진타오 시절과 비교할 때 상당히 중요한 변화이다.

그리고 북한에 대해서는 이제 정상적인 국가관계로 가야 한다고 이야기한다. 정상적인 국가관계란 무엇인가? 국가이익에 준해서 간다는 것이다. 즉, 이익이 되면 받고, 계산할 것은 하고, 줄 때도 공짜는 없다는 것이다. 한국에 좋을 일이 굉장히 많아졌다. 그런데 문제는 현상적으로는 이렇듯 한중 관계가 굉장히 좋아 보이고 앞서 설명한 일련의 변화들이 우리에게 큰 도움이 되는 것 같지만, 이것을 우리가 제대로 수용·운용하지 못한다면 오히려 엄청난 독으로 다가올 것이다. 중국은 이제 과거의 중국이 아니기 때문이다. 중국은 강대국이 되었다. 한국은 약소국이고, 약소국이 강대국의 이익에 반해서 행동할 때는 반드시 상응하는 대가를 치르게 하겠다는 것이 현재 중국 외교 주류의 생각이다. 전시작전권 문제도 그렇고, 고고도미사일방어체계(Theater of High Altitude Area Defense Missile: THAAD) 문제도 그렇고 상황이 쉽지만은 않을 것이다.

시진핑 시기 중국에서 새로이 전개되고 있는 한반도에 관련된 의미 있는 논의들

⁝ 중국의 신한반도 균형자론과 한중 동맹론

지금까지 강대국으로서 자아정체성을 새롭게 가진 중국이 국가전략적 이익의 틀에서 어떻게 한반도를 바라보는지에 대해서 설명했다. 다시 한 번 정리하면, 시진핑 시기 한중 관계는 한미 관계 및 북·중 관계의 종속변수로부터 점차 독립성을 강화하는 방향으로 진화하고 있다. 즉, 한국과 관계 그 자체를 중시하기 시작했다는 것이다. 과거에는 북·중 관계를 바라보면서 그 범위 안에서 한중 관계를 조절하려고 했던 반면, 이제는 북·중 관계가 안 되더라도 한중 관계는 독자적으로 발전시키겠다는 의지를 가지기 시작했다. 그리고 한반도 통일과 관련해서는 점차 긍정적인 방향의 사고가 강화되고 있다. 이에 따라 옌쉐퉁(閻學通), 쑨쉐펑(孫學峰), 왕이웨이(王義桅) 같은 신흥 강대국론자들이 내부토론에서 한중 동맹론을 주장하고 나섰다.

물론 지정학적 전략공간으로서 북한의 중요성에 대한 중국의 인식은 당분간 크게 변화가 없을 것이다. 아직도 미·중 관계는 불안정하고 한국에 대한 신뢰는 낮기 때문에 여전히 북한이 지닌 지정학적 중요성의 근거는 사라지지 않았다. 그런 의미에서 북한의 전략적 효용성은 여전히 존재하지만, 그럼에도 또 다른 한편으로 중국의 손익계산에 따른 새로운 변화의 동인이 함께 존재한다는 것이 나의 생각이다. 그 변화의 틈을 우리가 정확히 이해하는 것이 무엇보다 중요하다. 그렇지만 여전히 북한 문제는 한중 간의 이견과 불신이 커서 향후 중대갈등의 요인이 될 수 있다.

또한 북한의 입장에서도 그냥 앉아서 당하고 있을 수만은 없기 때문에 자신의 전략적 효용성을 극대화하는 움직임이 나타나게 될 것이다. 과거의 사례를 보면 북한은 미·중 관계가 대단히 악화되었을 때는 문제를 일으키지 않았다. 미·중 관계가 좋아지는 상황에서 문제를 일으켰다. 그렇게 함으로써 엄청난 딜레마를 중국에게 던져준다. 이것이 바로 북한의 전략적 사고가 작동하는 대목이다.

우리는 중국이 한반도 통일에서 한국을 도와주기를 기대한다. 하지만 중국은 남북한 균형외교를 시행하려고 한다. 일방의 편향보다는 한반도 전역에 대한 영향력을 확대하고자 하는 것이 현재 중국의 기본방향이다. 그런 맥락에서 현재 중국은 북한의 상황을 생존과 번영이라는 틀로 접근하며 북한에 대해 자국의 번영을 위해서는 핵 개발을 포기해야 한다는 논리로 설득 중에 있다. 다시 말해 생존은 기본적으로 확보되었고 북한이 붕괴될 가능성은 거의 없다는 것이 현재 중국의 판단인 듯하다. 생존은 이미 확보되었으니 이제 번영을 위해 핵을 포기해야 한다는 논리로 접근하고 있는 것이다.

점진적인 북핵폐기론

핵과 관련해 부연설명을 하면, 북한의 핵 문제에 대해 시진핑 시기에 들어와 중요한 인식의 변화가 나타나고 있다. 과거 중국은 북한의 핵이 대미용 카드라고 인식했다. 그런데 북한이 제2차 핵실험(2009년)을 하면서부터는 북한이 진지하게 핵을 개발하고 있다고 판단하게 되었다. 그리고 제3차 핵실험(2013년)을 하자 북한이 핵을 버리지 않을 것이라는 판단을 내렸다. 현재 중국이 우려하는 것은 북한 핵이 한반도의 안정과 평화를 계속 흔들 수밖에 없고 중국을 대단히 비용이 많이 드는 구조로 끌어들이고 있는데, 이 같은 상황이 20~30년은 더 지속될 것이라는 점이다. 이를 더 이상 감내하기 힘들다는 생각이 중국에서 점차 확산되고 있다.

따라서 과거 중국은 내부적으로 한반도 원칙을 '3불(不)1무(無)', 즉 한반도에 전쟁이 일어나서는 안 되고[不戰], 북한 정권이 붕괴되어서도 안 되고[不亂], 통일도 곤란하고[不統], 비핵화를 해야 한다[無核]는 순서였다. 그런데 시진핑 시기에 들어서면서 이것이 바뀌었다. 비핵화가 제일 앞에 오고, 둘째가 북한의 안정, 셋째가 대화를 통한 문제 해결이다. 즉, 북한의 핵 문제가 자신들이 중시하는 한반도 동북아시아의 안정과 평화 그리고 중국의 전략적 이익에 플러스보다는 마이너스 요인이 크며 이 문제를 어떻게든 해결하지 않으면 향후 골치가 더 아파질 것이라고 생각하게 된 것이다.

두 번째로 평양은 워싱턴보다 베이징에 훨씬 더 가깝다. 이게 무슨 의미인가? 현재 중국 전략가들의 사고에는 북한이야말로 중국에 가장 위협적인 국가가 될 수 있다는 생각이 서서히 들어서고 있다. 즉, 북한이 대륙간탄도미사일(Inter-Continental Ballistic Missile: ICBM)을 개발하고 핵탄두를 장착하면 절대 중국의 말에 귀 기울이지 않을 것이다. 북한은 자유롭게 미국과 왕래할 것이다. 이미 북한 외무성 제1부상 김계관이 2007년에 "중국은 한반도와 동북아시아 평화에 기여한 적이 거의 없다. (북한이 핵을 보유하게 해준다면) 북한은 미국을 위해서 중국을 견제할 것"이라고 코리아 소사이어티(Korea society) 연설에서 말했다. 만약 북한이 미사일을 개발하고 핵무장을 한다면 더 이상 중국에게 끌려 다닐 필요가 없어지는 것이다. 북한은 중국과 아주 가깝기 때문에 언제든지 베이징이나 상하이를 위협할 수 있는 능력을 갖게 된다. 이 상황은 중국에게 악몽이다. 지난 중·소 분쟁 과정에서 북한을 너무나 잘 경험했기 때문이다.

핵 문제와 관련해 중국이 우려하는 세 번째는 후쿠시마 사태의 교훈이다. 세계에서 핵 안전 문제에 가장 취약한 나라 중의 하나가 북한일 것이다. 만약 북한에서 핵 사고가 발생한다면 최악의 경우 중국 인구의 1/4이 그 영향권에 들어간다는 의견이 있다. 또 북한의 핵 물질이나 핵 기술이 신장(新疆) 웨이우얼의 분리주의자들에게 들어간다면 중국에게는 최악의 상황이 되는 것이다. 따라서 중국은 북한의 핵을 반드시 막아야 하고 이것을 통제·관리해야겠다고 생각한다. 이것이 시진핑 시대의 새로운 생각이다.

나가며: 결론과 제언

∷ 여전히 진행형인 중국의 대한반도정책 조정

중국의 대한반도정책은 여전히 진행형이라고 할 수 있다. 계속해서 진화 중이고 이 과정에서 아주 많은 변수들이 자리 잡고 있다. 만약 한국이 한미 동맹으로 쉽사리 경도되어 버린다면 중국도 선택은 쉬워질 것이다. 국제정치에는 공짜가 없기 때문이다. 따라서 한국을 압박할 수 있는 카드를 고려할 것이고, 그것은 아마 러시아와 손을 잡고, 북한 카드를 적극 활용하는 결과로 이어질 것이다. 북한이 후진타오 시절부터 계속 요구했던 것은 두 가지였다. 첫째, 경제발전을 할 수 있는 대규모 원조를 하라. 둘째, 북한군의 현대화를 지원하라는 것이다. 현재 재래무기체제가 너무 낙후되어 있어 안보불안이 생기니 군의 현대화를 요구하는 것이다.

중국의 입장에서는 쉬운 일이다. 그럼에도 중국이 지금까지 그것을 거부하고 북한이 연명할 정도만 지원하는 데는 나름의 이유가 있을 것이다. 이처럼 중국에게는 한국을 압박할 수 있는 다양한 옵션이 있다.

앞서 시진핑 시기 중국에서 전개되고 있는 한반도에 관련된 의미 있는 논의들(한반도 신균형론과 한중 동맹론)을 설명했다. 북핵 문제는 점진적인 폐기론에 입각해 있다. 비핵화는 중·장기적인 사안으로 일단 현실적으로 북한 핵을 동결시키자는 것이다. 동결시킨 후에 한중이 협력해 미국을 끌어들여 중·장기적으로 핵을 포기하게 하는 여건을 만들어가자는 것이 중국의 논리이다. 아마 이러한 중국의 복안에는 숨겨진 포석들이 있을 것으로 보인다. 중국은 이제 더 이상 한국 중심의 평화통일에 부정적이지 않다. 단, 미·중 관계에서 한국의 중립을 확보할 수 있다면 말이다. 또 하나 새로운 논의는 중국의 신실크로드 구상과 한국의 유라시아 구상을 접목하자는 안이다.

중국에서 실크로드가 중앙아시아와 러시아를 통해 두 갈래로 유럽까지 뻗치게 된다. 그리고 해상 실크로드는 남쪽으로 미얀마, 방글라데시, 인도, 스리랑카, 파키스탄을 통해서 연결되는데 이 라인을 한반도까지 연결시키지 못 할 이유가 없다. 한반도까지 연결되면 일본도 연결되고, 그렇게 되면 중국이 전체 흐름을 주도하는 아주 엄청난 네트워크의 허브가 된다. 따라서 그것을 한국에게 제안하고 있다.

북·중 관계

북·중 관계는 다음 네 가지 개념이 있다. 첫째 혈맹관계, 둘째 전통적 선린·우호 관계, 셋째 냉전구도 속 전략적 협력관계, 넷째 정상적 국가관계이다. 일반적으로 우리는 북한과 중국이 혈맹관계라고 알고 있지만 1990년대 중반 이후 중국은 공식적으로 이 용어의 사용을 자제해왔다. 2003년 중국을 방문한 북한군 차수 조명록이 북·중 관계는 혈맹관계라고 말했는데, 후진타오는 북한과 중국이 전통적 선린·우호 관계에 기초한 정상적인 국가관계라고 정정했다. 현재도 중국은 북한을 공식적으로 지칭할 때 전통적 선린·우호 관계라고 한다. 그런데 이 용어는 북한에게만 붙이는 것이 아니라 과거 사회주의를 공유했던 모든 국가에게 붙이는 일반적인 칭호이다. 그래서 특수한 의미가 있다고 보기 어렵다.

냉전구도 속 전략적 협력관계란 서로 싫기도 하고 좋기도 하지만 전략적으로 협력하는 관계라는 뜻이다. 북·중은 그 구도에서 어쩔 수 없이 협력할 수밖에 없다는 뜻도 내포되어 있다. 그리고 정상적인 국가관계란 이데올로기를 배제하고 국가이익에 기초해서 맺어진 관계이다. 중국은 공식적으로 혈맹관계란 표현을 하지 않는데 최근 상당히 흥미로운 일이 있었다. 북한 주재 중국대사이자 북한 전문가인 류훙차이(劉洪才)가 후진타오 시기 이래 중국 당국이 공식적으로 사용하지 않는 북·중 관계를 혈맹관계라고 표현한 것이다. 왜 그랬을까? 나는 중국이 최근 한국의 전시작전권 반환 연기 및 THAAD 도입 논란에서 보듯이 한미 동맹 편향 가능성에 대해서 한국에게 경고한 것이라고 생각한다. 즉, 중국이 북한 카드를 적극적으로 쓸 용의가 있음을 보인 것이다.

어쨌든 현재까지 중국이 공식적으로 북한에게 사용하는 개념은 전통적인 선린·우호 관계이다. 이것은 과거에는 그러했으나 미래에는 다른 계기를 통해야만 더욱 좋은 관계로 나아갈 수 있음을 내포하는 개념이다. 그러기 위해서는 중국의 핵심이익을 건드리지 말고 중국의 국가이익을 존중해줘야 함을 의미한다. 예를 들어 핵 문제에서 어느 정도 중국과 소통하고 핵을 동결시키면서, 중·장기적으로라도 비핵화에 대한 보증을 나름의 방식으로 하라는 것이다. 아울러 미사일 발사라든지 천안함, 연평도와 같은 사고를 절대 일으키지 말라는 요구이다.

김정은은 아직까지 중국의 요구를 받아들이기를 거부하고 있다. 그래서 북·중 정상회담이 여태 이뤄지지 않은 것이다. 과거 김일성이나 김정일은 아무리 북·중 관계가 나쁠지라도 중국에 대한 존중은 나름대로 보였다. 하지만 김정은은 그런 태도를 보이지 않아 중국 지도자들이 화가 났고, 또한 2013년의 과정을 보면 정책의 진폭이 과거와 달리 상상할 수 없을 정도로 커서 중국이 통제하기 어렵다고 판단하고 있다. 이런 상황에서 김정은이 핵까지 가지게 되면 중국의 손아귀에서 완전히 벗어날 것이라고 생각한다. 그래서 최근 시진핑이 북·중 관계는 정상적인 국가관계로 간다고 강조하는 것이다.

⁝ 우리의 상황과 대응

앞서 한국은 미국과 중국 사이에서 OX 중 하나를 선택해야 하는 압력을 받고 있다고 설명했다. 양대 강대국의 대지정학 게임, 국가대전략 게임의 무대는 바로 한국이다. 현상적·표면적으로는 한중 간 전례 없이 좋은 관계가 유지되고 있지만, 이것은 한국이 대중관계를 잘 풀어서라기보다 중국 자체의 변화와 국제정치구도의 변화에서 중국의 전략적 이해에 따른 착시현상일 뿐이다. 실제로 그 기반은 대단히 취약하다. 그래서 중국은 언제든지 한국을 곤혹스럽게 만들 수 있는 상황이다.

나는 박근혜 정부에 들어서 연미화중(聯美和中)전략을 주장한 바 있다. 그것은 미·중 간 전략적 경쟁의 시기에 중국이 우리를 전략적으로 필요로 할 것이라는 전제를 두고 있다. 전략의 핵심은 구동축이(救同縮異), 즉 같은 것을 구하고 차이점을 과감히 줄여나가라는 것이다. 중국이 나중에 발톱을 드러낼 수도 있으니 추후 양국 분쟁의 여지가 있는 것들을 중국이 우리를 필요로 할 때 그리고 사이가 좋을 때 과감히 밀어서 해결하라는 것이다. 그래서 나는 2014년 7월 한중 정상회담 당시 남해수역 문제, 이어도 문제 등을 반드시 제기할 것을 제안한 바 있다.

현재 한국의 전략은 연미화중이고 구동축이이다. 그런데 최근 시진핑의 새로운 변화를 보면서 이래서는 안 되겠다 싶었다. 한발 더 나아가 연미협중(聯美協中)의 전략을 동시에 구사할 수밖에 없다는 생각이 들었다. 왜냐하면 중국이 생각보다 훨씬 빠르게 변하고 있고 능동적으로 국가대전략을 구사하기 때문에 우리가 이에 적극적으로 대응하지 않으면 어렵겠다고 생각한 것이다. 연미협중, 즉 같이 행동할 수 있는 단계, 특히 북한 문제에 대해서 기존의 중국에 대한 이미지를 버리고 적극적으로 함께 행동할 수 있는 단계로 나가야겠다는 생각이 강하게 들었다. 현재 우리는 중국과 이해가 맞는 부분이 많다. 따라서 연미화중과 연미협중의 전략을 동시에 구사하는 단계로 넘어가야 한다.

미·중 관계는 두 가지 측면이 있다. 현상적으로는 서로 갈등하고 불편한 관계에 놓여 있지만, 그와 동시에 90개 이상의 전략대화가 가동 중에 있다. 그래서 서로 아무리 싸우는 것 같아도 밑에서는 대화가 계속 진행된다. 더욱 놀라운 것은 미·중 간에 이 같은 전략대화가 이미 10년 이상 지속되어왔다는 점이다. 따라서 중요한 위기상황에 대해서 이미 시뮬레이션 게임을 같이할 수 있는 단계에 들어섰고 그에 대응할 장치도 마련되어 있다. 미·중 관계는 우리가 생각하는 것보다 훨씬 더 갈등의 골이 깊지만, 협력할 것은 협력하는 관계라고 볼 수 있다. 양국은 협력과 갈등을 동시에 진행하는 게임을 하고 있다.

일본은 이렇듯 갈등과 협력의 공간이 동시에 존재하는 미·중 사이에서 견제와 안정의 역할 중 전자의 역할을 담당하겠다고 나섰다. 그렇게 함으로써 미국에게 긍정적인 역할을 하고 자신도 지역 강대국으로서의 역할을 지속하겠다는 것이다. 그러나 한국은 그럴 수 있는 상황이 아닌 것 같다. 우리는 미·중 사이에서 안정, 협력을 촉진하는 역할을 자임해야 한다. 그래서 갈등이 아닌 협력이란 측면의 아이디어와 공간을 제공하는 노력을 적극적으로 기울여야 한다. 그러면 미국과 중국으로부터 그 역할을 인정받고 동아시아의 평화와 우리의 이익을 확대하기 위해 움직일 수 있는 독자적인 공간이 생길 것이다. 그러기 위해서는 뱀의 명민한 지혜와 독수리의 전략적 안목, 원칙을 지킬 수 있는 사자의 단단한 심장을 가져야 한다.

(강연일 2014.10.29)

더 읽을 책

김흥규 엮음. 2013.『중국 신외교전략과 당면한 이슈들』. 오름.

샴보, 데이비드(David Shambaugh). 2014.『중국, 세계로 가다』. 박영준 · 홍승현 옮김. 아산정책연구원.

베이더, 제프리(Jeffrey A. Bader). 2014.『오바마와 중국의 부상』. 황성돈 옮김. 아산정책연구원.

브라운, 케리(Kerry Brown). 2014.『현대 중국의 이해』. 김흥규 옮김. 명인문화사.

정덕구 · 추수롱(楚樹龍). 2013.『기로에 선 북중관계』. 중앙 books.

제2부

중국경제의 비상과 그 영향

중 국, 새 로 운 패 러 다 임

제1강 중국의 성장전략 전환

그 의미와 도전

지만수 (한국금융연구원 연구위원)

강연 개요

지난 30년간 중국은 놀라운 경제성장을 했다. 하지만 중진국 반열에 들어선 중국은 고도성장이 낳은 새로운 문제에 직면했다. 이 문제들을 장기적으로 해결하기 위한 시진핑 정부의 노력이 이른바 성장전략의 전환이다. 한중 경제협력의 미래 역시 이 중국의 장기적 전환에 한국이 얼마나 잘 대응하는지에 달려 있다.

들어가면서: 중국의 성장전략 전환을 바라보며

강연을 위해 상하이(上海)에서 비행기를 타고 오는 길에 이런저런 생각을 하다 보니 중국에 처음 갔던 때가 생각났다. 20년 전, 1993년 9월 2일 당시에는 베이징(北京)까지 직항편이 없어서 톈진(天津) 공항에 내렸다. 그해 10월 마지막 주는 베이징에서 홍콩까지 기차를 타고 여행을 했는데, 꼬박 36시간이 걸렸다. 지금은 고속철도가 생겨 10시간 내외로 달리지만, 당시 2박 3일을 기차 안에 있으면서 "나라가 크다는 것이 이런 것이구나. 세상이 넓다는 것이 이런 것이구나"라는 생각을 했다. 그 후 20년간 중국이 전 세계에서 가장 역동적으로 움직이는 과정을 지근거리에서 목격했는데, 개인적으로 큰 행운이었다고 생각한다.

중국의 변화를 목격한 것 말고도 다른 한편으로는 중국에 대한 한국인들의 인식이 변하는 것 또한 체험했다. 그것 역시 흥미로운 경험이었는데, 아쉬운 점은 아직도 중국에 대한 우리의 관심이 기문괴담(奇聞怪談) 수준, 즉 자전거에 트럭을 싣고 다닌다더라 같은 흥미로운 얘기로만 기억하고, 지금 우리 머리 위 하늘에 톈궁(天空) 5호라는 중국이 만든 우주정거장이 떠서 돌아다니고 있다는 사실은 잘 인식하지 못한다는 것이다. 이것은 중국에 대한 올바른 이해를 막고 있다. 또 하나 아쉬운 점은 중국에 대해 '곧 안 좋은 일이 있을 거야, 뭔가 나쁜 일이 터지지 않을까? 중국이 이렇게 오래 가긴 어려울 텐데' 하는 리스크(risk)에 지나치게 가중치를 두고 보려는 시선이다.

경제의 리스크에 대해서, 그것이 만일 우리의 리스크라면 자세히 봐야 하고 이에 대비해야 하지만, 외국에 대해서는 우리가 그 나라의 리스크를 대신 걱정할 이유는 없다. 오히려 그 나라가 별다른 위기 없이 발전했을 때 어떻게 될 것인가를 생각해야 그것에 대비할 수 있다. 예를 들어 중국이 고작 20년 만에 세계 2위로 부상(浮上)했는데, 이러한 변화에 대해 미리 대응할 수 있는 준비를 하는 것이 중요하지, '중국은 이런 곳에 문제가 없을까?'에만 집착하는 태도는 어찌 보면 중국에 대한 과도한 애정이 아닌가 한다. 우리는 중국을 우리에게 필요한 만큼만 보아야 한다. 야구 경기에서 시합을 앞둔 선수나 감독이 상대팀을 보면서 '저 팀은 유니폼이 너무 촌스러워, 투수 이름이 이상해, 오늘 저 팀 투수가 감기에 걸릴 것 같아'라는 생각은 경기를 이기는 데 도움이 안 된다. 그런 의미에서 우리에게 필요한 것은 '중국을 이해(understanding China)'하려는 관점이다. 그리고 우리의 엉뚱한 기대나 선입관을 버리고 중국을 그 자체로서 분석하려는 태도가 필요하다. 그래야 중국을 더 객관적으로 이해할 수 있고, 중국에 대한 합리적인 전략을 도출할 수 있다.

중국을 객관적으로 이해하려는 방식 중 하나는 지도자, 지식인, 국민이 무슨 고민을 하고 있을까를 역지사지(易地思之)로 생각하는 것이다. 현지인의 입장에서 바라보면 중국에 대한 많은 오해가 풀릴 수 있다. 이런 관점에서 지금부터 본격적으로 중국의 성장전략 전환의 의미와 도전에 대해 생각해보자. 1978년 개혁개방 이후 현재까지 35년 동안 중국의 변화를 한마디로 표현한다면 '중국의 부상'이라고 할 수 있다. 먼저 과거 중국의 모습을 간단히 살피고, 35년이 지난 현재 중국에게 닥친 문제, 즉 지금 당장 해결해야 하는 과제가 무엇인지를 살펴보겠다.

중국의 부상을 이해할 때 단순히 중국이 세계 2위의 경제대국이 되었다는 차원을 넘어서 좀 더 다양한 관점에서 그 의미를 살펴보겠다. 다음으로 중국경제가 직면한 문제들을 네 가지로 나누어 살펴보겠다. 중국정부는 이 네 가지 문제를 해결하기 위해 이른바 '성장전략 전환'을 고민 중인데, 이것을 이해의 출발점으로 삼아 중국이 지금 무엇을 고민하고 있고, 앞으로 무엇을 하려고 하고, 그래서 어떤 미래의 청사진을 그리고 있는지 살펴보겠다. 마지막으로 이러한 중국의 성장전략 전환에 한국이 어떻게 대응해야 하는지 말하겠다.

네 가지 관점에서 바라본 중국의 부상

⁝ 양적인 변화: 세계 1위 경제대국으로

중국의 경제적 부상을 양, 질, 종, 횡의 관점에서 설명하겠다. 우선 양적인 변화는 우리에게 익숙한 이야기이다. 중국은 지난 30년간 연평균 10%에 가까운 고도성장을 지속해서 1978년은 세계 10위권, 현재는 세계 2위의 경제력을 갖추었다. 2020년 전후해 중국은 미국의 경제규모를 추월해서 세계 1위의 경제대국이 될 것이라 예상되고 있다. 상하이-베이징 거리보다 서울-베이징, 서울-상하이 거리가 더 가깝다. 어떻게 보면 한국은 중국 다른 지역보다 중국에 더 가까운 나라인데, 현재 우리의 지근거리에서 세계사적인 전환이 일어나고 있다는 것을 명심하자. 이 같은 중국의 부상, 특히 양적 부상이 우리가 현재 중국에 대해서 관심을 갖는 가장 근본적인 이유이기도 하고, 앞으로 중국을 더 잘 알아야 하는 중요한 계기가 되기도 한다.

⁝ 종적인 변화: 역사의 복귀

그럼 정작 중국인들은 중국의 부상을 어떻게 바라보고 있을까? 단순히 양적인 변화에 치중해서 중국의 부상을 흔히 우리 표현처럼 '단군 이래 최대의 융성'으로 생각할까? 중국인들은 중국의 부상을 역사의 종축에서 중국의 제자리 찾기란 시각으로 바라본다. 현재가 최고 융성기가 아니라 지난 200년은 5000년 중국 역사에서 잠시 있었던 역사의 곡절일 뿐이고, 중국이 이를 극복하고 정상적인 상태로 회복하고 있다는 것이다.

지난 2000년간 세계경제 판도의 변화

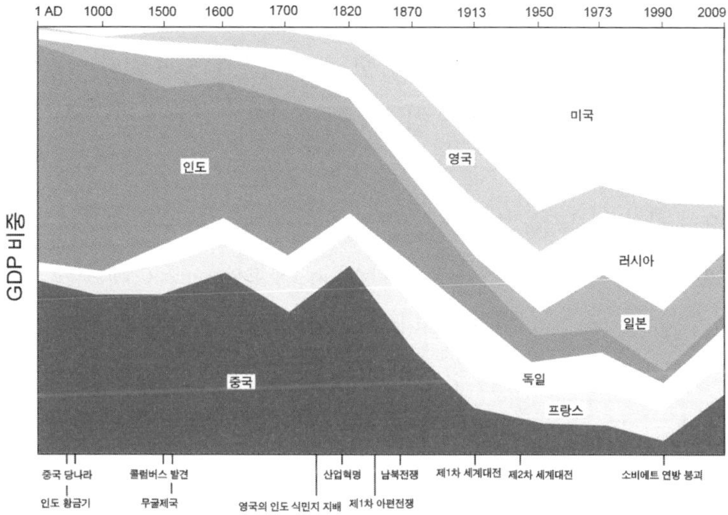

자료: Angus Maddison.

위의 그림은 앵거스 매디슨(Angus Maddison)이라는 경제사학자가 지난 2000년 동안 세계 주요국 국내총생산(Gross Domestic Product: GDP) 총량의 비중을 추정치로 나타낸 것인데, 이 그림에 따르면 1800년대 중반까지만 해도 중국이나 인도가 세계 GDP에서 차지하는 비중이 세계 주요국 중에서 압도적으로 많았다. 하지만 산업혁명과 제국주의 시대를 거치면서 굉장히 위축되었다. 그러던 것이 최근 30년간의 경제적 부상으로 과거의 영광을 회복하고 있다는 것이다. 이 그림에 따르면 옛 영광의 회복이라는 중국인의 시각이 틀렸다고는 볼 수 없다.

⁖ 횡적인 변화

중국의 부상을 세계사의 횡적인 한 흐름으로 볼 수도 있다. 산업혁명과 제국주의 시대를 거치면서 서구가 전 세계의 주도권을 잡았던 시기가 점차 끝나가고 신흥국이 부상하는 세계사 흐름에서 중국의 부상은 매우 중요한 부분을 차지하고 있다.

2012년 경제협력개발기구(Organization for Economic Cooperation and Development: OECD)에서 2060년까지 세계경제의 변화를 전망한 보고서를 출간했다. 현재 상황은 주요 선진국이 전 세계 GDP의 약 60% 정도를 차지하고 있고, 중국, 인도 등 G20에 속한 주요 신흥국 8개국이 약 40%를 차지하고 있다. 하지만 2030년이 되면 둘은 대등해지고, 2060년이 되면 역전될 것으로 예측한다. 현재 선진국이 예전만 못하고 신흥국이 차지하는 비중이 훨씬 커질 것이라는 예상인데, 이것은 앞으로 세계경제의 판도가 비서구권 신흥국 중심으로 재편될 것이라는 사실을 보여준다. 그런 의미에서 앞으로 한국이 외부에서 경제성장의 공간을 찾을 때 가장 큰 공간은 선진국이 아니라 신흥국이고, 그중 중국의 부상은 이 흐름의 중요한 부분이라는 것이다. 실제로 중국은 이 흐름을 주도하기 위해서 브릭스(BRICs, 브라질·러시아·인도·중국 등 신흥경제 4개국을 일컫는 용어. 2011년 남아프리카공화국이 포함되면서 BRICS로 변경) 정상회의를 매년 개최하고 있다. 덩치가 큰 대규모 신흥국이 따로 모여 지금부터 친하게 지내고 미래를 준비하자는 취지의 모임인 셈인데, 중국이 이 모임을 주도하는 이유는 한편으로는 조직적으로 신흥국의 목소리를 키우겠다는 의지의 표현일 수도 있고, 다른 한편으로는 BRICS 국가에서 형성되는 경제적 기회를 중국에게 유리하게 활용하고 싶다는 의지의 표현일 수도 있다.

⁝ 질적인 변화

한국에게 중요한 것은 중국이 세계 1위가 된다거나 2020년이면 미국을 제칠 수 있다는 것보다 중국이 세계경제에 어떤 영향을 끼치고 무슨 역할을 수행하게 될 것인가 하는 문제이다. 그런 의미에서 지난 30년간 세계경제에서 중국의 역할 변화에 대해 주목할 필요가 있다. 1990년대 이후 중국은 이른바 세계의 공장이었다. 한동안 세계시장에서 분리되어 있던 중국이 사회주의 시장경제로 전환하면서 전 세계 시장에 값싼 토지와 노동력을 가져다 쓰라며 내놓기 시작했다. 많은 다국적 기업의 투자가 이뤄졌고 이를 바탕으로 거대한 제조업 생산기지가 만들어졌는데, 더 정확히 표현하면 세계의 공장이라기보다 세계의 공단이었다. 전 세계 기업이 중국에 들어와 물건을 만들어 세계로 수출하는 구조가 형성되었다. 그 결과 중국은 2009년부터 세계 1위의 수출국이 된다.

중국이 세계의 공장이던 시기에 사람들은 중국을 싫어했다. 자국 산업을 약화시키고, 자국 산업의 시장을 빼앗고, 일자리마저 가져가는 나라였기 때문이다. 중국에서 값싼 수입품이 들어오고 자국 산업의 미래가 위협을 받으니 어느 나라가 중국을 달가워했겠는가? 이른바 중국위협론은 단순히 중국이 싫어서 하는 말이 아니라 경제적인 근거를 바탕에 둔 말이었다. 중국위협론의 바탕은 중국이 세계 많은 나라의 산업과 고용을 위협했기 때문이다. 그래서 환경, 에너지, 자원 문제에서도 '중국인이 와인을 마시면 전 세계 와인이 동난다. 중국인이 전력을 미국인이 쓰듯이 쓰면 전 세계 전력이 동난다' 하는 말이 유행했다.

사실은 중국이 다른 가난한 나라의 경제성장을 막았던 측면도 있다. 예를 들어 신흥공업국가(Newly Industrializing Countries: NICs), 즉 한국,

싱가포르, 타이완이 경제성장할 때는 상대적으로 중국보다 규모가 작은 나라였기에 산업화와 함께 급격히 임금이 상승했고, 결국 그들이 하던 산업을 동남아시아나 라틴아메리카로 빨리 넘겼다. 그런데 중국은 1990년대 초반 세계 제조업의 허브(hub)가 된 후에도 여전히 노동집약적 산업을 손에 쥐고 있다. 나라가 크고 아직 농촌에 잉여 인구가 많기 때문에 다른 개발도상국에게 기회를 주지 않고 20년 이상 독점하고 있다. 이것은 장기적으로 볼 때, 중국의 뒤를 이어 새로운 기적을 만들어야 할 많은 개도국의 기회를 박탈하고 있는 것이다.

이렇게 세계의 공장이 된 중국이 무역수지 흑자가 누적되고, 3조 6000억 달러로 세계 1위의 외환보유고를 갖게 되니, 2000년대 중반부터 그 돈으로 해외에 투자하기 시작했다. 세계의 광산과 공장과 IT 기업을 사들이고, 적극적으로 해외에 진출하기 시작했다. 아울러 금융도 13억 인구의 수입을 기반으로 세계적인 규모로 성장했다. 상하이 금융 중심가에 중국인민은행(中國人民銀行) 상하이 분점이 있는데, 그 앞에 서서 보니 중국농업은행(中國農業銀行), 중국공상은행(中國工商銀行), 중국은행(中國銀行), 중국건설은행(中國建設銀行), 이렇게 중국 4대 은행 빌딩이 한눈에 보였다. 이 은행들은 어느 하나도 글로벌 경쟁력을 갖추고 있지 않지만, 세계 은행 순위 10위 안에 다 들어 있다. 워낙 경제의 규모가 크고 내수 기반이 튼튼하니 덩치 면에서는 금융대국이 된 것이다. 그러다 보니 선진국은 중국을 더욱 싫어한다. 자신들이 필요한 자원을 선점하고, 자기네 알짜 기업을 사고, 전략적으로 중요한 산업에 도전하니 중국위협론이 더욱 확대될 수밖에 없다.

그런데 중국이 세계의 투자자가 되면서 개도국에서는 조금 다른 변화가 나타났다. '중국이 우리나라에 투자하는 나라가 되었으니 중국 자본을 끌어오는 것이 경제발전에 도움이 되겠구나'라고 판단하기 시작한 것이다. 현재 자원을 생산하는 많은 개도국들, 즉 브라질, 칠레, 오스트레일리아의 가장 중요한 고객은 중국이다. 중국이 올려놓은 원자재 가격으로 이들 나라의 경제가 발전한다. 다시 말해 중국이 세계의 공장이던 시기에는 전 세계가 중국위협론을 느꼈다면, 중국이 세계의 투자자가 된 이후에는 선진국은 중국위협론을 강하게 느끼고 중국을 더 싫어하게 된 반면, 개도국은 '꼭 그런 것은 아니구나'라고 인식하기 시작했다.

그런데 중국의 역할이 예상보다 훨씬 빠르게 변하면서 상황은 달라진다. 중국이 세계의 시장이 될 것이란 전망은 앞으로 5~6년 후의 일이라고 생각했는데, 글로벌 경제위기로 선진국 시장이 상대적으로 위축되면서 중국의 중요성이 더욱 주목받게 되었다. 세계에서 가장 중요한 소비재 시장인 자동차 시장에서 중국은 2009년부터 미국을 제치고 세계 1위의 시장으로 떠올랐다. 세계 여러 나라 도시에서 모터쇼가 열리지만 가장 규모가 크고 새로운 모델이 제일 많이 소개되는 곳은 미국이 아니라 상하이 모터쇼이다. 또한 중국의 휴대폰 사용 인구는 11억 명이다. 세계 어느 나라도 IT 시장에서 중국의 시장 규모를 따라갈 수 없다. 미국이 휴대폰을 1인당 4개 정도 써야 중국 시장 규모를 따라갈 수 있다.

중국이 세계의 시장이 되었다는 것은 모든 기업에게 가장 중요한 고객이라는 의미로 기업은 고객을 싫어할 수 없다. 그래서 이제는 중국위협론이 아닌 중국매력론이 형성되는 계기가 마련되었다고 할 수 있다. 아직 확실한 추세는 아니지만 조만간 굉장히 구체적인 형태로 나타날 것이라고 생각한다.

이미 글로벌 500대 기업에 중국기업이 100개 정도 있다. 그것이 앞으로 150~200개로 늘어난다면, 광고의 영향을 받는 미디어의 중요한 광고

중국의 부상의 질적 측면

단계	시기	내용	영향 및 변화
세계의 공장 (workshop)	1992~	· 제조업 강국 · 동북아시아 생산네트워크의 허브 · 세계 1위 수출국(2009~)	· 중국위협론의 형성 · 환경/에너지/자원 문제의 책임 공유 · 규칙추종자(rule follower)
세계의 투자자 (investor)	2007~	· 장기적 국제수지 흑자 · 세계 1위 외환보유고 · 국부 펀드 · 적극적 M&A · 달러 체제의 주요 축	· 금융대국으로 변모 · 선진국 중국위협론의 고조 · 대외투자/원조를 통한 영향력 · 규칙도전자(rule challenger)
세계의 시장 (market)	2009~	· 자동차, 전자, 통신 최대 시장 · 내수 중심의 성장전략 전환 · 중산층의 급증	· 중국위협론에서 중국매력론으로 · 미디어 영향력 및 소프트파워 형성 · 규칙제정자 중 하나(one of rule setter)
기축통화	2020~	· 인민폐 국제화 · 자본시장 개방	· 다극질서의 확립 · 불안정 · 규칙제정자(major rule setter)

자료: 지만수.

주는 중국기업들로 바뀌게 될 것이다. 그러면 씨앤앤(CNN), ≪뉴욕타임스(THE NEW YORK TIMES)≫, ≪파이낸셜타임스(FINANCIAL TIMES)≫의 보도 태도가 예전 같을 수 없을 것이다. 가끔 한국 일간지에서도 난데없이 중국계 은행의 전면광고를 보게 된다. 그것이 지닌 장기적인 의미가 분명히 있고, 그런 변화에 따라 어느 날 갑자기 한국언론이 중국에게 호의적인 보도로 일관하더라도 그것이 이러한 경제적 변화에 기초해서 일어난 것이란 분석을 할 필요가 있다.

앞으로 세계경제에서 중국이 수행하게 될 마지막 역할이 있다면 그것은 10년 후에 나타날 인민폐의 국제화, 즉 기축통화로서의 역할이다. 벤저민 프랭클린(Benjamin Franklin)이 새겨진 달러가 마오쩌둥(毛澤東)이 새겨진 인민폐로 상당 부분 대체될 그 시기에 세계경제나 중국에 대한 인식 변화는 굉장히 다른 의미가 될 것이다. 물론 그것은 여전히 불확실하고 불안정한 영역이지만 말이다.

중국의 네 가지 과제

፡ 경제적 부상의 완성

그렇다면 G2로 성장한 중국이 앞으로 풀어야 할 과제는 무엇일까? 첫 번째는 당연히 경제성장을 지속하는 것이다. 당장 내년부터 중국이 경제위기에 빠진다면 여태까지 중국이 보여준 기적적인 활력은 또 다른 도전에 직면하게 될 것이다. 그래서 현 시진핑(習近平) 정부의 가장 중요한 과제는 중국공산당 창당 100주년이 되는 시기인 2020년까지 성장을 지속해서 미국을 추월해 세계 1위 경제국가가 되는 것이다. 하지만 과연 중국이 지난 30년의 속도로 앞으로도 계속 달릴 수 있을지를 먼저 평가할 필요가 있다.

젖은 수건과 마른 수건의 비유를 생각해보자. 예컨대 한국이 1% 성장하는 것은 굉장히 어려운 일이다. 이미 고도의 효율성이 있기 때문이다. 예를 들어 인터넷을 신청하면 그날 설치가 되고, 아침에 주문하면 저녁에 물건이 배달된다. 세계에서 이런 효율성을 가진 나라는 아마 없을 것이다. 반면 OECD 국가 중 노동시간이 긴 편이고, 산업재해율이나 자살률도 가장 높은 축에 든다. 어떻게 보면 한국경제가 더 성장하는 것은 마른 수건을 짜는 일과 같을 것이다. 사실 한국은 마른 수건 정도가 아니라 너무 짜서 올이 터져버릴 지경의 스트레스를 받고 있는 나라이다. 그런데 중국은 아직도 비효율적이고, 개발되지 않은 부분이 많이 남아 있는 것은 수건이다. 어떤 의미에서는 중국의 저개발 자체가 앞으로 중국이 성장할 여지가 많다는 반증일 수 있다.

그럼 대표적으로 중국이 개발할 여지가 많은 영역은 어디인가? 첫째, 중국은 아직도 농촌인구가 더 많은 사회이다. 도시화 비율이 50% 정도라는 통계가 있지만, 실제로 도시와 농촌을 오가는 사람을 제외하고 도시에만 사는 사람의 비율은 40%밖에 안 된다. 이 사람들이 도시로 오는 과정에서 도시와 농촌의 소득격차가 3배 정도 되는데, 도시민이 되고 소득이 높아지는 과정에서 전에 없던 수요가 창출되고 새로운 개발이 이뤄질 수 있다. 많이 발전할 여지가 있다는 것이다. 중국 동부지역은 1인당 GDP가 1만 달러를 넘어서는 지역이 많다. 그러나 중·서부 지역은 아직 낙후되어 있고, 1인당 소득이 가장 높은 상하이와 중·서부의 구이저우(貴州) 사이의 소득 격차는 7배이다. 결국 농촌이 도시를, 중·서부 지역이 동부 지역을 따라잡는 과정에서 새로운 성장의 공간이 많이 생기게 된다.

둘째, 중국은 아직도 인프라가 많이 부족하다. 경제성장을 위해서는 민간 투자와 소비가 늘어야 하지만 민간이 투자나 소비를 하지 않을 때는 정부가 재정을 투자해서 붐업(boom-up)을 해야 한다. 그런데 이미 인프라가 많이 개발된 나라는 정부 재정을 생산적인 곳에 쓰기가 어렵다. 결국 경기부양을 위해 낭비되는 곳에 재정을 쏟아 붓는데, 중국 같은 나라는 여전히 인프라가 열악해서 정부가 투자해 길을 뚫고 철도를 놓으면 몇 년 안에 경제성장으로 보답할 것이다. 예컨대 중국과 면적이 비슷한 미국과 비교할 때 중국의 총 철도 길이는 미국의 1/4밖에 안 된다. 이 말은 중국이 미국과 비교해 면적은 비슷하고 인구는 훨씬 많아서 앞으로 4배 정도의 철도를 더 깔아도 낭비가 아니라 생산적인 투자가 될 것이란 의미이다. 1인당 철도 길이는 더욱 짧아서 미국의 1/10이다. 정리하면 정부가 재정을 투자해 성장률을 유지할 수 있는 여력은 충분하다.

셋째, 중국은 제도개혁의 여지도 많다. 중국은 현재 여러 사회제도가 미비하다. 대표적인 것이 금융 산업인데, 국유은행은 덩치가 큰 국유기업에게만 돈을 빌려주고 정부가 금리를 통제하는 상황이다. 만약 금융 산업이 금융개혁을 통해 효율성이 생긴다면 민영기업에도 적극적으로 돈을 빌려주게 되고, 그동안 억제되었던 민영 부문에서 새로운 성장의 동력을 마련할 수 있다. 중국은 미국 다음으로 연구개발(Research and Development: R&D) 자금을 지출하는 나라인데, 돈은 많이 쓰지만 실적이 나지 않아 낭비라는 평가가 있다. 만약 중국이 실리콘밸리(Silicon Valley)의 개방형 연구개발이나 한국의 대기업 같은 내부 연구개발(in-house R&D)을 적극적으로 할 수 있는 모델을 만든다면 연구개발 분야에서도 새로운 효율이 나타날 수 있다. 그 밖에도 사회의 많은 부분이 아직 시장화가 덜 되어 있고 비효율적인 부분이 많다. 그래서 이에 대한 개혁의 과정이 곧 생산성을 높이는 과정일 것이다. 현 총리인 리커창(李克強)은 '개혁홍리(改革紅利)', 즉 '개혁배당(改革配當)'이라는 말을 하는데, 중국은 아직 개혁배당이 많이 남아 있고 개혁을 통해서 성장할 수 있는 공간이 많다.

넷째, 중국은 산업고도화가 충분히 이뤄지지 않았다. 중국의 산업 수준은 아직까지 노동집약적인 부분이 많기 때문에 이 부분이 자본·기술집약적인 분야로 나아가면서 성장의 공간이 생길 수 있다. 더 중요한 것은 서비스 산업 비중이 아주 예외적으로 낮다는 것이다. 중국 서비스 산업의 고용이나 GDP에서 차지하는 비중은 고용에서 30%, GDP에서 40% 수준인데 이것은 한국의 1980년대보다 낮은 수치이다. 그리고 현재 한국 서비스 산업은 고용에서 70%, GDP에서 60%를 차지하고 있는데, 중국 서비스 산업이 한국 정도의 비중을 차지하게 된다면 새로운 고용만 2억 명 혹은 그 이상이 될 것이다. 이렇게 중국 산업구조가 고도화되는 과정은 중국에게 새로운 성장의 동력이 될 것이다.

그런데 만약 이런 논리라면 세계에서 가장 큰 성장 잠재력을 가진 나라는 아프리카나 중동일 것이다. 중국이 더 낙후된 여타 지역과 다른 점은 낙후함을 성장으로 연결시키는 동원 능력을 갖고 있다는 데 있다. 성장 동력이 있어도 그것을 동원하지 못하면, 즉 동원할 능력이 없으면 성장할 수가 없다. 그런데 중국공산당은 지금까지 그 성장 잠재력을 동원할 수 있는 능력을 보여줬다.

⁝ 불평등과 불안정의 해소

중국의 두 번째 과제는 바로 그 동원 능력에 관한 것이다. 현재 성장 동력을 동원할 수 있는 힘은 중국공산당이 발휘하고 있는데, 중국공산당이 과연 앞으로도 그 같은 힘을 발휘할 수 있을지가 핵심이다. 그러기 위해서는 무엇보다 불평등의 문제를 해소해야 한다. 지난 30년 고도성장 과정에서 중국은 너무 불평등한 사회가 되었다. 소득 불평등을 측정하는 지니계수가 0.5 수준이다. 중국은 공식적으로 0.47이라고 하지만 관찰자의 시선으로 보면 이보다 훨씬 높을 것이라고 추측된다. 보통 지니계수 0.3 정도가 바람직한 수준으로 평가되고 있는데, 결국 사회주의를 표방하고 있는 중국이 한국(0.32), 독일(0.29), 인도(0.33), 미국(0.38)보다 소득 분배가 불평등한 사회가 되었다는 것을 알 수 있다. 중국사회 저변은 부글부글 끓을 수밖에 없고 앞으로 점점 더 심각해질 것인데, 이 불평등 문제를 해결하지 않으면 2023년 시진핑과 리커창은 박수를 받으며 떠나지 못할 수도 있고, 향후 공산당이 지금처럼 자신감 있게 정책을 펼 수 없게 될 것이다.

다른 한편으로는 경기 불안정이 주는 충격도 문제로 등장하고 있다. 지금까지 중국은 굉장히 수출지향적인 성장을 했는데, 그것이 세계경제의 호황과 맞물려서 좋은 성과를 보여줬지만 글로벌 경제위기를 계기로 오히려 중국경제를 굉장히 불안하게 만드는 요인이 되었다. 실제로 중국 성장에서 수출이 차지하는 비중은 2007년 14%였던 것이 2008년 7%로 급전직하하고 2009년은 마이너스를 기록했다. 여기서 중국지도부의 입장을 생각할 필요가 있다. 시진핑과 리커창은 2023년까지 중국을 다스려야 한다. 이들 입장에서 당장 올해 혹은 내년 경기가 어떻게 되느냐는 중요한 경제정책의 목표가 아니다. 그보다 10년 후 물러날 시점의 상황이 좋아야 한다. 그리고 그 상황이 공산당 통치에 유리해야 하는데, 성장률의 불안정성은 저성장보다 오히려 통치기반에 저해 요소가 된다. 성장률이 높을 때는 소득분배의 불평등도 커지고 투자의 낭비가 일어난다. 그러다가 성장률이 갑자기 낮아지면 사람들은 더 큰 충격을 받고 사회 불안도가 높아진다. 7%대로 계속 성장한다면 문제가 없었을 텐데 14% 성장하다가 9%만 되어도 사람들은 '못살겠다, 사회가 이상하게 되어가는구나, 불안하다'라고 느낀다. 그런 의미에서 과도한 해외경제 의존은 중국경제의 경기 사이클을 굉장히 불안하게 할 수 있다. 이 같은 상황은 공산당의 장기적인 안정 집권에는 불리한 요소이다.

결국 중국은 불평등과 경기 불안정이라는 두 가지 문제를 풀어야 하는데, 한편으로는 소득분배의 불평등을 개선할 수 있는 방법이 나와야 하고, 다른 한편으로는 해외 경기의 불안정성을 대체할 수 있는 안정적인 수요 기반이 나와야 한다. 이 방법을 개발하는 것이 중국공산당의 과제이고, 그것을 해결해야만 성장 잠재력을 동원할 수 있는 정치적인 힘을 갖게 된다.

중국 모델의 모색과 형성

이 과정에서 중국이 또 하나 해야 할 일은 중국 모델을 만드는 것, 즉 지속 가능한 경제성장의 종합적인 시스템을 만드는 것이다. 과거 중국이 한 '개혁개방'에서 개혁은 시장화이고 개방은 세계화였다. 다시 말해 중국이 그간 시장화와 세계화를 했는데, 그건 어찌 보면 세계경제가 공유하는 일종의 필수과목이었다. 그 필수과목을 중국이 지난 30년간 성공적으로 이수한 것이다. 그런 관점에서 과거 중국의 개혁개방은 정답이 있는 과정, 예컨대 세계무역기구(World Trade Organization: WTO)에 가입하고 해외자본을 끌어들이고 수출을 하는 것과 같은 일련의 답이 주어진 과정이었고, 이때 중요한 것은 그것을 얼마나 안정적이고 빠르게 진행하느냐, 즉 속도의 문제였다.

이제 그 개혁개방이 어느 정도 완료된 현재, 중국이 할 일은 필수과목이 아닌 선택과목이다. 이제 더 이상 중국에게 시장화하라는 공식적인 압력은 없다. 중국이 선택하면 된다. 예를 들어 중국 자본시장이 아직 열려 있지 않은데, 자본시장의 개방이 강제사항은 아니다. 국제통화기금(International Monetary Fund: IMF)도 각 나라의 실정에 맞게 자본시장을 통제할 수 있다고 인정하고 있다.

문제는 시장경제라는 게 하나가 아니고 나라마다 그 형태가 다 다르다는 것이다. 예를 들어 영미식 경제가 있고, 서유럽식 경제, 독일식 경제, 스칸디나비아식 경제, 일본식 경제, 남미식 경제가 있다. 영미식 경제도 영국과 미국의 경제가 다르다. 결국 선진 시장경제의 공통점은 각 나라가 모두 지속 가능한 나름의 사회·경제 시스템을 잘 갖추고 있다는 것이다. 그래서 길게는 100년, 짧게는 50년 동안 유지하고 있을 뿐 아니라, 경제위기가 올 때마다 조금씩 수정하면서 또는 정치적인 과정을 통해 손을 보아가면서 지속 가능하고 안정적인 모델을 국민들에게 제시하고 있다.

그렇다면 중국도 이런 시스템을 가져야 하는데 여기에는 정답이 없다. 결국 한 나라의 시스템이 형성되기 위해서는 긴 시간의 역사적인 과정이 필요한데, 그 과정에서 어떤 상태의 균형, 예를 들면 노동자 권리를 얼마나 강하게 할 것인가, 산업별 노조 시스템으로 갈 것인가 아니면 기업별 노조 시스템으로 갈 것인가와 같은 이슈에 대한 합의가 이뤄져야 한다. 이 과정에서 노사분규가 심화될 수도 있고, 혁명이 일어날 수도 있으며, 정권교체가 발생할 수도 있다. 환경보호에 관한 것도 마찬가지이다. 유럽에서는 녹색당이 오랫동안 정치적 영향력을 행사하면서 환경보호 수준을 굉장히 높였지만, 미국에서는 100년 전부터 환경보호운동이 일어나면서 나름의 기준을 만들었다. 나라마다 상황도 다르고 과정도 다르다. 이것을 어느 수준으로 가져갈 것인지는 중국 스스로가 결정할 문제인데, 그것을 풀기 위해서는 사회의 신호(signal)가 필요하다. 예컨대 한국에서도 환경문제가 이슈이지만, 그 답을 얻기 위해서 환경단체나 비정부기구(Non-Governmental Organization: NGO) 같은 세력이 우리의 환경보호 수준이 어느 정도여야 하는지에 대한 신호를 보내고, 그 안에서 격렬한 논쟁을 거쳐 균형이 만들어진다. 그런데 중국은 그런 신호를 보낼 NGO가 없다. 다른 대안 정당이 있는 것도 아니고, 공산당 일당 시스템이다.

사회보장제도 역시 마찬가지이다. 한국도 얼마 전 복지국가 논란이 벌어진 적이 있는데, 어떤 수준의 보장을 경제발전의 어느 단계에서 만들어야 하는지도 나라마다 다르다. 이미 1세기 전 사회보장제도를 탄탄하게 갖춘 나라가 있는가 하면, 경제구조의 활력을 높이는 데 주력한 나라도 있다. 어떤 것이 더 옳다고 할 수 없다. 중국도 그러한 과정을 거쳐야 하는데, 그러기 위해서는 사회보장을 강화하자고 주장하는 정당과 조금 미루자는 정당 사이에 선거 같은 정권교체 과정이 있어서 적정한 수준의 합의가 이뤄져야 한다.

교육제도 역시 그렇다. 현재 한국은 고졸자의 70%가 대학에 진학하는 대중교육 시스템으로 가고 있는데, 유럽의 많은 국가에서는 대학 진학률이 그렇게 높지 않다. 고등학교에서 바로 직업교육으로 전환하고 거기서 새로운 숙련공을 키운다. 그럼 과연 중국은 어디로 가야 하는가? 중국도 한국과 미국처럼 대학을 늘리고 대학 진학률이 높은 사회를 만드는 것이 답인지 아니면 일찍부터 다양한 경로를 제시하고 숙련을 강조하는 유럽이 답인지 아무도 모른다. 그것은 결국 많은 논의를 거쳐 답을 찾아내야 하는 문제이다.

그런데 현재 중국의 가장 큰 문제는 그 답을 찾아갈 신호나 정치적인 과정이 없다는 것이다. 일단 중국은 '성장전략의 전환'을 통해서 공산당식의 답을 제시하고 있는데, 그것이 과연 중국사회의 실상을 제대로 반영하고 있는지는 아무도 모른다. 이것은 공산당원들만 모여서 회의를 한 결과이기 때문이다. 현재 중국의 가장 큰 어려움은 바로 이 문제라고 본다. 경제가 성장하고 발전하기 위해서 정치가 해야 할 기능이 있다. 정치가 해야 할 본연의 기능은 그 사회가 지향하는 경제 시스템이 균형을 갖추도록 만드는 것이다. 선거제도를 바꾸거나 민주적인 절차를 준수하는 차원의 문제가 아니라 정치는 경제 시스템의 균형점이 어디인지를 찾아주는 역할을 해야 하는데, 중국이 과연 그러한 정치의 기능 없이 지속 가능한 경제 시스템을 만들 수 있을지 의문이다. 그런 의미에서 중국정치 문제는 경제문제와 맞물려 있다고 할 수 있다.

중국의 해답이 갖춰야 할 조건

결국 중국이 시도하는 새로운 모델이 갖춰야 할 조건은 소득불균형을 완화하고, 해외 경기에 의존하지 않는 안정적인 성장 동력을 찾는 것이다. 그런데 소득불균형을 시정하겠다는 의지 자체는 전임 후진타오(胡錦濤) 집권 시절부터 있었다. 후진타오가 내세웠던 조화로운 사회[和諧社會]나 전면적 소강사회(小康社會)와 같은 의제에서 보듯이 10년 전 후진타오가 집권할 때도 소득불균형 문제는 가장 중요한 국가과제였다. 그런데 후진타오는 이를 개별 경제정책으로 접근했다. 사회보장제도 마련, 농촌 지원 계획, 산업구조 개편 같은 개별적인 정책 차원으로 접근했지만 결국 성공하지 못했고 오히려 소득분배 불균형은 악화되었다. 즉, 후진타오 정권은 10년 내내 불균형을 완화하기 위한 다양한 정책을 폈지만 시장불균형은 심화되는 방향으로 나아갔다.

더 이상 이러한 정책적 접근은 효과적이지 않다는 것이 분명해졌다. 새로운 접근이 필요하다는 의미이다. 더구나 중국은 글로벌 경기 불안정에 더 노출된 상태이다. 이제 중국경제가 너무 커져서 중국이 수출에만 의존하는 방식을 글로벌 경제가 더 이상 용납하지 않는 상황이 되었다. 말하자면 중국은 이전보다 다양한 형태의 새로운 압력을 받고 있는데, 이 같은 상황에서 시진핑 정부가 내놓은 답이 바로 성장전략 전환이다.

성장전략 전환의 내용

성장전략 전환의 기본구조

이제 본격적으로 성장전략 전환에 대해 알아보자. 결국 현재 중국이 해결해야 할 주요 문제는 성장과 균형 사이의 문제 혹은 성장과 분배 사이의 문제라고 할 수 있다. 한국 역시 오랫동안 이 문제를 고민했다. 그런데 한국은 이 문제를 '성장이 먼저냐, 분배가 먼저냐'라는 시각으로 접근하는 데 반해 중국이 접근하는 방식은 조금 독특하다. 그 독특함은 덩샤오핑(鄧小平)의 지혜에서 비롯되었는데, 덩샤오핑은 유사한 문제를 1978년에 '시장이냐, 계획이냐'라는 형태로 직면했다. 그리고 내놓은 답이 '계획과 시장, 사회주의와 자본주의가 다른 것이 아니라 따지고 보면 서로 통한다'였고, 10년 정도의 고민을 거쳐 '사회주의 시장경제'라는 개념을 내놓았다.

중국은 1992년 공산당 헌장에 삽입된 '사회주의 시장경제'라는 개념으로, 성장과 분배의 문제를 대립적으로 보지 않고 둘 중에 좋은 것이나 실용적인 것을 필요에 따라 사용하는 경제 시스템을 만들었다. 어떻게 보면 '성장이 먼저냐, 분배가 먼저냐' 같은 방식의 접근은 편을 가르기 위한 문제설정이고, 그 문제를 종합해서 보겠다는 것이 정말로 문제를 풀기 위한 문제설정이라고 생각한다. 이것이 한국이 중국에게 배울 점인데, 결국 성장과 분배는 우선순위의 문제가 아니라 어떤 성장을 하느냐에 따라 분배의 결과가 달라진다고 보는 것이다. 현재 중국이 접근하는 방식은 소득이 많은 사람의 돈을 소득이 적은 사람과 나누자는 방식이 아니라 성장을 잘하면, 즉 성장의 방향을 잘 조정하면 분배 문제도 자연스럽게 개선될 수 있다는 방식이다. 그것이 이른바 성장전략 전환이다. 설사 이 과정에서 일정 정도의 성장률 하락은 감수하더라도 장기적으로 성장할 수 있는 기반을 마련하고 그 결과로 분배의 개선도 이루겠다는 것이다.

성장전략 전환을 수요측면에서 보면, 중국은 지금껏 수출과 아주 높은 투자율 증가에 기반을 둔 성장을 했는데, 이것을 소비 확대와 안정적인 수요에 기반을 둔 성장으로 바꾸겠다는 것이다. 중국 GDP에서 투자가 차지하는 비중은 50%이다. 한국과 일본이 높았을 때에 40% 정도였으니, 현재 중국은 세계 최고의 투자율을 기록하고 있는 나라이다. 이것을 내수소비 기반의 성장구조로 바꾸겠다는 계획인데, 무엇보다 소비가 늘기 위해서는 소득이 늘어야 하고, 소득이 늘기 위해서는 임금이 올라야 한다. 이 문제를 선순환구조로 만들겠다는 것이 중국의 중요한 결단이다. 즉, 임금인상을 분배의 측면으로 보지 않고 성장 동력의 육성이라는 측면에서 접근하는 것이 중요한 특징이라고 할 수 있다.

성장전략 전환을 공급측면에서 보면, 중국은 어느새 1인당 국민소득 7000달러 수준의 중진국에 도달했는데, 이른바 중진국 함정을 탈출하고 앞으로 더 높은 임금을 주기 위해서는 생산성이 지속적으로 높아져야 한다. 그것은 결국 산업고도화를 가속화하는 것이다. 산업고도화는 개혁홍리, 즉 개혁배당(산업효율성)을 통해 높일 수 있다는 것이다. 그 대신 10%의 성장률은 포기하고 7%로 천천히 가는 안정적인 성장, 소득분배를 악화하지 않는 수준의 성장으로 가겠다는 것이다. 원래 고도성장을 할 때는 부동산 투기 열풍이 일어나고, 성장의 과실을 먼저 맛보는 기업에게 돈이 몰려 소득분배가 악화된다. 그래서 이러한 거품이 조금 걷혀야 소득분배의 악화를 막을 수 있는데 중국은 앞으로 그러한 방향으로 가겠다는 것이다.

⁚ 성장전략 전환의 내용: 수요측면

※ 소비확대의 장기 메커니즘

수요측면에서 보면, 결국 후진타오 시기에 분배를 강조했음에도 불구하고 가계의 가처분소득이 GDP에서 차지하는 비율은 집권기간 내내 떨어졌다. GDP 전체에서 가계소득이 차지하는 비중이 떨어졌다는 의미인데, 소득이 적으니 소비가 줄고, 그러니까 투자와 수출에 의존하게 되고, 이러한 구조가 경제를 불안하게 하고 있는 것이다. 그래서 이것을 잡고 소비의 비중을 높이겠다는 것인데, 중국에서는 이것을 '소비확대의 장기 메커니즘'이라고 부른다. 재미있는 사실은 한국은 이것을 보통 '내수부양, 소비부양, 소비촉진'이라는 용어로 쓰는데, 사실 현재의 거시 경제정책 아래 소비를 장기적으로 촉진할 방법은 없다. 단기적인 측면에서 이자율 정책이나 세금조세정책 같은 것으로 부양이 가능하지만 이것은 경기 사이클이 둔화되었을 때 일시적으로 사용하는 것이지 10년, 20년 계속해서 이자율을 낮출 수는 없다. 그런 의미에서 '소비확대의 장기 메커니즘'이란 용어는 중국이 이 문제를 좀 더 근본적으로, 나아가 매우 교과서적으로 접근하고 있다는 것을 보여준다.

그런데 장기적으로 소비를 결정하는 것은 소득과 소비 성향이다. 얼마를 버는지 그리고 그중 얼마를 쓰는지에 달려 있는데, 일단 소득을 증대시켜야 하고 그것을 소비로 연결하는 소비 성향을 높여야 한다. 소비 성향은 사람들이 미래에 대해 불안을 느끼지 않아야 높아진다. 중국은 이러한 방향으로 가겠다는 것이다. 이를 위해 제12차 5개년 계획(2011~2015년)에서 가계소득이 국민소득에서 차지하는 비중 증가, 노동소득이 국민소득에서 차지하는 비중, 즉 노동소득분배율을 높이겠다고 명시했다. 단순히 임금을 높인다는 개념이 아니라 굉장히 근본적인 방식으로 접근하고 있고, 이를 위해 정말로 임금을 높이고 있다.

※ 임금인상 유도가 핵심

경제위기가 아직 극복되지 않은 2009년부터 2012년 사이에 중국 주요 지역 임금이 매년 14% 올랐고, 3년간 총 50% 이상 상승했다. 한국기업이 많이 진출한 산둥(山東)지역의 경우 63%가 올랐다. 중국은 사회주의 국가이기 때문에 어느 지역의 최저임금 상승률을 14%라고 정하면 기업은 임금을 14% 올린다. 정부가 기업의 팔을 비틀어서 임금을 올리라고 하는 것인데, 그러다 보니 최저임금의 적용을 받는 이른바 농민공(農民工), 미숙련 노동자의 임금이 빠르게 오르는 일종의 소득분배 개선효과도 덤으로 나타나고 있다. 사실 이러한 현상이 정책의 목적이기도 하다. 중국은 이렇게 성장전략 전환을 실천하고 있는데, 문제는 이 같은 임금인상이 이뤄지면 기업의 부담이 늘면서 투자 의욕의 저하가 우려된다는 것이다.

중국이 임금인상을 추진하는 데는 나름대로 믿는 구석이 있다. 현재 중국은 산업이 빠르게 고도화되는 단계이기 때문에 노동생산성의 여력이 충분하다. 한국은 이미 고도화된 사회라 생산성을 높이기가 어렵지만 중국은 여지가 충분해서 지난 3년간 높은 임금인상을 유도했지만 노동생산성 상승률보다 단위 노동비용 상승률이 아직도 낮은 나라이다. 기업이 노동생산성 향상에 맞춰서 임금을 지급해야 한다는 법은 없지만, 노동생산성 향상으로 실제 지불할 수 있는 능력보다 임금을 덜 지급해왔다는 게 중국정부의 생각이다. 그래서 더 올려줘도 기업은 견딜 수 있고, 기업 경쟁력 역시 크게 손상되지 않을 것이라는 믿음이 있다. 이것이 임금인상 유도의 미시적 근거이다.

거시적 근거는 과연 중국에서 임금을 급격히 올린다고 할 때 중국에 있는 산업이 어디로 이동할 수 있는가이다. 중국의 임금이 빠르게 오르면 다른 국가가 넥스트 차이나(next China)가 되어야 하는데, 즉 산업이 다른 국가 혹은 지역으로 빠르게 옮겨가서 중국의 산업이 위축되고 더 이상 성장을 할 수 없게 되어야 하는데, 과연 중국을 대체할 새로운 제조업 생산기지가 있는가 하는 것이다.

가파른 임금상승으로 이제 중국보다 임금이 낮은 나라는 많다. 하지만 임금이 낮다고 중국을 대체할 수 있는 것은 아니다. 임금도 낮아야 하지만 규모도 있어야 한다. 예를 들어 베트남은 중국보다 임금이 낮지만 베트남이 대체할 수 있는 규모는 기껏해야 중국의 성(省) 하나 정도이다. 또 규모가 작으면 투자할 때 임금이 더 빨리 오른다. 현재 캄보디아와 베트남에서 중국보다 임금이 빨리 오르는 현상이 나타나고 있다. 그러니 쉽게 옮겨갈 수가 없다.

인도 같은 나라는 임금도 낮고 규모도 크다. 기업이 많이 옮겨간다면 중국보다 경쟁적인 생산기지가 될 수 있겠지만 쉽지 않다. 중국이 세계 제조업 생산기지가 될 수 있었던 이유는 중국 주변에 한국, 일본, 타이완처럼 중국의 싼 노동력을 활용해 기계, 자본재, 원자재 부품을 공급하고 완성된 제품을 구입하는 선진 산업국이 있었기 때문인데, 인도에 과연 그런 환경이 있는가 하는 것이다. 인도 옆에는 파키스탄, 방글라데시, 스리랑카가 있다. 과연 인도가 원자재 부품을 수입해 완제품을 수출할 만한 주변국이 있는지를 살펴보면, 인도는 중국을 대체하는 제조업 생산기지가 되기 어렵다.

사회 안정 유지 역시 중요한 요소이다. 결론적으로 임금, 규모, 네트워크, 사회·정치적 안정, 이 네 가지 스크린을 모두 통과할 수 있는 나라가 사실 별로 없다. 그런 의미에서 중국은 자신 있는 것이다. 임금상승을 해도 중국에서 외국자본이 빠져나갈 수 없다. 중국기업도 현재 낮은 임금을 찾아 봉제, 문구 같은 산업은 동남아시아로 진출하고 있는데, 이런 산업은 중국에서 더 이상 할 수 있는 산업이 아니다. 봉제 산업을 국민소득 7000달러 이상 되는 나라에서 할 수 없으니 '나갈 산업은 나가라'는 식의 태도를 취하고 있다는 것이다.

※ 도시화전략을 통한 내수소비 촉진

중국이 기대하는 다른 하나는 '도시화'이다. 중국은 아직 도시화 비율이 낮은데, 공식 통계에 따르면 1년에 2000만 명씩 도시 인구가 늘어난다. 한국 수도권 인구만큼의 새로운 도시 인구가 생기는 것이다. 그러면 그 사람들의 소비·거주·교육을 위해 도로·토지 등을 개발해야 한다. 즉, 경제가 성장할 수 있는 수요측면의 동력이 막대하게 형성되고 있는 것이다. 다만 이 통계가 도시와 농촌을 오가는 유동 농민공을 포함하고 있기 때문에 이를 반영한 정확한 수치는 다음과 같다. 1년에 도시 인구가 자연 증가하는 것이 260만 명, 농촌에서 가족을 데리고 도시로 올라와 정착하는 사람이 약 100만 명, 가족을 포함하면 300만 명 정도가 된다. 그리고 대학 졸업자가 600만 명이 넘는데 그중 농촌 출신이 48%를 차지한다. 약 300만 명에 이르는 농촌 출신 대학 졸업자도 대학을 졸업하면 대부분 도시에서 취업하기 때문에 이 수를 다 합치면 한 해에 약 860만 명의 도시 인구가 새로 늘어나는 셈이다.

사실 이 규모는 엄청난 것이고, 어떻게 보면 리커창이 밀고 있는 가장 중요한 경제성장의 기반, 특히 수요측면의 기반이라고 할 수 있다. 여기서부터 성장의 동력이 계속 나올 것이라는 기대를 하는 것이다. 리커창은 한 해 약 900만 명에 이르는 인구가 농촌 출신이라는 이유로 사회보장 제도의 혜택을 못 받고 아이를 학교에 보낼 때도 돈이 많이 들기 때문에 이를 해결해서 그들을 진정한 도시민으로 만들겠다는 것이다. 그래야 실제로 소비에 기여할 수 있기 때문이다. 그냥 돈만 열심히 벌어서 시골에 보내는 사람은 소비에 기여하는 바가 없으니 농민공을 시민화해서 일만 하는 사람이 아닌 돈도 쓸 수 있는 사람으로 만들겠다는 것이다. 이상이 수요측면에서 중국이 성장전략 전환을 통해 기대하고 있는 내용이다.

성장전략 전환의 내용: 공급측면

산업고도화

다음으로 공급측면에서의 성장전략 전환의 내용을 살피면, 먼저 산업고도화 얘기를 해야 하는데 앞에서 중국은 산업고도화가 진행 중인 나라라고 설명했다. 사실 중국이 기대하고 있는 것은 임금상승을 통한 산업고도화 촉진이다. 자본이 도망가지 않는다는 것을 전제할 때 임금이 상승하면 기업은 그 임금을 따라잡기 위해서 산업고도화를 해야 한다. 즉, 당근이 아닌 채찍으로 산업고도화를 강제하는 것인데 기업이 죽지 않고 살아남으려면 산업고도화를 해야 한다. 사실 이 같은 일은 교과서나 중국정부 당국자 머릿속에서만 가능할 것 같지만 현실에서 정말로 일어나고 있다.

중국 주요 산업의 1인당 자본장비율(資本裝備率)을 보면, 다른 산업도 고도화가 일어나고 있지만 전자 산업에서 현격하게 차이가 드러난다. 이것이 가장 글로벌한 산업이고 또 중국 산업에서 비중이 가장 높은 산업인데, 전자 산업에서 2007, 2008년까지 사실상 산업고도화가 일어나지 않았다. 중국의 임금이 어느 정도 억제되어 있으니 세계의 가공기지, 전자 산업 조립기지로서만 활용되고 있었던 것이다. 그런데 2009년 이후 중국의 제조업 임금이 오르면서 급격하게 산업고도화율이 높아졌다. 이제는 단순조립 전자 산업은 없어지고 고급의 조립 또는 장비를 많이 사용하고 원자재 생산까지를 포함하는 전자 산업이 늘어난 것이다. 중국정부가 기대하는 것이 바로 이것이다. 전자 산업에서 보듯 실제 일부 산업에서 과거에는 정부 지원이나 지방정부와 관계를 통해서 영업 기반을 확보하는 식의 발전에만 관심이 있었다면, 현재는 정부가 앞장서서 임금인상을 강요하니 결국 살 길은 산업고도화뿐이라고 느끼는 측면이 분명히 있다.

※ 대기업 육성

중국정부는 대기업을 육성하는 데도 본격적으로 나서고 있다. 2013년 1월에 나온 중국 9개 중점 산업의 구조조정 계획을 보면, 각 산업에 과잉 설비, 비효율적인 설비를 축소하는 것을 골자로 대기업에 의한 인수·합병을 강조하고 있다. 과거에는 기업이 인수·합병을 잘하지 못했다. 왜냐하면 중국은 지방과 산업 별로 나뉘어 있어서 폐쇄적인 커넥션이 있기 때문이었는데, 예를 들면 같은 철강 산업 안에서 다른 성에 있는 철강제철소를 인수하려면 상대 성 세수가 줄어들기 때문에 못하게 막았다. 산업 별로도 그러한데, 자동차회사나 조선회사가 철강업으로 나가는 것도 막고, 철강회사가 조선업으로 나가는 것도 막았다. 그런데 현재는 그런 규제를 풀면서 적극적으로 수직계열화하고 다른 산업으로 진출해서 몇 개의 대기업이 나타나서 세계에서 경쟁하라는 방향으로 산업고도화를 유도하고 있다.

예를 들어 자동차 산업의 완성체 업체가 현재 중국에 160개가 있다.

이들이 서로 악성 경쟁을 한다. 그러면 결국에는 돈도 못 벌고 글로벌 경쟁도 할 수 없다. 그래서 상위 10개 기업이 시장의 90%를 5년 안에 점유할 수 있도록 구조조정을 하겠다는 계획을 내놓고 있다. 기업 수를 줄이고 망할 기업은 망하게 하고 인수될 기업은 인수되게 해서 강한 기업 몇 개가 많은 이윤을 내고 이들이 글로벌 경쟁을 하게끔 유도한다는 것이다. 이 과정에서 적극적으로 추진하고 있는 것은 이른바 좀비기업의 퇴출인데, 정부가 나서서 성과가 낮은 기업의 과잉설비를 축소하고 경쟁력 있는 기업이 성장할 수 있도록 환경을 조성하겠다는 것이다. 예를 들면 2013년 10월 15일에 '과잉설비 해소에 관한 의견'이라는 지도 문건이 발표되었는데, 내용인즉 몇몇 산업을 특정해서 이만큼의 생산 규모를 도태시키라는 것이다. 실상 2013년 4월에 이미 중국 공업정보화부[工業和信息化部], 한국의 산업통상자원부에 해당하는 부서에서 19개 분야의 산업을 지정해 각 산업의 과잉설비를 도태시키라고 발표한 바 있다. 그 후 별다른 움직임이 없으니 다시 그해 7월에 "지난번에 발표한 19개 산업의 과잉 리스트가 있는데, 그 과잉 산업 설비라는 것이 바로 이것들이다"라며 기업 이름을 공개했다. 말하자면 기업을 특정해 문 닫으라는 것이다. 그래서 경쟁력 있는 기업이 더 성장하고 비생산적 기업이 빨리 도태되는 환경을 만든다. 물론 실업자 발생 같은 굉장한 사회적인 아픔이 발생하겠지만 장기적인 성장을 위해서 그런 부분은 감수하겠다는 생각이다.

※ 리커노믹스 등 대대적인 경제개혁

다음으로 제도개혁을 통해서 새로운 생산성의 향상과 효율성의 개선을 이뤄내야 하는데, 그것은 한편으로는 경제 전반의 효율성을 높여 일반적인 경제성장률을 높이겠다는 제도개혁이지만, 다른 한편으로는 과거

성장전략을 추구하는 과정에서 만들어진 왜곡을 시정하고 새로운 성장전략을 뒷받침할 수 있는 제도를 구축하겠다는 이중적 의미의 제도개혁이 될 것이다. 다시 말해 과거의 성장전략인 수출 투자형 성장전략을 버리겠다는 것이기 때문에 더 이상 수출과 투자를 지원하는 그런 제도는 필요 없고, 앞으로 내수소비 또는 안정 투자 중심의 성장전략으로 제도를 바꾸어 나가겠다는 것이다.

예를 들어 금융 같은 경우, 과거의 높은 투자를 부추기던 성장전략에서 은행의 역할은 낮은 금리로 기업에게 돈을 공급하는 것이었다. 그래서 대출 금리를 낮게 유지했다. 그런데 이제는 더 이상 이런 식의 성장을 하지 않겠다는 것이니 금리자유화를 할 수 있는 조건이 마련된 셈이다. 과거에 금리자유화는 선진국도 권하는 것이고 중국 역시 필요한 것이라고 생각했지만 그런 식의 성장전략에 변화가 생겼다. 금리자유화 쪽으로 나아가는 1단계는 예금보험제도를 도입하는 것이다. 금리자유화를 하면 몇몇 경쟁력 없는 은행들이 경쟁에서 도태되고 망할 수 있기 때문에 예금보험제도부터 만들고, 그러고 나서 은행 간의 경쟁을 촉진시키고 최종적으로 금리자유화를 하겠다는 방향으로 나아가고 있다. 실제로 2014년 11월 예금보험제도 도입이 확정되었다.

환율도 마찬가지이다. 인민폐 환율, 이른바 위안화 문제는 세계적인 관심사였는데, 중국은 지금까지 위안화 절상에 아주 미온적인 태도를 보였다. 결과적으로 절상을 해서 지난 7~8년간 30% 가까이 오르긴 했지만 정말 미적미적했다. 그렇게 했던 이유는 결국 환율을 높게 유지해서 수출에 도움이 되는 성장 모델을 추구했기 때문이다. 그런데 이제는 그것을 하지 않겠다는 것이다. 더 이상 과도하게, 가격 구조까지 왜곡하면서 수출을 지원하는 방향으로 가지 않겠다는 것이다. 그렇게 되면 더 이상 환율을 통제할 필요가 없어지고 시장에 맡긴다는 것인데, 이 말은 결국 중국이 자본시장을 개방한다는 의미이다. 과거 환율을 통제해야 할 때는 자본시장을 개방할 수 없었다. 자본시장을 개방하면 거래량이 많아져서 통제할 수 없었기 때문이다. 하지만 이제 시장 환율에 맡길 수 있는 환경이 조성되어 자본시장을 개방할 수가 있고, 실제로 인민은행이 그것을 적극적으로 추진하고 있다.

또 인민폐 국제화라는 문제가 있다. 중국이 지금까지 인민폐에 대해서, 외환 문제에 대해서 갖고 있었던 전략은 외환보유고를 무작정 늘리는 것이었다. 외환보유고를 늘리는 것은 어떤 교훈 때문이다. 한국의 1997~1998년의 외환위기를 보고 중국이 배운 것이 있다. '외환 관리를 잘못하면 IMF 관리체제로 가는구나.' 그런데 중국은 공산당 체제이다. 중국이 IMF 체제로 간다는 것은 공산당이 망한다는 뜻이다. 이것은 경제성장의 문제가 아니라 공산당의 명운이 걸린 문제인 것이다. 그래서 중국이 취한 전략은 어떻게든 환율을 높게 유지하고 수출을 많이 해서 외환보유고를 쌓는 것이었다. 결과적으로 중국의 외환보유고는 빠르게 늘어났는데, 2000년대 초 중국의 외환보유고는 그해 수입액의 대략 7개월 치에 해당했다. 즉, 한 해 수입액의 절반 정도를 비상금으로 가지고 있었던 셈이다. 그런데 2008년 글로벌 경제위기가 터지는 시점에서 중국의 외환보유고는 그해 수입액의 2년 반 치였다. 이것을 자연스러운 무역의 결과(국제수지 흑자)로 볼 수는 없다.

사실 수입액에 대한 일정 비율로 유지하는 것이 외환보유고의 가장 기본적인 관점인데, 반년 치의 수입액을 가지고 있다가 단 8년 만에 2년 반 치의 수입액, 즉 향후 2년 동안은 외부에서 전혀 돈이 들어오지 않아도 작년과 똑같이 수입할 수 있는 수준으로 외환보유고를 쌓았다는 것은 중국이 목적의식을 가지고 있었다는 의미이다. 그 목적의식은 '중국의 외환위기는 곧 정권위기이다'라고 보는 것이다. 그런데 문제는 앞으로 중국이 내수 중심의 성장을 하게 되면 장기적으로 볼 때 그렇게 외환보유고를 쌓을 수가 없다는 데 있다. 이제는 수출을 많이 해서 무역수지 흑자를 많이 내는 경제로 가겠다는 것이 아니라 내수소비를 촉진하겠다는 것인데, 그렇게 되면 소비를 위한 수입도 많이 해야 한다. 더 이상 과거와 같은 경상수지 흑자를 장기적으로 유지할 수가 없고 언젠가는 균형이 맞춰질 것이다. 그때가 되면 중국의 대외거래 안정성이 감소되고 외환위기의 가능성이 다시 커지게 된다. 이것을 대비하기 위한 장기적인 포석이 인민폐의 국제화이다.

자국 화폐가 국제화되면 외환위기의 위험으로부터 자유로워진다. 굳이 달러를 보유하지 않아도 되고, 자국 화폐를 쓰면 되기 때문이다. 그래서 중국이 인민폐 국제화를 추진하고 있는데, 보기에는 아주 어색하다. 즉, 자본시장은 열지 않으면서 무역 거래의 인민폐 국제화를 추구하는 실험만 하고 있다. 중국의 태도는 '달러 체제의 경제에 우리도 한번 도전해 볼까'라는 한가한 관심이 아니라 '천방백계(千方百計)', 즉 무슨 수를 써서라도 이 부분을 진행시키지 않으면 전체 모델이 구축되지 않는다는 관점에서 적극 추진하고 있다. 그러면서도 자본시장 개방은 하지 않고 있다. 현 단계에서는 대외거래의 위기를 막는 것이 근본적인 목적이기 때문이다. 그래서 자본시장 개방은 하지 않고 경상거래에서 인민폐 사용을 늘리면서 자본시장 개방의 타이밍을 보고 있다. 많은 분야에서 이런 식의 변화가 예상되고 있다. 노사관계, 도시화, 사회보장 다 마찬가지이다.

성장전략 전환의 영향

⁂ 7%대로 낮아진 성장기조

지금까지 설명한 성장전략 전환의 영향으로 우선 중국의 성장기조가 10%대에서 7%대로 낮아졌다. 앞서 성장전략 전환이 실제로 의미하는 바는 성장률을 10%대에서 7%대로 낮추는 것이라고 설명했는데, 실제로 낮아졌고 매우 안정적으로 유지되고 있다. 2012년 1분기부터 현재까지 7~8%의 성장률을 유지하고 있다. 이것은 상당히 의도적인데, 이른바 중국 정부가 원하는 선으로 통제되고 있다는 함의가 있다.

이 기조는 중국이 지금까지 한 적이 없는 일인데, 2000년 이후에 8% 이하의 성장을 기록했던 것이 2011년 이전 48개 분기 중에 7개 분기뿐이다. 아주 세계적인 위기의 절정, 예컨대 2001년 IT 버블 붕괴나 2008년 글로벌 경제위기에 3분기 정도 8% 이하를 기록했고 나머지는 거의 10% 이상의 성장을 기록했다. 말하자면 중국도 지금과 같은 성장률은 처음 경험하는 일이라는 말이다. 그렇지만 어쨌든 중국은 이를 안정적으로 유지하고 있다. 역대 정부의 성장률을 기준으로 했을 때 시진핑 정부는 향후 5년간 7%대, 그리고 그다음에는 6%대, 5%대까지도 감수하겠다는 생각이다.

⁂ 무너진 '자전거경제' 신화와 고용 안정

사실 예전에는 성장률이 낮아지면 안 된다고 했다. 그러면 실업 문제가 생길 것이고 사회가 불안해져 공산당 통치가 유지될 수 없을 것이라고 예측했기 때문이다. 이른바 '자전거경제론'으로, 빨리 달리지 않으면 무너진다고 생각했다. 그런데 실제로 지난 몇 년의 동향을 보니 글로벌 경제위기 이후 중국경제가 꺾였을 때, 성장률은 낮아졌지만 사실상 고용은 안정되었다. 이것은 중국 산업구조 변화의 결과이다. 최근 빠르게 성장하는 서비스 산업의 고용창출 능력이 워낙 크다 보니 서비스 산업의 꾸준한 성장이 일정한 고용 창출을 가져왔기 때문에 고용률이 안정되었다는 해석이다. 성장률은 떨어지고 있는데 매년 도시 신규 취업자 수는 늘어나고 있다. 2013년 상반기 실업률은 4.1% 선에서 안정적이었다. 상황이 이렇다 보니 '자전거경제'의 신화가 깨지고 있다. 성장률이 낮아지면 망할 줄 알았는데 그게 아니었다.

하지만 중국의 고용 문제는 대졸자 취업과 농민공 취업이라는 두 가지 큰 난제가 있다. 먼저 대졸자 문제이다. 중국은 대학교 정원을 2000년도에 너무 빨리 늘려서 100만 명 정도이던 대졸자가 현재 600만 명까지 늘어났다. 이 사람들에게 일자리를 제공하는 것은 쉬운 일이 아니어서 중국의 굉장히 중요한 체제위기의 원인이 될 것이라 예상했는데 최근 상황을 보면 최근 5년간 대졸자 취업률이 오히려 높아지고 있다. 중국정부의 우려와 다른 상황이 나타나고 있다. 그 이유는 역시 주로 서비스 산업에서 성장이 이뤄졌기 때문이라고 보인다.

농민공의 경우에도 제조업 일자리가 줄어들고 수출 산업 비중이 축소되면서 굉장한 타격을 받았는데, 실제로 2008, 2009년에 그런 일이 벌어졌다. 중국의 수출기지인 홍콩 근처 주강(珠江) 삼각주 지역에서 여러 수출 기업이 망하면서 그해에만 900만 명 농민공의 일자리가 사라졌다. 이렇게 되면 사회가 불안해질 수밖에 없다. 하지만 중국 농민공은 독특한 특징이 있는데, 2008년 10월 글로벌 경제위기가 터지고 주문이 줄어 그해 12월이 지나자 회사들이 망했다. 그런데 다음 해 1월 농민공들이 설을 쉰다고 집으로 가서 올라오지 않고 고향 근처에서 일자리를 찾았다. 즉, 대량 실업 사태가 발생했는데 곧 변고가 일어나지 않았다. 이 일을 계기로 중국은 농민공 시스템에 굉장히 큰 탄력성이 있다는 것을 배웠다. 그리고 이 도시화의 속도를 잘 조절하면 성장률이 조금 떨어져도 안정을 유지할 수 있다는 교훈을 얻었다.

:기업 투자심리의 위축

하지만 이렇게 좋은 면만 있는 것은 아니다. 중국의 성장전략 전환이 정부의 임금인상 압박, 성장률 둔화, 다양한 개혁조치 등을 야기하는데 이에 따라 기업의 투자심리가 급격하게 위축되고 있다. 중국의 투자는 민간투자와 국유기업을 포함하는 전체투자로 나눌 수 있는데, 전체투자는 대체로 안정적이다. 하지만 민간기업의 투자는 2012년 초와 비교해 계속해서 둔화되고 있다. 기업들이 힘들다고 느끼는 것이다. 임금도 너무 빨리 오르고, 버티는 기업은 버티지만 그렇지 못한 기업은 힘들다. 성장률은 떨어지고, 부동산 특수도 사라졌다. 중국정부가 원하는 선순환구조, 즉 소득 증대가 소비 증가로 이어져 투자가 촉진되는 상황은 교과서에서나 쉽게 그릴 수 있지 실제로 몇 년이 걸릴지 모르는 과정이다. 현재 벌어지고 있는 사실은 기업의 투자심리가 빠르게 악화되고 있는 것이다.

하지만 현재 중국은 이 문제를 해결하지 않고 버티고 있다. 왜냐하면 민간투자가 전체 투자의 2/3 정도를 차지하지만 정부가 국유기업 투자를 제어할 수 있고 아직은 재정이 튼튼하니 정부 투자를 늘려 투자의 증가율을 안정적으로 맞추고 있기 때문이다. 당분간은 이렇게 갈 수 있겠지만

이 모델이 성공하려면 결국 민간투자가 늘어나야 한다. 정부가 계속 뒷받침하는 것은 한계가 있고 매년 지속할 수 없기 때문이다. 그래서 중국은 세계 경기의 회복을 기다리고 있다. 소득의 효과가 투자로 나타나기 전에 수출이 살아나면 한숨을 돌릴 수 있을 것 같다는 것이 현재 중국정부의 바람이다. 중국도 실상은 수출을 통해서 민간투자가 2~3년 정도 살아나면 다음에는 몇 년 동안 늘어난 소득 증가 효과가 지속적으로 발휘되지 않을까 하는 기대를 하고 있다.

한국이 직면한 도전

∷ 내수시장을 활용할 능력이 있는가

그럼 한국은 중국의 이런 변화에 어떻게 대응해야 하는가? 이는 국가 전체가 고민해야 할 문제이다. 우선 중국이 내수 중심으로 간다고 할 때 한국이 그것을 잘 활용할 수 있는지 점검해야 한다. 지금까지 한국은 중국이 수출 중심으로 갔기 때문에 이득을 보았다. 중국이 수출을 하면 그 원자재 부품을 한국이 제공했기 때문이다. 그런데 내수시장을 중심으로 보면 사정은 달라진다.

한국의 대중(對中) 수출 중에서 내수시장에 직접 들어가는, 즉 중국에서 실제 사용되는 완제품 비율은 30%밖에 안 된다. 이 수치는 2006년부터 2010년까지 5년간 거의 변함이 없다. 그런데 독일은 그 비율이 80%에 가깝다. 중국 내수시장이 앞으로 성장하면 그 시장을 가장 잘 활용할 수 있는 나라는 한국이 아닌 독일이다. 미국도 60%가 넘는다. 일본도 50%

가 넘는다. 이 통계로 보면 중국의 미래에 더 많은 배팅을 하고 있는 나라는 독일, 미국, 일본이고 한국은 현재와 과거에 더 많은 배팅을 하고 있다. 독일, 미국, 일본이 놀라운 것은 5년간 그 비율이 12~14%까지 급격하게 높아졌다는 것이다. 중국의 변화를 미리 내다보고 더 깊이 중국 내수시장으로 들어가고 있었던 것이다. 반면 한국은 워낙 수출용 중간재 수요가 좋았기 때문에 안주했던 면이 있었다.

다른 이유를 꼽자면 우리 기업이 가진 한계도 있다. 예컨대 중국 내수시장을 활용하려면 브랜드도 있고 유통망도 구축할 수 있는 대기업이 있어야 하는데 한국 대기업의 수는 충분하지 않다. 중국을 활용할 수 있는 플레이어의 수가 선진국에 비해서 너무 적다는 말이다. 글로벌 500대 기업에 들어가는 한국기업의 수가 10여 개에서 10년 동안 큰 변화가 없다. 그러니 활용이 어려운 것이다.

: 한중 경제관계 업그레이드의 필요성

결국 이 문제는 지금까지 중국이 세계의 공장이었을 때 누렸던 좋은 조건, 즉 지리적 인접성, 산업의 보완성, 문화적 유사성 등을 내수시장에 맞게 업그레이드하는 방향으로 대처해야 한다. 과거에는 지리적으로 가까웠기 때문에 빠르게 원자재 부품을 공급했지만 이제는 한중 FTA를 이용해 제품이 내수시장에 들어가는 비용을 줄여야 한다. 결국 관세 철폐와 같은 제도적 인접성으로 지리적 인접성을 업그레이드해야 한다.

다른 한편으로는 산업의 보완성을 능력의 보완성으로 업그레이드해야 한다. 중국은 완성품을 만들고 우리는 중간재를 공급하던 과거의 산업보완은 앞으로 중국이 산업고도화를 이루면 계속 유지된다는 보장이 없다. 그래서 이제는 기업단위를 넘어서 개인단위의 능력을 보완하는 방향으로 나아가야 한다. 개개인이 중국 사람보다 더 숙련되고 더 많은 지식을 갖춰서 기업단위의 경쟁이 아닌 개인단위의 경쟁을 해야 한다는 것이다. 때로는 중국기업에 취업해서 돈을 버는 방식으로라도 한국의 살 길을 찾는 미시적인 관점의 접근이 필요하다.

또 과거에는 유교 문화권이고, 한자를 공유하며, 조선족 교포들이 의사소통을 도와주는 등 문화적 유사성이 중국에 진출하는 데 큰 도움이 되었지만 이제는 소비 패턴이나 대중문화의 동질성이 새로운 접근 경로를 만들어낸다. 명동에는 한국인보다 중국인이 더 많다. 아시아 3개국의 젊은이, 특히 30대 이하 여성은 같은 브랜드와 유행을 즐기는 동질의 소비문화를 가지고 있다. 여기에 한국이 한류를 통해 선도하는 측면이 있다. 1년이면 600만 명의 중국 관광객이 한국에 온다. 대량의 인적 교류를 통해 공동의 소비문화가 형성되고 있는데, 이런 공동의 소비문화야말로 중국 내수시장을 공략하는 데 확실한 기초가 된다. 어떻게 보면 희망은 명동에서 돈을 펑펑 쓰는 중국의 젊은 여성에게 있다고 볼 수 있다. 한국의 유행과 중국의 유행이 동화될수록 중국 내수시장을 공략하기가 좋을 것이고, 한국은 그러한 조건을 더욱 공고히 해야 한다.

∷ 중국 산업고도화에 대응하는 핵심: 차별화 공간의 확보

중국이 산업고도화를 이룬다는 것은 한국이 하는 산업을 중국이 다 하게 된다는 뜻이다. 그럴 경우 가격이나 품질 면에서 한국이 중국과 경쟁할 방법은 없다. 가격 경쟁력은 결국 비용과 규모인데, 언젠가는 한국이 중국보다 비용 경쟁력이 좋아지는 시점이 있을지도 모르는 일이다. 한국이 중국보다 못살게 되면 중국보다 비용 경쟁력이 좋아질 것이다. 그러나 그것은 한국이 원하는 방향이 아니다. 그래서 한국이 중국보다 더 잘사는 한 중국에 대해 비용 경쟁력을 가지기 어렵다. 또 중국은 규모의 경제가 좋은 나라이기 때문에 한국이 규모 경쟁력도 가지기가 어렵다. 품질 면에서도, 중국의 생산은 중국기업이 하는 게 아니라 글로벌 기업이 들어와서 하는 것이기 때문에 한국이 경쟁력을 가지기 어렵다. 결국 같은 산업에서 중국을 이기겠다는 생각은 장기적으로 절대 유효한 전략이 아니다. 그보다는 중국과 계속해서 차별화하는 공간을 만드는 것이 중요한 전략이다.

그러기 위해서는 한국이 산업에 대한 인식을 수정할 필요가 있다. 199쪽 표를 보면, 과거에는 왼쪽에서 오른쪽으로 가는 것, 즉 X축 방향으로의 이동만 생각했다. 초기에 노동 집약적인 산업을 하다가 자본 집약적인 산업으로 가고, 후엔 다시 첨단 산업 혹은 서비스 산업으로 가는 것이 일반적인 산업고도화의 방향이었다. 이 같은 방향의 그림은 기본적으로 뒤에서 누군가가 따라오면 앞서가면 된다는, 즉 앞쪽에 먹고살 길이 있다는 전제를 내포하고 있다. 하지만 이런 그림은 필연적으로 한국을 샌드위치에 직면하게 만든다. 뒤에서는 누군가가 따라오고 앞은 따라잡기 힘든 상대가 있기 때문이다. 어떻게 해도 피할 도리가 없다. 샌드위치를 피할 방법은 딱 두 가지가 있는데, 꼴찌에 있거나 선두에 있는 것이다. 이 외에는 모두가 샌드위치이다. 그래서 결국엔 소모적인 걱정만 하게 된다. 이를 벗어나기 위해서는 한국이 중국과 차별화하기 위한 Y축을 하나 더 만들 필요가 있다. 즉, 산업에 대한 생각을 바꿔 그 산업 안에서 무엇을 하는지를 중심으로 Y축을 하나 더 만든다면 중국과 차별화할 공간이 선에서 면으로 넓어진다. 예를 들어 똑같은 신발을 만들어도 단순가공

단계가 있고, 조립제조 단계가 있다. 수제화를 만드는 것처럼 숙련이 필요한 장인 정신을 발휘하는 단계가 있고, 디자인을 예쁘게 해서 파는 단계가 있다. 아예 소재를 혁신해서 고어텍스(gore-tex) 신발을 만들어 파는 단계가 있고, 가파치(CAPACCI)나 루이 비통(LOUIS VUITTON) 같은 브랜드를 붙인 것처럼 비싸게 파는 단계가 있고, '워킹화' 같이 세상에 없던 상품을 만들어서 시장을 창조하는 단계가 있다. 신발 산업 하나만 놓고

차별화 공간의 매트릭스

활 동	경쟁요소	농수산 식품업	경공업	중화학공업	첨단산업	서비스 산업
시장 창조자	가치/ 문화창조 시장지배	웰빙 문화	레고 블록, 이케아	우주/항공/ 군수	애플	구글, MS, 알리바바
브랜드	전통/신뢰/ 투명성	코카콜라, 정관장	나이키, 명품류	BMW, 3M	IBM	아이비리그, 매킨지
연구 개발	지식응용의 체계화	종묘/ 유전자 비료/농약	고어텍스, 신소재/신기술 응용제품	에너지 절약기술, 신소재, 자동화	반도체, 디스플레이, 신약개발	투자은행, 미국 대학교육, 3D 영화
디자인 /기획	창의력 다양성존중	생협, 귀농	패션산업, 고급도서	크루즈 선박	아이폰	영화, 한류 연예산업, 올레길
프리 미엄 제조	기술력 장인정신	명품, 농수산물, 유기농법, 유럽와인, 맛집	이탈리아 의류산업, 스포츠용품	독일/일본의 기계 화학 산업, 고부가가치 선박	프리미엄 IT/ 정밀화학/ 기계/ 의료기기	금융, 법률, 의료
조립 제조	규모의 경제 조달망 품질관리	원양어업, 기계화영농, BBQ치킨	일반 의류, 신발	전자, 기계, 조선	부품 조립	DHL, 인도 서비스 산업
단순 가공	저임금	가족농경작, 대중식당	섬유, 봉제, 플라스틱 식품	철근, 시멘트 등 범용 소재	부품 가공	다른 서비스 자영업

자료: 지만수.

도 굉장히 다양한 부가가치를 창출할 수 있는데, 이것은 모든 산업에서 나타난다. 단순히 경공업, 중공업, 서비스업, 첨단 산업의 구분(X축)이 아닌 활동의 영역(Y축), 즉 단순 가공, 조립 제조, 프리미엄 제조, 디자인, 연구개발, 브랜드, 시장 창조에 따라 산업을 구분하면 중국과 차별화할 수 있는 공간이 더욱 늘어나게 된다.

산업의 활동 영역에 따라 경쟁력의 요소도 달라지는데, 단순 제조일 때는 저임금이 경쟁의 원천이다. 이것은 한국이 더 이상 취할 수 있는 전략이 아니다. 다음 조립 제조 단계에서는 생산관리를 잘하면 된다. 이 시기 한국에서는 학사장교 출신의 관리자가 각광을 받았다. 프리미엄 제조 단계에서는 기술력, 장인정신이 필요한데 이것을 잘 발휘하고 있는 나라가 독일, 이탈리아이다. 이것을 잘해서 소득 4만 달러를 유지하고 있다. 한국은 이 단계를 뛰어넘은 측면이 있는데, 아쉽게도 이 부분을 강조하지 못하고 바로 창의력을 강조하는 단계로 가버린 것 같다. 사실 창의력이 강조한다고 만들어지는 것도 아니고 다양성을 존중하고 발전시키는 사회적 분위기가 무엇보다 중요하다.

연구개발도 단순히 연구개발 투자나 창의력으로 되는 것이 아니고 지식을 응용하고 조직화할 수 있는 체계가 필요하다. 브랜드 역시 만들려면 신뢰와 전통이 뒷받침되어야 한다. '저 나라 사람이 만들면, 저 브랜드 제품이면 믿을 수 있다'라는 신뢰가 있어야 하는데 그런 면에서 현재 한국이 신뢰를 잘 쌓아가고 있는 것 같지는 않다. 한국이 믿을 수 있는 나라임을 인식시키는 게 중요한 국가경쟁력이고 그것은 교육으로부터 출발해야 한다는 인식이 필요하다. 그리고 새로운 것을 만드는 시장 창조의 단계도 있어야 한다. 산업에 대한 이 같은 관점 전환이 있지 않고서는 결국 샌드위치를 면할 길이 없다. 중국이 빠른 속도로 크게 성장하는 상황에서 X축 위시의 단선적 경쟁은 전혀 바람직하지 않다.

∷ 중국 의존도 상승에 대한 시각 정립의 필요성

현 상황에서 한국이 직면한 문제는 중국에 대한 의존도가 너무 높다는 것이다. 과거 1980년대 중반 한국경제는 미국에 40%까지 의존한 적이 있었다. 지금 중국시장에는 24% 정도 의존하고 있고 미국은 10%에 미치지 않는다. 미국, EU, 일본 시장을 다 합친 것이 중국, 홍콩을 합친 것과 비슷하다. 중국시장에 대한 의존도가 점점 높아지고 있는 것은 우려스러운 부분이다. 한국이 미국에 대한 의존도가 높았을 때 한미 관계는 동맹관계였다. 그래서 미국 의존도가 높은 것이 큰 문제가 아니었다. 미국이 감기에 걸리면 한국은 폐렴에 걸린다는 말이 있었지만, 그렇다고 한 국가의 정체성이 흔들릴 만한 걱정을 하지는 않았다. 그런데 중국의 경우 여러 가지 복잡한 정치외교적 문제가 있기 때문에 과연 이것이 바람직한 일인가 하는 고민이 있다. 예를 들어 삼성전자가 한국경제에서 차지하는 비중이 커진다고 그것을 줄이자고 할 수 없듯이 중국이 한국 수출에서 차지하는 비중이 커진다고 줄이자고 할 수는 없다. 이것은 앞으로 더 높아질 것이다. 그랬을 때 어떻게 대응해야 하는지가 중요한 문제인데, 한국은 일본을 아주 중요한 반면교사로 삼아야 한다.

일본은 2010년까지 중국시장의 점유율 12%로 1위였다. 그런데 역사문제와 영토 분쟁이 생기면서 중국정부가 공식적인 경제 제재를 가하지 않았음에도 2013년에는 점유율이 8.5%로 떨어졌다. 그 결과 한국, 타이완에 밀려 중국시장 점유율 3위 국가가 되었다. 한국은 일본의 자리를 내신 차지했기 때문에 호기였다. 특히 자동차 산업에서는 특수였는데, 중국시장에서 토요타(TOYOTA) 자동차 대신 현대차나 기아차가 많이 팔렸다. 그런데 과연 이러한 현상이 좋기만 한 일일까? 이것은 언젠가 우리에게도 닥칠 수 있는 일이다. 한중 외교에 어떤 일이 벌어졌을 때, 한국의 중국시장 점유율이 순식간에 떨어질 수 있다. 일본은 수출 의존도가 높은 나라가 아니지만 한국은 수출 의존도가 굉장히 높은 나라인데, 과연 그 충격을 견딜 수 있을까? 여기에 대해서는 뾰족한 답이 없다. 이에 대해서 장기적인 관점의 대응책이 있어야 한다.

이러한 문제에 대해 한국이 참고할 수 있는 좋은 사례는 미국과 캐나다의 관계이다. 미국과 캐나다는 1995년 북미자유무역협정(North American Free Trade Agreement: NAFTA)을 맺었다. 현재 캐나다 수출의 70%는 미국이 차지한다. 어떻게 보면 캐나다는 미국의 경제적 속국이다. 그런데 캐나다가 미국에 정치적으로 종속되어 있지도 않고, 외교적으로 같은 목소리를 내고 있지도 않다. 미국이 이라크에 파병할 때 40개국이 동조했지만 캐나다는 동조하지 않았다. 또 이라크에 파병되었다가 휴가 나온 미군이 탈영하면 난민으로 받아줬다. 미국의 입장에서 볼 때는 굉장히 불쾌한 일이다. 또 2008년 미국발 글로벌 경제위기가 왔을 때에도 캐나다가 가장 큰 타격을 받았을 것 같지만 G7 국가 중에서 가장 먼저 출구전략을 취했다. 거시경제의 독립성도 유지하고 있다는 말이다. 캐나다와 미국은 정치·경제·사회 체제도 다르다. 캐나다는 내각제이고 유럽식 사회 시스템을 가지고 있는 일종의 복지국가형 나라이다. 하지만 수출의 70%를 미국에 집중하고 경제적으로 공존하고 있다.

그렇다면 캐나다의 사례에서 한국은 어떤 교훈을 얻을 수 있을까? 역사적으로 보면 캐나다와 미국의 관계 역시 한중 관계만큼 복잡했다. 서로의 수도를 불태웠던 사이였다. 100년 전쯤 캐나다에 있던 영국군이 먼저 내려와서 워싱턴을 불태우고 미국이 다시 올라가서 캐나다의 수도를 불태웠다. 캐나다는 한국보다 크니까 한국은 캐나다처럼 하지 못할 것이라 생각하겠지만 경제적으로 한국은 결코 작은 나라가 아니다. 명목 GDP는 한국이 조금 낮지만, 구매력평가(Purchasing Power Parity: PPP) 규모로는 한국이 12위, 캐나다는 13위이다. 한국이 몇 년 더 성장하면 명목 GDP도 능가할 수 있다. 인구는 한국이 더 많다. 미국과 캐나다, 즉 1위 나라와 13위 나라가 이렇게 할 수 있다면 2위 나라와 12위 나라가 그렇게 못할 이유가 없다.

나가며: 지도자들의 이름으로 본 중국의 미래

중국의 역대 지도자들의 이름을 보면 왠지 모르게 느껴지는 바가 있다. 먼저 마오쩌둥(毛澤東)의 이름을 보면, '택(澤)' 자가 늪, 연못이란 뜻이고 '동(東)' 자는 동방, 즉 중국을 상징한다. 마오쩌둥의 이름에는 중국을 정복하고 통일할 사람이라는 의미가 들어 있다. '동녘을 물에 잠기게 하다.' 중국을 어딘가로 끌어당기는 이름으로 해석할 수 있는 것이다. 마오쩌둥 시절 최고의 이인자였던 저우언라이(周恩來)는 대약진운동이나 문화대혁명 같은 위기의 시기에 탁월한 정치력으로 마오쩌둥을 도와 어려움을 극복하고 뒷일을 수습한 것으로 유명하다. 문화대혁명 당시 박해를 당한 사람들의 뒤를 돌봐준 것도 저우언라이였다. 은혜를 의미하는 '은(恩)' 자에 온다는 의미의 '래(來)' 자가 더해져 은혜를 내려준 사람이라는 의미가 있다.

덩샤오핑(鄧小平)은 이름이 작을 '소(小)' 자에 평등 '평(平)' 자인데, 결국 그는 개혁개방으로 중국을 사회주의 계획경제에서 시장경제로 이끌어냈다. '평'이라는 것은 평등, 즉 사회주의이고, 그 사회주의를 줄인[小] 사람이 덩샤오핑이란 것이다. 그리고 그 뒤를 이은 장쩌민(江澤民)은 마오쩌둥과 같은 '택(澤)' 자를 쓰는데, '택'은 윤택하게 하다는 의미도 있다. '택민(澤民)'은 '백성을 윤택하게 한다'는 뜻인데, 장쩌민 시기에 중국은 고도성장의 궤도에 들어갔다. 그러면서 GDP가 굉장히 높아졌고 부자가 나오기 시작했는데, 장쩌민의 이름에 그러한 뜻이 있었던 것이다. 그 당시 총리를 지냈던 사람이 주룽지(朱鎔基)인데, 그가 한 일은 계획경제 구조를 최종적으로 해체하는 것이었다. 국유기업을 개혁하는 과정에서 3000만 명의 노동자를 해고했다. 계획경제의 기초를 녹여버린 것이다. '기초를[基] 녹이다[鎔].' 이것이 주룽지의 이름 뜻이다.

다음으로 집권한 사람은 후진타오(胡錦濤)인데, '비단[錦] 물결[濤]'이란 뜻이다. 비단은 예로부터 중국을 상징한다. 후진타오의 이름은 그대로 '중국의 부상'을 의미한다. 국제적으로 중국의 지위가 가장 높아진 시기가 바로 이때라고 할 수 있다. 그때 총리를 지낸 사람은 원자바오(溫家寶)로, 내치를 담당하면서 '집안[家]의 부[寶]'를 책임지는 역할을 했다.

그리고 현재 중국을 이끄는 지도자는 시진핑(習近平)이다. 시진핑은 과연 어떤 중국을 만들까? 그의 이름은 가까울 '근(近)'에 평등 '평(平)', 덩샤오핑의 '평'이다. 다시 평등, 균형을 회복하려는 사람이 바로 시진핑이다. 지금 표방하고 있는 것이 바로 그것인데, 말하자면 덩샤오핑의 '소평' 이후 33년 동안 불균형이 심해져서 이제 '근평(近平)', 즉 '평등으로 가겠다'는 것이 그 이름의 의미이다. 시진핑 정부의 총리인 리커창(李克強)의 이름도 굉장히 강렬하다. 리커창이 할 일은 결국 시장경제 33년 동안 형성된 강한 이해집단의 구조를 깨는 것이다. 이길 '극(克)'과 굳셀 '강(強)'이라는 의미는 '강력한 이해집단의 반발을 극복'하는 것으로 '커창'이 잘되면 '진핑'은 저절로 잘될 것이다.

이렇게 살펴보니 중국의 지도자들이 굉장히 의미 있는 이름을 타고났고, 자신의 임무를 이름에 포함하고 있다는 생각이 들어서 시진핑 이후 집권할 사람이 누구인지 찾아봤다. 2023년에 예정되어 있는 사람은 후춘화(胡春華)와 쑨정차이(孫政才)인데, 이 이름을 보니 가슴이 덜컹했다. '정치를 잘해서 중국의 봄을 이끈다'는 의미가 들어 있기 때문이다. 10년 후 중국은 정치의 시대가 되고 민주화의 과제가 대두되며, 다음 지도자는 '정치에 재주가 있는 사람[政才]이고, 중국의 봄[春華]을 이끌 사람들이구나' 하는 생각을 했다. 한국이 이러한 중국의 변화에 민감하게 반응해 미래에도 번영하는 국가가 되기를 바란다.

(강연일 2013.10.29)

더 읽을 책

강신욱 외. 2013.『실사구시 한국경제』. 생각의 힘.

린이푸(林毅夫). 2012.『중국 경제 입문』. 서봉교 옮김. 오래.

이상휘 · 박민희 엮음. 2013.『중국을 인터뷰하다』. 창비.

이희옥 · 차재복 외. 2012.『1992-2012 한중관계 어디까지 왔나』. 동북아역사재단.

지만수 외. 2010.『중국의 경기순환 및 거시경제정책』. 대외경제정책연구원.

제2강 포스트 사회주의 중국의 사회변동

백승욱 (중앙대 사회학과 교수)

강연 개요

중국을 통해서 세계적 변화의 의미를 이해하려 할 때 우리는 도구적 시각을 넘어서서 중국에 대해 풍부한 이해에 도달할 수 있다. 그러기 위해서는 무엇보다 시간의 겹쳐짐 속에서 중국을 이해할 필요가 있다. 이 강연은 20세기 중국을 몇 개의 시간의 겹쳐짐 속에서 '포스트 사회주의 중국'이라는 질문으로 이해하려 하며, 사회주의의 유산과 동아시아라는 지리적 위상을 중심으로 이 질문을 풀어보려 한다.

들어가며: 관점과 접근

∷ 중국에 접근하는 일반 시야의 한계

강연 제목인 '포스트 사회주의 중국의 사회변동'은 현재 중국을 조금 긴 시간 속에서 살피는 것이 필요하다는 취지로 정한 것이고, 사회에 초점이 맞춰져 있지만 정치와 경제까지 아우르는 측면이 있다는 것을 의미한다. 한국은 중국에 관심이 많은데, 왜 그런지 곰곰이 따져보면 대체로 다음의 세 가지 범주로 나눌 수 있다.

첫 번째는 정치외교적인 시야이다. 중국은 앞으로 대국이 될 것이고, 한국은 중국에 대해서 어떤 외교를 펼쳐야 하는지, 미국하고 가까워야 하는지 아니면 중국하고 가까워야 하는지, 이런 관점의 접근을 '국익론'이라고 부를 수 있는데 나는 청와대 보좌관 시각이라 부르기도 한다.

두 번째는 시장의 시각이다. 20년 전부터 '중국인들에게 속옷 한 장씩만 팔아도 10억 장'이라는 식의 말이 유행했다. 최근 『정글만리』(2013)라는 소설이 열풍을 얻게 된 배경과도 무관하지 않다. 이러한 거대한 시장으로서 중국이라는 관점은 국익론이라 할 수 있는 첫 번째 시야와 크게 다르지 않으면서도 조금 다른 측면이 있다. 중국에 어떻게 수출을 하고 어떻게 투자를 하며 시장으로서 중국을 어떻게 이해할 것인가가 주된 내용이다.

이상의 두 가지 관점과 별개로 세 번째 시야가 존재하는데, 그것은 오래전부터 전해오는 중국, 다시 말해 전통이나 사상 혹은 역사로서의 중국에 대한 관심이다. 『논어(論語)』, 『노자(老子)』와 같은 경전이나 『삼국지연의(三國志演義)』 같은 소설이 끊이지 않고 나오는 이유는 한국 역사 혹은 문화전통과 긴밀하게 연관되어 있는 과거 역사·문화 속 중국에 대한 관심 때문이다.

중국에 관한 책 중 팔리는 것을 보면 이 세 가지 범주를 크게 벗어나지 않고, 그 외의 것은 잘 팔리지도 않고 관심도 크게 얻지 못한다. 그래서 어찌 보면 중국은 한국과 이미 굉장히 친밀하고 중국에 대해 많이 아는 것 같지만, 실상 그게 진짜 중국의 모습인지 과연 한국이 이해하고 있는 게 맞는지 장담할 수 없다. 첫 번째와 두 번째 대상으로서 중국은 영원히 남이다. 넘어야 할 대상이고 때로는 손을 잡았다가 멀어져야 하고 물건을 팔지만 왠지 속는 느낌이 드는 그런 대상이다. 세 번째 대상으로서 중국 역시 영원히 과거 속에 갇힌 무협지 같은 세계일 뿐이다. 결국 이런 세 종류의 시야로만 보면 중국을 제대로 이해할 수도, 연구하는 의미를 살릴 수도 없다.

그럼 중국을 어떻게 바라봐야 할까? 조금 어려운 말을 하자면, 중국을 한국이 역사와 세계에 대해 질문하는 하나의 통로로 삼아야 한다고 생각한다. 중국을 통해 세계를 다른 방식으로 이해할 수 있고 역사도 다시 바라볼 수 있게 된다는 뜻인데, 이를 위해서는 이른바 '내적인 접근'이라는 방식이 필요하다. 내적인 접근에는 두 가지 측면이 있는데, 먼저 중국 역사의 내적인 논리를 따라 관찰하는 것이다. 즉, 중국이 어떻게 사회주의 혁명을 했고 어떤 모순과 대립이 있었으며 또 그것을 넘어서는 어떤 것이 있었는지 그들의 논리로 살펴보는 것이다. 이미 이 같은 접근이 한국에서 중국연구에 중요한 기여를 했다. 강조하고 싶은 것은 다음 두 번째 측면이다.

그것은 중국을 자신이 놓인 세계의 일부, 즉 '나'의 일부로 인식하는 것인데, 이에 비해 앞에서 말한 중국에 접근하는 첫 번째와 두 번째 시야는 한국과 중국이 다른 세계에 있다고 분리시키는 것이다. 하지만 20세기 우리의 삶을 되돌아볼 때, 세계가 실은 굉장히 긴밀하게 연결되어 있었고 왕왕 다른 나라의 경험이 우리의 사유 폭을 넓혀줬는데, 중국이야말로 한국이 겪지 못했던 일들을 간접적으로 보여줄 뿐만 아니라 그것을 통해 세계와 역사를 바라보는 통로가 될 수 있다.

그렇게 되면 중국과 한국은 남이 아니라 연결되어 있는 어떤 세계 속의 한 덩어리이고, 나는 한국인인 동시에 한국과 중국이라는 나라가 속해 있는 세계의 일부가 되는 것이다. 그렇게 동질적인 세계의 일부로 우리를 받아들이게 되면 중국의 역사적 경험을 한국의 것으로 고민할 수 있는 길이 열리고, 그랬을 때 비로소 중국에 대한 정확한 이해와 학문의 의미가 살아날 수 있을 것이라고 생각한다.

⁝ 중국에 접근하는 다른 시야의 사례

이 강연에서는 중국에 어떻게 접근을 해야 우리가 기존에 알고 있던 세계를 이해하는 방식에 좀 더 충격을 주어 사유를 넓힐 수 있는지에 대한 답을 해보고자 한다. 그러기 위해서는 중국 사회주의의 역사적 경험, 예컨대 중국이 소련과 어떻게 달랐고 옌안(延安)이라는 곳이 어떤 중요성을 가졌는지, 문화대혁명은 왜 일어났는지 등에 대해 중국 안으로 들어가 '내적인 접근'의 이해를 하고, 그런 다음 그 중국을 내가 놓인 세계 속에 집어넣었다가, 거기서부터 다시 현재의 중국으로 들어가 이해를 심화하는 길을 걸어볼 필요가 있을 것이다.

그 같은 길은 전혀 새로운 것이 아니고 과거 유사한 경험이 있어 먼저 그 사례를 소개하겠다. 중국연구를 하면서 1970년대나 그 이전에 한국에서 중국연구를 어떻게 했는지 돌아보게 되었는데 그 과정에서 흥미로운 사실을 발견했다. 학문이 반드시 낮은 단계에서 높은 단계로 발전하는 것은 아니다. 오히려 이전 시야에 훨씬 훌륭했던 점이 있고 그 이후에 좁아질 수가 있다. 우리는 현재가 가장 발전한 단계에 있고 가장 잘 보고 있다는 생각을 하지만 과연 꼭 그러한가 하는 의문을 가질 필요가 있다.

중국을 바라볼 때는 특히 그러한데 한중수교 이후 한국과 중국의 관계는 실용적인 접근이 훨씬 중요해졌고 그것이 다른 접근을 배격하는 한계로 작용한 측면이 있다. 이전에는 오히려 그런 한계가 없었기 때문에 중국을 다른 시야로 볼 수 있었다. 1966년 6월 문화대혁명이 터지고 이듬해 여름까지 중국은 가장 격한 시절을 보내게 된다. 이 사건은 당시 동아시아에도 큰 충격을 줬는데, 그것이 어떤 방식으로 이해되었는지 지금 들여다보면 상당히 흥미로운 점을 발견할 수 있다.

한 예로, 학문적으로나 정치적으로 1960년대 ≪조선일보≫ 외신 면의 시야는 상당히 독특했다. 나는 이것을 '국제주의적 시각'이라고 부르는데, 1970년대가 되면 '국민주의적 시각'으로 넘어간다. 1960년대 외신 면은 시야가 굉장히 넓다. 전 세계를 아우르는 보도 태도로 강대국 중심이 아니라 제3세계 중심이었다. 문화대혁명 보도는 특히 흥미로운데, 외신 면에 실리는 기사가 거의 소논문 정도의 품격이 있었다. 몇 년 전 문화대혁명에 관한 책[『중국 문화대혁명과 정치의 아포리아』(2012)]을 쓰고 나서 되돌아보니 아직까지도 1960년대 말 외신 면 수준의 분석을 하고 있는 학자가 많지 않다는 것을 발견하고 새삼 놀랐던 적이 있다. 이게 어떻게 가능했는지 조사했는데, 결론은 그때 ≪조선일보≫ 외신부장이었던 고(故) 리영희 선생의 힘이었다고 할 수 있다.

1966년 7월 5일 자 신문을 보면, 외신 면 톱에 기명 기사가 아닌 외신부 명의 기사로 통신사 인용 보도 없이 문화대혁명의 발단이 된 풍자 작품 3편의 내용과 그에 대한 반박을 소개하고 중요 인물에 대한 분석을 시도하고 있다. 외국 저명 저널의 분석을 곁들이면서 문화대혁명에 관한 그림을 총체적으로 보여주는데, 이것이 1966년 7월 5일 자 신문이니 당시 얼마나 동시대적으로 '죽의 장막 중공(中共)'에 대한 보도가 가능했는지 알 수 있다.

다음은 그로부터 6~7개월 지난 1967년 2월 21일 자 신문인데, 외신 면 톱에 실린 지도가 굉장히 흥미롭다. 문화대혁명은 심층적으로 들어가면 알려진 것보다 상당히 복잡하고 내부적인 균열이 많은 사건이다. 1967년 당시는 마오쩌둥(毛澤東)에 대한 상이한 구도, 즉 '반모파(反毛派)'라는 마오에 대립하는 세력과 마오를 지지하는 세력 간 대결 구도가 매우 복잡하게 터져 나오는데, 어느 누구도 그것을 총괄적으로 보여주지 못하니 직접 지도를 그린 것이다. 각 지역에서 어떤 일이 벌어졌고 그 세력들은 어떻게 되었으며 그래서 문화대혁명의 핵심적 대결 구도의 분파는 어떻게 구분하면 되는지 정리한 것이다.

마지막은 1967년 1월 10일 자 신문인데, 1면 톱에 문화대혁명에 대한 전면적인 분석 기사가 실렸다. 이것 역시 인용이 아니라 견해가 강하게 들어간 분석 기사이다. 문화대혁명이란 어떤 성격의 것이고, 그것에 대해 보도한 ≪홍기(紅旗)≫나 ≪인민일보(人民日報)≫의 내용과 해외 학자의 견해를 종합했을 때 누구의 견해가 타당하고 장기적으로 어떤 문제가 있으며 역사적으로 어떤 사건이 관련되어 있는가를 설명한 보도이다.■

이것을 보여주는 이유는 한국의 중국연구가 과연 이 1966~1967년의 신문 보도보다 얼마나 더 발전했는가에 대해 계속 의문이 들기 때문이다. 이 보도에는 처음 설명했던 중국을 바라보는 세 가지 관점, 즉 국익이거나 시장이거나 아니면 『삼국지연의』거나 하는 구도로 설명되지 않는 다른 접근이 있다. 그 접근은 중국의 내부적인 논리를 강조한 것일 뿐만 아니라 이 사건을 훨씬 더 세계적인 맥락에 놓고서 분석하려는 시도였다. 중국을 어떻게 볼 것인가는 중국을 연구하는 사람에게만 중요한 것이 아니라 세계 인식의 한 통로라는 관점에서 같은 시대를 살아가는 모든 이에게 중요한 문제라고 생각한다.

■ 자세한 분석은 백승욱, 「한국 1960~1970년대 사유의 돌파구로서의 중국 문화대혁명 이해: 리영희를 중심으로」, ≪사이間SAI≫ 14호(2013), 105~148쪽을 참조하라.

⁘ 동아시아 내 중국의 보편성과 특수성: 시간대의 겹쳐짐

중국이 단순히 국익이나 실용의 대상이 아니고 사유의 폭을 넓히고 제대로 알아가는 과정 그 자체로 중요한 하나의 인식 틀이라고 할 때 또 하나 간과해선 안 될 특징은 '시간의 겹쳐짐'이라는 문제이다. 이것은 긴 시간의 흐름에서 중국을 이해하려는 시도인데, 왜 많은 사람들에게 중국이 서로 다르게 나타나는가 하는 문제와도 관련이 있다. '도대체 중국이 무엇인가'라고 했을 때 그 초점을 어디에 맞추는지에 따라 서로 다른 시간대가 존재한다.

시간이 어느 정도 흐르면 그것을 잘라 역사를 이야기할 수 있는데, 보통 중국연구에서 보는 단위는 30년이다. 개혁개방 30년이란 말이 있는데, 1978년 11기 삼중전회(三中全會)를 기점으로 현재의 중국을 바라보는 시간대라 할 수 있다. 그 30년만이 아니라 두 번째 시간대는 1949년부터 시작하는 30년 정도와 그 후 지속되는 시간대, 나는 그것을 '냉전의 동아시아'라고 부르는데 그 안에 놓인 사회주의 중국이 있다. 그러니까 개혁개방 중국은 사회주의 중국 위에 겹쳐지고, 그렇기 때문에 개혁개방에서 벌어지는 일을 이해하기 위해서는 두 번째 시간대를 반드시 염두에 둬야 한다.

문제는 거기서만 그치지 않고 세 번째 시간대가 있다는 것인데, 이것은 1세기 이상의 시간에 걸쳐 있다. 19세기 말부터 시작된 세 번째 시간대는 서구와 동아시아의 만남이다. 서구와 만난 동아시아 각국이 근대의 길을 가는데, 여러 가지 다른 버전이 나타나지만 가장 중요한 것은 일본의 길과 중국의 길이 갈라졌다는 것이다. 일본의 구호는 '탈아입구(脫亞入歐)', 즉 아시아를 벗어나서 유럽으로 들어가는 것이었고, 그러기 위해서는 문화의 민족주의라는 것이 중요해서 아시아를 하나의 문화에 기반을 둔 하나의 민족으로 묶는다. 반면에 중국의 길은 쑨원(孫文)이 내세웠던 대아시아주의[大一主義] 같은 것이었는데, 내용인즉 커다란 아시아로 가되 정치적 민족주의를 지향해서 각국의 독립에 기반을 둔 아시아로 가자는 것이다. 서구와 만난 동아시아가 서구의 근대를 자기만의 방식으로 수용해서 일본적 제국주의 길과 중국적 사회주의 길로 갈라지고, 한국의 경우 그 중간에서 분단이 되는 과정이 모두 이 세 번째 시간대에서 나타났다. 중국은 이 시간대 위에서 사회주의가 건설되고 다시 그 시간대 위에서 개혁개방이 진행되었다는 것이 시간의 겹쳐짐 문제이다.

어떤 측면에서 우리는 100년의 시간대가 지속된다고 느끼고 다른 측면에서 보면 30년의 시간대가 나타난다고 생각한다. 이것을 어떻게 결합해서 볼 수 있을까 하는 게 큰 문제이다. 여기까지만 해도 난제인데 더한 문제는 훨씬 긴 네 번째 시간대가 존재한다는 것이다. 이것을 '동아시아의 장기지속'이라고 부를 수 있는데, 흔히 문명이라고 부르는 영역의 시간대이다. 동아시아 문명은 제자백가(諸子百家)나 『삼국지연의』 같은 것을 기저에 깔고 상부에 중앙집권적인 국가구조를 가지고 있는 역사이다. 그런데 세계사를 보면 이 같은 경우가 매우 드물다. 이전의 모든 서구 혹은 비(非)서구의 제국은 20세기가 오면 다 분할이 되어서 민족국가로 떨어져 나가는데, 중국만 원래 있었던 제국의 반경이 민족국가의 반경으로 유지되고 계승되었다. 그래서 과거의 유산이 지속될 가능성이 훨씬 큰데, 이것이 현재 중요한 문제가 되고 있다. 왜냐하면 전반적으로 유럽의 영향력이 약화되고 동아시아가 부상하면서 과연 중국이 주도적인 국가가 될 수 있는가 혹은 중국이 새로운 보편성을 가지고 있는가 하는 질문이 2008년 베이징 올림픽 이후 두드러지게 나타나는데, 그에 대한 답이 주로 이 층위에서 논의되고 있기 때문이다.

중국에서는 '중국의 예외성'이라는 개념으로 다양한 논의가 진행되고 있다. 이 예외성의 개념을 완전히 배제할 수는 없지만 그렇다고 모든 것을 이것으로 환원해 설명할 수 없다. 그래서 상당히 난감한 질문에 봉착하는데, 이 네 가지 시간대의 중첩, 즉 예외적으로 긴 문명의 역사가 여전히 작동하고 있고, 거기에 근대라는 서로 다른 길의 분화가 있으며, 그로부터 사회주의의 길을 걸은 중국이 마지막에 개혁개방을 통해 이른바 세계화·신자유주의의 영향까지 다 끌어안고 있는 것이 우리 앞에 놓인 질문이다. 강연 제목으로 붙은 '포스트 사회주의 중국'은 이 모든 시간대를 다루지는 않지만 그중 몇 개 시간대의 겹쳐짐을 이해하려는 시도라고 보면 좋겠다.

중국은 어떤 측면에서든지 예외적으로 보일 수밖에 없다는 생각이 든다. 이상 네 시간대를 중국처럼 결합하고 있는 경우가 드물기 때문이다. 그러나 다른 한편으로 중국은 예외적이지 않은 것처럼 보일 수도 있는데, 네 시간대 중 어느 것도 중국에만 해당되는 것은 없기 때문이다. 그래서 앞에서 말한 질문을 던지게 되었다. 이것은 풀어야 할 과제로, 이 자리에서 답을 내려는 것은 아니고 중국에 대해 관심을 가질 때 이 네 가지의 보편성과 특수성에 대한 고민을 공유했으면 하는 바람이다.

포스트 사회주의 중국의 사회변동: 세 가지 측면

이 강연은 앞서 말한 네 가지 시간의 겹쳐짐에서 주로 첫 번째와 두 번째의 겹쳐짐에 대해 설명할까 한다. 첫 번째와 두 번째의 겹쳐짐에서 하나의 화두는 '사회주의'이고 다른 하나는 '동아시아'이다. 먼저 포스트 사회주의 중국에게 사회주의 유산이 어떻게 작용하는지가 첫 번째 내용이고, 두 번째는 중국이 개혁개방을 거치면서 동아시아를 매개로 세계경제에 편입해 들어가는 과정의 특이성은 무엇인가 하는 것이다. 중국은 분명 동아시아 내부에 있었지만 이전에는 약간 떨어져 있다가 개혁개방의 과정을 통해 다시 동아시아로 깊숙이 들어왔다. 이 이야기를 한 다음 마지막에는 현재 중국사회가 안고 있는 문제와 과제는 무엇인가를 간략히 살펴볼 것이다.

이로써 포스트 사회주의 중국의 사회변동을 세 가지 측면에서 언급할 것인데, 첫째 '개혁개방의 전사(前史)'는 사회주의 유산 중 특히 단위체제와 문화대혁명의 유산에 주목해서 설명하고, 둘째 '개혁개방의 길과 세계경제 편입'은 화교자본을 중심으로 한 외국인 직접투자와 동아시아의 다층적 하청체계 확대를 통한 개방, 즉 세계경제 편입과정의 특이성에 대해 이야기하고, 셋째 '단위체제 해체와 사회관리의 전환'은 현재 중국사회의 문제가 단위체제의 해체라는 개혁의 방향과 관련이 있으며 그것을 풀어가는 방식의 독특성에 대해 알아보려고 한다.

이 같은 사회변동의 세 가지 측면은 앞서 말한 '시간의 겹쳐짐'에서 기원하는 바가 크며, 중국은 바로 그 겹쳐짐을 통해 고유한 내적인 동학(dynamics)이 나타나기 때문에 반드시 이에 대한 관찰이 필요하다고 생각한다. 또한 이것은 중국을 단순히 한국과 관계된 어떤 대상으로만 보는 한계를 벗어나서 우리가 살고 있는 세계는 어떤 방향으로 가는지, 한국의 위치는 어디인지를 발견하게 하는 우회로이자 한 시대를 공유하는 질문을 찾아가는 과정으로 바라봐야 한다는 의식의 소산임을 밝힌다.

첫 번째 측면: 개혁개방의 전사

⁑ 단위체제의 유산

※ 중국적 사회주의의 독특성

중국은 사회주의 국가였다. 그래서 1989년 독일 베를린 장벽이 무너지고, 1991년 소련이 붕괴했을 때 적지 않은 학자가 중국도 조만간 붕괴하리라 예측했다. 하지만 중국은 그런 방식으로 붕괴하지 않았고 그 후 경제성장을 계속했다. 그러면 왜 그랬을까라는 질문에 답하기 위해 분석이 필요한데, 이를 위해서 일단 중국이 자체적으로 가지고 있던 역사적인 유산 하나가 중요하고, 다른 한편 중국의 지정학적 내지 지경학적인 상황으로 '동아시아'라는 맥락이 중요하다. 먼저 첫 번째 측면을 살펴보자.

사회주의라고 하더라도 다 똑같은 사회주의는 아니었다. 사회주의가 실제로 현실에서 작동하기 위해서는 여러 제도를 만들어야 하는데 제도는 나라마다 다르게 나타난다. 나라마다 역사적 배경이 다르고 혁명 과정이 다르고 사회적 세력관계가 다르기 때문이다. 제도 이후에 정치 격변도 나라마다 방식이 다르다. 제도로서 단위체제와 격변으로서 문화대혁명이 중국 사회주의의 특성을 설명하는데, 특히 문화대혁명이라는 이례적 사건을 보면, 극단적으로 말해서 중국이 역사적·현실적으로 존재한 거의 유일한 사회주의 국가였다는 생각까지 할 수도 있다. 모든 사회과학은 정의하기 나름이기 때문에 어떻게 정의하느냐에 따라서 중국만이 사회주의가 될 수도 있는 것이다. 어떤 이는 사회주의가 없었다고까지 주장한다.

20세기 역사에서 사회주의의 역사적 경험을 어떻게 평가할 것인가는 훨씬 큰 주제이다. 여기서 일단 중국은 독특한 사회주의 역사 경험이 있다고 해두고, 그럴 때 중국은 스스로 어떤 점에서 사회주의라고 주장하는가를 이해해보자. 중국뿐 아니라 대부분의 '현실' 사회주의 국가는 정치적 측면에 초점을 맞추면 누가 집권했는가를 보고, 경제적 측면에 초점을 맞추면 소유제가 어떻게 되는지를 볼 것이다. 그렇지만 사태가 그렇게 단순히 이해될 수 없다. 단위체제라는 질문은 이 논의를 좀 더 복잡하게 만들기 위한 첫걸음이라고 볼 수 있고, 그것은 곧 '현실 사회주의'에서 사회적 측면의 유산은 무엇인가라는 질문이라고도 할 수 있다. 실제로 사회주의가 사람들의 삶에 어떤 변화를 가져오는가를 봤을 때, 사회가 어떻게 관리되고 사람들이 누리는 혜택과 재분배가 무엇인지는 매우 중요한 요소이다. 그에 관한 제도인 단위체제는 중국적 사회주의의 독특한 성격을 잘 드러낼 뿐만 아니라 그 유산이 개혁개방 시기까지 이어진다.

※ 단위체제의 내용과 특징

단위체제의 핵심은 한마디로 중국적 종신고용, 완전고용 제도이다. 중국에서 사람들이 사회주의라는 것을 느꼈던 주요한 측면은 바로 안정적 고용이었다. 누구나 일단 직장을 얻으면 직장 이동의 제약이 있는 대신 완전한 종신고용이 이뤄졌다. 이 같은 고용 안정성이 단위체제의 일차적 특징이고, 두 번째로 이 같은 안정성을 기반으로 임금의 격차를 굉장히 줄였다. 같은 직장에서 임금 격차를 3.5배 이내로 규정했던 정책이 상당 기간 유지되기도 했다. 세 번째 특징은 임금 격차가 적은 대신에 임금 전체에서 소득이 차지하는 비중은 적고 복지의 비중이 크고 상대적으로 균등하며, 그 복지 책임을 단위가 지는 '단위복지체제'가 형성되었다. 이렇게 작동되는 고용·임금·복지 체제를 '단위체제'라고 한다.

이것의 특이성은 1950년대 소련과 1970년대 중국을 비교하면 알 수 있다. 소련은 노동의 이동률이 상당히 높은 사회였다. 1950년대 중·후반에는 직장 이동률이 50% 정도였던 때도 있다. 소련은 사회보장체제가 국가보장 형식이었다. 국가가 개인에게 어떤 사회보장을 직접적으로 수급하는 시스템이다. 이렇듯 소련은 중앙집권적인 데 반해 중국은 오히려 분산적인 성격을 띠었다. 중국 같은 단위체제가 나오게 된 배경을 세 가지로 꼽자면, 첫째 탈집중적인 중국 사회주의의 특성, 둘째 문화대혁명 시기 국가기구의 작동 중단, 셋째 사회적 세력관계의 일시적 균형으로 정리할 수 있다. 한마디로 1950~1960년대의 독특한 역사 경험이 중국 사회주의의 독특한 특징을 만들었다고 할 수 있다.

※ 단위체제의 배경 1: 탈집중적 사회주의의 특성

첫 번째 배경과 관련해 중국은 단숨에 혁명이 전개된 국가가 아니다. 조금씩 확산된 내전이 장기화한 상황에서 공산당 관할로 넘어간 지역부터 자체적인 관리가 확대되었다. 그래서 1949년 건국할 때도 전국 경제가 완전히 통일된 시스템을 갖춘 게 아니라 매우 분산된 체제로 운영되었다. 사회주의 시기에 일자리를 수급할 때도 정부가 일괄적으로 모든 노동력을 배치하지 않고, 핵심적인 노동력만 배치했다. 핵심노동력이란 대졸자, 공고 졸업생, 제대군인으로, 중앙부처의 노동부나 노동인사부에서 배정을 하고 나머지 사람들은 지역정부나 각 기업에 맡겨 스스로 문제를 해결하게 한다. 이것을 '단웨이(單位)'라고 한다. 회계를 할 때 회계단위가 있어야 하는데 그 단위가 기업, 병원, 학교, 국가기관이 될 수도 있다. 그래서 유닛(unit)이라는 개념의 '단웨이'란 말이 생겼고 그것의 중요성이 점점 커지면서 삶의 기본 틀이 된 것이다.

예컨대 자신이 핵심노동력에 해당하지 않으면 직장을 배정받을 때 이 일은 자기 부모의 '단웨이'가 책임져야 하는 경우가 많았다. 소속 직공 자녀의 일자리를 어떻게 알선할지가 단웨이의 기본권한이었다. 같은 단웨이 내에서는 임금 격차가 적은데 1950~1960년대 대약진운동과 문화대혁명을 거치면서 인센티브에 대한 거부감이 컸기 때문에 1970년대 말까지 20여 년 동안 실질 임금은 거의 오르지 않았다. 그 대신 필요한 물품은 직접 배분해 나눠줬다. 쌀이나 기름 같은 식량이 대표적인 것이다. 그런데 식량 이외에 다른 필수품, 예컨대 자전거 등도 단웨이를 통해 배급받았다. 예를 들어 이번 달에는 자전거 다섯 대를 배급한다. 그러면 배급받은 다섯 대를 누구에게 나눠줄 것인가를 결정해야 하는데, 이것은 중요한 정치적인 결정이고 이 같은 과정을 통해 단위 자체는 정치적인 공동체로 바뀐다. 평가를 주고받는, 중국 사람들은 '뱌오셴(表現)'이라고 하는데, 말하자면 실적이 좋아야 하고 당성(黨性)이 좋아야 하며 열심히 일해야 하는 등 여러 가지 정치적인 지표가 생기면서 하나의 중요한 공동체가 만들어지는 것이다.

경제적으로 보면 비효율적일지 모르지만, 중국같이 자원이 희소한 사회에서는 나름의 효율성이 있다. 더 중요한 문제는 복지로, 연금, 의료, 교육 같은 문제를 국가가 통합관리하려면 병원이나 학교를 더 많이 지어야 하고 막대한 기금이 필요하다. 중국은 그럴 수 있는 상황이 아니었고, 농촌은 도시보다 훨씬 열악한 환경이었다. 단위체제는 도시에만 해당되는 것이고 농촌에는 인민공사(人民公社)가 있었는데, 인민공사야말로 외부의 지원 없이 자력갱생하는 구조였다. 자체적으로 공장도 짓고 학교도 만들고 필요한 인력도 알아서 조달한다.

예를 들어 학교에는 교사가, 병원에는 의사가 필요한데 사범학교 졸업생이나 의대 졸업생이 없다. 그런 인력은 도시에 우선 배정되고 농촌에 배치될 여력이 없는 것이다. 그 당시 중국은 이런 문제가 즉각 터지는 사회였다. 그럼 어떻게 해결하는가? 간단하다. 농한기에 3개월 훈련시켜서 위생병을 공급한다. 군대 위생병 정도의 지식을 갖춘 사람을 '맨발의 의사'라고 부르는데, 평소 농사를 하다가 가끔 보건 일도 보는 것이다. 학교 교사도 고등학교를 졸업하면 중학생을 가르칠 수 있고 중학교를 졸업하면 초등학생을 가르칠 수 있다. 그래서 정규 교사를 두지 않고 낮에는 일하고 오후에는 의료나 교육을 담당하는 자체 수급의 자기완결적인 시스템이 생긴 것이다. 이런 방식이 등장한 이유는 중국의 독특한 사회주의 경험에 있다. 분산되어 있는 해방구를 중심으로 오랜 혁명과정이 장기간 진척되다 보니 경제적인 통일, 즉 전국적 규모의 경제체제를 만들기가 어려웠다.

※ 단위체제의 배경 2: 문화대혁명과 국가기구의 작동 중단

다른 이유는 문화대혁명이라는 정치격변이 가져온 큰 충격에 있다. 문화대혁명 기간은 짧게는 3년, 길게는 10년 정도로 보는데, 이 기간에 단위체제와 관련된 중요한 특징은 국가기구의 작동 중단이라고 할 수 있다. 예컨대 복지 관련 부서가 문을 닫아 복지 업무가 완전히 마비가 되어 연금을 지급할 수 없고 병원도 운영할 수 없다. 그럼 어떻게 하는가? 단위가 단위의 경비로 운영한다. 단위에서 퇴직자가 나오면 단위의 비용으로 연금을 주고 단위 내 병원에서 무상의료를 한다. 모든 것이 자체 경상비로 해결되는 것이다. 제대로 된 시스템이라면 복지비용을 중앙에 납부해서 중앙이 돈을 모아 총괄해 관리해야 하지만, 문화대혁명 시기가 되면 이것이 마비되어 단위가 지극히 자급적인 시스템으로 전환한다.

이런 1970년대 중국사회의 전형적인 특징은 1980년대 개혁개방 시기에서 여러 가지 문제를 드러낸다. 단위는 내부적으로 볼 때 재분배의 비중이 크기 때문에 임금격차가 적다. 그러나 단위 간 격차는 크다. 모든 비용을 단위 자체로 해결해야 하기 때문에 사람 수가 많고 수익성이 좋으며 정부 지원을 많이 받는 단위는 혜택을 많이 받는다. 예를 들어 베이징(北京)에 있는 '수도강철(首都鋼鐵)'이란 철강기업은 직원이 10만 명쯤 된다. 그 정도면 대학교까지 세울 수 있지만, 200~300명 정도 되는 단위는 아무것도 할 수 없다. 중국은 종신고용, 완전고용 체제이기 때문에 처음에 10만 명 단위에 들어가느냐 200명 단위에 들어가느냐에 따라 평생 삶의 질이 좌우된다. 좋은 단위에 들어가면 내부적인 불평등이 적고 복지 혜택이 많기 때문에 생활이 안정적이다. 그러나 작은 국유기업이나 집체기업에 속해 있으면 문제가 커진다.

1980년대 이후 개혁개방 시기에는 실제 국유기업의 연금 문제가 이슈가 된다. 좋은 단위는 처음에 큰 문제가 없었지만 기업 연령이 20~30년이 되니 퇴직자가 늘어났다. 퇴직자가 재직자 20명당 1명꼴이었는데, 1980년대가 되니 5명당 1명꼴로 늘어났다. 어떤 기업은 2 대 1 비율까지 늘어났다. 이 경우 기업이 전체 쓸 수 있는 돈의 1/3을 퇴직자에게 써야 하는 문제가 발생하는데 정부가 전혀 보전을 하지 않았다. 복지체제가 없고 그런 기능을 단위체제가 대체하고 있었기 때문에 이것이 단위체제의 핵심적인 문제 중의 하나이다.

※ 단위체제의 배경 3: 사회적 세력관계의 일시적 균형

단위체제의 세 번째 배경은, 이 역시 문화대혁명의 영향이라고 할 수 있는데, 사회적 세력관계의 일시적 균형이라는 측면이다. 문화대혁명 시기에는 대립구도가 여러 가지였다. 대학에서도 대립구도가 있었지만 공장에서도 공장관리를 둘러싼 갈등이 많았다. 결과적으로 공장 관리자의 권한이 줄고 일반 노동자의 권한이 올라가면서 공장 규율이 약화된다. 다시 말해 컨베이어 벨트가 천천히 돈다는 것인데, 그런 상태에서 당연히 이해갈등이 발생한다. 이것이 단위체제라고 하는 중국 사회주의의 특성으로 개혁개방이 이것을 무너뜨리는 과정이었다고 한다면 당연히 이 같은 고용체제를 허물어뜨리고 임금의 격차를 벌리며 단위가 안고 있는 사회복지 문제를 외부로 상품화할 것이라는 예측을 할 수 있다. 중국의 개혁개방은 바로 그렇게 시작되었고, 그 과정에서도 독특한 모습이 나타났다.

우선 혁명과정과 마찬가지로 서서히 진행이 된다. 처음부터 이것을 일괄적으로 무너뜨리지 않고 단위의 바깥을 계속 늘려간다. 이는 국유기업은 그대로 두고 사영(私營)기업이나 외자기업을 늘린다는 것이다. 국유기업은 20년 정도 그대로 두었다가 1998년이 되어서야 본격적으로 손을 댄다. 1978년부터 1998년까지 국유기업체제는 유지하되 1986년 즈음에 옛날 직공은 그대로 두고 1980년 이후에 들어온 직공들만 새로운 기준을 적용해서 차별하는 방식으로 서서히 구조조정을 시작하다가 1998년에서 2002년 사이에 급격하게 정리한다. 이것이 단위체제의 특성이다.

문화대혁명의 유산

마오쩌둥의 역설

개혁개방의 전사로서 중국 사회주의의 두 번째 유산은 문화대혁명이다. 문화대혁명이 뭐냐고 물으면 한국 신문에서 반복해서 나타나는 표준적인 해석이 있다. '마오쩌둥이 미쳐 날뛰는 홍위병(紅衛兵)을 동원해서 밀려난 자기 자리를 되찾으려 했던 야심찬 해프닝, 그래서 중국을 잃어버린 10년의 대란으로 끌고 간 역사적 사건'이 그것이다. 하지만 문화대혁명은 복잡하게 얽힌 사건이라 여러 측면이 서로 맞물려 있다. 특히 문화대혁명 40주년인 2006년이 되면서 이전에 발굴되지 않았던 자료가 발굴되고 새로운 해석이 많이 추가되었는데, 이 사건이 현재도 중요한 이유는 개혁개방이 한편으로는 단위체제의 해체로 규정될 수 있지만 다른 한편으로는 '문화대혁명의 철저한 부정'이란 말로 표현되기 때문이다.

문화대혁명의 철저한 부정이라고 할 때 도대체 뭘 부정하는 것인가? 문화대혁명은 1968년에 끝났다고 볼 수도 있고 1976년까지 지속했다고 볼 수도 있다. 그럼에도 그 후 30여 년이 지난 현재까지 여전히 그림자가 드리워져 있는 이유는 무엇인가? 먼저 문화대혁명에 관한 아주 간단한 질문부터 교착되어 있는 것을 볼 수 있는데, 대체 '문화대혁명의 희생자는 누구인가?' 하는 것이다. 만일 중국정부가 문화대혁명이 상당히 큰 역사적 사건이고 일종의 과거사 청산을 해야 하는 문제라고 생각한다면 조사를 해서 희생자를 복원하고 보상하면 되지만 복원되지 않고 보상되지도 않으며 논의될 수 없는 두 가지 사건이 있다. 바로 1957년 반우파(反右派) 투쟁과 1966년 시작된 문화대혁명이다.

이 두 가지 사건이 맞물려 있음을 이해해야만 문화대혁명을 이해할 수 있다. 반우파 투쟁은 가해자와 피해자가 비교적 분명한 반면, 문화대혁명은 가해자와 피해자가 계속해서 번복되는 과정을 거친다. 가해자였다가 피해자였다가 다시 가해자가 되고, 그러다가 또 피해자이기도 해서 구분선을 긋기가 어렵다. 그래서 어느 시점에 어떤 대립구도가 있었는지 따져볼 필요가 있는데, 일단 그 사건이 무엇을 남겼는가 하는 차원부터 시작하자.

문화대혁명은 마오쩌둥이란 지도자를 둘러싼 중요한 사건이고 중국사회에 많은 영향을 끼쳤다. 마오쩌둥은 굉장히 양면적인 의미를 지닌 지도자였다. 톈안먼(天安門) 광장에 마오의 초상화가 걸려 있지만, 중국 역사에서 그의 이미지는 매우 이중적이다. 한편으로는 보수적이고 다른 한편으로는 급진적이다. 강한 권위를 가진 통치자이지만 그 권위를 무너뜨릴 수 있는 상징이기도 하다. 중국공산당은 소련과 다르고 북한과도 다른데, 이유인즉 당이 항상 내부적으로 균열하기 때문이다. 그런데 그 균열을 촉발하는 사람이 바로 마오였다.

마오는 항상 당을 정풍(整風)하고 당의 다른 세력을 몰아내는 데 이론 논쟁이라는 구도를 취했다. 그런데 그 과정은 특이하다. 그는 항상 자신의 위치를 당의 이단(異端)에 두고 당의 기존 입장을 무너뜨리는데, 이때 그 이단적 사고는 본인에게서 나왔다기보다, 예컨대 반우파 투쟁 때는 그 직전에 있었던 '백화제방(百花齊放)·백가쟁명(百家爭鳴)'에서 나왔고 문화대혁명 초기에는 문화대혁명 좌파, 즉 '조반파(造反派)'에서 나왔다. 다시 말해 당시 사회에 나타난 이단 세력의 사고를 자신의 것으로 흡수해 이론화했다. 문제는 그것으로 당을 정풍하고 뒤집은 다음에 그 이단 세력 자체가 다시 정풍의 대상이 된다는 것이다. 그래서 1956년의 '쌍백운동(백화제방과 백가쟁명)'이 1957년 반우파 투쟁으로 돌아서고 1966~1967년 문화대혁명의 '조반유리(造反有理, 모든 반역은 타당하다)'가 1968년으로 넘어가면서 결국 '5·16병단(五一六兵團)' 색출과 '계급대오 정돈'이라는 작업으로 돌아서게 된다.

이 같은 상황이 중국에 남긴 유산은 매우 독특하다. 마오를 통해 이단이 등장하지만 후에 항상 그 이단이 사라지는 역사를 반복한다. 중국은 이단적 사유는 강하지만 이단적 조직은 남지 않는 특징을 가지고 있다.

지금도 마오를 해석하기에 따라서 중국정부를 공격할 수도 지지할 수도 있다. 마오의 스펙트럼이 그만큼 넓다는 것인데, 중요한 것은 그것이 어떤 지속적인 대안적 사회 세력으로 성장하지는 않는다는 점이다.

※ 자율적 대중과 구조의 변혁

문화대혁명이 남긴 유산 중 하나는 왜 그렇게 많은 사람들이 문화대혁명의 영향을 받고 거리로 나섰는가 하는 점과 관련 있다. 문화대혁명 초기에 '문혁 16조(1966년 8월 8일 중국공산당 중앙위원회 결의)'가 있었는데, 이 안에 담긴 핵심 주장 중 하나는 '혁명은 대신 될 수 없다'는 개념이다. 문화대혁명이 초기에 던졌던 문제의식은 중국은 사회주의 국가이지만 실상은 사회주의가 아니고, 사회주의가 아닌 모순을 해결하는 데 누구도 대신 할 수 없기 때문에 대중 스스로가 교육 주체가 되어야 한다는 것이다. 그래서 누구나 조직할 권리가 있고, '모든 반역은 타당하다[造返有理]'와 '사령부를 포격하라[炮打司令部]' 하는 두 가지 구호로 엄청난 불길이 일어났다. 이 같은 새로운 정치주체에 대한 질문과 함께 다른 한편에서는 그렇다면 문제의 연원은 어디 있는가 하는 질문이 주어졌다.

두 번째 질문과 관련해 중국과 소련을 비교할 필요가 있는데, 두 사회주의 국가의 사회관리 체제에서 중요한 차이점을 발견할 수 있다. 소련이 왜 국가보안위원회(Комитéт Госудáрственной Безопáсности: КГБ, KGB) 중심이 되었는지에 대한 이론적 근거는 다음과 같다. 1917년 소련에서 혁명이 일어났다. 다음 일련의 이행과정을 거쳐 1936년에 사회주의 승리를 선언한다. 이제 사회주의가 완성되었고 계급이 소멸했다는 것이다. 계급이 소멸했으니 소련 사회 내부에 적대가 없어야 한다. 하지만 현실은 적대가 있다. 왜일까? 포위된 사회이기 때문에 그렇다는 것이다. 소련은 적대 국가에 포위되어 있고 그곳에서 간첩이 침투한다. 간첩을 색출하기 위해서 KGB의 역할이 중요해지는 것이다. 공안 통치는 내부에 원인이 없지만 외부에서 문제가 들어올 때 정당화된다.

이것이 소련의 기본적인 모델이라면 중국의 모델은 모든 문제가 내적 모순을 통해 발현된다는 것이 기본 사유이다. 중국은 사회주의이지만 내부의 모순이 남아 있다. 간첩 때문이 아니라 내부의 어떤 요인, 즉 구조의 문제에서 발생하는데, 그것을 이용해 이득을 취하는 세력이 당시에 '주자파(走資派)', 즉 자본주의의 길을 걷는 세력이었다. 문화대혁명 때 문제가 된 것이 바로 이 세력이었고 이들은 외부에서 침투한 간첩이 아니라 내부의 구조적인 문제에서 자생한 세력이기 때문에 대중 주체의 지속적이고 중단 없는 혁명만이 문제의 해결을 가져올 수 있었다.

※ 반스탈린주의 운동에서 스탈린주의 숙청으로 회귀

문화대혁명은 크게 두 가지 영역으로 분리되어 전개되었다. 한편에는 베이징이 있고 다른 한편에는 상하이(上海)가 있었다. 베이징의 문화대혁명은 학교를 중심으로, 상하이의 문화대혁명은 공장을 중심으로 일어났다. 베이징에서는 '혈통론(血統論)'과 당에서 파견한 공작조(工作組) 문제를 둘러싸고 격렬한 논쟁이 벌어졌는데, 그 쟁점은 엘리트주의에 반대하면서 스스로 교육된 대중 주체가 당을 비판할 수도 있다는 것이었다. 상하이에서의 쟁점은 좀 달랐는데 근본적으로 공장이 사회주의에서 작동하는 방식과 자본주의에서 작동하는 방식이 무엇이 다른가 하는 질문이 터져 나왔다. 상하이에서도 교육이 문제였다. 베이징과 상하이로 나눠졌던 문화대혁명은 노선을 달리했고 정치적 세력으로도 분리되면서 결국 비극으로 종료된다.

문화대혁명이 남긴 첫 번째 유산은 마치 하나의 원을 돌듯이 긴 혼란과 수난의 과정을 거쳐 결국은 제자리로 돌아왔다는 것이다. 문화대혁명의 시작은 1957년 반우파 투쟁의 연장으로 볼 수 있는데, 그것은 전형적인 스탈린주의(Stalinism) 논리에 빠져 있었던 것이다. 즉, 당에 반대하는 것은 사회주의에 대한 반대이자 반혁명이라는 것이다. 반당, 반사회주의, 반혁명 사이에는 확고부동한 등식의 연결고리가 성립되어 있었다. 그런데 문화대혁명 초기 '50일'이라는 시기, 즉 1966년 6월 1일부터 7월 25일까지 엄청나게 격렬한 논쟁이 일어나고, 그 결과 이 등식이 뒤집어지면서 반당이 곧 반사회주의는 아니라는 결론이 도출된다. 그래서 반역하고 조직할 수 있는 권리가 만들어졌다. 그 후 걷잡을 수 없이 복잡한 과정이 전개되다가 1968년 이후 이 도식이 다시 무너진다. 반당은 반사회주의이고 반혁명이라는 애초의 연결고리가 복원된 것이다. 그리고 지금까지 이 등식은 한 번도 무너진 적이 없다.

결국 반스탈린주의 운동에서 스탈린주의로 회귀라는 문화대혁명이 남긴 이례적 유산은 모든 사회주의 국가를 통틀어 중국에서만 반당이 곧 반사회주의라는 등식이 무너진 시기가 있었다는 것이다. 비록 제자리로 돌아왔지만, 이는 문화대혁명 전과 후를 구분하는 매우 중요한 경험이고 이후 중국사회에 알게 모르게 미묘한 영향을 끼친다. 외부적으로 보면 중국은 매우 통제가 잘 되는 사회처럼 보이지만 내부적으로 보면 비어 있거나 유동적인 공간이 많다.

※ 모순적 유산: 대중의 반역과 트라우마

중국은 사회적 불만이 표출될 때 정부가 무조건 진압하지 않고 문제가 커져도 포용하는 자세를 취할 때가 있다. 특히 중요한 건 중앙과 지방을 나눠서 모든 문제는 지방정부에 있고 중앙정부는 옳다는 태도를 취하는 점인데 그것은 문제를 제기한 사람도 마찬가지이다. 이런 양상이 나타나는 것은 문화대혁명의 경험과 무관하지 않다. 문화대혁명은 어느 쪽도 일방적으로 승리하거나 패배하지 않은, 피해자와 가해자가 교묘하게 중첩되는 사건이다.

중국공산당 입장에서 문화대혁명에 대한 철저한 부정은 그런 사건이 다시 일어날 것에 대한 두려움의 표현이다. 대중도 문화대혁명의 비극적 경험에 강한 트라우마가 있다. 그래서 쉽게 어떤 정치적 행동으로 나서진 못하지만, 동시에 상대방에게 일정한 압력을 가하면 문제가 해결되고 요구가 받아들여진다는 인식 또한 분명하다. 어느 정도 압력을 넣으면 받아들여지고 어느 선을 넘으면 위험한지에 대한 감각을 가지고 있는 것이다. 이 같은 경험의 유산과 감각은 '마오쩌둥'이라는 상징 때문에 더 강화되는 측면이 있다.

중국의 간판은 사회주의이고 마오쩌둥은 국부(國父)이기 때문에 그의 이름을 건 정치적 행동은 처벌할 수가 없다. 문화대혁명 시기 마오쩌둥의 입장은 오락가락했는데, 그렇게 따지면 이쪽 입장을 빌어서 저쪽 입장을 공격할 수 있고 그 반대의 경우도 가능하다. 마오의 이름을 빌려서 중앙정부를 공격할 수도 있고, 반대로 그의 이름을 빌려서 사람들의 저항을 누를 수도 있다. 이 같은 모순적 상황이 가능한 사회가 바로 중국이고, 그 기본구도는 개혁개방의 출발뿐만 아니라 그 이후에도 지속되고 있다. 따라서 개혁개방이 표방한 단위체제의 해체와 문화대혁명의 철저한 부정은 그리 만만한 과제가 아니며 지금까지도 계속되는 어떤 대상이라고 볼 수 있다.

두 번째 측면: 개혁개방의 길과 세계경제의 편입

∷ 개혁, 단위체제 해체의 길

지금까지 설명한 개혁개방의 전사로서 단위체제 및 문화대혁명의 유산은 1980년대 소련과 중국의 사회구조를 매우 다른 성격으로 만들었다. 그 결과 소련은 단숨에 붕괴했지만 중국은 그렇지 않았는데, 그 구조의 독특성이 사회의 여러 측면에서 나타난다. '라오싼제(老三屆)'가 단적인 예이다. 중국은 1966년부터 1969년까지 3년간 완전히 대학의 문을 닫았다. 그해 고등학교를 졸업해서 아예 대학을 들어갈 수 없었던 학생들을 '라오싼제'라고 하는데 그들은 공장이나 농장에 하방(下放)되어 10년 정도 생활했다.

1969년 이후 대학이 다시 문을 열지만 이공계만 열면서 노동자, 농민, 군인 중에 추천받은 사람만 비정규 과정으로 받았기 때문에 정규 대학이라 할 수 없었고, 1977~1978년에 비로소 정식으로 입학생을 받으면서 다시 문을 열었다. 10년의 공백이 생기면서 그 세대의 젊은이는 대학생이란 신분에서 완전히 누락된다. 그러다가 1978년에 대거 입학을 하는데, 교수도 10년 동안 공부를 안 했으니 가르칠 선생도 없고, 그러다 보니 혼자 공부하는 세대가 나타나고 그것이 지금까지 '라오싼제' 세대의 독특한 특징을 만들었다. 이는 이후에 전개된 개혁개방의 길에도 중요한 영향을 미쳐, 무엇보다 진행의 속도가 더디고 점진적일 수밖에 없는 배경을 형성한다.

그런 출발점에서 1978년에 시작된 개혁개방은 먼저 농촌에서 서서히 진행되다가 1980년대 중반이 되어서야 비로소 도시에서 본격화된다. 개혁개방은 하나의 용어처럼 붙여서 말하지만 사실은 분리시켜 설명할 수도 있다. 개혁은 단위체제와 사회주의 유산을 해체하는 것이고, 개방은 대외경제를 열어서 세계경제에 편입하는 것이다. 중요한 것은 이 두 가지 길에 어떤 특징이 있는데, 먼저 개혁, 즉 단위체제의 해체는 단위의 외부를 확대하는 길이라고 말할 수 있다. 처음부터 단위를 없애는 것이 아니라 일단 그대로 두고 단위 외부의 영역을 넓혀 우회적이고 점진적인 방식으로 해체하는 것이다. 먼저 민영기업과 외자기업을 늘리고, 단위체제에 고용되어 있는 사람을 해고하는 대신 조금씩 계약제로 바꾸는 수순을 밟아 임금 격차를 확대하고 사회보장을 상품화하는 방식으로 추진하는 것이다. 이 같은 과정이 1990년대 전반에 걸쳐 진행되었다.

:: 개방, 세계경제 편입의 길

그렇다면 개방의 특징은 무엇인가? 중국은 세계경제의 시각에서 보면 여러모로 이례적이다. 외환보유고가 이렇게 많은 것도 특이하지만 그런 국가가 금융시장을 개방하지 않은 것도 거의 유일하다. 중국이 금융시장, 자본시장을 개방하지 않고 현재와 같은 형태로 유지하는 이유는 상당히 중요한데, 이는 세계경제 전체의 변화와 맞물려 살펴봐야 한다.

개혁개방 당시 중국은 축적자본이 많지 않아서 외자에 대한 의존도가 클 수밖에 없었고, 그 비율에서 차관보다 외국인직접투자(Foreign Direct Investment: FDI)의 비중이 높았던 것이 중요하다. 1980년대 세계경제에서 대부분 국가는 차관 때문에 외채위기를 겪는다. 한국의 1979년 '다면적 위기'도 외채위기의 한 형태에서 출발했다고 할 수 있다. 멕시코는 1982년, 아프리카와 동유럽 국가도 1970년대 말에서 1980년대 초에 차

동아시아에서 중국으로 FDI 유입(누적비중)

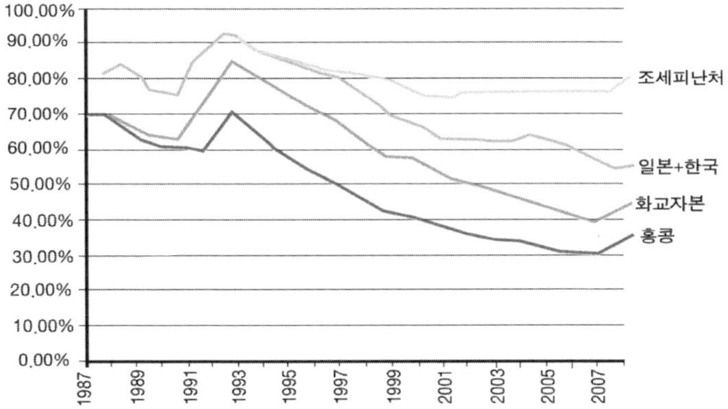

자료: 중국통계연감(中國統計年鑑).

관 때문에 많이 무너졌다. 중국은 동유럽 국가에 비해 해외차입이 매우 적었기 때문에 1980년대 외채위기를 겪지 않고 FDI로 돌아서게 된다.

중국은 특히 1990년대 들어 FDI 총액이 급격하게 올라간다. 그 당시 중국경제의 성장 동력 중 하나는 FDI이고 다른 하나는 향진(鄕鎭)기업이었다. 국유기업은 계속 적자였기 때문에 농촌에 기반을 둔 향진기업과 외자기업이 이 시기 중국 경제성장의 핵심 동력이었다. 중요한 것은 FDI의 내용인데, 중국은 투자유치에서 우선적으로 화교자본을 끌어들이는 전략을 실행했다. 1980년대 말 중국의 FDI는 홍콩의 비중이 압도적으로 높았다. 그 시기 홍콩의 전자, 섬유 산업이 광둥(廣東)지역으로 대부분 이주했다. 그런데 1990년대 와서 홍콩의 비중이 점차 떨어지고, 떨어진 폭만큼 타이완이나 싱가포르를 위시한 기타 화교자본이 채웠다. 1990년대 중반부터 홍콩과 비(非)홍콩을 포함한 전체 화교자본의 비중이 떨어지면서 그만큼의 폭을 일본과 한국이 채웠다. 위의 표에서 확인되는 조세도 피처의 투자 증가도 사실상 은폐된 화교자본 투자로 볼 수 있다.

이 같은 자본유입의 변화는 궁극적으로 동아시아 내 분업구조를 반영한다. 동아시아 각국이 자국의 생산을 동아시아 내 타 지역으로 이전하는 흐름에서 이해한다면 동아시아 내부에서 FDI가 70% 가까이 유입되었다고 볼 수 있다. 결국 중국의 개방은 이른바 아시아의 '네 마리 용(한국, 타이완, 홍콩, 싱가포르)'의 전환점과 맞물리면서 '다층적 하청체계'라는 동아시아 내부의 분업구조 특성을 그대로 반영했다고 볼 수 있다. 이런 상황은 아주 이례적인데, 그럼 왜 동아시아에서 이 같은 현상이 일어났는가? 그것은 '시간의 겹침'에서 60년의 시간대를 이해해야만 알 수 있다.

같은 시기에 유럽에서는 자본이 고정되고 노동자는 이주한다. 자본은 자국 내 투자하고 노동자는 지중해 지역에서 이주한다. 그런데 동아시아는 정확히 반대이다. 사람은 가만히 있는 대신 자본이 이동한다. 일본의 자본이 동남아시아로 들어가고 한국으로 들어간다. 이런 역행현상 때문에 유럽과 동아시아의 분업 구조가 다른 형태로 나타났고, 이것이 1980년대 중국이 연착륙할 수 있었던 중요한 배경이 된다. 전체 화교자본과 동아시아 자본이 중국으로 들어갔기 때문에 중국은 큰 위기 없이 동아시아의 분업체계를 통해 세계경제로 편입하게 되었다.

: 세계경제 편입의 특이성

중국의 개방, 즉 세계경제 편입의 특이성은 제한된 금융개방 속의 성장이라는 것이다. 지난 30년 중국 FDI는 70% 이상이 동아시아 내부에서 들어왔는데, 이는 1990년대 이후 세계자본의 전체 흐름으로 봤을 때 아주 이례적이다. 따라서 중국은 자본조달에 특별한 문제가 없지만 자본시장에 대한 개방 압박이 매우 약한 국가였다고 할 수 있다. 크게 자본시장을 개방하지 않고 경제성장이 가능한 아주 특수한 경우였다. 물론 가장 큰 역할을 한 것은 화교자본이었다.

일본 수출입 통계를 기초로 만든 234쪽 표에서 일본이 특정 국가에 수출하는 물품을 보면 국가별로 특히 집중되는 물품이 있다. 숫자가 클수록 많이 수출되는 것인데, 한국에서 1.0이 넘는 물품은 주로 케미컬(chemical), 철강, 전자, 기계이다. 이 중 케미컬과 기계는 한국이 일본에 수출하는 것도 많지만 기본적으로 부가가치가 다르다. 한국이 수출하는 물품의 부가가치는 낮고 일본에서 수입하는 물품의 부가가치는 높다. 이 같은 수출입의 패턴은 타이완과 한국이 거의 비슷하다. 하지만 중국을 보면 처음에는 조금 다르게 나타나다가 1990년대 후반에서 2000년대에 이르면 비슷한 패턴을 보인다. 다른 국가의 패턴과 구분된다.

이런 패턴은 동아시아 내부의 분업구조 중에서 중화학 공업화를 추진하면서 중간재 공급에 특화된 국가에서 공통적으로 나타나는데, 타이완과 한국이 대표적인 경우이다. 중국에서 1990년대 이후 이런 패턴이 나타났다는 것은 중국의 산업구조가 높은 레벨이 아닌 동아시아의 중간 레벨로 업그레이드되면서 특화하는 방향으로 가고 있다는 것을 보여준다. 그것은 이전에 타이완과 한국이 담당하고 있던 산업의 대부분을 중국이 흡수했기 때문이라고 볼 수 있는데, 바로 그런 점에서도 중국의 경제성장과 동아시아의 모델은 밀접한 관계가 있다.

그런데 외환보유액을 살펴보면, 국제 금융자본의 압력으로부터 어느 정도 벗어났던 중국의 구조적 특성이 변한다는 사실을 알 수 있다. 전 세계 외환보유액은 2000년 이후 급격하게 증가한다. 선진국의 증가는 거의 없는 반면, 개발도상국의 증가폭은 매우 두드러진다. 개발도상국은 두 지

각국별 일본 특정 수출상품 편중도

국가	물품	1985	1990	1995	1999	2002	2007
China	Chemical	1.3	2.2	1.4	1.7	1.6	1.5
	Steel	3.3	4.0	2.7	2.0	2.0	1.2
	OA	0.2	0.1	0.3	0.5	0.6	
	Visual	5.8	5.4	1.2	0.1	0.1	0.6
	Electronic equipment including semi-conductor	0.5	0.7	0.3	0.9	1.4	1.5
	Auto	0.6	0.1	0.2	0.1	0.2	0.1
	Auto equipment			0.3	0.4	0.5	0.9
	Scientific and optical machinery	0.5	0.4	0.5	0.7	1.1	1.4
Korea	Chemical	3.2	2.5	2.0	2.1	1.9	2.2
	Steel	1.5	1.8	1.9	2.6	2.8	2.7
	OA	0.6	0.4	0.3	0.4	0.5	
	Visual	0.0	0.1	0.1	0.2	0.5	0.4
	Electronic equipment including semi-conductor	2.2	2.0	1.1	1.9	1.8	1.2
	Auto	0.0	0.0	0.0	0.0	0.0	0.1
	Auto equipment			0.5	0.5	0.6	0.5
	Scientific and optical machinery	0.5	0.6	1.2	1.1	1.5	1.3
Taiwan	Chemical	2.9	2.2	2.0	1.9	1.9	2.1
	Steel	1.3	1.7	1.8	1.5	1.2	1.2
	OA	0.6	0.6	0.6	1.1	0.9	
	Visual	0.0	1.4	0.2	0.2	0.3	0.3
	Electronic equipment including semi-conductor	3.3	2.2	1.9	1.3	1.5	1.8
	Auto	0.1	0.1	0.1	0.1	0.1	0.1
	Auto equipment	0.0	0.0	0.9	0.7	0.5	0.3
	Scientific and optical machinery	2.2	2.5	2.1	1.8	2.8	1.6
Hong Kong	Chemical	1.1	1.2	1.2	1.3	1.0	1.0
	Steel	0.6	0.8	1.1	1.3	0.8	0.8
	OA	0.7	0.6	0.5	0.6	0.9	
	Visual	1.3	2.6	2.6	1.4	1.3	1.0
	Electronic equipment including semi-conductor	2.4	1.6	1.3	2.0	2.3	2.6
	Auto	0.3	0.2	0.3	0.2	0.1	0.1
	Auto equipment			0.1	0.1	0.1	0.1
	Scientific and optical machinery	1.2	0.9	0.8	1.0	1.5	1.7
Thailand	Chemical	3.0	1.4	1.2	1.4	1.1	1.2
	Steel	2.2	2.6	2.3	3.1	2.6	2.7
	OA	0.3	0.2	0.3	0.5	0.4	
	Visual	0.2	0.2	0.1	0.1	0.2	0.2
	Electronic equipment including semi-conductor	0.4	0.6	0.8	1.7	2.0	1.6
	Auto	0.8	0.3	0.4	0.3	0.3	0.2
	Auto equipment			1.5	1.6	1.6	1.7
	Scientific and optical machinery	0.4	0.3	0.5	0.4	0.5	0.6
Singapore	Chemical	1.1	0.9	0.8	0.8	0.8	0.7
	Steel	1.0	1.3	1.0	1.0	0.9	0.9
	OA	0.7	0.7	1.0	1.4	1.3	
	Visual	1.0	1.6	1.3	0.9	0.8	1.2
	Electronic equipment including semi-conductor	3.1	2.6	2.7	2.8	2.6	2.3
	Auto	0.1	0.2	0.2	0.2	0.3	0.3
	Auto equipment			0.2	0.2	0.2	0.1
	Scientific and optical machinery	0.7	0.6	0.6	0.7	0.8	0.6
Germany	Chemical	0.9	0.8	0.8	0.7	0.8	0.8
	Steel	0.1	0.1	0.1	0.1	0.1	0.1
	OA	2.4	1.8	2.0	1.8	1.3	
	Visual	0.7	1.3	1.2	1.7	2.3	1.7
	Electronic equipment including semi-conductor	2.2	1.1	1.1	0.9	0.9	1.0
	Auto	0.8	1.2	1.4	1.0	0.8	0.7
	Auto equipment			0.3	0.4	0.5	0.8
	Scientific and optical machinery	2.8	2.3	2.1	1.8	1.5	1.8
USA	Chemical	0.5	0.5	0.6	0.6	0.6	0.5
	Steel	0.6	0.6	0.3	0.4	0.2	0.3
	OA	1.4	1.6	1.7	1.3	1.3	
	Visual	0.5	0.4	1.3	1.6	1.4	1.4
	Electronic equipment including semi-conductor	0.8	0.9	0.9	0.6	0.3	0.4
	Auto	1.5	1.4	1.5	1.6	1.8	1.8
	Auto equipment	0.0	0.0	1.5	1.5	1.5	1.5
	Scientific and optical machinery	1.1	1.1	1.3	1.2	0.8	0.8

자료: 일본통계연감(日本統計年鑑).

중국 외환보유고 증가의 주요 원인

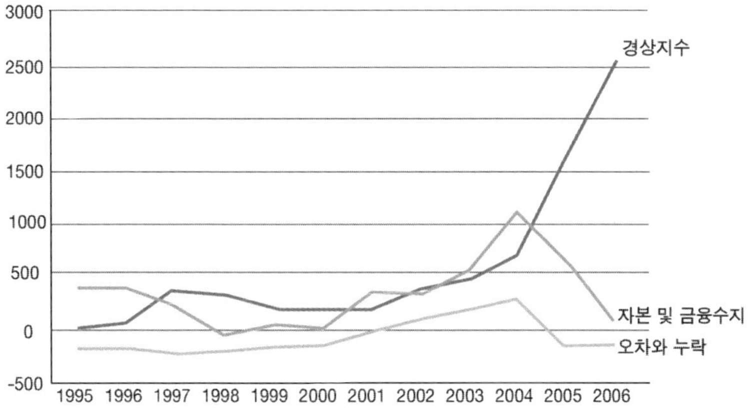

자료: 중국외회관리국(中國外匯管理局)(www.safe.go.cn).

역으로 나눌 수 있는데 하나는 석유수출국이고 다른 하나는 동아시아이다. 중요한 것은 이 시기 동아시아의 외환보유액 증가가 단순히 수출 증가 때문이 아니라 1990년대 말 아시아 금융위기의 학습효과 때문이라는 점이다. 1997년 한국은 외환보유고가 바닥이 나 국제통화기금(International Monetary Fund: IMF) 관리를 받았다. 이후 모든 국가에서는 어느 정도의 외환을 보유해야 금융방어력이 생길 수 있는지에 대한 논의가 확대되었고, 보유액도 점점 늘어나게 되었다.

실제 중국의 외환보유액 추이는 2000년대 초반부터 급격하게 증가했고, 증가율이 가장 빨랐던 시기는 2001년부터 2004년 사이이다. 공식적인 자본유입의 통로가 상당히 제한적인 중국에서 그 같은 외환보유액 증가는 어떻게 가능했을까? 위의 표에 '오차와 누락'이란 항목이 있다. 이는 통계를 잡지 못한 액수를 의미하는데, 이 시기 외환보유액이 급격히 늘어난 이유는 수출보다는 핫머니(hot money)의 유입 때문이라는 것이 중론이다. 중국에 핫머니 유입이 많았던 것은 2004년에 단행된 평가절상 때문이다. 평가절상을 예상한 자본 유입이 너무 많았던 것이다. 그것은 지금도 마찬가지인데 중국이 언젠가는 더 평가절상을 할 것이라는 예측 때문에 자본이 유입된다. 공식적인 통로는 닫혀 있어서 통제되지만 통계 밖의 자본 유입이 있는 것이다.

그래서 중국은 금융개방이 되지 않은 국가임에도 불구하고 금융이 개방되어 있는 효과가 나타나는 문제를 안고 있다. 결론적으로 중국이 한편에서는 동아시아의 분업구조 속에 여전히 작동하고 있는 측면이 중요하고, 다른 한편에서는 동아시아의 다른 국가와 다르게 금융개방에 대해서 거리를 두고 있지만 세계경제의 동학이 바뀌면서 중국 역시 금융적 취약성에 노출되기 시작했다는 것이 최근의 변화라고 할 수 있다.

단위체제 해체와 사회관리의 전환

ː 단위 해체의 완충지대인 농민공

사회주의 유산인 단위체제를 해체하고 문화대혁명을 부정하면서 세계경제에 편입된 중국은 2000년대 이후 고도성장을 지속하지만 여러 가지 사회문제가 나타나고 있다. 그렇다면 개혁개방 이후 중국의 사회관리정책에는 어떤 특징이 있을까? 중국은 1997년 아시아 금융위기에서 벗어나 있었기 때문에 여러 이점을 누릴 수 있었으나, 2008년 세계 금융위기에서는 상당히 다른 위치에 놓이게 된다. 이미 세계경제에 대한 진입도가 높아졌기 때문에 외부의 충격도 크고, 다른 한편에서는 3조 달러 가까이 미국 국채를 사들인 것에 대해서도 문제가 생긴다. 막대한 외환보유고를 바탕으로 미국의 최대 채권국으로 떠오른 중국을 두고 금융력이 커졌다고 생각하는 사람도 있고, 오히려 미국의 볼모가 되었다고 여기는 사람도 있다.

2008년 이후 위안화 대비 미국 달러는 평가절하되어 2013년 말에는 그 폭이 13% 정도였는데 이를 경제위기 전인 2005년부터 계산하면 하락폭은 33%에 이른다. 이는 중국이 미국 국채로 보유 중인 전체 액수에서 그 하락폭만큼 손해 봤다는 것이고 반대로 미국은 그에 대한 이자 지급을 줄였다는 것이다. 중국에겐 큰 손해이다. 그럼에도 그것을 줄일 수 없는 독특한 메커니즘이 있는데, 이 모든 것들이 이전에는 없었던 부담으로 작용한다. 이런 상황에서 관건은 중국이 과연 경제정책을 얼마나 독자적으로 펼 수 있는지 여부이다. 중국은 2008년 이후에도 여전히 연착륙한다.

그러나 연착륙에는 항상 대가가 있고 그 대가를 어떻게 지불할지는 중국이 당면한 가장 중요한 과제이다. 개혁개방 이후 단위체제를 해체하면서 2000년대 고도성장을 이어갈 수 있었던 이유는 '농민공(農民工)'이라는 완충지대가 있었기 때문이다. 농민공은 농촌호구로 도시에서 일하는 사람으로, 도시민의 자격이 없고 외국인 노동자 취급을 받는다. 2000년대 들어오면서 농민공 문제가 터지기 시작해 한편에서는 농민공의 공급이 줄어들어 같은 임금으로 채용이 어려워진 '민공황(民工荒)'이 발생하고, 다른 한편에서는 농민공이 사회의 관리대상으로 안 들어오니 치안, 연금, 복지 같은 문제가 일절 해결되지 못하는 상황이 발생한다.

2006년 이전까지 중국에서는 농민공이 법적으로 존재하지 않았다. 농민공을 인정하는 어떤 법률적 규정이나 기준이 없었다는 뜻이다. 보통 농민공의 수가 2억 명이라고 하지만 공식적으로는 존재하지 않는 것이나 마찬가지이니 어떤 정책도 나올 수가 없었다. 그러나 계속 그렇게 둘 수는 없었기 때문에 2006년부터 중국정부는 정책을 전환한다. 정책 전환의 핵심은 농민공의 합법화를 통해 도시의 노동자와 농민공을 모두 노동법의 대상에 포함해 복지혜택을 받게 해서 일원화된 사회관리를 하는 것이다. 정부는 장기적으로 농민공의 소득과 복지를 확대하더라도 중국이 감당할 수 있다는 생각이었지만 여기서 큰 변수가 터진다. 이 일원화정책은 2000년대 중반 '조화사회론[和諧社會論]'의 중요 내용 중 하나였는데 정책을 추진하고 실행하려는 시점에서 세계경제 위기가 터졌다.

세계경제 위기에서 노동력관리 틀 변화

중국은 1994년 노동법을 제정하지만 구체적인 시행령이 존재하지 않았다. 그러다가 노동계약법을 제정해 2008년부터 시행했는데 가장 큰 변화는 농민공의 합법화이다. 농민공이 노동계약의 대상으로 법적 지위를 얻게 된 것이다. 이 같은 입법 추진은 정부의 기본 방침 변화를 의미하는데, 이 과정에서 '고용 유연성'에 대한 문제가 제기되면서 내부적인 논쟁이 벌어진다. 그래서 결국 상당히 모호한 입법안이 채택되는데, 농민공을 단일화된 노동관리의 틀 안으로 수용하면서 파견근로의 고용 가능성을 상당히 넓게 열어준 것이다.

그런데 막상 이 법안이 시행되려 하자 금융위기가 터졌고, 그 위기에 대응하는 과정에서 정부는 노동계약법 시행을 유보한다. 그리고 중국은 경제위기의 압력을 해소하고자 농민공을 대량 해고한다. 당시 총 2000만 명 정도가 해고되었는데 그중 일자리로 복귀하지 못한 사람이 800만 명 정도 되고 나머지는 시간이 지나면서 복귀되었다. 어쨌든 이번에도 농민공이 완충지대가 되어 중국에 미치는 위기의 여파를 흡수했던 것이다. 이 같은 패턴이 반복되자 중국은 아예 농민공 대부분을 파견노동자로 전환하기 시작한다. 한국사회에서 비정규직 문제가 큰 현안이 된 것처럼 중국에서도 파견노동 문제가 큰 현안이다. 그래서 2012년 말 다시 법을 개정하고, 2013년 7월부터 개정된 법안이 시행되고 있지만 이 문제는 여전히 현재진행형이다.

정리하면, 중국은 경제위기의 문제를 늘 이원화 트랙으로 해소했다. 사회주의 시기에는 농촌과 도시의 이원화가 있었고 도시에서는 단위체제 내에서의 이원화가 있었다면 개혁개방 시기에는 농민공과 도시주민 사이 이원화가 있었다. 이 같은 이원화는 사회충격을 완화하는 메커니즘으로 작용하는데, 이것이 한계에 이르렀다는 판단에서 농민공의 범주를 없애고 단일 체제화하려는 시도를 했지만 현실적으로는 파견노동이라는 새로운 이원화 범주가 생겼다.

그럼 현재 파견노동자는 얼마나 되는가? 10여 년 전 농민공 수가 집계되지 않았던 것처럼 현재도 집계가 제대로 안 된다. 대부분의 연구에서 7000만 명에서 2억 명 사이라고 추정한다. 파견노동자에 대해서도 마찬가지로 보통 2700만 명에서 6000만 명 사이라고 보고 있다. 농민공처럼 많지는 않지만 한국 총인구만큼이나 많은 파견근로자를 정부가 체계적으로 조사한 적이 없기 때문에 정확한 수치는 알 수 없다. 하지만 이 구조는 작동하고 있고 언젠가는 큰 분란의 요소가 될 것이기 때문에 중국은 2008년 이후에 중국식 뉴딜(New Deal)이라는 쟁점을 다시 부각시켜 이들의 소득을 높이고 고용을 안정화하는 방향에 정책의 목표를 두고 있다.

이런 방향이 다른 경제목표와 함께할 수 있는지는 지켜봐야 할 문제이다. 2010년 광둥성 난하이(南海) 혼다(HONDA) 파업을 계기로 농민공이 임금인상을 요구한 파업은 합법이라는 유권해석이 어느 정도 내려진 상태인데, 이것은 농민공의 임금을 높이겠다는 정부방침의 표현이다. 노동개혁법과 단체협상제도를 통해 농민공의 임금을 계속 높이겠다는 것이다. 이러한 방침이 과연 이원화 체제를 해소할 수 있을지는 여전히 쟁점으로 남아 있다.

나가며: 중국의 '이례성'과 관련된 질문들

지금까지 포스트 사회주의 중국의 사회변동에서 사회주의 유산, 동아시아 맥락, 그리고 그것이 남긴 현재 중국사회의 과제를 살폈다. 앞에서 이런 것들이 던지는 질문, 즉 한국이 중국을 바라볼 때 가져야 하는 주요한 관점이 무엇인가를 생각하면 그것은 중국의 '이례성'이란 말로 요약할 수 있을 것이다. 중국은 여타 국가와 확실히 다른 모습을 보여주는데 그것은 경제·정치·사회 모든 측면에서 나타난다.

이 '이례성'과 관련된 네 가지 질문으로 결론을 대신하면, 첫째, '중국은 과연 새로운 뉴딜을 할 것인가?' 대답은 '아직은 불명확하다'이다. 동아시아에서 중국경제의 위상은 여전히 모호하다. 앞에서 말했던 사회적 관리와 관련해서는 확실히 심화되는 측면이 있다. 임금인상, 복지 같은 것이 매우 강조되는데, 그것은 지난 18기 삼중전회의 주요 내용이었다. 그러나 동시에 사회적 통제도 강화되고 있다. 특히 인터넷 통제는 훨씬 엄격해지고 있어서 사회를 온정주의로 감싸 안는 측면이 있지만 다른 한편으로는 강하게 통제하려는 측면이 있고, 이것이 뉴딜과 결합할 수 있는지가 앞으로 중국의 변화에서 첫 번째 관건이다.

둘째, 충칭(重慶)모델의 변주 가능성으로서, 이는 작년에 숙청된 보시라이(薄熙來)와 충칭이 별개인가 하는 쟁점이 있다. 대체로 중국정부의 입장은 별개라는 것이고, 그래서 충칭모델의 어떤 측면은 이후에도 여전히 유효하고 정책에 반영될 수 있다. 충칭모델의 두 가지 핵심은 국유기업 중심의 성장과 도시와 농촌 간 토지 운영의 통합관리인데, 이런 부분이 여전히 강조될 가능성이 있다.

셋째, 중국의 '이례성'과 관련한 사회적 층위의 현상으로 권리의 '역행발전(reverse advancing)'이 있다. 우리는 흔히 권리가 개인의 인권으로부터 시작해 집단 혹은 사회의 인권으로 확장한다고 생각한다. 그래서 중국을 볼 때 개인의 인권이 없으니 권리가 없는 사회라고 생각한다. 하지만 중국은 문화대혁명이라는 경험에서도 드러나듯이 집단적 권리가 상당히 강한 국가이다. 사회적·집단적 권리가 먼저 성장했고 개인적 권리는 상당히 뒤떨어져 있다. 그래서 '역행'이라 한 것인데, 이러한 특징 때문에 중국의 어떤 사회적 소요나 저항에는 굉장히 독특한 요소가 있다.

아마도 중국에서 사람들이 개인적으로 저항할 때는 조용히 사라질 수도 있다는 위협을 느낄지도 모른다. 그러나 목소리가 커지면 문제의 해결 가능성이 높아지기 때문에 항상 어떤 방식으로든지 조직을 해야 한다. 단, 그 조직이 수평적인 확장이 되어서는 안 되고 수직적인 확장이 되어야 한다. 우리 기업의 문제를 옆의 기업과 연대해서 일을 확장하면 안 되고 목소리를 키워서 지역 차원을 넘어설 수 있게 해야 한다. 그래야 중앙정부가 반응하고 중앙정부가 반응하면 문제가 해결될 가능성이 높아진다. 이것이 중국의 독특한 권리 메커니즘으로, 관건은 지역 차원을 넘어서는 집합적인 대응 능력이 있는가 하는 것이다.

마지막으로 이 이례성에 중국적 '보편성'이 있는가 하는 문제이다. 중국이 2008년 이전까지는 대체로 도광양회(韜光養晦), 즉 빛을 숨기고 때를 기다린다는 입장을 크게 벗어나지 않았지만 베이징 올림픽을 계기로 변화가 생기고 있다. 올림픽의 개막식과 폐막식에서 보듯이 그 메시지의 핵심은 중국도 나름의 보편성을 가지고 있다는 것이다. 그런데 그 보편성의 메시지는 19세기에서 20세기를 거치면서 근대 시기에 전 세계가 겪었던 어떤 보편성의 메시지와 접맥될 수 있는가에 대한 의문을 강하게 남겼다. 그것은 결국 내가 '동아시아에서의 장기지속'이라고 불렀던 '문명으로서의 중국'이 던지는 이야기라고 여겨지는데, 이 문제를 해결하기 위해서는 그것을 전통 속의 어떤 것으로만 남겨두어서는 안 된다. 겹쳐진 시간대 속의 중국이 과거의 것을 현재의 것으로 만들려는 시도를 했는지에 대한 반추가 있어야 한다. 그렇게 해야 현재 중국이 제시하는 그림이 과연 이례적인 모델이 될 수 있는지 알 수 있을 것이다.

(강연일 2014.3.14)

더 읽을 책

마이스너, 모리스(Maurice Meisner). 2004. 『마오의 중국과 그 이후』. 김수영 옮김. 이산.

브라운, 케리(Kerry Brown). 2014. 『현대 중국의 이해』. 김흥규 옮김. 명인문화사.

백승욱. 2012. 『중국 문화대혁명과 정치의 아포리아』. 그린비.

______. 2008. 『세계화의 경계에 선 중국』. 창비.

왕후이(汪暉) 외. 2006. 『고뇌하는 중국』. 장영석 · 안치영 옮김. 길.

제3강 전환기의 중국경제

진단과 전망

김시중 (서강대 국제대학원 교수)

강연 개요

중국경제는 고속 성장시대를 마감하고 성장률 하락과 구조변화가 나타나는 전환기에 접어들었다. 이에 따라 중국정부는 경제발전방식의 전환을 추진하고 있다. 구조적 문제와 불확실성 증대에 따라 중국경제의 미래에 대한 다양한 견해가 제시되지만 그 잠재력과 정책능력을 고려할 때 중속성장의 지속이 예견된다.

들어가며

강연의 주제인 '전환기의 중국경제'에서 강조는 '전환기'라는 개념에 있다. 전환기는 '변화가 일어나고 있다, 미래가 불확실해졌다'라는 의미이다. 그래서 그 변화에 대한 진단과 전망을 하고자 한다. 먼저 개혁개방기의 중국경제를 간단히 살피고, 다음으로 중국경제가 전환기에 진입했다고 판단하는 근거와 전환기의 중국경제가 직면한 어려움에 대해 설명하겠다. 마지막으로 중국경제의 미래에 대한 다양한 견해를 소개하고, 향후를 전망하겠다.

개혁개방기 중국경제

∴ 중국의 경제규모

중국의 개혁개방은 1978년에 시작되었다. 그 후 2013년까지 35년이 지났는데, 이 기간에 중국경제는 연평균 9.8%의 초고속 성장을 이룩했다. 같은 기간 인구성장률이 연평균 1%를 약간 넘는 정도이므로 1인당 국내총생산(per capita GDP)으로 따져도 연 8.7%의 성장을 한 것이다. 무역의 경우 연평균 증가율이 무려 16%에 달했다. 이처럼 중국경제는 개혁개방 시기 급속한 성장을 통해 현재의 엄청난 규모를 이루게 되었다.

현재 중국은 경제규모로 세계 2위의 대국이며, 수출 규모로는 이미 세계 1위 자리에 올랐다. 언론에 여러 차례 보도된 바와 같이 약 4조 달러에 달하는 외환보유액은 세계 최대이다(2014년 6월 말 기준). 이와 같이 중국은 인구, GDP, 수출입 등 어떤 기준에서든지 세계 1, 2위 규모로 성장했다. 규모가 커졌다는 것은 곧 영향력이 세졌다는 것을 의미한다. 따라서 중국의 경제성장률이나 무역 규모에 변화가 생기면 다른 국가들도 영향을 받을 수밖에 없다.

2013년 중국의 GDP는 9조 2000억 달러이고 미국은 16조 8000억 달러로 중국의 경제규모는 미국의 약 55% 수준이다. 한 나라의 경제발전 수준을 가늠하는 잣대로 보통 1인당 GDP를 사용하는데 중국의 1인당 GDP는 아직 7000달러 정도에 지나지 않는다. 예전보다 증가했지만 2013년 한국과 미국의 1인당 GDP가 각각 2만 6000달러, 5만 3000달러인 것에 비하면 중국의 1인당 GDP는 한국의 약 1/4, 미국의 약 1/8 정도이다. 중국은 자국의 경제를 묘사할 때 항상 개발도상국임을 강조한다. 1인당

GDP라는 기준에 근거했을 때 중국은 명확히 개발도상국이다. 하지만 전체적인 경제규모로는 거의 모든 기준에서 세계 1, 2위 수준의 대국이 되었고 그 배경에는 지난 30여 년에 걸친 개혁개방 시기의 초고속 성장이 있었다.

고속 성장 달성의 요인

그렇다면 중국은 어떻게 지난 30여 년간 고속 성장을 이룰 수 있었을까? 이에 대해 많은 논의가 있지만 다음 세 가지 요인으로 설명할 수 있다. 첫째, 중국정부가 경제성장을 최우선 목표로 설정하고 이를 달성하기 위해 최대한의 노력을 했다. 물론 이것은 경제발전에 긍정적으로 작용했지만 부작용도 존재했다. 즉, 최우선 목표를 달성하기 위해 분배나 환경과 같은 다른 가치가 불가피하게 희생되었다.

둘째, '개혁개방'이라는 이름으로 체제개혁을 통해 경제활동의 효율이 개선되었다. 개혁개방은 그 자체가 목적이라기보다 경제성장이라는 목적을 달성하기 위해 채택된 일종의 수단이다. 개혁개방의 내용은 마오쩌둥(毛澤東) 시대의 경제체제를 변혁하기 위한 것으로 그 핵심은 시장경제를 수용하는 것이었다. 이렇게 받아들인 시장경제 체제가 경제발전에 기여하게 된다. 개혁개방 이전 경제체제에서는 열심히 일해서 성과가 좋아도 그에 따른 보상이 없었다. 하지만 시장경제 체제의 핵심은 성과가 좋으면 그에 따르는 보상, 즉 인센티브를 줬기 때문에 경제주체들이 이것에 반응하면서 경제활동의 효율성이 제고된 것이다. 덩샤오핑(鄧小平)은 이것을 '선부론(先富論)'이라고 표현했다. 선부론은 어떤 개인 또는 지역이 먼저 부유해지는 것을 허용하고 더 나아가 장려하자는 논리이다.

또한 시장이 자원을 나누다 보니 자원이 효율적으로 배분되었고 그 과정에서 경쟁도 이뤄졌다. 경쟁에서 살아남기 위해 경제주체는 비용을 낮추거나 각종 자원을 수요를 찾아 이동시켰고, 이것은 효율성 제고와 경제성장이라는 결과를 낳았다. 그뿐만 아니라 대외개방을 통해 수출 시장이 새롭게 열리고, 동시에 외국인 투자와 새로운 정보가 중국으로 유입되었다. 이렇게 다양한 요인이 복합적으로 작용하면서 중국경제가 빠르게 성장할 수 있었다.

셋째, 경제성장 자체에 초점을 두고 원인을 분석하면 고저축→고투자→고성장이라는 선순환구조가 형성되었다는 점이다. 일반적으로 개발도상국의 경제발전 과정에서 핵심적인 통로 역할을 하는 것은 투자이다. 경제학에서 말하는 투자의 개념은 공장을 설립하고 공장의 생산설비를 설치하는 것이나 도로를 건설하고 전력 공급망을 확충하는 것 등을 의미한다. 중국 경제발전 과정에서도 이러한 투자가 크게 늘어났다. 투자가 늘어나려면 먼저 재원이 있어야 하는데 여기서 재원이란 저축이다. 국내에서 소비하고 남은 잉여자금이 충분해야 투자가 이뤄질 수 있다. 다음으로 미래에 대한 기대가 있어야 한다. 저축을 늘리고 그것을 투자에 사용하는 것은 현재의 소비를 포기하거나 유보한다는 것인데, 그러기 위해서는 현재 희생을 감수하고 투자나 저축을 했을 때 더 큰 이득을 기대할 수 있어야만 한다. 이는 개인이나 국가 전체나 마찬가지이다. 개혁개방이 시작되면서 중국에서는 현재의 소비를 희생하고 이를 통해 잉여를 창출한 뒤 그 잉여자본을 생산적인 곳에 투자해 더 큰 수익을 획득할 수 있다는 기대감이 있었기 때문에 '저축→투자→성장'이라는 선순환구조가 형성될 수 있었다.

∷ 중국의 경제성장률 추이(1978~2013년)

지난 35년간 중국의 경제성장률은 평균치가 9.8%로 그 사이 여러 차례 경기 변동이 있었다. 경제성장률이 큰 폭으로 하락하는 불황기도 몇 번 확인되는데, 대표적으로 1989년 톈안먼(天安門) 사태 직후와 1997년 동아시아 금융위기 직후이다. 그런데 이 같은 두 차례 불황 이후 바로 반등해 곧바로 초고속성장시대를 맞이하게 된다. 1989년 첫 번째 경기 불황 이후 중국은 1992년 덩샤오핑의 남순강화(南巡講話)를 계기로 개혁개방에 더욱 박차를 가하면서 비약적인 성장을 이룩한다. 1990년대 말 불황기 역시 2001년 세계무역기구(World Trade Organization: WTO) 가입을 기점으로 엄청난 성장세로 전환된다.

그런데 2012년과 2013년 중국의 경제성장률은 7.7%였으며, 2014년 3분기까지의 성장률은 이보다 낮은 7.4%로 경제성장률이 최고점에 달했을 때와 비교하면 절반에 가까운 수치이다. 그렇다면 이번에도 과거처럼 불황 후 고성장 시기가 다시 찾아올 것인가? 그럴 확률은 굉장히 낮다. 오히려 중국은 중속성장이라는 새로운 시기에 접어들면서 하나의 전환기를 지나고 있다.

전환기에 진입한 중국경제

∷ 전환기 진입의 근거

중국경제가 전환기에 진입했다고 판단하는 첫 번째 근거는 과거에 비해 성장률이 뚜렷하게 하락했다는 것이다. 중국은 2001년 WTO 가입 이후 약 6년 이상 경기 호황을 누렸는데, 그 시기 연평균 성장률이 11%를 넘었다. 경기 호황이 절정에 달했던 2007년에는 14%를 넘었다. 하지만 다음 해인 2008년 미국발 금융위기가 전 세계로 확산되면서 중국도 영향을 받게 된다. 중국은 대응책으로 정부 주도의 대규모 경기부양을 실시했고 덕분에 그 시기에 이뤄내기 쉽지 않은 성장률을 기록한다. 2009년 당시 전 세계적으로 플러스 성장을 기록한 국가를 찾아보기 힘든 가운데 중국은 9.2% 성장했고, 2010년에도 10%가 넘는 성장을 했다. 이것은 대규모 경기부양책에 힘입은 결과였다. 그런데 이 같은 대규모 부양책이 단기적으로는 중국의 성장률을 높였지만 결국에는 중국경제의 구조적 문제를 은폐하거나 오히려 악화시키는 부작용을 낳게 되었다.

2012년 이후부터 매년 7%대의 경제성장률을 기록하고 있고, 2014년에는 1분기 7.4%, 2분기 7.5%, 3분기 7.3%로 7% 중반의 경제성장 수준을 유지하고 있다. 이것은 2007년도에 비하면 거의 절반밖에 되지 않는 수치이고, 2001년 이후 경기 호황기의 평균성장률에 비해서도 3~4%p 떨어진 수치이다. 이처럼 장기간 두 자릿수 경제성장을 기록했던 중국이 뚜렷한 성장 둔화세를 보이고 있다는 점이 중국경제가 전환기에 들어섰다고 판단하는 첫 번째 근거이다.

두 번째 근거는 국제경제 환경의 변화이다. 중국은 2002~2007년에 세계 각국, 특히 미국과 유럽 등 선진국에 대한 수출을 크게 늘리면서 고도성장을 할 수 있었다. 그런데 2008년 이후로 세계경제가 불황기에 접어들면서 아직까지 회복 여부나 시기에 대해 불확실성이 존재하는 상황이다. 대표적인 곳이 주 수출 대상국인 미국과 유럽인데, 이런 상황에서 중국은 예전처럼 연간 20~30%의 수출 증가가 불가능하게 되었다. 중국 경제성장의 중요한 동력 중 하나를 잃게 된 것이다.

세 번째 근거는 중국 국내경제 환경과 경제구조의 변화이다. 중국정부는 경제분야에서 현재 직면한 여러 가지 구조적인 문제를 인지하고 과거와 같은 두 자릿수 성장이 불가능하다는 것을 받아들이면서 경제발전전략을 전환하겠다는 뜻을 밝히고 있다. 즉, 성장률을 높이기 위한 인위적 경기부양책을 쓰지 않고 양적 성장에서 질적 성장으로 전환하겠다는 뜻을 내비친 것이다.

이 전환의 핵심적인 내용은 과거 수출과 투자가 견인한 경제성장이 한계에 부딪혔으므로 내수, 특히 소비를 경제성장의 새로운 동력으로 삼겠다는 것이다. 왜냐하면 한 나라의 총생산인 GDP를 늘리려면 증가분을 흡수할 수요가 필요하다. 과거에는 기업이 수요의 주체가 되어 기계, 시멘트, 철강, 알루미늄 등을 사줬고 이것을 투자라고 했다. 외국이 수요의 주체가 되면 수출이 되는 것이다. 그런데 앞에서 언급했듯이 현재는 수출이 늘어나기 어려운 상황이고 동시에 투자 효율이 하락하고 광범위한 투자 과잉이 드러나면서 투자의 증가도 기대하기 어려우니 늘어나는 생산을 구입할 주체는 중국 내 소비자가 되어야 한다는 것이다.

네 번째 근거는 작년부터 여러 차례에 걸쳐 중국 금융시장의 불안정성이 대두되고 일부 전문가 사이에서 중국경제의 위기 가능성이 제기되고 있다는 점이다. 예를 들어 2013년 6월 중국 금융시장에서 자금경색이 발생했다. 흔히 말해 돈줄이 말랐다고 하는데, 기업이 단기적으로 돈을 융통하기가 어려워진 것이다. 이렇게 되면 돈의 가격, 즉 금리가 상승하게 된다. 그래서 2012년 6월 중국의 단기금리가 급등했다. 같은 해 12월에도 6월 정도는 아니지만 상당히 비슷한 양상의 신용경색(credit crunch)이 발생했다. 또 2014년 들어서는 일부 회사가 발행한 회사채나 몇몇 제2금

중국의 분기별 경제성장률 추이

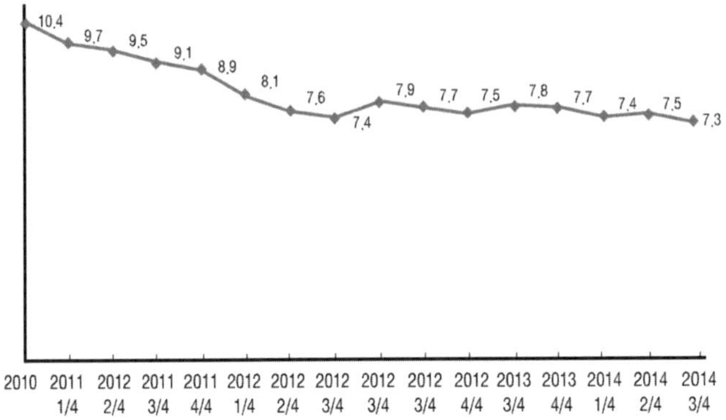

자료: 중국국가통계국(http://www.stats.gov.cn).

융기관에서 발행한 금융상품이 부도(default)가 났다.

이와 같이 금융시장의 불안정성이 부각되는 상황에서 경제성장률이 하락하자, 2013년부터 일부 전문가들 사이에서 중국경제가 심각한 위기에 봉착할 수 있다는 위기론이 나오기 시작했고, 현재는 이러한 우려가 커지고 있다. 이 같은 상황에서 향후 중국경제가 성장을 지속할 수 있을 것인가 아니면 위기에 빠져 휘청거릴 것인가를 두고 다양한 견해가 나타나고 있다.

성장률 하락의 직접적 원인

투자의 효율성 하락

중국의 분기별 성장률 추이를 살피면, 하락 추세가 더욱 명확하게 드러난다. 위의 표에 잘 나타나 있듯이 지난 3년간 성장률은 지속적으로 하

GDP의 수요측면 구성(%)

연도	소비지출			자본형성			순수출(상품, 서비스)
	가계소비	정부소비	합계	고정자본투자	재고증가	합계	
1996	45.8	13.4	59.2	32.4	6.4	38.8	2.0
1998	45.3	14.3	59.6	33.0	3.2	36.2	4.2
2000	46.4	15.9	62.3	34.3	1.0	35.3	2.4
2001	45.3	16.1	61.4	34.6	1.9	36.5	2.1
2002	44.0	15.6	59.6	36.2	1.6	37.8	2.6
2003	42.2	14.7	56.9	39.1	1.8	40.9	2.2
2004	40.6	13.8	54.4	40.5	2.5	43.0	2.6
2005	38.9	14.1	53.0	39.6	1.9	41.5	5.5
2006	37.1	13.7	50.8	39.5	2.2	41.7	7.5
2007	36.1	13.5	49.6	39.0	2.6	41.6	8.8
2008	35.4	13.2	48.6	40.5	3.2	43.7	7.7
2009	35.4	13.1	48.5	44.9	2.3	47.2	4.3
2010	34.9	13.3	48.2	45.6	2.5	48.1	3.7
2011	35.7	13.4	49.1	45.6	2.7	48.3	2.6
2012	36.0	13.5	49.5	45.7	2.1	47.8	2.7
2013	36.2	13.6	49.8	45.9	1.9	47.8	2.4

자료: 중국통계연감(中國統計年鑑)(2014).

향 추세이고 현재는 7%대 중반 수준을 유지하고 있다.

그렇다면 이와 같은 경제성장률 하락에 직접적으로 작용하는 요인은 무엇일까? 그것은 투자 효율성의 하락이다. 중국의 가장 큰 성장 동력은 여전히 투자로 중국의 투자율은 거의 50%에 달하는 매우 높은 수준이며, 이 비율은 지난 수년간 거의 변함없이 유지되고 있다.

위의 표에서 '자본형성' 부분이 넓은 의미의 투자에 해당하며, 좁은 의미의 투자는 '고정자본투자'만을 가리킨다. 재고는 해당 기간에 생산되었지만 아직 소비되지 않은 부분으로 넓은 의미에서 투자에 포함할 수 있다. 그래서 넓은 의미의 투자(고정자본투자 + 재고증가) 비율을 보면 50%에 가까운 수치를 보인다. 2000년대 중반에는 투자율이 40% 초반 수준이었는데, 2009년 이후에는 48% 내외를 기록하고 있으며 고정자본투자 비율만 살펴도 45%를 상회하는 수준을 유지하고 있다. 그런데 경제성장률은 떨어졌다. 이것을 어떻게 해석할 수 있을까? 중국 전체에서 매년 생산된 것 가운데 45% 이상이 투자되고 있는데도 경제성장률은 떨어지고 있다. 즉, 과거와 동일한 양을 투자해도 GDP 증가에 기여하는 정도는 작아진다. 이것을 경제학적으로는 투자의 효율성이 떨어졌다고 표현한다.

한 국가의 투자 효율성을 측정하는 개념으로 '한계자본계수(Incremental Capital Output Ratio: ICOR)'라는 것이 있다. 수식으로 나타내면 '⊿K/⊿Y'이다. K는 총자본량을 의미하며 공장 건설이나 기계 구입같이 생산에 투입되는 자본을 모두 더한 것이다. 델타(⊿)는 증가한 양을 의미하고, Y는 총생산, 즉 GDP이다. 그러니까 한계자본계수는 총자본 증가량을 GDP의 증가량으로 나눈 것이다. 이것을 해석하면 GDP를 한 단위 늘리기 위해 자본이 얼마만큼 늘어나야 하는지가 보인다. 그래서 한계자본계수가 이전보다 상승했다는 말은 GDP 한 단위를 늘리기 위해 더 많은 자본이 필요했다는 것이다. 바꿔 말하면 투자의 효율성이 떨어졌다는 의미이다.

253쪽 표를 보면 2000년대 초반 중국의 한계자본계수는 대략 4 수준이었는데 중반을 지나면서 다소 하락한다. 특히 2007년 경우, 경제성장률은 매우 높았지만 투자율은 예년 수준과 비슷했기 때문에 한계자본계수가 낮게 나타난다. 하지만 2007년 이후로는 뚜렷한 상승 추세를 보이면서 2012년에 약 6 정도 수준에 도달했다. 과거에는 1% 성장하기 위해 4단위의 자본만 있으면 되었지만 지금은 6단위의 자본이 필요하다는 뜻

중국의 한계자본계수(ICOR) 추이

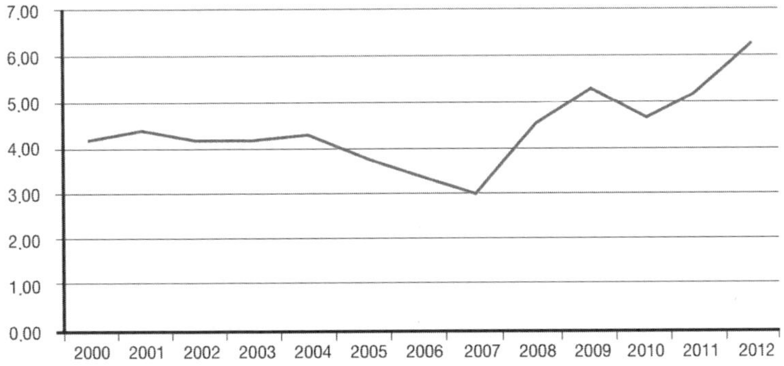

자료: World Bank(http://data.worldbank.org).

으로 과거에 비해 투자 효율성이 50% 정도 떨어진 것이다. 경제학에는 '한계생산체감의 법칙(law of diminishing marginal returns)'이라는 논리가 있다. 투자를 계속 늘릴 때 추가적인 투자를 통해 증가하는 생산의 정도는 계속 줄어든다는 원리이다. 자본의 양이 많지 않을 때는 조금만 투자해도 생산을 많이 늘릴 수 있다. 하지만 지난 30여 년 중국은 계속해서 투자를 하고 자본량이 늘었기 때문에 자본의 증가분으로 얻을 수 있는 생산의 증가분이 줄어드는 것은 당연하다.

※ 중국정부의 정책조정: 성장의 우선순위 하락

중국 성장률 하락의 또 다른 원인은 중국정부가 더 이상 성장을 정책의 최우선 순위로 두지 않게 되었기 때문이다. 과거 중국은 성장률을 매우 중시했다. 대표적인 예로 지방의 경제성장률을 해당 지방관료의 인사평가 기준으로 삼았다. 그래서 지금까지 지방 공무원은 무슨 수를 써서라도 성장률을 높이려고 대단히 의욕적으로 투자 유치에 나섰다. 그런데 최근 중국은 지방정부 관료를 평가할 때 더 이상 성장률과 같은 양적 지표만을 기준으로 삼지 않겠다고 강조하기 시작했다. 과거 같았으면 성장률의 하락은 도저히 용인할 수 없는 것이었는데 말이다.

한 예로, 2009년 글로벌 금융위기 여파로 중국경제가 주춤거리자 성장률 하락을 우려한 중국정부는 경기부양을 위해 재정지출을 확대하고 금융권에 대출 확대를 요구했다. 지방정부는 그 기회를 이용해 온갖 사업을 벌였고 그 결과 2009, 2010년 중국은 고성장을 달성했다. 그 당시 다른 국가는 모두 불황을 겪고 있었지만 중국은 금융위기를 성공적으로 극복했던 것이다. 하지만 2011, 2012년이 되자 중국은 대규모 경기부양책의 부작용이 컸다는 것을 인식하게 된다. 그리고 더 이상 경기부양책을 쓰지 않겠다고 선언한다. 이는 올해 들어 더 이상 성장률이라는 지표에 목을 매지 않겠다고 한 것과 같은 맥락이다. 이러한 상황이 최근 2~3년간 중국에서 새롭게 벌어지는 상황이다. 투자를 통해 성장을 달성하는 것이 어려워지면서 중국정부가 정책의 우선순위를 조정한 것, 이것이 성장률 하락의 또 다른 직접적 원인이다.

지금까지는 겉으로 드러난 원인이고 이제부터는 숨어 있는 원인을 알아보자. 왜 중국정부는 정책의 우선순위를 조정했는가? 왜 과거와 같이 경제성장률을 높이기 위해 온갖 노력을 하지 않는가? 무엇 때문에 투자의 효율성은 계속 떨어지는가? 이러한 현상 뒤에 숨어 있는 원인이 무엇인지 중국경제가 안고 있는 구조적인 문제라는 주제로 설명하겠다.

중국경제가 직면하고 있는 구조적 문제

경제구조의 불균형: 지속 불가능

그동안 중국은 성장을 위해 투자를 유도했다. 투자를 하려면 재원이 필요하므로 저축을 최대한 늘리는 정책을 실시했다. 그러다 보니 당연히 소비가 늘어나기 어려웠다. 이런 과정에서 중국경제의 구조적인 불균형이 형성되었다. 즉, 과잉저축 → 과잉투자 → 과소소비 구조가 생긴 것이다. 앞의 'GDP의 수요측면 구성' 표에서 보았듯이 투자율은 50%에 가깝고 가계소비율은 36%에 지나지 않으니 저축률이 50%가 넘는다. 가계소비가 흔히 말하는 민간소비인데, 이것이 GDP에서 차지하는 비율은 2000년 46.4%로 최고치를 기록한 뒤 2010년에는 34.9%까지 떨어졌다. 반면 2008년 미국의 GDP 대비 소비 비중은 72%였다. 미국은 소비를 너무 많이 하고 저축을 적게 한다. 중국은 그 반대이다. 중국의 과잉저축 → 과소소비의 불균형적 구조와 미국의 과잉소비 → 과소저축이라는 구조는 연결되어 있다. 미국의 과잉소비로 중국이 외화를 벌어들이고 중국은 벌어들인 외화로 다시 미국정부가 발행한 채권을 산다.

그런데 중국경제가 이러한 불균형 구조를 계속 유지할 수 있을까? 그렇지 않다. 특히 중국과 같은 과잉투자 상태에서는 투자를 해도 수익이 높지 않은데, 만약 투자를 위해 은행에서 돈을 빌렸다면 이자를 내야 한다. 하지만 수익이 나지 않으니 이자를 상환하지 못하는 투자 프로젝트가 증가한다. 이런 구조는 지속이 불가능하다. 또 기업이 벌어들인 이윤만으로는 과잉투자를 지속하기가 어렵다. 그럼 어떻게 했을까? 금융시장에서 돈을 빌려 과잉투자를 했다. 중국 금융시장의 중심은 은행이다. 그럼 돈을 빌리는 주체는 누구일까? 대부분의 경우는 지방정부이고 지방정부와 연계된 국유기업이다. 따라서 과잉저축 → 과잉투자와 동전의 양면처럼 존재하는 것이 바로 과잉부채이다.

2013년 기준 중국 총 부채율은 GDP 대비 약 230%였다. 2008년에는 약 158%였는데 불과 4~5년 사이에 크게 늘어났다. 부채율이 급격히 늘어난 원인은 중국정부가 금융위기 직후 강력한 경기부양책을 실시했기 때문이다. 일부 지방정부나 기업, 특히 국유기업이 과도한 부채를 보유하게 되었다. 즉, 해당 지방정부나 기업이 부도를 낼 가능성이 커졌다는 의미이다. 한국에서 최근 높은 가계부채가 문제가 되고 있는 데 비해 중국의 가계부채는 아직 그렇게 높지 않다(GDP 대비 35%). 중국 금융시장에서는 소비자 금융이 차지하는 비중이 높지 않다는 뜻이다. 반면 중국은 지방정부(약 37%)나 기업(약 135%)의 부채 비중이 높다. 상대적으로 중앙정부의 부채는 GDP 대비 20% 수준으로 매우 낮다.

중국의 현 경제구조가 지속가능하지 않은 또 하나의 이유는 심각한 환경문제에 있다. 지난 30여 년에 걸친 급속한 공업화의 부산물로 환경오염은 극심한 상황에 이르렀다. 이제는 환경 비용을 무시하고 맹목적으로 투자 확대를 통한 고성장을 추구하는 것이 불가능한 지경에 이른 것이다.

∷ 금융 부문의 비효율과 잠재적 불안정

어떤 나라든지 금융이 제대로 된 역할을 하지 못하면 국가경제의 위기를 초래할 수 있다. 1997년 한국이 그랬고 2008년 미국이 그랬다. 시장경제에서는 돈줄을 담당하고 있는 금융 부문이 매우 중요하고 영향력이 큰데 중국은 이 부문이 아직 제대로 발달하지 못했다. 중국에서 큰 규모의 은행은 대부분 국가가 최대주주인 국유은행이다. 또한 금융 부문에 대한 정부의 간섭과 규제가 심하다. 가장 대표적인 것이 금리규제이다. 중국 중앙은행은 수신금리, 즉 예금금리를 규제하고 있는데, 기준금리(2014년 12월 2.95%) 대비 1.2배를 상한으로 규정하고 있다. 또 총 대출 규모와 예대 비율(대출 규모를 예금 규모의 75%까지 허용)도 규제하고 있다. 물론 이렇게 하는 이유는 금융 부문이 잘못될 경우 국가경제 전체에 영향을 미치기 때문이지만, 규제가 많다 보니 금융 부문의 기능이 제대로 발휘되기 어렵다.

이러한 상황에서 규제를 회피해 일어나는 비공식적 금융거래, 이른바 '그림자 금융(shadow banking)'이 확대된다. 돈을 빌리려는 쪽에서는 이자를 많이 주더라도 돈을 빌리고 싶지만 정부 규제 때문에 은행에서 대출하기가 쉽지 않다. 국유기업에 비해 민영기업은 상대적으로 대출이 더 어렵다. 그러다 보니 민영기업은 규제를 회피해 이자를 더 내더라도 돈을 빌리려는 욕구가 생긴다. 대출 규제를 받고 있는 은행조차 여기에 동참하고자 하는 동기가 만들어진다. 이 과정에서 다양한 방식으로 비공식적인 금융 거래의 규모가 커지게 된다. 이것이 그림자 금융이다.

그림자 금융은 순기능과 역기능이 함께 존재한다. 순기능은 공식적인 금융 부문으로부터 자금을 제공받을 수 없는 곳에(예를 들어 중소 민영기업) 자금을 제공한다. 금융기구는 감독기관의 관리와 감독이 필요하지만, 그림자 금융은 규제 밖에 있기 때문에 위험에 노출될 가능성이 매우 크다. 부도가 난다 해도 수습하기가 어렵다. 이런 상황이 악화되면 금융시장에 대한 신뢰가 하락하면서 시장에서 돈이 단숨에 빠지는 혼란(bank run)이 발생할 수 있다.

중국은 최근 몇 년간 그림자 금융의 규모가 굉장히 커졌다. 그 규모에 대한 추정치는 최소 GDP의 21%에서 최대 61%까지 다양하다. 그림자 금융이라는 개념 자체가 아직 명확하지 않고 규모를 평가하는 방법도 다양하기 때문이다. 은행 외 주식시장이나 채권시장도 과거에 비해 규모는 커졌지만 여전히 기능을 제대로 발휘하지 못하고 있다. 중국에서는 이를 '규범화 수준이 낮다'라고 표현한다. 주식시장의 경우 내부자 정보를 이용해 누구는 돈을 쉽게 벌고 누구는 큰 손해를 보는 일이 종종 벌어진다. 이런 경우가 반복되니 주식시장에 대한 신뢰가 하락한다. 채권시장의 경우는 신용평가를 위한 인프라가 제대로 갖춰지지 않아 발전에 제약이 되고 있다. 이와 같이 성숙하지 못한 중국의 금융 부문은 앞에서 언급한 과잉대출, 과잉투자 등의 문제와 연결되어 잠재적 불안요인으로 작용한다.

빈부격차와 중진국 함정

중국을 몇 번 방문한 사람이라면 중국의 빈부격차가 얼마나 큰지 느꼈을 것이다. 빈부격차 문제는 앞서 설명한 중국의 성장전략 및 그에 따른 정책과 관련이 있다. 중국은 투자 위주의 성장전략을 실시하면서 기업 투자를 유도하기 위해 몇 가지 조건을 설정한다. 예를 들면 낮은 이자율, 기업이 싼값에 돈을 빌려 투자를 늘릴 수 있도록 저금리정책을 편다. 하지만 이로 인해 저축을 하는 사람은 피해를 본다. 현재 중국의 1년 정기예금 금리는 대략 3% 수준인데 물가상승률이 2~3%이다. 실질 금리가 1%밖에 되지 않고 마이너스가 되기도 한다. 결국 손해를 보는 것은 저축을 많이 한 사람이다. 특히 가계가 타격을 입는다.

게다가 중국은 투자를 늘리기 위해 과거 상당 기간 임금 수준을 억제했다. 빠른 경제성장을 이룩하기 위해 투자에 유리한 저임금 상태를 오랫동안 유지하니 가계 부문의 소득은 늘지 않고 상대적으로 기업 부문이 빠르게 성장하면서 부의 불평등이 심화되었다. 현재 중국에서 빈부격차는 경제문제를 넘어 사회문제가 되고 있다. 또한 이 과정에서 부정부패가 만연하니 사회의 불만이 커졌고 이에 대응해 새로운 지도부는 부정부패 척결을 위해 많은 노력을 기울이고 있다.

일부 학자는 중국이 겪고 있는 여러 가지 증상에 대해 '중진국 함정'이라는 진단을 내린다. 중진국 함정이란 순조롭게 발전하던 개발도상국이 경제발전의 단계가 높아지면서 여러 가지 새로운 도전에 직면하게 되고 성장이 둔화되는 현상을 의미한다. 앞에서 언급한 투자 효율성의 하락도 관련 현상 중 하나이고, 최근 임금인상 현상도 나타나고 있는데, 임금이 빠르게 오르니 과거 저임금 인력에 의존했던 산업이 더 이상 중국에서 경쟁력을 유지하기 어렵게 되었다. 이 과정에서 사양 산업이 발생하고 이를 대신해 생산을 늘려줄 새로운 성장 산업이 필요해졌다. 이것을 '산업구조의 고도화'라고 표현하는데 한국이 1990년대에 겪었던 과정이다. 중국도 그 과정을 거치게 된 것이다. 이제 중국은 경제발전의 중심이었던 노동집약적 산업을 대체하고 성장을 이끌어갈 새로운 성장 주도 산업을 육성해야 하는 중요한 도전에 직면하고 있다.

구조적 문제에 대한 중국정부의 정책대응

중국정부는 당면한 구조적 문제로 인해 더 이상 과거의 성장방식을 지속할 수 없다는 것을 인정한다. 따라서 새로운 여건에서 지속 가능한 성장방식을 모색한다. 그것이 바로 '경제발전방식의 전환[轉變]'이며 현재 진행하고 있는 제12차 5개년 계획(2011~2015년)의 핵심 의제이다.

먼저 수요측면에서 경제발전방식의 전환을 보면, 과거에는 투자와 수출이 경제성장을 견인하는 요소였지만 이제는 그 역할을 소비가 해야 한다는 것이다. 소비 주도의 성장방식으로 전환하는 것이 하루아침에 이뤄지지 않으므로 점진적으로 하겠다는 것이다. 한편 공급측면에서는 산업구조 고도화를 모색한다. 아울러 이전보다 높은 임금을 지불하고도 산업이 경쟁력을 가져야 하므로 총요소생산성(Total Factor Productivity: TFP) 제고를 위해서 노력하겠다는 것이다. 이를 위해서 산업구조를 고도화하고, 기술 수준을 제고하는 것이 필수 과제가 되고 있다.

이상의 내용이 현재 중국이 추진 중인 경제발전방식의 전환이다. 나는 이것이 올바른 방향이라고 생각한다. 중국정부는 자신들이 처한 상황을 잘 이해하고 그에 대해 정확히 대응하고 있다. 그런데 문제는 방향을 정했다고 쉽게 달성되지는 않는다는 점이다. 중국이 실제로 발전방식을 전환하고 경제의 구조를 바꾸는 것은 결코 쉬운 일이 아니다. 그래서 오늘날 중국경제의 미래에 대해 전문가 사이에서 다양한 견해가 쏟아지고 있다. 이 견해를 크게 낙관론, 신중한 낙관론, 제한적 비관론, 비관론 네 가지로 나누어서 살펴보자.

중국경제 미래에 대한 다양한 견해

⁙ 낙관론

낙관론의 핵심은 중국이 앞으로도 상당 기간 고속 성장을 하는 데 문제가 없다는 것이다. 낙관론을 주장하는 대표적인 학자는 세계은행 수석 부총재를 지낸 린이푸(林毅夫)이다. 린이푸가 주장하는 낙관론의 근거는 상당히 단순하다. 이른바 '후발자의 이득(latecomers' advantage)'으로, 특히 일본, 한국 등 주변국의 성장 과정과 비교하는 것이다. 중국의 2013년 1인당 GDP는 약 7000달러이다. 이것은 대략 일본의 1960년대 초반 수준과 비슷하고 한국이나 타이완의 1980년대에 해당한다. 린이푸 등의 학자는 "일본과 한국을 보라. 이 수준에 도달한 후에도 20년 가까이 고도성장을 지속했다. 중국도 똑같은 과정을 밟을 것이다"라고 설명한다. 덧붙여 지난 30여 년 중국정부가 경제를 관리하는 능력이 탁월했다고 주장하면서 앞으로도 성장을 지속할 것이라고 전망한다. 또한 린이푸는 비교우위 논리를 주장한다. 일반적으로 개발도상국이 발전할 때 가장 중요한 것은 자국의 비교우위에 맞는 산업을 발전시키는 것인데 중국은 그 과정을 잘했다는 것이다. 따라서 앞으로 20년 가까이 8% 정도의 고속 성장을 유지하는 데 아무런 문제가 없다는 견해를 제시하고 있다.

:: 신중한 낙관론

신중한 낙관론은 중국경제가 상당 기간 중속성장을 지속할 수 있다고 보는데, 다만 성장률의 하락은 불가피하다는 입장이다. 대표적인 학자는 위용딩(餘永定)과 스티븐 로치(Stephen Roach)이다. 이들은 중국이 자국 내 구조적인 문제가 존재한다는 것을 인정하고 이를 해결할 필요가 있다고 주장한다. 구조적 문제란 앞에서 설명한 높은 부채율, 과잉 저축과 투자, 부동산 거품, 그림자 금융 등이다. 이런 문제를 해결하는 과정을 흔히 구조적 불균형의 해소(rebalacing)라고 표현한다. 신중한 낙관론자들은 중국이 안고 있는 문제의 심각성이 크지 않고 중국이 문제를 해결할 충분한 능력이 있다고 생각한다. 하지만 문제를 해결하기 위해서는 오랜 시간이 걸릴 것이고 그 과정에서 성장률 하락이 불가피하다고 본다. 결론적으로 중국이 리밸런싱의 과정을 잘 헤쳐 나갈 것이고 현재도 올바른 방향으로 가고 있다고 보는 견해이다.

∷ 제한적 비관론

제한적 비관론을 주장하는 학자로는 누리엘 루비니(Nouriel Roubini), 케네스 로고프(Kenneth Rogoff), 마이클 페티스(Michael Pettis) 등이 있다. 이들은 중국의 구조적 문제가 심각한 수준이고 이러한 구조적 불균형을 해소하는 과정에서 경착륙이 불가피하다고 말한다. 이들은 중국이 20년 이상 20%를 상회하는 투자 증가율을 유지했으나 이런 구조는 지속되기가 힘들고 과잉투자된 부분이 반드시 정리되어야 한다고 본다. 신중한 비관론자들은 과거 다른 국가의 예를 들어 이러한 과정은 반드시 경착륙을 수반할 수밖에 없고 심지어는 경착륙이 필요하다는 해석을 제시한다. 즉, 중국도 극심한 불균형 해소 과정에 예외가 될 수 없다는 주장이다. 하지만 이들은 경착륙이 발생한다고 해서 중국경제가 완전히 몰락할 것이라고 보지는 않는다. 구조조정 과정을 성공적으로 거치면 과거와 같은 고속 성장은 아니더라도 중속 또는 중·저속 성장 궤도에 재진입할 수 있다고 본다.

∷ 비관론

비관론은 중국경제의 몰락을 예측 또는 주장하는 입장이다. 비관론자들은 공산당이 권력을 독점하고 있는 중국의 현 정치체제가 지속될 수 없으며, 따라서 공산당이 주도하는 중국의 경제는 몰락할 수밖에 없다고 생각한다. 특히 소득 불평등, 지역 간 불평등, 부정부패 등으로 국민들 사이에 심각한 불만이 쌓여 있고 언젠가 이 불만이 폭발할 것이라고 본다. 경제 구조조정, 재균형은 어찌 보면 이해관계를 조정하는 것인데 기득권 보유자를 대표하는 공산당 정부가 이러한 과정을 수행하기가 쉽지 않다고 보는 것이다. 따라서 중국경제가 어떤 식으로든지 몰락할 것이라는 주장이다. 비관론자들의 주장은 이념적이기도 하다. 그들은 중국 정치체제에 일종의 '거부' 입장을 표현하기 때문에 중국경제의 성공을 받아들일 수가 없는 것 같다.

단기적 위기 발생 시나리오와 개인적 견해

만약 중국경제가 경착륙하게 된다면 어떤 과정을 거치게 될지 예상 시나리오를 살펴보자. 현재 중국의 경제성장률은 하락 추세를 보이고 있다. 하지만 중국정부는 구조개혁을 위해 대규모 경기부양은 하지 않겠다는 입장이다. 그러면 어떤 문제가 발생할 수 있을까? 이미 설비가 과잉투자된 산업의 경우, 기업들의 수익성이 하락하고 심지어 부도를 맞을 수도 있다. 또 부동산 거품도 붕괴될 수 있다. 그간 투자의 상당 부분이 부동산에 집중되었는데 여기는 개인, 지방정부, 부동산 개발업자 등이 모두 참여했다. 돈이 부동산에 몰리니 거품이 형성되었다. 만약 불경기로 부동산 가격이 하락하면서 이 거품이 꺼지면 은행이 기업이나 부동산에 대출했거나 투자했던 자금이 모두 부실화된다. 대규모 부노사태가 발생하는 것이다. 이 경우 금융 시스템 전체에 대한 신뢰가 붕괴되고 결국 중국

경제 전체에 큰 위기가 오게 된다. 이는 다시 실물 부문의 투자 및 소비와 성장률 하락을 가져오고 악순환구조가 형성될 수 있다. 다만 이러한 구조, 이른바 붕괴 시나리오(collapse scenario)의 발생 확률에 대한 평가가 다르기 때문에 중국경제의 미래에 대한 다양한 견해가 있다.

중국경제의 미래에 대한 나의 견해는 신중한 낙관론에 가깝다. 방금 설명한 시나리오가 실제로 발생할 확률이 그리 높지 않다고 보기 때문이다. 나는 중국정부가 구조적인 문제를 해결할 수 있다고 생각한다. 중국의 부채나 그림자 금융의 규모가 제법 크지만 GDP 대비 비중은 다른 나라에 비해 높지 않다. 게다가 중국정부가 지방정부 부채나 그림자 금융 문제에 대해 충분히 조사했고 관련 상황을 파악하고 있다. 만약 중국경제에 문제가 터진다면 금융 부문에서 발생할 가능성이 높은데, 중국의 경우 금융 부문의 핵심은 여전히 국유은행이다. 따라서 중국정부가 건전한 재정을 바탕으로 국유은행의 신용도 하락을 막을 수 있을 것이다. 이 과정에서 중국이 보유한 세계 최대 규모의 외환보유고를 활용할 수도 있을 것이다. 결론적으로 중국경제에 위기 요인은 분명 있지만 중국정부의 관리 가능한 범위에 있다는 것이 나의 판단이다.

중·장기 전망

⁝ 구조개혁 및 경제발전방식의 전환 내용

중국의 미래를 전망하기 위해 우리가 주목할 것은 중국정부가 과연 자신들이 설정한 발전 방향대로 이행을 하고 있는지 여부이다. 먼저 중국정부의 개혁 방향을 살펴보겠다.

수요측면에서는 투자나 수출이 아닌 소비가 증대되어서 생산 증가를 흡수해야 한다고 앞서 설명했다. 소비가 늘어나려면 먼저 가계의 소득이 증가해야 한다. 또 가계 소비가 늘어나기 위해서는 사람들의 불안 심리가 줄어들어야 한다. 그동안 중국 가계는 소득이 증가해도 소비를 늘리지 않았다. 노후, 질병, 교육에 대한 불안으로 저축을 했기에 소비를 할 수 없었다. 따라서 연금이나 의료보험 같은 사회안전망 확충을 통해 사람들의 불안을 해소해야 한다. 공급측면에서는 산업구조의 고도화와 효율성 제고를 위한 기술혁신이 필요하다. 아울러 서비스화도 매우 중요한데 이것의 필요성은 뒤에서 설명하겠다.

금융 부문에서는 개혁을 통해 투자의 효율성을 제고해야 한다. 즉, 금융기관에서 기업의 규모만 보고 혹은 정부의 압력에 의해 돈을 빌려줘서는 안 된다. 금융기관이 효율성이 있으려면 금융개혁을 통해 금리자유화를 실현해야 한다. 인위적으로 저금리를 유지할 것이 아니라 시장에서 금리가 결정될 수 있게 해야 한다. 이렇게 되면 높은 금리를 부담하고도 수익을 올릴 수 있는 사업으로 돈이 흘러가고 저축을 한 사람은 저축에 대한 보상을 받을 수 있다. 아울러 그동안 효율성이 높았음에도 불구하고 은행에서 돈을 빌리기 어려웠던 중소 규모의 민영기업에게도 자금이 제공되어야 한다.

성장방식 전환에 대한 잠정 평가

이런 개혁의 성패에 따라 중국경제의 미래가 결정될 것이다. 그렇다면 중국정부가 성장방식 전환을 천명한 이래 현재까지의 성과는 어떠할까?

중국의 산업구조 및 고용구조 추이(%)

연도	1차 산업		2차 산업		3차 산업	
	GDP 비중	고용 비중	GDP 비중	고용 비중	GDP 비중	고용 비중
1990	27.1	60.1	41.3	21.4	31.5	18.5
2000	15.1	50.1	45.9	22.5	39.0	27.5
2012	10.1	33.6	45.3	30.3	44.6	36.1
2013	10.0	31.4	43.9	30.1	46.1	38.5

자료: 『중국통계연감(中國統計年鑑)』(2014).

한마디로 중국이 가고자 하는 방향과 정책의지는 명확하다. 다만 성장방식의 전환에서 어느 정도의 진전은 있었지만 성과는 제한적으로 나타나고 있다고 평가할 수 있다.

먼저 수요구조의 변화를 보면, 가계 소비가 GDP에서 차지하는 비중이 2009년 34.5%에서 2013년 36.2%로 소폭 상승했다. 반면 투자 비율은 48% 수준을 계속 유지하고 있다. 결국 수요측면에서 전환의 진전이 크지 않다고 비판적으로 평가할 수도 있지만, 다른 한편으로 상당히 의미 있는 변화가 일어나고 있다고 볼 수 있다. 그것은 산업구조의 변화인데, 2012년부터 3차 산업의 성장률이 2차 산업의 성장률을 추월하기 시작했다. 과거 오랫동안 중국의 경제성장을 이끌어왔던 부문은 제조업, 건설업과 같은 2차 산업이었다. 그런데 최근 2년 사이 3차 산업, 이른바 서비스업의 성장이 2차 산업의 성장보다 앞섰고, 그 결과 2013년에는 신(新)중국 성립 후 처음으로 3차 산업의 비중이 2차 산업의 비중을 넘어섰다.

위의 표는 중국 산업구조와 고용구조의 추이를 보여준다. 1990년부터 2012년까지 GDP에서 가장 큰 비중을 차지하는 것은 2차 산업이었다. 과거 2차 산업 비중이 높았던 대표적인 국가는 독일, 일본, 한국 등이다. 이른바 제조업 중심 국가이다. 그런 나라들도 2차 산업의 비중이 최고 35~40% 수준이었다. 하지만 중국은 2000년부터 2012년까지 45%대를 유지했다. 중국이 흔히 '세계의 공장'이라고 불린 이유가 바로 이것 때문이다. 그런데 2차 산업은 고용 창출 효과가 상대적으로 낮으며, 제조업의 구조가 고도화될수록 이 문제는 더 나빠진다. 최근 중국에서 서비스업의 고용 효과는 2차 산업에 비해 30~50% 정도 크다. 따라서 중국이 실업 증가의 문제를 피하려면 2차 산업의 비중을 낮추고 서비스업의 비중을 늘려야 한다.

최근 2~3년 경제성장률이 2~3%p 감소했지만 고용은 비슷한 수준을 유지했다. 2013년에는 오히려 신규 일자리가 다른 해보다 많았다. 이것이 가능했던 이유는 3차 산업, 즉 서비스업이 빠르게 성장하고 2차 산업은 상대적으로 규모가 줄어들었기 때문이다. 성장률이 하락해도 실업이 악화되지 않았기 때문에 중국정부가 성장률의 하락을 수용할 수 있는 것이다. 만약 성장률 감소가 실업률 증가로 이어진다면 중국정부는 부작용을 감수하고서라도 경기부양책을 실시할 것이다. 실업자가 늘어나면 저소득층의 불만이 폭발할 가능성이 커지기 때문이다.

이와 같은 산업구조의 변화는 더 많은 일자리를 창출하고 노동소득과 가계소득의 증가로 이어질 수 있다. 궁극적으로 GDP에서 소비가 차지하는 비중이 증가하게 될 것이다. 다소 시간이 걸리겠지만 현재 산업구조가 변하고 있다는 사실에 주목한다면 수요구조 변화에도 희망적인 기대를 할 수 있다. 또 다른 성과는 점진적이지만 금융개혁이 의미 있게 진행되고 있다는 것이다. 금융개혁의 핵심은 금리 자유화인데, 인민은행의 저우샤오촨(周小川) 총재기 2014년 초에 향후 2년 내 예금금리 자유화를 실현하겠다고 발표한 바 있다.

중국경제의 미래 운명은 중국경제 구조 전환의 성공 여부에 달려 있다. 앞에서 살핀 수요구조 및 산업구조의 변화와 금융개혁의 점진적 진행 상황을 고려할 때 중국이 추진하는 성장방식 전환은 느린 속도이기는 하지만 나름의 진전을 이루고 있다고 판단된다.

나가며: 중국경제의 중·장기 전망

중국경제의 중·장기 전망에 대한 나의 최종적인 결론은 앞에서도 말했듯이 신중한 낙관론에 가깝다. 중국이 향후 지속적으로 성장할 수 있는 잠재력을 보유하고 있다고 보기 때문이다.

잠재력이 있다고 평가할 수 있는 첫 번째 요소는 도시화 수준이다. 2013년 중국의 도시화율은 53.7%이다. 도시화율이란 전체 인구 중 도시에 사는 인구의 비중을 의미한다. 중국의 도시화율은 중국과 1인당 GDP가 비슷한 나라와 비교했을 때 아직도 낮은 수준이다. 바꿔 말해 도시화가 진행될 여지가 충분하다는 것이다. 도시화가 진전되기 위해서는 도시 인프라 건설이 필요하다. 새로운 투자 수요가 창출되는 것이다. 농촌 주민이 도시민으로 전환되면 소비가 늘어난다. 따라서 도시화는 투자와 소비를 모두 확대시키면서 경제성장에 이바지하는 중요한 통로가 될 수 있다.

두 번째 요소는 GDP 대비 연구개발(Research and Development: R&D) 투자 비중이 높다는 것이다. 중국의 R&D 투자 비중은 최근 2% 수준에 도달했다. 이것은 중진국 단계에서 성장이 멈춘 다른 국가가 도달하지 못한 수치이다. 반면 한국처럼 중진국 함정을 극복하고 지속적인 성장을 이룩한 나라는 예외 없이 R&D 투자 비중이 높았다. 이를 바탕으로 중국 역시 R&D 투자를 통해 기술 혁신과 생산성 제고를 이룩할 수 있다는 긍정적인 기대를 할 수 있다.

다만, 과거 두 자릿수의 성장률을 회복하는 것은 불가능하다고 본다. 오히려 지금보다 성장률이 낮아질 가능성이 있다. 왜냐하면 투자의 한계효율이 저하되고 있고 가계 소비가 투자를 대신해 생산을 흡수할 만큼 빠른 속도로 증가하기는 어렵기 때문이다. 게다가 인구 노령화로 노동력의 추가적인 공급도 한계가 있다. 따라서 모든 요소를 종합하면 2016~2020년에는 중국의 경제성장률이 지금보다 낮은 6% 내외를 기록할 것으로 전망한다.

마지막으로 지금까지 설명한 경제적인 요소가 아니라 정치를 포함한 경제 외적인 요소가 중국에 위험으로 작용할 수 있다. 중국정부가 사회불안 등 경제 외적인 요소를 어떻게 관리하느냐에 주목해야 할 것이다.

(강연일 2014.7.22)

더 읽을 책

린이푸(林毅夫). 2012.『중국 경제 입문』. 서봉교 옮김. 오래.
장화차오(張化橋). 2014.『중국의 거짓말』. 홍승현 옮김. 한국경제신문사.
전성흥 편저. 2013.『공산당의 진화와 중국의 향배』. 서강대학교 출판부.
천즈우(陳志武). 2011.『중국식 모델은 없다』. 박혜린 · 남영택 옮김. 메디치미디어.
한우덕. 2012.『우리가 아는 중국은 없다』. 청림출판.

제4강 중국의 국제통상관계

진화와 미래

최병일 (이화여대 국제대학원 교수)

강연 개요

중국의 부상은 동아시아 생산분업체제와 서구시장 접근으로 가능했다. '세계의 공장'에서 '세계의 시장'으로 역사적인 전환을 모색하고 있는 중국 변신의 촉매는 통상관계이다. 한중 FTA와 미국과의 BIT 협상이 주목되는 이유이다.

들어가며

2014년 11월 10일 베이징(北京), 박근혜 대한민국 대통령과 시진핑(習近平) 중국주석은 한중 자유무역협정(Free Trade Agreement: FTA, 이하 FTA로 약칭)이 실질적으로 타결되었다고 선언했다. 2012년 5월 협상이 시작된 이후 2년 반만이었다. 한중 FTA가 한중 간에 심도 있게 논의되기 시작했던 것은 2010년 9월이고, 정부 간 사전협의를 위한 공동연구는 2005년 9월로 거슬러 올라간다. 무려 9년 동안의 준비와 숙성의 단계를 거쳐 타결에 이른 대장정이었던 셈이다. 아직 양국 간에는 협정문의 최종 문안 작업이 진행 중이고, 협정문이 확정되면 각국의 비준을 거쳐야 하는 후속 절차들이 기다리고 있지만, 전문가들은 2015년에 한중 FTA가 발효되는 데는 문제가 없을 것으로 관망하고 있다.

세계 최대 통상국가인 중국과 무역으로 먹고사는 나라 대한민국의 FTA는 경제적인 영향뿐 아니라 국제정치적·전략적 영향이 심대할 것이 분명하다. 한국정부는 홍보에 열을 올리고 있고, 연구기관들은 효과 추정에 분주하다. 한중 FTA에 대한 한국의 평가는 "이번에도 제조업을 위해 농업을 희생시킨 협상이다"라는 부정적인 평가부터 "소문난 잔치에 먹을 것 없다"라는 회의적인 평가, "중국 내수시장을 선점할 수 있는 교두보를 확보했다"라는 긍정적인 평가까지 다양한 스펙트럼이 존재한다.

중국이 한중 FTA를 바라보는 시각은 어떠한가? 왜 중국은 한국과 FTA를 체결했을까? 한국과 중국의 통상관계는 FTA를 계기로 어떻게 변화할 것인가? 한중 FTA에 대한 중국의 관점을 이해할 때만 이에 대한 제대로 된 평가와 전망이 가능할 것이다. 한중 FTA는 그 자체로 하늘에서 뚝 떨어진 독립적인 사건으로 이해할 것이 아니라, 중국이 국제통상 문제를 어떻게 접근하는가에 대한 근원적인 질문에서부터 시작해야 한다.

중국과 국제통상체제

2001년 12월 10일 카타르 도하(Doha) 세계무역기구(World Trade Organization: WTO, 이하 WTO로 약칭) 각료회의장. 중국의 WTO 가입이 확정되었다. 15년의 길고 긴 협상 끝에 중국이 WTO에 가입한 것이다. 1978년 개혁개방으로 선회한 후 중국 인민을 빈곤에서 탈출시키는 데 성공한 중국으로서는 감격스러운 순간이 아닐 수 없었다. "15년은 긴 시간이었다. 만약 중국이 수월하게 가입했더라면 지금과 같은 시장화와 현대화는 이루지 못했을 것이다. WTO 가입은 동전의 양면과 같다. 이제는 성장 엔진을 유지한 채 중국의 경제체제를 국제기준(global standard)에 맞추는 것이 시급하다." 감회에 젖은 스광성(石廣生) 중국 대외무역경제합작부장의 소회는 중국이 WTO 가입 과정 동안 겪은 어려움과 중국이 풀어야 하는 숙제가 무엇인지도 보여줬다.

중국인들이 꼽은 중국 현대사의 가장 중요한 사건은 당연히 중국인민공화국의 수립이다. 그렇다면 두 번째로 중요한 사건은 무엇일까? 놀랍게도 중국의 WTO 가입이다. 문화대혁명이나 톈안먼(天安門) 사건보다 WTO 가입을 더 중요하게 생각한다는 것은 의외이지만, 이것이야말로 중국을 이해하는 열쇠이기도 하다. 중국경제는 1950년대 후반 대약진 운동의 참담한 실패와 1960년대 중반 문화대혁명을 거치면서 파탄 직전에 이르렀다. 그러나 1970년대 말 개혁개방으로 방향을 급선회해 도시화 추진, 제조업 부흥으로 경제를 회생시켰고 이때 외국인 투자와 해외 시장이 결정적인 역할을 했다. 외국인 투자가 있었기에 산업화를 추진할 수 있는 공장을 건설할 수 있었고, 해외 시장이 있었기에 그 공장에서 생산한 제품을 수출할 수 있었다.

문제는 중국 제품을 수입하는 국가들이 중국 제품에 매기는 관세가 중국 제품과 경쟁하는 다른 국가 제품보다 높았다는 것이다. 이는 공산주의 중국과 외교관계를 수립하지 않은 국가에겐 너무나 자연스러웠고, 국제법과도 전혀 괴리가 없었다. 중국이 세계시장에 자신의 상품을 분주히 실어 나르던 20세기 후반, 그 시기를 지배하던 국제무역 시스템은 관세및무역에관한일반협정(General Agreement on Tariffs and Trade: GATT, 이하 GATT로 약칭) 체제였다. GATT 체제의 핵심은 그 회원들 간의 무역거래에 적용되는 최혜국대우(Most Favored Nation: MFN, 이하 MFN으로 약칭) 원칙이다. MFN에 따르면 어떤 상품을 수입할 때, 모든 회원국은 똑같은 관세를 적용받는다. 예를 들어 미국이 야구공을 수입할 때, 일본산 야구공에 10% 관세를 매긴다면 한국산 야구공에도 같은 관세를 매긴다. 그런데 중국은 GATT 회원국이 아니기 때문에 미국은 50%를 매길 수도 있고 아예 수입을 금지할 수도 있다. 야구공뿐만 아니라 모든 중국산 상품의 수입을 금지할 수도 있다. 미국이 중국산 상품을 얼마나 수입할지, 수입을 허용한 각 상품마다 얼마의 관세를 물릴지는 수입하는 미국이 결정한다. 물론, 중국이 미국을 못마땅하게 여겨 수출을 거부하면 되겠지만, 세계에서 가장 큰 미국시장을 외면할 수는 없는 노릇이었다.

타이완을 버리고 중국을 정식 외교 파트너로 선택한 닉슨 정부 이후 중국은 미국으로의 수출길이 열리긴 했으나, 관세에 관한 결정은 미국이 쥐고 있었다. 1979년부터 미국은 GATT에 가입하지 않은 중국에게 GATT 회원국에게만 적용하는 MFN을 준용하는 결정을 하면서, 매년 갱신 여부를 심사했다. 찬밥 더운밥 가릴 처지가 아니었던 중국은 이를 감지덕지로 받아들였지만, 중국의 눈부신 성장이 계속되면서 미국의 이런 행위가 중국의 자존심을 상하게 만들었다. 특히 톈안먼 사건 이후 미국 여론은 중국의 국내정치에 더욱 개입하고 나서서 매년 MFN 대우를 갱신하는 조건과 중국의 인권상황 개선을 연계시키자, 중국은 내정간섭이라고 강력하게 반발했고 미·중 관계는 갈등국면으로 치달았다. 이런 법안의 효력에 대해 의문을 표하는 의견도 적지 않았고, 특히 중국과 무역관계에 있는 미국 기업들은 통상관계가 지나치게 정치적으로 비화되는 것을 원치 않았다. 매년 중국이 MFN을 갱신할 때면 워싱턴은 MFN 갱신을 중국의 인권상황과 연계해야 한다는 측과 그렇게 하지 말자는 측으로 나뉘어 치열한 공방을 벌였다. 베이징에서는 워싱턴의 이러한 야단법석이 결코 반가울 리가 없었다. 매년 자국의 인권상황이 세계인의 주목을 받게 되는 상황을 피하고 싶었다.

중국이 이런 골칫거리를 근본적으로 해결하는 해법은 GATT 가입이었다. 중국은 1980년대부터 GATT 가입 의사를 본격화하기 시작했다. 중국이 GATT에 가입하기 위해서는 모든 회원국과 협상을 해서 그들의 동의를 얻어야 했다. 이는 가입을 희망하는 모든 국가에게 똑같이 적용되는 절차였다. 협상의 핵심은 중국의 수입관세를 낮추는 것이었는데, 회원국마다 중국으로 수출할 수 있는 주력 제품이 다르기 때문에 그들은 자국의 관심 품목의 관세를 낮게 설정하려고 했다. 만약 GATT 회원국인 브라질이 가입을 희망하는 중국과 협상할 경우, 자국의 관심 품목인 커피의 관세를 낮추려는 협상을 할 것이다. 중국이 브라질에 커피 수입관세를 8%로 약속하면 그 관세는 콜롬비아에게도 똑같이 적용된다. MFN 원칙 때문이다. 중국의 GATT 가입 협상에서 어떤 나라가 가장 많은 이해관계에 걸려 있을까? 중국과의 수입·수출 품목이 제일 다양한 나라, 바로 미국이다. GATT 체제의 설계자인 동시에 20세기 동서 냉전의 한 축으로, 무역을 통한 경제발전 구상으로 자유진영 국가들을 결속해왔던 미국이 중국의 GATT 가입을 쉽게 허락하지 않을 것은 뻔한 이치였다. 세계 최고의 인구수를 바탕으로 방대한 시장잠재력을 가진 중국이 긴 잠에서 깨어 세계로 눈을 돌리는 순간, 중국과 미국의 대결은 시간문제일 뿐, 그 충돌 경로는 예정되어 있었다. 다가오는 미래를 내다볼 수 있는 미국은 중국에게 더 많은 개방을 요구하고, 이제 막 개방의 길로 선회한 중국은 일단 국제통상체제에 대한 학습부터 해야 할 형편이었다.

중국의 WTO 가입: 15년의 대장정

제2차 세계대전이 끝난 직후 미국이 주도해서 만들었던 GATT 체제에 대한 학습은 GATT 체제의 핵심인 MFN에 대한 이해뿐 아니라, 일단 관세를 물고 수입된 외국 제품에 대해서는 국내 제품과 동등하게 대우를 해야 한다는 내국민대우(national treatment)에 대한 이해를 요구했다. 그뿐만 아니라 관세체계를 어떻게 유지하고 관리해야 하는지, 외국 제품에 대한 통관절차는 어떤 원칙 아래 운용해야 하는지, 국영기업이나 민간기업에 대한 각종 보조금은 어떤 것은 허용되고(허용된다면 어느 정도까지인지) 어떤 것은 금지되어 있는지, 만약 다른 주권국가가 중국의 보조금을 문제 삼아 분쟁을 제기한다면 중국정부의 보조금이 GATT 체제와 일치하는 것임을 증명하기 위해서 어떤 준비를 미리 해야 하는지, 중국이 해외 시장에서 제품을 너무 싸게 판다고 시비를 걸어오는 나라가 있으면 어떤 방식으로 무역분쟁을 해결해야 하는지 등에 대해 학습해야 했다. 1948년 GATT 체제가 탄생한 이후로부터 40여 년간 중국은 국제통상체제와 무관한 세월을 보내왔기에 GATT 체제를 학습하면서 가입 협상을 준비해야 했다. 공산주의 경제체제 아래 제대로 된 관세체제를 갖추고 있지 못했던 중국은 품목분류체계부터 시작해서 품목별 수입관세를 정하고, 이 관세는 모든 GATT 회원국에 비차별적으로 동일하게 적용된다는 MFN 원칙을 몇 번이고 곱씹어야 했다. 이전까지 그래왔듯이 중국공산당 입맛대로 중국과 우호적인 국가에게는 낮은 관세를, 중국과 사이가 좋지 않은 국가에게는 높은 관세를 적용할 수 없다는 사실을 인식해야 했다. 이렇게 중국이 내부적으로 정한 관세는 GATT 회원국과의 가입 협상을 거쳐 다시 수정될 운명이었다. 중국 사업가들은 저렴하고 방대한 노동력을 무기로 외국 자본·원자재·소재를 활용해 해외 시장으로 'made in China' 제품을 분주하게 실어 날랐고, 중국 관리들은 외국정부가 쏟아내는 불법 보조금으로 인한 상계관세, 반덤핑 조사, 긴급세이프가드 등 그동안 미국이 주도해서 만들어낸 GATT 시스템을 학습하고 이해하고 대응하기에 분주했다.

중국의 GATT 가입은 2001년 12월 확정되었다. GATT에 가입 신청서를 제출한 1986년 10월로부터 15년의 세월이 지난 후였다. 중국의 애초 목표는 1986년 출범한 우루과이라운드가 종료될 때까지 가입 협상을 마무리 짓는 것이었지만, 그 의도는 달성되지 못했다. 사실 중국은 1947년 GATT가 태동할 때 서명한 최초의 23개국 중 하나였다. 장제스(蔣介石)의 국민당 정부가 이 협상에 참여했으나 1949년 중국공산당이 중국을 통일하고 국민당이 타이완으로 패주하면서 국민당의 중국은 1950년 GATT에서 탈퇴를 선언했다. 그 이후 중국은 GATT 체제 바깥에 머물게 되었다. 중국이 GATT 출범 당시 최초 회원국이었던 것처럼, WTO 출범 때도 회원국으로 참여하기를 강력히 희망했지만, 현실은 그와 거리가 멀었다.

우루과이라운드가 타결되고 그 결과로 1995년 1월 WTO가 출범했지만, 중국은 새로 출범하는 WTO 다자체제에 승선하지 못했다. WTO 체제는 1948년 출범한 GATT 외에, 우루과이라운드에서 새로 타결된 서비스협정(General Agreement on Trade in Services: GATS)과 무역관련지적재산권협정(Trade Related Intellectual Properties: TRIPs)까지 포함하는 광범위한 다자협정체제였다. 상품 분야의 협상만을 하던 중국은 WTO 가입을 위해 서비스 분야의 협상도 하고 지적재산권협정도 수용할 수 있도록 국내 제도를 개혁해야만 했다. GATT 가입에서 WTO 가입으로 목표가 수정된 중국은 훨씬 더 폭넓은 분야의 협상을 준비해야 했고, 국내제도를 정비하고 개혁해야 하는 이중의 과제에 봉착했다. 더 높은 산을 넘어야 했고 새로운 강을 건너야 했다. 관세, 비관세 장벽, 금융 서비스, 보험, 통신, 노동 기준, 국영기업, 투자, 농업, 중국의 국내 법규체계 등 많은 쟁점들이 협상의제가 되었다.

중국과 가입 협상을 하는 국가들은 자국 기업이 중국시장에서 경험하고 있던 모든 어려움들을 밀린 빨래감처럼 고스란히 협상 테이블에 쏟아부었다. 중국은 그 많은 빨래감을 다 세탁할 수는 없다고 버텼다. 빨래감 중 그들이 할 수 있는 것, 하고 싶은 것만 골라내려 했다. 하지만 미국은 모두 다, 그것도 신속하게 처리하라고 다그쳤다.

중국은 '개도국' 지위를 요구했다. '개도국' 지위를 얻게 되면 개방의 폭도 적고 협정을 이행하는 데 더 긴 시간을 확보할 수 있으며 분쟁을 해결하는 데도 예외적인 대우를 받을 수 있기 때문이다. 미국은 중국의 특성과 향후 다른 국가(특히 러시아를 염두에 두었다)의 가입 협상에 미칠 영향을 고려해 중국의 요구를 거부했다. 미국은 중국의 WTO 가입 협상을 절호의 기회 — 중국의 개방을 확대하고 중국 제도를 국제기준에 부합하는 투명하고 합리적인 제도로 변화시킬 수 있는 — 로 여겼다. 미국의 강력한 통상 압력은 중국의 개혁파가 국내 개혁을 적극적으로 추진할 수 있는 명분을 제공했다.

중국은 1995년 11월 WTO에 새로운 신청서를 제출했고, 15년이 지난 2001년 12월 WTO의 143번째 회원국으로 가입하게 되었다. 미국, EU와 빡빡한 협상을 한 결과, 중국은 수입관세를 평균 17%에서 평균 9% 수준으로 인하하고, 각종 수입할당제도를 2005년까지 모두 폐지하기로 합의했다. 도·소매 등 유통·서비스 분야도 개방되어 외국의 대형 유통매장이나 가구업체의 중국 진출로가 열렸다. 중국은 분명히 다른 개도국보다는 큰 폭의 시장 개방을 요구받았고, 그 때문에 WTO 가입을 추진하는 과정에서 내부의 갈등도 적지 않았다. 미국의 개방요구 폭과 범위가 중국이 생각한 것보다 훨씬 깊고 넓었기 때문에 강경파의 반발도 거셌다. 개혁성향의 주룽지(朱鎔基) 총리의 과단성 있는 리더십이 아니었다면, 판은 뒤집어질 뻔했다. 협상이 막바지로 치닫던 1999년 5월에는 미국이 베오그라드(Beograd)의 중국 대사관을 잘못 폭격해 세 명의 중국 기자가 사망하는 상상하기 어려운 돌발사태 때문에 미·중 관계가 파국으로 치닫는 우여곡절을 겪었다.

2011년 11월 베이징 포럼은 중국의 WTO 가입 10주년 기념 세션을 가졌다. 그 세션에 패널리스트(panelist)였던 나는 "중국은 지금도 개발도상국이고 10년 전에도 개발도상국이었는데 WTO 가입 조건은 다른 개도국들에 비해 훨씬 까다로웠다"라고 말한 중국 참석자들의 주장을 기억한다. 그들의 주장은 결코 과장이 아니다. 미국과 EU는 중국에게 다른 개도국보다 큰 폭의 관세 인하와 더 많은 서비스 분야의 개방을 요구했다. 바로 이 때문에 중국의 WTO 가입을 위한 미국과의 협상은 동네 골목대장이 새로 이사 온 덩치 좋은 아이를 길들이는 모습과 많이 닮았다. "너 우리 모임에 들어오려면 가입비 두둑이 내고, 지금까지 입었던 옷을 벗어던지고 우리와 같은 옷으로 맞춰 입어." 중국 입장에서 보면 혹독한 신고식을 치른 셈이다. 역설적으로 그 혹독한 신고식은 중국에게 독이 아니라 약이 된 것이 분명하다. WTO 가입 이후 중국의 무역은 눈부시게 성장했다. 국제무대에서 '중국의 부상(rise of China)'이란 단어가 일상화된 것은 2000년대 중반 이후임을 생각해보라. 중국의 부상이 가능했던 가장 중요한 이유는 미국과 EU라는 가장 큰 시장을 중국이 MFN으로 활용할 수 있었다는 것이다. 만약 중국의 WTO 가입이 없었더라면, 미국과 EU

는 끊임없이 중국의 인권 등 내부정치 상황을 문제 삼아 중국에게 MFN 대우를 위협하거나 거부했을 것이고, 그때마다 중국과 서구의 갈등은 첨예화되어 통상 문제가 정치 문제로 비화되고 그것을 해결하는 데 많은 정치적 자산이 소진되었을 것이다.

국제통상체제 안으로 들어온 중국

중국의 WTO 가입은 중국과의 통상 갈등이 WTO 체제 안에서 해결되는 계기였다. 이 점은 중국을 최대의 무역 상대로 삼는 한국에게 시사하는 바가 크다. 2000년 한국과 중국의 마늘 분쟁을 기억하는가? 2000년 초 중국산 마늘 수입이 증가하자 한국정부가 중국산 마늘 수입에 긴급세이프가드를 발동하고, 중국이 이에 반발해 한국산 폴리에틸렌(polyethylene)과 휴대용 무선전화기 수입을 금지한 사건이다. 1992년 중국과 국교정상화 이후 무역이 활발해지면서 중국산 농산물의 수입이 증가했다. 신선/냉장 마늘은 최소수입물량(Minimum Market Access: MMA) 범위 내에는 50%, MMA 초과 물량에는 396%의 수입관세가 부과되었고, 냉동/초산조제 마늘에는 30% 수입관세가 부과되었다. 이런 관세체제는 우루과이라운드 협정에 따른 것인데, 중국은 WTO 회원국이 아니었지만 한국은 중국에게 MFN 대우를 적용해주고 있었다. 396%의 높은 관세에도 아랑곳하지 않고 중국의 신선마늘의 수입이 증대했고, 국내 수요가 없거나 미미할 것으로 판단해 30% 저율관세를 허용한 냉동마늘과 초산제조마늘의 수입도 급증(1999년은 1996년 대비 9배 이상으로 수입이 급증)했다. 중국산 마늘의 70%가 생산되는 산둥성(山東省)에서 한국시장을 겨냥해 마늘을 재배하고 냉동설비를 설치하는 등 적극적인 수출전략을 도입했기 때문이다. 중국산 마늘 수입이 급증해 국내 마늘 가격은 큰 폭으로 하락했다.

여기까지는 자연스러운 시장의 작동 결과이다. 문제는 이후의 상황 전개였다. 가격 하락으로 국내 마늘 농가의 불만이 고조되자 한국정부는 '마늘 수입의 급증으로 관련 국내산업이 심각한 피해를 받고 있으며 긴급히 구제조치를 취하지 않으면 관련 산업의 피해가 회복하기 어려울 것으로 판단'해 중국산 마늘에 대한 긴급세이프가드를 발동하고 285%의 긴급관세(30%에서 315%로 인상)를 기본관세에 추가해 부과하는 결정을 내렸다. 중국은 이에 대한 보복으로 2000년 6월부터 한국산 휴대용 무선전화기와 폴리에틸렌에 대해 수입금지 조치를 취했다.

여기서 주목할 것은 중국이 상대국의 무역제한 조치에 대해 반응하는 방식이다. 한국이 부과한 긴급세이프가드에 따라 중국에게 발생한 수출 피해액은 898만 달러인 반면, 중국의 보복조치로 인한 한국의 수출피해액은 5억 1300만 달러였다. 무려 50배가 넘는 보복조치를 발동한 것이다. 이것이 중국이다. 한중 마늘분쟁이 발생한 것은 중국이 미국, EU와 WTO 가입 양자 협상이 마무리되어 형식적인 최종 절차만 남겨놓고 있었던 2000년이었다. 중국의 처사는 무역보복은 비슷해야 한다는 WTO 협정을 무시한 상상을 초월하는 보복이었다. 물론 중국은 WTO 정식 회원국이 아니었기에 할 말은 있겠지만, WTO 가입이 예정된 국가가 취할 수 있는 행동으로 보기에는 지극히 비상식적이었다. 자국의 이익이 침해되었다고 판단하는 경우, 국제관례를 무시하고 훨씬 더 과격한 방법으로 반응하는 중국 특유의 일방적인 대응방식을 생각해볼 때, 중국의 WTO 가입은 중국과의 통상 분쟁을 예측 가능한 제도 안으로 끌고 올 수 있다는 점에서 한국에 시사하는 바가 컸다.

외부에서는 '중국은 국제규범을 따르지 않는다'라는 부정적인 시선이 대다수였다. 그래서 미국이 앞장선 서방세계는 중국의 WTO 가입 협상을 거칠게 몰아붙였다. WTO에 들어온 중국이 보여준 행동은 서방세계의 의혹을 해소할 만한 것이었는가? 중국이 WTO 분쟁절차에 제소된 것은 모두 32건이다. 아직 심리가 진행 중인 것을 빼고, 대부분 중국이 패소했다. 이를 두고 중국이 국제규범에 따르지 않는다고 흥분하기엔 이르다. 미국은 123건, EU는 80건의 제소를 당했다. 미국과 EU 역시 최종판결에서 대부분 패소했다. 중요한 것은 패소한 경우 분쟁의 대상이 된 무역조치를 패소국이 제대로 교정하는가이다. 이에 대해 중국은 자신 있게 그렇다고 답할 수 있을 것이다. 거의 대부분 최종 패소 판정 후 1년 내에 중국은 문제의 조치들을 WTO 협정에 합치하는 쪽으로 수정했다. 오히려 머쓱한 쪽은 미국과 EU이다. 하지만 서구의 의혹에 찬 시선은 여전하다. 지금까지 분쟁 대상이 된 것은 반덤핑 조치 등 중국도 이미 내부적으로 자국의 조치에 문제가 있음을 인지하고 있는 상황에서 외부의 문제제기로 수정하는 경우가 대부분이었고, 만약 중국이 핵심이익이라고 간주하는 분야에서 무역분쟁이 생기면 과연 중국이 어떻게 나올지 속단할 수 없다. 그럼에도 중국이 WTO 체제 바깥에 머물고 있는 것과 체제 안으로 들어온 것의 차이는 분명히 느낄 수 있다.

중국의 FTA 전략: 중국이익 지키기

WTO가 추진하고 있는 다자간 무역협상인 도하라운드의 정확한 명칭은 도하개발어젠다(Doha Development Agenda)이다. 협상 출범을 선언한 도시의 이름을 따서 도하(Doha)가 붙었고, 협상 출범을 논의하던 20세기 말~21세기 초 거센 반세계화의 물결 속에서 개도국의 관심사를 더 균형 있게 반영하겠다는 의지에 따라 개발어젠다(Development Agenda)라는 명칭이 부여되었다. 2001년 12월 협상개시를 선언한 도하라운드는 아직까지 진행되고 있다. 13년이 지나, 우루과이라운드가 가지고 있던 다자무역협상의 최장협상시간을 넘긴 지 한참이다. 도하라운드는 그 사이에 협상 중단과 개시를 반복하면서 수면 아래로 침몰해갔다. 협상이 시작될 당시의 세계경제 환경과 산업 및 기술 수준은 그사이 많이 달라졌다. GATT 체제를 이끌었던 미국의 리더십은 급속하게 쇠약해지고 도전받았고, 미국-EU의 선진 시장경제 리더십은 미국-EU를 한편에, 브라질-인도를 다른 편에 두는 선진국 대 개도국의 대립 구도로 바뀌었다. WTO 가입 후 더 안정적인 통상환경을 확보하면서 고속성장가도를 질주해온 중국은 표면적으로는 이 대립구도에서 빠져 있다. 중국은 도하라운드 타결에 리더십을 행사하려고 하지 않는다. 중국의 우선순위는 WTO가 아닌 FTA이다.

WTO 가입 이후 중국은 관심을 FTA로 옮겼다. 중국의 FTA는 미국이나 EU처럼 수준 높은 FTA는 아니라는 점에 주목할 필요가 있다. 지극히 예외적인 일부 품목을 제외한 모든 관세의 철폐를 목표로 하는 것이 미국, EU가 추진하는 FTA인 반면, 중국은 상당한 품목을 관세철폐 대상에서 배제한다. 그래서 통상전문가들 사이에는 중국의 FTA가 '진짜 FTA'가 아닌 '짝퉁 FTA'라는 조롱이 회자된 지 오래이다. 중국은 이런 시선에 개의치 않는 듯하다[일본 역시 중국과 유사한 형식의 FTA를 추진해왔는데, 일본은 FTA가 아닌 EPA(Economic Partnership Agreement)라고 부르는 것과 묘한 대조를 보인다]. 중국이 FTA를 추진하는 이유는 다른 국가들이 FTA를 적극적으로 추진하기 때문이다. 이것이 무슨 의미인가? 만약 한국이 미국과 FTA를 체결하게 되면, 미국은 한국산 제품에 대해 WTO 협정에서 미국이 약속한 수준보다 관세를 낮게 부과할 것이고 언젠가 그 관세마저 없어질 것이다. 그런데 중국이 미국과 FTA를 체결하지 않고 있다면, 미국으로 수출되는 같은 중국 제품은 여전히 관세를 물어야 할 것이다. 15년에 걸친 각고의 노력 끝에 이제 막 MFN 관세를 부여받게 되었는데, FTA라는 새로운 역풍이 등장한 것이다. 중국이 미국이나 EU와 FTA를 체결하기에는 아직 역부족이지만 미국과 EU는 FTA를 공세적으로 추진하고 있기 때문에 중국은 불리해지는 통상환경을 개선해야 한다는 절박함을 느끼고 있는 것이다.

중국이 선택한 전략은 동아시아 경제권과 미흡하더라도 좋으니 FTA를 체결한다는 것이었다. 중국이 동남아시아국가연합(Association of South-east Asian Nations: ASEAN, 이하 ASEAN으로 약칭) 10개국을 자국이 추진하는 FTA의 첫 번째 목표로 정한 것은 당연한 전략적 수순이었다. ASEAN은 중국의 영향권 아래 있던 화교경제권일 뿐만 아니라, 중국 수출의 주요 경쟁국인 일본과 한국의 주요 수출시장인 까닭에 중국이 먼저 ASEAN과 FTA를 체결한다면 유리한 입지를 선점할 수 있다는 계산이었다. 중국의 이러한 구상은 일본, 한국이 연이어 ASEAN과 FTA를 추진하는 것으로 이어져, 중국의 선점효과는 그리 크지 않았지만 일본과 한국을 자극한 것은 분명했다.

중국이 FTA의 길로 나섰다는 것은 그 길에서 한국과 운명적으로 만날 수밖에 없음을 의미했다. 1992년 수교 이후 한중 무역 규모는 폭발적으로 증대해 중국이 WTO에 가입할 때 이미 중국은 한국의 최대무역상대국이 되었다. 한때 한국의 최대수출국이었던 미국의 수출 비중은 10% 수준으로 떨어지고, 대신 중국시장은 한국 수출의 20% 이상을 책임지게 되었다. 중국의 대한국 수출 역시 지속적으로 증대하긴 했지만, 한국의 대중국 수출이 훨씬 큰 폭의 증가세를 이어나갔다.

그 시기 한국은 탈공업화가 진행되었다. 1960년대 초부터 무역입국 전략을 취한 한국은 세계시장을 무대로 경쟁하면서 급속한 공업화의 길로 진입했다. 1980년대에 이르면서 한국은 이미 신발, 의류, 장난감, 장신구 등 노동집약적인 경공업 제품에선 경쟁력을 급속히 상실했다. 비약적인 압축성장 덕분에 임금이 오르고 원화가치도 상승해 국제시장에서의 생산비는 계속 오른 반면, 기계화 등으로 대처할 수 있는 비용절감은 제한적이었다. 이때 등장한 중국시장은 한국 경공업의 탈출구가 되었다. 기업가들은 한국공장을 닫고 중국공장에 새로 문을 열었고, 부산항에서 선적되어 미국으로 향하던 한국제품은 이제 중국 노동자의 손을 거쳐 상하이(上海)에서 선적되어 미국으로 떠났다. 중국공장에서 완제품을 만들긴 했지만, 제품에 필요한 많은 부품과 원료까지 중국 내에서 구하기는 어려웠고, 이것들은 한국에서 고스란히 중국으로 수입되었다. 한국 내에서 모든 생산과정이 이뤄지던 과거는 역사 속의 기억으로 사라지고, 한국과 중국이 협업하는 새로운 생산과정이 탄생한 것이다. 중국의 개방개혁이 가속화되고 중국의 도시화가 진전되면서 이제는 중화학 공업, 전자 산업마저 탈한국 러시에 가담하게 된다. 삼성전자는 구미가 아닌 상하이에 노트북 생산 공장을 짓고, 현대자동차는 울산이 아닌 베이징에 새로운 공장을 지었으며, LG디스플레이는 파주가 아닌 광저우(廣州)에 공장을 짓기 시작했다. 시간이 갈수록 그들이 짓는 공장의 숫자는 더 늘어가고, 공장을 짓는 지역도 해안지역에서 내륙지역으로 서쪽을 향해 이동하게 된다. 중국공장에서 노트북, 자동차, 디스플레이가 최종 생산되고, 많은 부품과 원자재가 한국에서 수입되는 방식은 여기에도 마찬가지였다. 이러한 생산 과정의 한중 '협업체계(value chain, production network)'는 중국 산업의 성공 방정식이자 한국 제조업의 성장 방정식이 되었다.

왜 한중 FTA인가

중국은 왜 한국과 FTA를 체결하고 싶어 했을까? 여기에는 경제적·정치적·전략적인 측면이 있다. 중국은 한국에게 무역수지 적자를 누적해오고 있는바, 한국시장에 지금보다 더 낮은 관세로 수출할 수 있다면 무역수지 적자를 완화할 수 있다고 중국정부는 생각했다. 2007년 4월, 중국은 한미 FTA가 타결되었을 때 적지 않은 당황과 충격을 받았던 것 같다. 반미구호를 앞세워 집권했던 노무현 대통령이 중국이 아닌 미국과 먼저 FTA를 체결한 데 배신감 비슷한 감정을 느꼈을 것이 분명하다. 미국의 일방적인 독주를 허용하지 않고, 다극체제를 구축하겠다고 공공연하게 이야기한 중국에게 한중 FTA 체결은 한미 FTA에 균형을 맞출 수 있는 너무나 당연한 전략적 수순이었다. 중국에게 한국은 전략적으로 중요한 시장이다. 세계 10위권의 경제 규모에다 한미 FTA, 한 EU FTA 때문에 세계에서 가장 큰 시장과 무관세로 연결된, 바로 서해 건너에 있는 매력적인 시장이기 때문이다. 한국과 통상 고속도로를 연결할 수 있다면 세계 최대의 양대 시장에 더 효과적으로 진출할 수 있는 지름길이 생긴다. 중국 입장에서 한중 FTA는 미국, EU로 가는 실크로드인 셈이다.

한국이 중국과 FTA를 추진했던 이유는 무엇이었을까? 중국시장에서 한국의 경쟁 상대는 누구인가? 한국의 주력 수출품은 일본, 타이완과 중국시장에서 경쟁하고 있다. 2010년 중국은 타이완과 FTA를 체결했다. 그 영향은 한국의 반도체, 전자, 통신, 가전 산업에 그대로 전해졌다. 아무것도 하지 않고 가만히 있다가는 타이완 제품에게 시장을 더 내어줄 상황이 발생한 것이다. 이런 수세적인 이유 말고도 중요한 이유가 있다. 그간 눈부신 성장으로 등장한 중국의 소비시장은 저성장 국면으로 진입한 한국경제의 새로운 탈출구가 될 수 있었다. 더 멋진 피부를 원하고, 더 예뻐지고 싶고, 더 신선하고 안전한 식품을 먹고 싶어 하는 그들의 욕망을 읽어낼 수 있다면 말이다.

한국의 부품 소재 수출은 대중 수출의 70%에 도달했던 것을 최고점으로 서서히 하락하고 있다. 중국의 부품 소재 경쟁력이 갈수록 향상되고 있기 때문이다. 한국으로 수출되는 중국산 품목 중 부품 소재의 비중은 이제 50%를 넘겼다. 한국의 주력 수출품이던 부품/재료 등의 중국 수입 관세는 이미 낮은 상황이다. 한중 FTA를 통해 이 관세를 철폐한다 해도 중국산 부품의 경쟁력이 한국보다 높다면 관세를 철폐한 효과는 미약할 것이다. 결국, 한국은 중국 소비자를 겨냥해야 한다는 결론에 도달한다.

중국은 북한에게 가장 큰 영향을 끼칠 수 있는 국가이다. 중국을 지렛대로 북한의 개혁개방을 유도할 수 있다면 한반도 긴장 완화에 큰 도움이 될 수 있을 것은 분명한 사실이다. 한중 FTA는 중국에게 그러한 방향으로 움직일 수 있는 전환점을 제공할 수 있다. 한국의 적극적인 FTA 추진 전략 때문에 세계 최대 시장인 미국, 세계 최대 경제연합체인 EU와 FTA로 연결된 상황에서 한국의 최대 무역상대국인 중국과 FTA를 체결하게 된다면, 한국은 미국, EU, 중국과 FTA를 체결한 유일한 동아시아 국가로 이들을 연결하는 허브(hub)로 부상하게 된다. 외국인 투자 유치가 절실한 한국의 입장에서 중국과 FTA로 연계된 한국은 미국이나 EU 자본의 관점에서는 매력적인 투자처가 될 수 있다. 특히 지적재산권 보호가 민감한 분야에서는 중국으로의 투자보다 한국으로의 투자가 훨씬 전략적으로 안정적일 것이다. 나아가 한국이 중국과 FTA를 체결하게 된다면, 동아시아/태평양 지역에서 진행되고 있는 거대 FTA 추진 움직임에 한국이 더 큰 전략적 입지를 차지할 수 있게 된다는 계산도 선다.

한국이 중국과 FTA를 서둘러서 추진할 필요는 없다는 신중론도 만만치 않았다. 중국과의 무역의존도가 지나치게 높기 때문에 한미 FTA, 한EU FTA 체결 효과를 충분히 실현해 대중국 의존도를 낮추는 것이 우선이라는 주장이다. 한국의 대중 수출 상당 부분이 현지 투자기업으로의 원자재, 중간재 수출이고 이들은 이미 낮은 관세로 수출되고 있어 중국과 FTA를 통한 경제적 실익이 약할 것이라는 주장도 제기되었다. 식품 안전성이 검증되지 않은 중국 농산물 수입이 급증하면 국민 건강을 위협할 것이라는 우려도 만만치 않았을 뿐만 아니라 농수산업의 피해 가능성도 우려되었다.

중국은 뉴질랜드를 제외하곤 선진국과 FTA가 없었다. 오스트레일리아와 FTA 협상을 2005년부터 시작했지만, 양측의 기대 수준과 실제 간격이 크고 진전은 더디었다. 개도국, 그것도 화교경제권 국가들에게 중국의 외교 영향력을 강화하는 도구로 FTA를 활용한 중국이기 때문에 선진국들이 요구하는 높은 수준의 FTA는 처음부터 기대할 수 없었다. 서비스 개방, 투자 규범 강화 등 선진국들이 FTA에서 관심을 보이는 의제에 중국은 당장 해답을 내놓을 수 없었다. 바로 이 점 때문에 한국의 신중론자들은 중국과 FTA를 '빨리빨리'가 아닌, '만만디(慢慢的)'로 접근해야 한다고 주장했다.

농업 피해, 국민 건강권 침해 우려는 그간의 FTA 추진 과정에서도 늘

논쟁거리였다. 이 분야는 협상을 통한 일차 방어막, 국내정책을 통한 이차 방어막을 칠 수 있다. 한국이 적극적으로 중국과 FTA를 추진하기 위해서는 서비스, 투자, 지적재산권, 분쟁 등을 주요 협상의제로 끌어낼 수 있어야 했다. 중국은 늘 기술확보에 목말라했고, 중국에 투자하는 기업은 기술유출은 당연히 된다는 암묵적인 전제 아래 중국에 진출했던 과거와는 결별해야 한다. 사실 중국이 서비스, 투자, 지적재산권, 분쟁 등의 비관세 분야를 더 개방하고 시스템을 개혁하고 투명하게 할 수 있다면, 한국뿐만 아니라 중국에게도 좋은 일일 것이다. 그래야만 중국의 서비스 산업의 경쟁이 촉진되고, 효율성이 증대할 것이고, 고부가가치/고기술 분야의 중국투자가 이뤄질 것이다.

한중 FTA 협상 초기, 개방 범위에 대한 협상을 가졌다. 초민감, 민감, 일반 품목의 세 가지로 품목을 분류한 다음, 전체 품목 수의 10%, 수입액의 15%를 초민감 품목에 포함시키는 것에 합의했다. 초민감 품목은 관세철폐(현행 관세를 무관세로 만드는 것)의 대상에서 원칙적으로 제외하기로 했기 때문에 결국 관세철폐 협상이 되는 것은 전체 품목의 90%, 수입액의 85%였다. 한국이 선진국들과 체결했던 FTA와 비교하면 관세철폐의 대상이 되는 품목은 훨씬 적었다. 한국과 중국은 서로 국내정치적으로 민감한 품목을 초민감 품목에 포함시켰다. 쌀, 고추, 마늘, 사과, 배, 조기, 갈치, 쇠고기, 돼지고기 등 한국의 주요 농축산물 대부분이 초민감 품목에 포함되었다. 중국의 서비스 개방은 예상했듯이 크지 않았다. 중국 FTA 역사상 처음으로 엔터테인먼트 회사가 중국내 합작회사 49% 지분 설립 가능, 하수처리 등 환경 서비스 일부에서 100% 지분 설립 가능 등 중국 서비스 시장의 빗장을 열긴 했지만, 여전히 중국 서비스 시장은 꽁꽁 닫혀 있고 한국기업은 그 문 밖에 서 있다.

통상 3.0 시대 개막

한중 FTA는 현재까지 중국이 체결한 가장 큰 경제권과의 FTA이다. 중국은 한국과 FTA를 타결하는 동시에 오랫동안 끌었던 오스트레일리아와의 FTA도 타결했다. 중국의 관점에서 보면, 아시아 지역에서 가장 미국과 가까운 두 나라와 FTA를 타결한 외교적 성과이다. 오스트레일리아 역시 한국과 마찬가지로 미국과 FTA를 체결한 국가이며, 한국-오스트레일리아-일본은 미국과 연계해 아시아 지역에서 민주주의, 시장경제라는 가치를 공유하는 해양세력연합인 것을 생각한다면, 중국의 이런 성과는 미국의 '아시아로의 회귀(pivot to Asia)' 전략에 맞서 중국이 꿈꾸는 '신형대국관계'라는 옷을 입는 데 중요한 단추를 채웠음을 의미한다.

한국, 오스트레일리아와의 FTA를 계기로 중국은 이제 통상 3.0 시대에 진입했다고 스스로 평가하고 있다. 그간 폐쇄경제에서 개혁개방으로 전환한 1970년대 후반에 통상 1.0 시대를 열었다면, WTO 가입을 계기로 미국이 주도하고 유지해왔던 국제통상체제에 편입된 사건은 통상 2.0 시대를 열었고, 선진 경제권과 FTA를 체결해 '세계의 공장(factory China)'에서 '세계의 시장(market China)'으로 패러다임을 전환하는 계기를 만든 것은 통상 3.0 시대의 시작이라고 그들은 구분한다. 통상 2.0 시대는 통상 1.0 시대와 마찬가지로 '글로벌 가치 사슬(global value chain)'의 큰 틀 안에서 중국의 풍부하고 싼 노동력에 의존한 "assembled in China" 패러다임의 연장선상이었다면, 통상 3.0 시대는 새로운 패러다임의 시작이다. 시진핑이 이야기하는 "뉴 노멀(New Normal)" 시대의 개막인 셈이다.

중국의 뉴 노멀은 연평균 8% 이상의 성장이 당연시되던 시절은 이제 지나가고, 7% 이하의 성장도 감내할 수 있다는 의미이다. 경제발전의 이론적·경험적 법칙에 따르면, 지속적으로 높은 성장세를 유지할 수 없다. 중국의 경우, 개방의 길로 전환한 후 30여 년 동안 연평균 8% 이상의 성장률을 실현했다는 것 자체가 경이로운 사실이지만, 앞으로도 이 같은 성장률이 지속되리라고 기대한다면 그 역시 비현실적이다. 왜냐하면, 중력의 법칙처럼 한계생산체감의 법칙이 작동하고 있기 때문이다. 여기에 더해 미국은 중국이 수출을 장려하기 위해 환율을 인위적으로 저평가하고 있다고 줄기차게 비난하고 있다. 미국이 중국을 G2라고 치켜세우는 것은 국제사회에서 중국이 더 많은 책임을 지라는 압박인 셈인데, 여기에는 중상주의적인 환율 조작을 하지 말라는 공세도 포함되어 있다. 이래저래 중국은 이제 수출지상주의에서 내수를 중요시하는 정책으로 전환할 수밖에 없는 형편에 내몰리고 있다. 2008년 미국발 금융위기의 결과 탄생한 G20 정상회의에서 리밸런싱(rebalancing)은 가장 중요한 미국과 중국 간의 논쟁거리였다. 이런 외부압력이 없다 하더라도 중국 스스로도 '세계의 공장'으로서 중국 모델의 유효시한이 다가오고 있음을 잘 알고 있다.

그간 경제성장으로 중국에 두터운 중산층이 형성되었으므로, 중국의 내수시장은 웬만한 국가의 전체 경제규모보다 클 것이고, 이들의 소비성향 역시 높을 것으로 예측된다. 문제는 잠재수요는 큰 데 비해, 공급이 부족하리라는 점이다. 중국의 서비스 분야는 제조업보다 비생산적이고 비효율적이며, 일자리를 만드는 데도 그리 성공적이지 못하다. 중국의 제조업 기반을 조성하기 위해 외국의 자본과 기술에 의존했듯이, 서비스 산업 역시 외국의 자본과 경영기법에 의존할 수 있을까? 중국기업(중국자본이 만들었든지 외국자본이 중국에 투자해서 만들었든지)이 소비자에게 더 매력적인 제품을 만들고 질 좋은 서비스를 제공하려면 중국의 금융, 회계, 전문직 서비스의 수준은 획기적으로 향상되어야 한다. 뉴 노멀 시대에서 지속적인 발전의 열쇠를 쥐고 있는 것은 수출이 아닌 내수시장이며, 내수 시장을 확대하고 심화시키는 양적·질적 발전을 위해서 중국은 또 다른 개혁개방을 해야 하는 길에 서 있다. 중국은 이런 시대적 요구에 대답할 수 있을까?

시진핑 정부가 출범하면서 중국은 서비스 분야를 중·장기적으로 개방한다는 큰 방향을 설정했고, 그 실험대는 상하이 자유무역지대이다. 상하이 자유무역지대는 말 그대로 자유무역/투자의 해방구를 지향한다. 그러나 내부 반발로 그 출범은 순조롭지 못했다. 중국 내에도 기득권 세력이 형성되어 이들이 강력한 반개방 세력이 되었다. 서비스 분야에 관한 한 한중 FTA는 미래진행형이다. 협정 발효 2년 후 서비스 분야 개방 협상을 시작해 그로부터 2년 후에 협상을 종결한다는 합의 때문이다. 앞에서 이야기한 대로, 한국의 한중 FTA 신중론자들은 중국의 서비스/투자 개방이 큰 폭으로 이뤄질 것인지에 대해 회의적인 시각을 가지고 있었고, 이를 의식해 한국 협상가들은 중국이 감당할 수 있는 범위의 서비스/투자 개방을 위해 노력해서 '협상자동개시'라는 기설정의제(built-in agenda)를 만드는 것까지는 합의했지만, 2014년 11월 상황에서 그 이상을 확보하지는 못했다. 그 이유는 현재 진행되고 있는 미·중 양자간투자보호협정(Bilateral Investment Treaty: BIT, 이하 BIT로 약칭) 때문이다. BIT를 통해 미국은 중국의 서비스 분야의 전면적인 개방을 목표로 하고, 투자자 보호를 위한 제도적 장치를 마련하려고 한다. 이 협상은 수년째 진행되고 있지만 언제 타결될지 예측하기란 쉽지 않다. 한중 FTA의 이러한 시간 설정에서 중국의 서비스 개방은 최소한 2년 이상은 더 기다려야 본격화될 것으로 추측된다.

중국이 가는 길

중국에서 만들어져 미국으로 수출되는 애플(APPLE) 아이폰(iphone)에 중국산 부가가치가 얼마나 될 것 같은가? 5%도 채 되지 않는다는 것이 경제협력개발기구(Organization for Economic Cooperation and Development: OECD, 이하 OECD로 약칭)의 분석이다. 아이폰 수출 가격이 200달러라면 중국에서 만들어지는 부가가치는 10달러도 되지 않는다는 이야기이다. 나머지 190달러는 한국, 타이완, 일본, 독일 등에서 수입되는 소재와 부품이 차지한다. 디스플레이, 배터리 등 핵심 소재는 모두 수입된다. 중국은 넘쳐나는 노동력 하나에 의존하던 성장시대를 뒤로하고, 이제 자신의 기술과 자본으로 시장을 바꾸려는 야심에 차 있다. 중국의 통상정책 3.0 시대는 이런 중국의 꿈을 실현시킬 수 있을 것인가?

한중 FTA를 마무리한 다음 중국의 수순은 더 큰 규모의 FTA로 옮겨간다. 이미 ASEAN+6개국(중국, 한국, 일본, 오스트레일리아, 뉴질랜드, 인도)이 참가하는 역내포괄적경제동반자협정(Regional Comprehensive Economic Partnership: RCEP, 이하 RCEP로 약칭) 협상을 출범시켰다. 표면적으로 RCEP은 ASEAN 국가가 주도하는 것처럼 포장되지만, 실질적인 협상의 주도권은 중국에게 있다. 중국은 이미 ASEAN 10개국과 개방의 정도가 높지는 않지만 FTA라고 부르는 협정을 체결했다고 앞에서 이야기했다. 중국의 RCEP 구상은 미국이 추진해온 아시아 지역의 거대 FTA 협상인 환태평양경제동반자협정(Trans Pacific Partnership: TPP, 이하 TPP로 약칭)에 대한 대응전략의 성격이 짙다. TPP는 싱가포르, 뉴질랜드, 브루나이, 칠레 4개국의 협상으로 시작해서 미국, 캐나다, 멕시코, 오스트레일리아, 페루, 말레이시아, 베트남이 참여해 미국이 주도하는 11개국으로 확대되어 '높은 수준'의 개방을 목표로 하는 협상으로 추진되어 오다가 2013년 일본이 참여해 12개국으로 확대되었다. TPP에 참여하고 있는 국가 중에는 미국과 FTA를 체결한 캐나다, 멕시코, 칠레, 오스트레일리아, 싱가포르도 있지만, 그렇지 않은 일본, 베트남 등도 있고, ASEAN 국가 중 일부도 참여하고 있다. TPP는 쌀을 제외한 모든 품목의 관세를 철폐하고, 서비스, 투자, 경쟁, 의약품, 분쟁 해결 등 광범위한 규범 분야에서 제도의 선진화를 추구했던 한미 FTA를 기본 모델로 하고 있다.

중국은 TPP를 미국의 중국 견제책으로 강력하게 비난하면서 반발해왔다. 그러던 중국의 반발은 시진핑 정부가 들어선 이후 내부 토론과 조율을 거치면서 약화되었고, 중국도 TPP에 가입할 수 있다는 식으로 유화되었다. 문제는 중국이 과연 TPP 협상의제의 수준에 걸맞은 협상을 할 수 있을지 여부이다. WTO 가입 협상 과정에서 이미 중국은 미국이 상대 국가의 수준을 감안해 협상하는 상대가 아님을 체험했다. 중국의 국영기업, 기술유출 등 심각한 현안에 대해 협상할 준비가 되어 있을 때만 중국은 TPP 협상에 참여할 수 있다는 것이 미국의 생각이다.

현재 진행되고 있는 미·중 BIT 협상을 보자. 2008년에 시작된 이 협상은 소강상태를 겪다가 2013년부터 다시 본격화되고 있다. 규범(rule) 분야와 개방 분야 협상이 동시에 진행되는 BIT는 FTA의 투자 챕터라고 생각하면 된다. 규범 분야에서는 '중국에 투자되는 미국자본이 중국자본에 비해 차별받지 않고 동등하게 대우받을 수 있는가'라는 내국민대우가 중요한 쟁점의 하나이다. 개방 분야에서는 개방 예외 분야만 열거하는 네거티브 리스트(negative list) 방식에 합의했고, 중국이 어떤 네거티브 리스트를 협상 테이블에 올려놓을지가 관심사이다.

중국은 제조업, 서비스, 에너지, 농업 등 많은 분야에 외국인 투자를 금지하거나 제한하고 있다. 투자를 허용했어도 최대 50%에 그치는 경우가 많다. 자동차, 생명보험, 클라우드 컴퓨팅 등 그 예는 무수하다. 이런 합작 요건 때문에 중국에 진출하는 외국기업은 기술유출을 각오한다는 사례들이 언론보도와 연구논문을 통해 쌓이고 있다. 국영기업은 시장을 독점하거나 시장지배력을 행사해 가격결정권을 실질적으로 장악하고 있고, 그 뒤에 공산당이 있다는 사실은 다 안다. 이런 중국의 시장 상황은 외국으로 하여금 기술유출 보호를 위해서라도 100% 단독투자를 비롯해, 국영기업의 불공정 행위를 통제할 수 있는 제도적 장치를 요구하게 만든다.

중국은 미국의 개방요구를 압력으로 보고 반발하지만 중국이 추구하는 뉴 노멀로의 전환을 위해서, 그리고 내수시장을 발전시키기 위해서 더 높은 단계의 개혁개방이 필요함을 중국지도부 역시 인식하고 있다. 20세기 말 중국이 미국과 치열하게 다투었던 WTO 가입 협상이 중국의 개혁개방의 모멘텀(momentum)을 지속하면서 제도를 선진 기준으로 근접시켰다면, 중국이 미국과 추진하는 BIT 협상, 그리고 한국과 앞으로 추진할 서비스 분야의 추가협상이 중국의 뉴 노멀 시대를 열 수 있는 촉매제가 될 것인지 귀추가 주목된다.

중국이 미국과 BIT 협상을 마무리 지을 수 있다면, 중국은 다음 단계인 TPP 협상에 참여할 수 있을지도 모른다. 그 사이에 꽤 긴 시간이 흘러갈 것이다. 아마 그간 TPP 협상은 타결되고, 중국은 이미 발효된 TPP에 가입하기 위해 협상을 해야 할 가능성이 높다.

RCEP는 출범했지만, TPP의 대안이 되지 못한다. 일본, 인도 등 거대 경제국이 참여하고 있지만 미국이 선두에 서서 협상을 주도하고 거의 막바지 단계에 도달한 TPP와 달리, 협상을 주도하는 세력도 추진력이 약하고 협상목표가 낮다. ASEAN은 사분오열되어 있고, 중국은 힘은 있지만 주도적으로 협상을 끌고 갈 의지가 없는 듯하다. 구체적인 협상 틀은 희미하고 말잔치만 무성하다. 중국은 미국 주도의 TPP가 눈앞의 현실로 다가오자, 맞불로 RCEP를 출범시키는 데 일조했지만 역부족이다. 그래서 중국은 한 걸음 더 나아간다. APEC 국가들 간 FTA를 추진하자는 구상을 지난해 11월 베이징 APEC 정상회의에서 꺼냈다. 이 역시 막연한 생각일 뿐 구체적인 그림은 그려지지 않았지만, 중국은 미국이 주도하던 국제통상 무대에 자신이 앉을 큰 의자를 가져다 놓았다. "태평양은 미국과 중국을 다 품을 만큼 넓다"라는 것이 중국이 추구하는 신형대국관계이다.

한국은 미국과 중국의 이런 큰 구도 다툼에 어떠한 생각을 가지고 있을까? 한국정부는 한중 FTA의 타결을 TPP 참여보다 우선순위에 두었다. 아베 신조(安倍晋三) 총리가 세 개의 화살로 일본경제를 부활시킨다는 구상 아래 세 번째 화살인 신성장동력 창출, 규제 완화의 방편으로 TPP 참여 선언을 전격화했다(2013년 2월). 이후 한국의 전문가들은 TPP 협상을 더 이상 강 건너 불구경하듯 하지 말고 참여해야 한다고 주문했지만 한국정부는 좌고우면 하다 때를 놓치고 말았다. 협상의 열쇠를 쥔 미국의 반응이 미온적이었기 때문이다. 미국은 표면적으로는 한국의 가입을 환영했지만, 협상이 막바지 단계에 와 있기 때문에 한국이 협상에 참여하면 협상타결이 지연되므로 지금이 아니라 협상이 타결된 후 TPP에 가입하면 어떻겠냐는 반응을 보였다. TPP 협상에 참여하면 실질적으로 한일 FTA 협상을 해야 하는 한국정부는 한일 FTA에 대한 국내 지지가 미약한 것을 이유로 TPP 협상 참여를 망설이게 된다. 일본이 빠진 TPP는 한국의 이차적인 관심사였겠지만, 일본이 참여한다면 더 이상 그렇지 않다. 한국이 일본과 세계시장에서 경쟁하고 있는 상황 아래, 만약 한국은 배제되고 일본만 승선한 채 TPP라는 거대한 배가 출항한다면 지난 10여 년간 쌓은 한일 간 FTA 격차를 순식간에 잃어버리는 상황이 발생하는데도 한국정부는 소극적이었다. 한중 FTA를 추진하면서 TPP도 동시에 추진하는 전략적 유연성을 발휘하지 못하던 한국정부는 한중 FTA가 타결된 지금에서야 TPP 추진으로 옮겨가고 있다. TPP 타결을 위한 레이스는 거의 결승선까지 도달했다는데 말이다.

나가며: 따로 같이, 같이 따로

'장강의 뒤 물결은 앞 물결을 밀어낸다[長江後浪 推前浪]'라고 했던가. 중국이 개혁개방으로 선회한 초기에는 자본과 기술이 부족했기 때문에 한국이 그것을 제공하고 중국이 노동력을 제공하는 '세계의 공장' 방식이었다면, 자본이 넘치고 기술도 상당부분 따라잡은 중국은 과거와 같은 'assembled in China'가 아닌 'made in China'를 원한다. 변화하는 중국에 한국은 효과적으로 대응할 수 있을 것인가?

1992년 한중수교가 한중 통상 1.0 시대의 개막이었다면, 2001년 중국의 WTO 가입은 한중 통상 2.0 시대를 열었고, 2014년 한중 FTA의 타결은 한중 통상 3.0 시대의 서막이다. 1992년 수교는 13억 거대 인구를 노동력으로 사용해 중국을 수출전진기지로 삼는 전략을 가능케 했다. 2001년 중국의 WTO 가입은 중국의 제조업이 성장하면서 중국산 제품과 한국산 제품의 경합관계가 점점 더 많은 분야에서 본격화될수록 분쟁이 잦아지고, 그 분쟁을 중국의 일방적인 방식이 아닌 WTO 다자체제의 틀 안에서 조정할 수 있게 했다. 한국으로서는 덜 부담스러운 상황이다. 중국 역시 국제규범과 중국의 정책이 충돌할 경우, 어떠한 결과가 생기는지 좀 더 객관적으로 볼 수 있는 계기가 되었다.

수교 20년을 넘긴 한중 통상관계는 무릇 모든 성년이 직면하는 성장통을 겪고 있다. 중국이 그들의 내수시장 발전으로 눈을 돌리고 있는데, 한국은 여전히 중국을 수출 전진기지로 삼는 익숙한 과거와 이별하지 못한다면 그 성장통은 더 아플 것이다. 중국 덕분에 제조업 강국으로 올라설 수 있었던 한국에게 중국에 공장을 지으면서 왜 한국에는 짓지 않는가 하는 불만이 쇄도하고 있다. 한국인들은 베이징 공장에서 중국 노동자들이 조립하는 현대자동차에 처음에는 감격했지만, 이젠 왜 일자리를 수출하느냐는 곱지 않은 시선을 보낸다. 현대가 중국에 제4, 5 자동차공장을 짓는 동안, 한국에는 하나의 공장도 새로 만들지 않았다. 아니 만들지 못했다. 한국의 중국투자는 압도적인 반면, 중국의 한국투자는 너무나 작다. 중국 전체 해외투자의 1%에도 미치지 못한다. 최근 중국인들이 한국 여기저기에 부동산을 사들인다고 언론의 눈초리가 따갑지만, 일자리를 만들어내는 투자는 원칙적으로 돈의 국적을 불문하고 환영해야 하는 것이 지금의 대한민국 경제상황이다.

많은 전문가가 한중 FTA를 통해 한국이 중국 내수시장을 선점할 수 있는 교두보를 확보했다고 평가한다. 한국과의 FTA가 중국이 최초로 체결한 FTA도 아니고, 중국은 앞으로도 계속 활발하게 다른 국가와 FTA를 체결할 것임에 유의하자. 한국 제조업과 경쟁관계에 있는 타이완은 벌써 중국과 FTA를 체결했다. 그래서 선점이 아니라 불리함을 대등한 관계로 교정했다고 해야 맞다. 더 중요한 것은 앞으로 10년, 20년 후 진행되는 한중의 경제상황이다. 양국은 두 가지 중요한 유사점이 있다. 급속한 고령화를 경험하고 있다는 것과 서비스 분야가 약하다는 것이다. 고령화는 제조업 기반을 약화시키고, 서비스 분야의 취약성은 경제구조의 변화를 어렵게 만든다. 역사가 가르쳐주는 서비스 분야 발전의 비결은 시장 확대와 개방/경쟁 촉진이다. 인구 50만 명의 룩셈부르크가 인구 3억 명의 EU 통합 시장 덕분에 세계에서 가장 효율적인 금융 서비스 산업을 만들어내고, 영어를 공용어로 상용하고 세계로 문을 활짝 연 도시국가 싱가포르가 아시아의 교육 허브국가로 도약했음은 동화가 아닌 현실이다. 한국 서비스 산업이 획기적으로 발전(빅뱅)하려면 중국시장과 연계해야 하고, 중국 역시 서비스 산업을 선진화하려면 한국시장과 연계할 필요가 있다.

천시(天時), 지이(地利), 인화(人和)의 결합을 성공의 비결로 생각하는 중국인들에게 한중 FTA는 절묘하게도 이 세 가지가 적절하게 맞아떨어진다. 한중 FTA는 한국과 중국이 더 먼 길을 가려면 서로 지금까지 사용해왔던 익숙한 지도를 버리고 새로운 지도를 만들어야 한다는 생각이 간절해진 시점에서 타결되었다. 한국과 중국은 서해를 두고 마주하고 있다. 1992년 한중수교 이전에 이미 한국 투자를 받아들이기 시작했던 웨이하이(威海)에서 서울까지의 거리는 서울에서 대전보다 더 가깝다. 매년 중국에서 한국을 찾는 관광객, 유학생, 기업가, 문화·체육·예술인의 수는 증가하고 있고, 한국에서 중국을 찾는 이들 역시 급증하고 있다.

이화여대 정문은 중국인들로 늘 북적거린다. 학생, 아저씨, 아줌마, 남녀노소 가릴 것 없이 아침부터 저녁까지 눈처럼 흰 배꽃이 만발한 커다란 병풍 조각을 배경으로 서로 더 좋은 자리를 차지하려고 시끌벅적하다. 셀카봉을 위로 치켜든 중국인들은 만면에 미소가 가득하다. '이화(梨花)'가 중국어 '리파(利發, 이익이 생기다)'와 발음이 유사한 탓에 이화여대에서 사진을 찍으면 부자가 된다는 소문이 있다고 한다. 그래서 이화여대 정문은 중국관광객들이 꼭 들르는 필수 코스 중의 하나가 되었다.

중국의 공산주의 체제 유지가 20세기 최고의 수수께끼라는 농담도 있지만, 이것이 결코 웃어넘길 만한 이야기가 아님은 20세기 후반의 역사가 잘 보여주고 있다. 한국과 중국은 정치 시스템이 다르지만, 풍요로워지고, 다양한 경험과 선택을 원하며, 더 나은 미래를 위해 노력하려는 욕망과 열정이 넘칠수록 함께 먼 길을 갈 수 있고, 더 큰 새로운 세상을 만들어낼 수 있다. 한중 FTA는 한국과 중국 사이에 열린 무역과 투자의 고속도로이다. 이 고속도로 위로 상품과 돈만 오가는 것이 아니라 많은 사람들과 그들의 혁신적·창조적인 아이디어가 교류한다면 희망의 미래를 향한 약속의 길이 열릴 것이다. 그래서 나는 한중 FTA에서 FTA를 Framework Toward Advancement라고 부르고 싶다.

"서로 다른 둘은 언젠가는 하나로 합치게 되고, 하나가 된 둘은 언젠가는 다시 둘로 갈라지게 된다." 중국인이 즐겨 하는 말이다. 처음에는 한국이 자본과 기술을, 중국이 노동력을 제공해 '세계의 공장'이라는 하나를 만들어 냈지만, 이제는 중국이 자본도 확보했고 기술도 상당 수준 한국을 따라잡은 상태이기 때문에 중국은 더 이상 과거와 같은 형태의 한중 협업 체계를 필요로 하지 않을 것이다. 한국과 중국을 하나로 묶는 새로운 산업의 빅뱅은 다른 둘이 하나로 합쳐지게 되는, 그래서 새로운 한중 협업 체계를 만들어내어 윈윈(win-win)할 수 있는 미래의 길이다. 그 길을 더 많은 사람들이 질주할 수 있도록 좀 더 튼튼하고 안전하게 만드는 것은 이 시대 한국과 중국정부의 보람인 동시에 의무가 아닐까 한다.

더 읽을 책

류재윤. 2014. 『지금이라도 중국을 공부하라』. 센추리원.
보걸, 에즈라(Ezra F. Vogel). 2011. 『덩샤오핑 평전』. 심규호 · 유소영 옮김. 민음사.
Pettis, Michael. 2013. *Avoiding the Fall*. Carnegie Endowment for International Peace.
Rein, Shaun. 2014. *The End of Cheap China*. Wiley.
Walter, Carl and Fraser Howie. 2011. *Red Capitalism*. Wiley.

중 국,
새 로 운
패 러 다 임

★
★
★

제 3부

중국 사회, 언론 및 법제

중국, 새로운 패러다임

제1강

인류학자가 본 또 하나의 중국

김광억 (서울대 인류학과 명예교수)

강연 개요

오늘날 한족 중심으로 이해되는 중국은 실제로는 민족·영토·문화·역사에서 고도의 이질성과 다양성으로 이뤄진 국가공동체이다. 따라서 그 사회문화적 현실을 파악하기 위해서는 정부의 공식적 설명을 넘어 다양한 배경의 인민들이 국가와 맺는 관계를 긴장과 타협의 역동성 속에서 파악하는 방법론적 시각이 필요하다.

들어가며

중국은 참으로 많은 것이 변했다. 천으로 만든 푸쉐(布靴), 면으로 만든 미엔아오(綿襖), 처녀들의 댕기머리와 부인네들의 단발머리, 더운 날씨에는 상의를 벗어 드러내는 남자들의 상체 같은 것은 이제 더 이상 보기 어렵다. 1990년대 말까지도 전화는 권력의 상징이었는데, 10년도 안 되는 짧은 기간에 각자가 값비싼 스마트폰을 들고 다니게 되었다. 그러니 자전거가 혼수에서 빠진 것도 그리 이상할 리가 없다. 그러나 베이징(北京)이나 상하이(上海)에서는 너무나 호화로운 식사를 하는 반면, 내가 지난

25년을 한결같이 드나드는 산둥성(山東省) 농촌 사람들은 아침이면 여전히 만두 하나에 생마늘이나 대파를 우적거리면서 먹는다. 신기하다고 느끼는 것은 그러한 표면적이고 물질적인 변화에도 불구하고 사람들이 서로 술을 싸움하듯이 권하고 서열에 따라 자리를 정하고 큰 소리로 신나게 떠드는 것이 지금까지도 변함이 없다는 사실이다. 그들은 중국에 관한 어떤 설명도 주(周)나라와 공맹(孔孟)을 거론하는 것에서부터 시작한다. 결국 수십, 수백 년이 지나도 사라지지 않는 것이 있다. 그것들은 그들의 이야기 속에 어제 일처럼 살아 있다. 어쩌면 중국 사람들이 몇천 년의 역사를 오늘이라는 시간 안에 응축시켜 얘기하는 버릇은 이런 것과 관련 있는 것이 아닌가 하는 생각을 하게 된다.

그래서 나는 가끔씩 '중국인들은 누구일까? 오랜 세월을 관류하는 그들의 세계를 이루는 원리는 무엇일까?' 하는 질문을 하게 된다. 이 글은 이러한 질문에 대한 내 나름의 대답을 찾아보는 시도 중 하나이다. 이에 대한 완정(完定)한 대답을 얻기까지는 더 많은 시간과 노력이 필요하겠지만, 일단은 함께 생각할 화두를 던지는 것에 의미를 두겠다.

중국을 보는 시각: 국가와 인민의 관계

본론에 앞서 우선 한국에서 당장 눈앞의 국익과 관련된 문제 위주로 중국을 연구하는 성향이 강한 점에 대해서 조금은 반성할 필요가 있다. 수시로 변하는 국제관계 속에서 정치학자들은 정치현상의 분석가 혹은 해설가 역할을 요구받기가 일쑤인데, 많은 학자들이 이에 응하고 있는 것 같다. 대개 중국정부의 발표, ≪인민일보(人民日報)≫의 기사, 몇 명의 정해진 지식인의 논설기조 등으로 그 뜻을 종합하고 해설하는 일인데, 긴 시간을 두고 중국인의 정치에 관한 세계관, 가치, 사상의 근거를 분석하는 정치학이라는 과학의 분과에 충실한 중국연구는 그리 많지 않은 듯하다. 그러한 실용성 없는 '학문'은 나이가 많은 구세대가 하는 일이고, 신세대 학자는 목전에서 벌어지는 사건적 현실에 대한 숨은 뜻을 밝히는 일에 힘쓰게 되는데, 결국 중국정부의 관방자료와 공식발표에 지나치게 의존하면서 단기적이고 일회성의 뉴스해설에 머무는 경우가 많다.

그 해설은 여러 가지 내용이 있는 것 같지만 결국 '중국은 잘 되어가고 있다'라는 결론으로 모아진다. 즉, 현재 드러나는 여러 문제점들은 급격한 변화에 따른 필연적이고 한 번은 거쳐야 하는 과정이라는 것이다. 그러므로 현재의 고통은 발전이 급속도로 진행되고 있다는, 즉 정상적이고 긍정적인 현상이라는 것이다. 그것을 학자들은 '성장통(成長痛)'이라고 표현한다. 그리고 궁극적으로 모든 것이 해결될 것이라고 결론 내린다. 중국정부와 공산당의 엘리트들이 이러한 문제를 숙지하고 있고 해결하려는 의지가 있기 때문이라는 것이다. 모든 것이 당과 정부의 의지, 능력, 이성에 의해 결정된다는 믿음에 의존하기 때문에, 실상 정부의 아이디어와 정책이 현실적으로 어떤 곡절을 겪는지에 대한 분석은 비껴가는 경우가 많다고 본다.

나는 이에 대해 사회영역에 대한 충분한 연구가 같이 이뤄져야만 되지 않겠는가 하는 아쉬움을 느낀다. 정치, 경제, 사회는 결코 독립적으로 다뤄질 수 없다. 물론 훌륭한 사회학자가 훌륭한 경제학자이거나, 훌륭한 경제학자가 훌륭한 정치학자가 된다는 뜻은 아니다. 각 분야는 나름의 전문성이 필요하고, 또한 전문적인 영역이 있는 법이기 마련이다. 그러나 사회, 경제, 정치를 연결해 총체적인 현실을 보는 눈이 필요하다.

또 하나 잊어서는 안 될 것은 중국은 몇천 년의 역사를 가진 나라라는 사실이다. 역사에 대한 깊은 인식과 기억들이 사람들의 세계관, 가치관에 작용하고 있기 때문에 지도자부터 일반 사회구성원들까지 그러한 역사인식에 기초해 어떻게 세상을 바라보는지에 대한 연구가 수반되어야 한다. 눈앞의 정치적 의도로 발표되는 관방자료의 해설에 안주하는 것은 많은 한계가 있다.

흔히 인용되는 서구의 유명한 중국 전공 사회과학자들을 보면, 자기가 전공하는 분야 외에 역사, 문화, 지리, 사회에 대해 다양한 지식이 있다. 그들도 그 나름의 현지조사를 수행하는데, 그것은 정부 고위관료와 점심을 먹으며 환담하는 것이 아니고, 예컨대 혁명의 루트를 직접 찾아가서 그곳 사람들과 면담을 통해 혁명의 기억이 어떻게 남아 있는지를 보거나, 지역사회가 국가의 영향으로 어떻게 변했으며 그 변화는 사람들에게 혁명 혹은 국가에 어떤 태도를 형성하게 만드는가를 이해하고자 한다. 그래서 지역적인 맥락과 지역과 국가의 관계, 사람들의 생각을 직접 파악하는 것이다. 관방자료에만 의지하는 태도는 중국사회를 이데올로기적으로만 보거나 사회의 주체를 당 간부나 국가 지도자로만 설정해서 보기 때문인데, 인민이라고 부르는 보통 사람들이 어떻게 생각하고 이른바 중국의 현실세계에서 어떻게 존재하는지에 대한 관심이 필요하다.

한편 역사나 문화를 논하는 인문학의 경우도 대부분의 연구가 '중화주의', '조공체제', '천하관', '한류' 네 가지 키워드에 집중되어 있는 것으로 보인다. 특히 앞의 세 단어에 얽힌 사상과 역사적 기억 그리고 그것이 현재 중국의 부상과 더불어 부흥하는 경향에 대해 비판적으로 관찰하는 것이다. 그러면서 한국의 대중문화가 중국에 어떤 소비시장을 형성하는가에 주관적인 관심을 쏟는다. 중국의 현실 내부에 대한 좀 더 깊은 관찰이 필요한데, 전반적으로 좀 부족하다는 생각이 든다. 철학자들 역시 춘추전국시대의 고대 사상가와 사상체계를 계속 언급함으로써 그것이 마치 지금도 그대로 작동한다는 전제를 암묵적으로 전하고 있는데, 그것이 어떻게 장구한 역사과정을 통해서 굴곡을 이뤄왔는가에 대해서는 별로 연구가 없는 것 같다.

대부분의 인문학자들은 세상의 현실이 글에 있다고 생각해 주로 문학작품과 지식인들의 글에 의존한다. 당송(唐宋)시대의 시와 문장의 향연에 심취하지만 현재 중화인민공화국의 천하에서 생산되는 글을 이해하려면 생각과 현실과 국가 사이의 권력관계를 주목해야 한다. 현재 중국에서 글이 출판되는 과정에는 '정치적으로 교정된(politically corrected)' 내용과 표현이어야 한다는 원칙이 때때로 작용한다. 넓은 영토에 걸쳐 산재한 56개 민족집단을 하나의 국가로 일통(一統)하는 데는 사상과 가치에서 국가 차원의 각별한 관심이 작용할 수밖에 없다는 것이 중국정부의 입장이고, 또한 많은 사람들이 동조하는 생각이기도 하다.

1990년대 중반에 내가 베이징대(北京大)에서 행한 강연문이 출판과정에서 보류된 적이 있다. 출판사가 원고를 검독하면서 내용 중에 한 구절이 반동(反動)이라고 지적했기 때문이다. 그 구절은 '인류학은 인민을 위한 학문(anthropology for people)'이란 것이었는데, 이것은 당시 중국의 저명한 인류학자이자 정치지도자인 페이샤오퉁(費孝通) 교수가 한 말이다. 나는 이 구절이 왜 반혁명적인 내용으로 분류가 되었는지 이해할 수 없었다. 그 해답은 결국 '인류학은 인민과 정부를 위한 학문'으로 고치라는 대답에서 짐작할 수 있었는데, 검열자는 내가 서구 지식인들의 견해를 추종해 중국에서 인민과 정부가 상호 대립 혹은 경쟁관계에 있는 것으로 설정하고, 인민에게 방점을 주면서 그만큼 정부를 무시하거나 의도적으로 소홀히 한 것으로 의심했던 것이다. 톈안먼(天安門) 사태가 남긴 사회적 후유증을 생각한다면, 인민과 정부가 상호 유리되는 사소한 가능성마저도 극히 민감할 수밖에 없는 당시의 정치적 상황을 이해할 수 있었다. 그러므로 글이 출판되는 과정에 개입되는 여러 가지 힘을 간파해야 한다. 글은 어떤 생각을 나타내지만 동시에 다른 생각을 은폐하기도 한다. 다시 말해 말하는 사람과 그 말이 표현될 수 없는 부분에 대해서도 생각해야 하고, 표현된 글에 따라서만 고찰하다 보면 어떤 것은 놓치거나 심지어 잘못 이해할 수도 있다. 말로써 표현되는 것 외에 무언 또는 침묵 속에 또 다른 표현이 있는 것이다.

13억의 인구와 서유럽 전체보다 큰 영토를 가진 중국에서는 어떤 말을 해도 그에 조응하는 현상이 있다. 그러나 그런 까닭에 사회학에서 말하는 '사회적 사실'로서 말을 해야 한다. 이런 경우에 흔히 대표성을 거론하게 되는데, 쉽게 말하면 어떤 현상이든지 그것을 어떤 맥락에 위치시켜야 한다는 것이다. 인류학자가 민족지적 설명 혹은 재현(再現)을 한다는 것은 이야기들을 맥락화함으로써, 즉 어떤 맥락에서 서술함으로써 그것이 의미와 의의가 있도록 한다는 뜻이다.

이상에서 말한 바를 종합하면, 각 분야의 중국연구자들이 중국을 연구하고 서술하는 방법에서 범하는 치명적인 결점은 그 모든 사회적 현상의 주체이자 행위자인 사람에 대한 간파를 소홀히 한다는 점이다. 모든 정치와 경제적 현상은 결국 사람의 참여와 반응에 의해 빚어지는 것이며, 우리의 관심은 정치와 경제 자체가 아니라 그것들이 사람에게 어떤 영향을 미치고 있는가를 파악하는 것이다. 그래서 나는 중국을 연구할 때 국가와 사회 또는 국가와 인민의 관계라는 틀에서 관찰하고 분석과 해석을 해야 하지 않을까 생각한다.

국가: 중국은 무엇인가

⁘ 민족과 지역의 이질성

사회과학자들은 정부, 국가, 제도, 법률, 이념 체계에 대한 관심으로 그것들이 모든 사람에게 동질적으로 작동한다는 전제에서 분석한다. 인문학적인 담론도 사상이나 가치관이 사회의 모든 구성원에게 동질적으로 작용한다는 전제에서 전개한다. 그런데 중국이라는 한 사회에서 모든 사람이 과연 동질적일까? 그렇지 않다. 동일한 정치적 환경이나 경제적 조건에서도 사람들은 서로 다른 반응을 보인다. 사람들은 정치, 경제, 사회적으로 많은 층위로 나뉘고 범주도 다양하다. 그러므로 사회과학자와 인문학자의 주류적인 사회에 대한 접근방법은 '사람'을 통한 이해라는 측면이 소홀하다. 중국 관련 서적은 대개 '중국의~'라는 제목이 많이 붙는데, 나는 그 '중국의~'라는 것이 과연 무엇을 가리키는 것인가 생각하게 된다. 예컨대 '중국의 부흥'이나 '중국의 갈 길' 등 중국이라는 국가를 의인화(擬人化)하는데, 일단 그것이 실제로 저자의 말인지, 사상가의 말인지, 정치인의 말인지, 어떤 부류 사람들의 말인지 불분명하다. 중국을 구성하는 사람, 중국을 보는 사람, 중국을 말하는 사람의 구별도 분명해야 한다. 누가 누구를 누구에게 대변하는지도 가려야 한다.

'중국인의 가치관'이라면서 공자(孔子), 맹자(孟子), 순자(荀子), 묵자(墨子) 등을 쉽게 언급한다. 거의 3000년 전에 살았던 옛사람의 사상이 오늘날의 사람들에게 사상이나 가치관으로서 어느 정도 깊이 있게 인식되고 있는지를 생각하지 않고 말하는데, 실제와 괴리가 있냐고 생각한다. 그런 의미에서 어떤 사람들이 어떠한 입장에서 이러한 사상을 이야기하는

지 살펴볼 필요가 있다. 앞서 언급했듯이 중국 사람들은 툭 하면 주례(周禮)나 고대로부터 전해오는 전설적 혹은 역사적 인물과 사건을 일상생활에서 언급하기를 좋아한다. 즉, 그들은 5000년 역사를 그대로 응축시켜 현재를 말하는 경향이 있다. 누가, 어떤 목적에서, 어떤 방식으로 사람들에게 그렇게 생각하게 만드는지, 이른바 기억제조의 과정과 그 역학을 살펴봐야 한다.

흔히 우리가 중국이라고 하면 '한(漢)'을 뜻한다. '한족'을 중국민족이라 하고, '한어'를 중국말이라고 한다. 또한 한족 중심의 역사를 중국사라고 일컫는다. 하지만 현재 중국은 56개 민족으로 이뤄진 다민족국가이고 13억 명 인구 중 한족이 12억 명 정도이지만, 분포도를 보면 광활한 서북지역을 제외한 황하(黃河)와 장강(長江) 유역에 밀집해 있기 때문에 그리 넓은 지역을 차지하고 있지 않다. 그래서 옛날부터 중국에서는 '런둬디샤오(人多地小)'라 하여 사람은 많고 땅은 작다고 했다. 여기서 말하는 사람이란 곧 한족이고, 따라서 땅은 한족이 살 만한 땅을 말한다.

그럼에도 우리는 중국이라고 하면 하나로 뭉뚱그려서 땅과 민족과 문화를 인식한다. 하지만 좀 고지식한 중국 사람에게 "중국어를 배우러 왔다"라고 하면 그들의 적지 않은 수가 "무슨 중국어를 말하는가, 한어? 몽골어? 조선어? 위구르어?"라는 식의 반응을 보인다. 그들에게는 이 모든 것이 다 중국어이다. 그래서 "한어를 배우러 왔다"라고 해야 명확한 이해가 된다. 중국은 이렇게 다양한 민족과 언어로 이뤄진 나라이다. 특히 티베트[西藏]와 웨이우얼(新疆), 네이멍구(內蒙古) 지역은 그 자체가 대단히 큰 땅이고, 중국의 구성원으로 편입되기 전까지는 독자적인 정치단위와 문명의 역사를 지녔으며, 그중 몽골족은 한때 원(元)제국을 건설해 중국을 통치했던 역사까지도 있다. 그러므로 우리가 오늘날 중국을 한족 중심의 세계로만 이해한다면 상당히 많은 부분을 간과하게 되는 것이다.

설령 한족 중심의 지역에만 초점을 맞춘다고 해도 문제가 남는다. 우리의 뇌리에 잡혀 있는 한족으로 이뤄진 '중국'은 단일민족의 단일문화 사회로 여겨지기 쉽다. 그러나 그들의 '중국' 안에도 지역에 따라서 여러 독특한 문화가 남아 있다. 예컨대 산둥(山東) 사람들은 자신들이 노(魯)나라 사람이라는 인식이 있다. 3000년 전 춘추시대의 한 작은 제후국이었음에도 불구하고 아직도 스스로를 노나라로 기억하기를 좋아하는 이유는 공자를 배출한 문명전통에 대한 자부심에 있다. 산둥으로 등록된 자동차 번호판은 '노(魯)' 자로 시작한다. 물론 산둥반도의 중부 이동(以東) 지방은 환공(桓公)이 관중(管仲)을 등용해 부국강병책으로서 국력을 길러 진(秦)과 함께 최후의 패권을 다투었던 제(齊)나라 땅이었다. 그래서 오늘날 산둥지방을 '치루(齊魯)'라는 이름으로 부르기도 한다. 광둥(廣東)지방은 '위에(粤)'라고 한다. 과거 남월국(南越國)이었기 때문이다. '위에'는 '越' 또는 '粤'로 쓴다. 마찬가지로 쑤저우(蘇州)와 양저우(楊州)를 중심으로 한 장쑤성(江蘇省) 남부, 즉 장강 하류지역을 오(吳)나라 땅이라고 흔히 부른다. 전국(戰國)시대 오월동주(吳越同舟)나 와신상담(臥薪嘗膽)의 고사가 얽힌 지역이다. 이런 식으로 3000~4000년 전 고대 역사를 자신들의 문화적 그리고 상상의 종족 정체(正體)의 근거로 삼는다.

이뿐 아니라 언어, 즉 한어도 차이가 많아서 산둥어와 광둥어는 전혀 소통이 되지 않는다. 지역에 따라 사람들의 성격도 달라서 흔히 중국 사람이라고 할 때 떠올리는 두 가지 인상이 있다. 하나는 허우대가 크고 무뚝뚝하고 뚱하고 의심 많고 그러면서 친구와 의리를 위해 목숨을 바치는 중국 사람이다. 다른 하나는 체격이 약간 작고 두뇌회선이 빠르고 계산이 정확하고 싹싹한 중국 사람이다. 전자가 산둥과 같은 화북(華北)지역,

즉 북방사람의 특징이라면 후자는 광둥과 같은 화남(華南)지역, 즉 남방사람의 특징이다.

이들 서로 다른 지역의 사람들은 단순히 체격이나 성격적 차이가 있을 뿐만 아니라 이를 두고 서로를 비난한다. 산둥 사람들은 상하이 사람을 돈 버는 데만 이골이 난 예의 없는 사람들이라 하고, 상하이 사람들은 산둥 사람을 융통성 없고 고지식한 사람이라고 한다. 산둥은 전통적인 예의가 상대적으로 많이 남아 있는 데 비해 상하이는 진취적이고 실용적이며 그만큼 생각이 개방적이다. 언젠가 산둥에 오래 있다가 상하이에 갔을 때 적지 않은 문화충격을 느낀 적이 있는데, 보통 여럿이 식사를 할 때에도 산둥에서는 좌석에 서열이 매겨져 있다. 사람들은 각자 마땅히 앉아야 할 자리에 용케 잘 알아서 앉는다. 주인이 출입문을 바라보는 상석에 앉으면 제1주빈은 그의 오른쪽에 앉고, 제2주빈은 그의 왼쪽에 앉는다. 그리고 두 번째 서열의 주인 측 사람이 주인과 마주 보는 자리에 앉는다. 식사를 하면서 술을 마시는데, 주인이 세 번 정도 건배를 하고 그때마다 건배사를 한다. 그런데 상하이의 식사에는 그런 것이 전혀 없었다. 좌석 배치도 특별히 정해져 있지 않고 각자가 적당히 골라서 앉고 손님에게 권하지도 않았다. 식사에는 의례 술이 나오는 법이려니 하고 기다렸는데 그럴 기색이 없고 각자 요리가 나오는 대로 먼저 젓가락을 댔다. 술을 마시고 싶으면 직접 시켜서 마셔야 한다. 그때 나는 이미 산둥 사람이 되어 있어서 속으로 '이런 무례한 사람들' 하면서 기분이 나빴다. 만약 이런 무례함을 언급한다면 상하이 친구들은 왜 그런 것을 따지냐고 오히려 의아해할 것이다. 그만큼 같은 한족이라도 문화적인 배경이나 전통, 기질, 행동양식이 이른바 지방색을 반영하듯이 다르다. 그럼에도 우리는 중국을 단일한 문화 덩어리로 본다.

중국의 역사에서 2010년을 전후해 현재만큼 인구의 지역적 유동이 활발한 적은 없었다. 물론 전쟁과 대기근이 대량이주의 역사를 유발한 적은 있었지만 그것은 아주 오래전 일이다. 현재 중국 대도시에는 각지에서 몰려든 다양한 종류의 인력들로 가득하다. 이들은 서로 경쟁과 갈등을 일으키면서 동향사람들끼리 노동시장을 개척하고 선점한다. 그들 사이의 갈등과 타협도 하나의 새로운 문제가 되고 있다. 지역마다 독특한 문화체계와 인간관계의 형태를 파악하는 것은 이러한 새로운 유동인구들 사이의 관계가 빚어내는 사회현상을 이해하기 위함이다.

∷ 문화중화와 영토중화

현재 중국영토의 경계는 청(淸)나라 때 거의 형성된 것이다. 애초에 진(秦)나라의 통일 전, 즉 선진(先秦) 시기 중국은 황하와 장강 중·하류 유역, 허베이(河北), 허난(河南), 산둥, 산시(山西), 산시(陝西), 후베이(湖北), 안후이(安徽), 장쑤, 저장(浙江) 정도를 포괄하는 지역이었다. 진시황[始皇帝]이 천하를 통일하면서 남쪽으로 세력을 확장해 후난(湖南), 장시(江西), 푸젠(福建), 광둥 지역 등이 포함되었지만 서북쪽으로는 그리 효과적으로 확장하지 못했다. 한(漢)나라 때 무제(武帝)가 곽거병(霍去病) 장군을 주축으로 확장정책을 추진해 영토가 동서로 좀 더 확장되었지만 지금의 티베트 지역인 서남에는 강(羌)족이, 만리장성 이북에는 흉노(匈奴)족이 여전히 강성했다.

당(唐)나라 때 와서야 비로소 북쪽으로 확장해 현재와 비슷한 규모의 제국이 형성되는데, 이때도 서남의 티베트는 당을 위협하는 강성한 독립 왕조로 중국에 편입되지 않았다. 오히려 송(宋)나라에 들어서 제국은 다시 축소되고 북쪽 글안족의 금(金)나라에 밀려 장강 이남으로 쫓겨 오면서 남송(南宋)이 된다. 몽고족이 지배했던 원나라를 거쳐 한족의 명(明)나라에 이르러 영토가 상당 부분 회복되지만 역사상 최대 영토인 현재의 중국을 만든 것은 만주족의 청나라이다. 그리고 이 영토확장과 확립에 가장 큰 공헌을 한 인물이 바로 건륭(乾隆)황제이다. 그래서 중국에는 어디를 가도 건륭황제와 관련된 민간 역사 이야기가 많다. 재위기간에 많은 지방을 순행(巡行)했으므로 곳곳에 그의 행적을 기리는 역사유적과 설화와 음식이 있다. 그는 현재 신장(新疆) 웨이우얼 자치구의 광활한 땅을 피로 적셨다고 할 만큼 대대적인 정복사업을 벌여서 마침내 그 땅을 중국영토로 확정했으며 만주족의 한화(漢化)에 솔선수범했다. 그만큼 건륭이라면 중국의 팽창, 영토확장과 관련해 중국 사람들이 제일 좋아하는 황제라고 할 수 있다.

따라서 선대에 팽창된 현재의 영토를 확장하지는 않더라도 지키는 것이 역대 집권자의 가장 큰 임무 중의 하나였을 것이다. 만약에 작은 쓸모없는 섬 하나라도 잃게 되면, 국가와 역사의 반역자가 된다는 압박감이 있는 것이다. 사실 현재 중화인민공화국 영토의 기초가 마련된 것은 불과 200~300년밖에 되지 않은 근세의 일이다. 그렇지만 중국인들의 뇌리에는 숫자로 표현하는 시간이 아닌 사건으로서의 시간이 이미 깊이 각인되어 있어서 5000년 역사 이래 변함없는 중국영토라는 인식이 강하게 존재한다.

실제로 '중국'이라는 단어가 언제부터 사용되었는지는 사학자들의 연구가 있겠지만, 기본적으로 '중국'은 '중심, 즉 중원에 있는 나라'라는 뜻이지 고유한 나라 이름이 아니다. 1963년 산시성(陝西省)에서 출토된 하준[何尊, 서주(西周) 초기에 제작된 청동기]에 '택자중역(宅茲中或, 或은 國'의 고

대글자)'이란 글자가 새겨져 있었는데 여기에 중국이란 단어가 최초로 쓰인 것으로 본다. 오늘날 허베이의 동남부와 산둥의 서부 그리고 허난의 북부지역을 아우르는 곳을 중원이라 하고, 고대에는 이곳을 취하는 자를 제왕으로 칭했다. 중심이란 곧 문명의 중심을 의미한다. 그래서 중국 땅에서 이뤄진 문명을 통틀어 중화(中華)라고 칭했다. 그런데 이것이 근대 제국주의와 만나면서 '민족중화'라는 개념으로 발전했다. 한족으로 이뤄진 중화, 즉 한족이 그 문명의 주인공이라는 뜻이다.

엄밀히 말하면 고대 중국문명의 역사는 한족 단일민족에 의한 것이 아니다. 한족이라는 민족의 연원 자체가 불분명하다. 오랜 역사적 과정에서 형성된 일군의 사람들을 한족이라 명명한 것이다. 고대 문명사는 여러 지역의 다양한 사람들에 의해서 만들어진 것을 총칭한다. 그런 맥락에서 '문화중화'란 개념이 등장하는데, 여기서는 문화, 즉 문명이 핵심이다. 북송시대에 석개(石介, 1005~1045년)가 문명중화의 개념적 틀에서 '중국'이란 지역을 정의한 것이 그 대표라 할 수 있다. 누구든지 한족의 문명과 문화를 받아들이면 그 사람도 중화의 한 구성원으로서 문화중화가 되는 것이다. 이 말은 문명과 문화는 누구나 가질 수 있다는 뜻이므로 개방적인 태도이지만 그 주인은 여전히 한족이라는 생각이 담겨 있다. 즉, 문명이나 문화는 오직 한족에 의해서만 창조되고, 누구나 그것을 배우고 익히면 중화민족의 일원이 된다는 것이다. 문명에 대한 한족중심주의는 현재도 강해서 많은 중국의 지식인들은 주변국을 중화문명권의 일원이라고 말한다.

주권국가의 명칭으로서 '중국'이 사용된 것은 1689년 청나라와 러시아 제국 사이에 '네르친스크조약'을 맺을 때 청의 대표 수어에투(索額图)가 명기한 것이 최초이다. 그 후 1912년 쑨원(孫文)이 '중화민국'이라는 국호를 정한 이래 그 약칭으로서 '중국'이 국가 이름으로 정착되었다.

최근에는 문화중화보다도 '영토중화', '주권중화'가 중시되고 강조되는 것 같다. 중국의 주권이 미치는 곳이 중국이고, 이를 통해 세계질서가 재편되면 그것이 곧 '천하'라고 상상하는 식이다. 중국의 정치가와 정치적으로 경도된 지식 엘리트들에게 '천하대일통(天下大一統)'은 하나의 원대한 이상이다. 그것은 56개 민족이 정치적으로 통합되는 것은 물론이고, 그 역사와 문명이 모두 '중화'라는 상상의 공동체를 위한 문화체계로 통합되는 것을 도모하는 정치사상이자 가치관이다. 그러므로 국가의 중요성은 절대적이고, 동북공정(東北工程), 서북공정(西北工程), 서남공정(西南工程) 등의 국가 프로젝트는 그 지역 민족들의 역사를 한족의 역사로 편입할 뿐만 아니라 문화, 경제, 사회를 거대한 '신중국'으로 재조(再造)하는 핵심적 사업이라 할 수 있다.

사회: 인민은 무엇인가

∷ 하나의 세계, 하나의 꿈

2008년 베이징 올림픽 구호는 '하나의 세계, 하나의 꿈[同一個世界, 同一個夢想]'이었다. 이 구호는 전 세계 사람들이 오는 만리장성에도 걸려 있었고, 올림픽이 진행되는 기간에 임시로 담을 쳐서 함부로 사람들이 드나들지 못하게 통제했던 베이징의 낡은 골목에도 있었다. 골목 안 작은 세탁소에서 흔히 농민공(農民工)이라고 하는 허난성(河南省)에서 단신으로 올라온 한 청년을 만났다. 그에게 세탁소 벽에 페인트로 쓰인 '하나의 세계, 하나의 꿈' 구호를 가리키며 누가 쓴 것이냐고 물었더니 가도위원회(街道委員會)가 썼으며 자신과는 관계없는 일이라고 말했다. 저 구호의 뜻이 무엇인지 묻는 질문에 그는 세탁물을 열심히 손질하면서 "후진타오(胡錦濤)는 후진타오의 세계가 있고 나에게는 나의 세계가 있으며, 후진타오는 후진타오의 꿈이 있고 나에게는 나의 꿈이 있다"라고 혼자서 중얼거리듯이 대답했다. 이 이름 없는 시골 청년의 꿈은 돈을 많이 벌어서 고향으로 돌아가 번듯한 집을 짓고 결혼해서 사는 것이다. 어디서나 만날 수 있는 흔한 이야기지만 낯선 곳에서의 우연한 만남은 평소 생각하던 '중국에서 인민이란 어떤 존재인가?' 그리고 '하나의 세계는 과연 가능한 것인가?' 하는 질문을 상기하게 해줬다.

'인민(人民)'은 너무나 포괄적이고 일반적이며 동시에 중국의 사회주의 체제에서 특별한 정치적·법적 의미의 단어이다. 누가 인민인가? 중국의 13억 명의 사람들이 모두 인민이다. 그렇다고 해서 인민이 하나의 평등하며 동질적인 존재는 아니다. 상하이에 와서 품팔이 노동을 하는 변방 소수민족 출신 청년부터 베이징 중난하이(中南海)에서 국민의 안녕을 책임지고 있는 국가주석에 이르기까지 다양한 스펙트럼의 인민을 어떻게 하나의 국가와 사회 체제로 통합하느냐가 정치인들의 고민일 것이다. 이 국가적 통합의 절대적인 목표를 위해 취해지는 다양한 방식의 정치에 대해 이른바 인민들이 각각 어떤 반응을 하는지가 중국에서는 정치적 현안으로서 중요한 관심거리이다.

여기서 '인민을 위한 봉사[爲人民服務]'라는 구호를 생각해볼 필요가 있다. 중국공산당이 주창하는 이 구호는 마오쩌둥(毛澤東)의 필치로 쓰여서 어느 관공서에나 반드시 걸려 있다. 이 구호는 당과 정부에게는 인민을 위해 봉사한다는 정신을 강조하는 것이지만, 요즘 일부 인민들은 자기들

하나의 세계, 하나의 꿈

자료: 김광억.

의 주장을 정부가 받아들여야 한다는 요구의 구호로 사용한다. 특히 근래에 들어서 이 동일한 구호에 대해 서로 다른 해석의 긴장 혹은 갈등이 조금씩 일어나고 있다. 그것이 이른바 경제성장에 따른 시민의식 발전의 한 조짐인지 아니면 민주사회를 향한 당과 정부의 철학적 입장을 대변하는 것인지는 더 두고 봐야 한다. 어쨌든 그것은 중국사회의 정치적 역동성을 보여주는 한 단편이라고 하겠다.

가만히 보면 사회적으로 어떤 구호가 유행할 때 그 구호는 현실을 반영하기도 하지만 때로는 현실이 그와는 다름을 말해주기도 한다. 왜 후진타오 주석이 '허셰(和諧)'를 강조했는가? 그것은 중국이 화해를 해서 편안한 사회가 된 것이 아니라 오히려 화해를 절실히 필요로 하는 갈등의 사회가 되었다는 판단을 반영한다. 개혁개방 이후 20년이 지나면서 급격한 경제성장의 이면에는 심각한 사회적 분열이 생겼다. 쑨리핑(孫立平)은 현재의 중국사회를 '돤레(斷裂)'라는 단어로 표현했다. 빈부·지역 간 격차가 어디서나 볼 수 있는 차이를 넘어서 지진으로 인해 지층이 '단열'되는 것과 같은 심각한 상황에 처했음을 말하는 것이다. 이러한 격차가 특히 민족 거주지와 겹쳐서 사회·경제적 분열이 곧 민족 분열과 연결된다. 동쪽의 연해지방은 한족지역이고, 서쪽의 내륙으로 갈수록 소수민족지역이기 때문에 동서 격차는 곧 민족 격차의 지도와 일치한다. 이 같은 민족·사회계층 간 격차가 현재 중국이 계속 통합된 국가로 갈 것인지를 좌지우지하는 심각한 분열현상을 낳고 있다. 그러므로 중국정부는 균형과 통합을 핵심적인 정치과제로 내세우지 않을 수 없다. 결국 '하나의 세계, 하나의 꿈'이라는 것도 현실이 아니라 지향할 이상이고, 또 지금의 전 세계가 결코 하나의 세계가 아님을 말하는 것이라 하겠다.

시민사회와 인민사회

이러한 구호 밑에 숨어 있는 사회적 진실을 파악하는 것이 사회과학자들과 정치 및 행정을 담당하는 사람들이 마땅히 해야 할 일이다. 그동안 국가와 인민의 관계를 관찰한바에 따르면, 인민은 국가에 반항하고 국가 지도자에게 반감을 가지는 것이 아니라는 사실을 볼 수 있다. 꽃가게에는 꽃이 있듯이 국가에는 국가를 움직이는 권력 엘리트가 있는 것이 당연하다고 받아들인다. 한편으로는 받아들이고 다른 한편으로는 적당히 자기 이익을 취하는 태도가 나타나는데, 이는 어느 사회에서나 발견된다. '위에서 정책을 세우면 아래에는 대책이 있다[上有政策 下有對策]'라는 말은 사실 너무나 평범하고 그래서 어쩌면 아무런 특별한 의미도 없는 것인데, 여기서 포착하고자 하는 바는 이 세상이 그러하다는 것을 한국의 중국연구가 너무 소홀히 해왔다는 점이다. 즉, 정부가 정책을 발표하면 일제히 전국이 그렇게 변하는 것이 아니라 지역에 따라 실천 양상과 정도가 다양하다는 것이다. 정부는 국가시책의 절대성을 강조하면서 지방과 타협을 하는 것인데, 이 긴장 과정에서 국가는 절대적 권위를 인민들로부터 확보하려는 것이며, 인민은 그들 나름대로 국가와 타협하는 것이다.

그래서 중국 사람들이 자신의 중국을 어떻게 인식하고, 또 어떻게 만들며, 그 속에서 어떤 가치나 의미를 발견하면서 살아가는지가 모든 연구의 바탕이 되어야 한다. 우리는 흔히 국가와 사회라고 하면 양자가 서로 벽을 쌓고 대립하는 것처럼 생각하는 경향이 있는데 그렇지 않다는 점을 상기해야 한다. 대립, 갈등, 경쟁을 바탕으로 국가와 사회의 관계를 보는 시각은 서구의 시민사회론에 바탕을 둔 정치학의 틀이다. 이 정치학의 기본 패러다임은 국가와 사회는 대립관계이고, 그 안에서 가장 중요한 키워드는 '시민사회'이다. 따라서 학자들은 중국이 앞으로 시민사회를 이룰 가능성이 있는지 여부를 찾아보는 데 관심의 초점을 맞추고 있다.

이것은 포스트 마오 시대의 이른바 시장경제의 도입이라는 요소를 매우 핵심적인 관건으로 파악하는 것인데, 즉 경제발전이 필연적으로 인권과 민주주의에 대한 자각을 일으키고 시민의식의 계발을 가져오리라는 생각을 반영한 이론적 시각이다. 마오쩌둥 시대에는 획일적인 평등사상 아래 경제적 부, 자유, 인권, 민주주의 등이 없었다는 평가가 전제이다. 이제 그 시대가 지났고, 서구 시장경제 체제를 도입하면서 결국 서구적 의미의 민주 시민사회가 형성될 토대를 갖추게 되리라고 예측하는 것이다. 사람이 배가 부르면 민주나 인권을 이야기하게 된다는 것인데, 이는 또 다른 경제제일주의 혹은 경제결정론이라고 할 수 있다.

그런데 현재 중국의 경제구조는 자본주의 시장경제의 전적인 도입 구조가 아니라는 점을 유념할 필요가 있다. 중국에서는 경제발전을 위해서, 그리고 경제발전에 따라 국가의 힘은 오히려 갈수록 강해지고 민간의 힘은 약해진다고 말한다. 기업도 '국유기업이 강하고, 민간기업이 퇴조를 보인다[國進民退]'고 평한다. 흔히 상하이를 중국의 개혁개방과 서구화의 모델 도시로 보는데, 상하이의 많은 대형기업들이 실제로는 국영기업이다. 그런 점에서 보면 상하이는 생활 스타일이 아주 개방적이고 진취적이면서 동시에 사상이나 체제 면에서는 대단히 보수적인 곳이다. 당에 대한 충성도가 높고, 실제로 당에서 차지하는 상하이의 위상도 아주 높다. 그렇기 때문에 국가와 인민, 국가와 사회의 관계가 단순히 대립, 경쟁 관계만 있는 것은 아니다.

정치인류학자로서 나는 경제체제나 정치세력들 간의 구조보다 '문화의 정치(politics of culture)', 즉 문화를 어떻게 정치자원화하는가의 문제를 생각한다. 이것은 단순히 국가가 문화를 통해 인민을 통제 혹은 장악한다는 뜻이 아니라 인민도 마찬가지로 문화로서 자신들의 영역을 만들고, 이를 바탕으로 국가권력과 교섭하는 측면이 있음을 내포하는 개념이다. 인민을 통제하는 수단으로서 문화제도뿐만이 아니라, 인민의 주체성으로서 문화제도라는 쌍방의 관점이 필요하다는 것이다.

마오 시대만 하더라도 노동자와 농민이 인민의 핵심이자 사회주의혁명의 중추였고, 국가에 헌신하는 생산의 원동력이자 신중국의 주인공이었다. 그러나 개혁개방 20년이 지나면서 노동자들은 구조조정으로 하루

아침에 몇백만 명이 '샤강(下崗)', 즉 실직자가 되었다. 이들과 농민은 자기의 근거지를 떠나 도시로 몰려들어 다양한 부문에서 임시공으로 일한다. 일정한 직업과 법적인 주민자격이 없이 부평초(浮萍草)처럼 떠도는 신세라 하여 그들을 '유동인구(流動人口)'라 부르는데, 전국적으로 2억 명이 넘는 규모이다. 개혁개방이 가지고 온 새로운 사회적 현실은 대량 실업자와 신빈곤층의 출현, 빈부격차, 도농격차, 세대격차, 불안정한 계층이동 등을 발생시키고, 사회보장제도의 약화와 개인부담의 강화 등으로 인해 많은 사람들의 사회적·경제적 입지가 갑자기 열악해졌을 뿐만 아니라, 심지어는 이들을 사회적 골칫거리로 여기게 만들었다. 당연히 이들은 자신의 사회적 존재가 제대로 인정받지 못하는 것에 대해 법률규정을 어기는 대책을 구사하기에 이르렀다. 이를 서구 학자들은 시민사회의 맹아현상으로 평가하는 경향이 강하고, 중국정부는 가치관과 이념적인 혼란의 조짐으로 본다. 한국의 중국 전문 정치학자들은 성장통이라고 낙관하는 태도이다. 결국 중국의 현실을 정확히 이해하기 위해서는 바로 이 '인민'에 대한 분석적 고찰과 이들이 각각 자기가 처한 맥락에서 어떤 방식으로 삶을 꾸려나가는지 살펴보는 것이 중요하다.

'문화의 정치' 속 국가와 인민

⁝ 공자상은 어디로

구체적으로 '문화의 정치' 안에서 국가와 인민의 관계를 살펴보기 위해 먼저 '국가의 이념이 보통 사람들에게 어떻게 각인되는가' 하는 질문을 제기하고, 이를 국가박물관 앞에 세워졌던 공자상에 관한 이야기를 통해서 생각해보겠다. 2011년 1월 11일 난데없이 톈안먼 광장 국가박물관 앞에 9m 높이의 공자상이 들어섰다. '난데없이'라고 표현했는데, 중국에서는 종종 사전에 아무런 공론이나 공개되는 정보, 별다른 설명 없이 어떤 일이 정부에 의해 수행되는 경우가 많다. 이 공자상의 건립을 두고 여러 가지 추측성 기사가 한국을 비롯한 해외언론에서 많이 나왔다. 그런데 그해 5·4운동 기념일인 5월 4일에 그 상이 사라졌고 그 큰 공간은 흔적도 없이 깨끗하게 치워졌다. 이 같은 공자의 출현과 사라짐은 무엇을 의미할까?

2014년 5월 4일은 5·4신문화운동 95주년 기념일이었다. 이 기념활동의 일환으로 각 지방의 사회과학잡지와 기관지 등에서 보도된 것은 마르크스주의(Marxism)의 부활을 위한 재평가였다. 그리고 하나 더 국가 차원의 큰 프로젝트는 유교와 마르크스주의가 어떻게 상호 수용될지를 찾아보는 것이었다. 5·4신문화운동은 전통에 대한 부정으로부터 출발한 문화개혁운동이다. 이를 계승한 중국공산당의 사회주의혁명에는 기본적으로 '반(反)공자, 반유학'의 인식이 깔려 있어서 기회가 있을 때마다 공자를 부정하는 공공연한 문화운동을 벌였다. 그런데 지금 와서 갑자기 공자상을 세우니 많은 추측성 논란이 일어나게 된 것이다.

중국은 1990년대 이후 대국굴기(大國崛起)와 함께 '중국모델론' 혹은 '중국예외론'과 같이 중국에 적합한 설명 틀을 찾으려는 시도가 대두되면서 중국의 독특한 문화적인 힘이 강조되고, 국수주의적인 색채가 상당히 강해졌다. 여기에 1980년대 싱가포르의 리콴유(李光耀)가 주창한 '아시아적 가치론'과 '아시아는 유교 때문에 자본주의가 발달할 수 없나'는 박스 베버(Max Weber)식 명제에 대한 비판이 재론되면서 '유교자본론', '유교

민주주의론' 등이 다시 부상하게 되었다. 이렇게 유교에 대한 새로운 관심이 고조되자 중국으로서는 유교에 대한 '문화수권론'이 나오기도 하고, 유교를 표방한 문화중국의 이미지를 내세울 필요성을 느끼게 된 것이다.

또한 후진타오 주석이 급격한 경제발전으로 인한 사회적 '퇴폐' 현상을 치유 또는 통제하는 방안으로 '허셰'를 내세우고 국제적으로는 '중국위협론'에 대응하는 '화평굴기(和平崛起)'를 내세우면서 자연스럽게 공자가 말한 '화이부동(和而不同)'의 담론이 활용되었다. 이처럼 문화적·정치적 공자를 내세우는 흐름에서 공자가 드디어 국가박물관 앞에 등장한 것이다.

그럼에도 정작 국가의 부흥을 기획하며 기존의 역사박물관과 혁명박물관을 합쳐 새로 확대 개편한 중국의 국가박물관에는 공자나 맹자의 흔적을 찾아볼 수 없다. 국가박물관에서는 '부흥의 길[復興之路]'이라는 주제로 5000년 중국의 찬란한 문명과 국가의 역사를 서술하는 대형 기획전이 열리고 있다. 전시는 크게 3단계로 구성되어 있는데, 첫째는 고대 문명의 탄생과 발전상이다. 종이, 한자, 나침반, 천문과학, 치수 기술, 농사의 기원 등 인류문명사에서 중국이 남긴 뛰어난 족적을 보여준다. 둘째는 근대 전시실로 18세기 말에서 19세기 초에 서구 열강과 일본의 침략으로 인해 찬란하고 거대한 제국인 중국이 치욕의 역사를 겪었으며, 이에 대한 필연적인 반동으로 전개된 구국과 혁명 운동을 전시한다. 아편전쟁, 의화단 사건으로 인한 팔군 연합군의 침략과 분탕질, 일본군의 잔인무도한 폭행, 청일전쟁이라 부르는 갑오전쟁, 그리고 타이완, 홍콩, 마카오의 할양과 강제로 넘긴 조차지(租借地) 등이 중국의 위대한 제국 역사에 결코 씻을 수 없는 오욕의 기억이다. 셋째로 제3전시실은 1949년 인민과 공산당의 승리로 인한 신중국의 건국부터 시작해 오늘날 21세기 대국굴기를 내세운 부흥의 길을 서술하는 내용으로 꾸며졌다. 많은 고난과 우여곡절을 당과 해방군과 인민이 일치단결해 이겨나간 일화들과 유엔(UN) 가입, 개혁개방, 미사일, 우주산업, 핵실험, 대국굴기, 민족단결, 싼샤(三峽)댐 건설, 칭장(靑藏)철도와 징광(京廣)고속철도 건설, 올림픽 개최 등 가파르게 치솟는 발전의 그래프와 숫자 등이 주제이다. 관람객은 거대한 전시관을 나오면서 거침없이 전개될 부흥한 중국의 미래를 상상하며 가슴이 뿌듯해진다.

그런데 이 중화부흥의 대형서사에 '공자는 없다'는 사실을 주목해야 한다. 현재로선 사회주의혁명을 주도하는 공산당과 정부가 공자를 내세우는 데는 일정한 한계가 있다. 그래서 인민들도 그러한 당과 정부의 입장에 대해 그리고 공자상이 나오고 사라지는 것에 대해 그리 심각하게 문제를 삼지 않는다. 공자상이 세워지자 사람들이 몰려와서 그 앞에서 사진 찍고 자식들이 공부 잘하게 해 달라고 두 손 모아 빌기도 했지만, 공자상이 사라지자 더 이상 올 필요가 없어졌을 뿐이다. 인민의 소박한 일상 세계에서 유교는 단지 '효제(孝悌)'에 대한 가르침이다. 부모에게 효도하고 형제간 우애 있게 지내라는 가족의 윤리체계로 존재한다. 이는 인민에게 공자의 존재가 미미하다는 뜻이 결코 아니다.

유교는 정치적 이념과 가치체계로서의 지위를 얻지 못해 공식적으로는 반혁명적·봉건적인 낡은 사상이라고 부정되었지만, 모든 인민의 윤리와 가치관의 기저에 깊이 뿌리박혀 있다. 유학자들의 경학 수준으로 연결되지는 않지만, 사람들의 일상에서 소박한 윤리로서 작용하고 있다. 그러므로 사회주의혁명에서 정부가 관 주도의 통치를 하기 위해 신유교 전통을 오히려 이용해왔다고 해석하는 학자도 있다. 후진타오 주석이 내놓은 문명된 중국의 공민으로서 갖춰야 할 자질로서 여덟 가지 영광스러움과 여덟 가지 수치스러움이라는 '바룽바츠(八榮八恥)'도 결국은 유교적 도덕과 가치관을 말하는 것이다.

인민은 유교 외 도교, 불교, 다른 민간신앙을 함께 가지고 아주 실용적으로 사안에 따라 여러 신들에게 소원을 빌며, 현실적으로는 힘 있는 관리에게 접근해서 관계의 망을 통해 삶의 문제를 해결한다. 인민은 이렇듯 여러 가지 힘의 원천을 가지고 있는 존재이기 때문에 국가에 대해 다양한 방식의 대응책을 구사하며, 국가는 때로 인민을 강제하면서도 때로는 타협하는 융통성 있는 정책을 사용한다. 평소 국가는 인민에 대해 느슨하다가도 혁명을 내세울 때는 강력한 통제력을 발휘한다. 공자는 반혁명 이념의 상징인 동시에 한족(漢族) 인민이면 누구나 일정 정도는 가지고 있는 인간관계의 윤리이다. 이러한 공식적 이념과 사적인 가치체계의 은밀하고도 미묘한 관계를 염두에 두고 국가와 인민의 관계를 읽을 필요가 있다. 서로 불편한 것은 당분간 암묵적으로 덮어두는 것이다.

⁝ 향촌사회

많은 역사학자와 사회학자가 현재 중국사회를 말할 때 전통시대 향촌사회의 모델을 언급한다. 향촌사회는 중앙정부가 멀리 떨어져 있어서 영향력이 제대로 미치지 못하기 때문에 지역 주민들이 자치적이고 자율적인 단위를 만들고, 전통적인 가치나 문화체계로 운영되는 공동체적 사회이다. 향촌의 주도세력은 그 지역사회에서 누대로 살아오는 사람들이며, 중국의 촌락이 대부분 1~2개의 주요 씨족들로 구성되는 관계로 결국 종족, 즉 혈연집단이다. 종족은 생산을 위한 상부상조체제를 구성하고, 비적의 침략이나 이웃집단과 싸움에 공동으로 대비하며, 자녀들을 교육시켜 급제자나 학식을 갖춘 인재들을 배출해 관리와 타협과 협력을 하며,

웬만한 잘못된 행위에 대해서는 종족재판을 통해 벌을 주고 규제를 하면서 도덕과 치안을 유지하는 자율적인 사회단위를 만든다.

학자들은 이 같은 향촌사회의 모델을 두고 예치(禮治)냐 인치(仁治)냐를 논하는데, 이는 국가와 향촌사회가 사실상 상보적인 관계를 이루었음을 말해준다. 중국에서 이 문제가 심각해진 것은 사회주의혁명 이후 국가권력을 확립하기 위해 향촌사회의 문화전통을 타파해야 할 봉건체제의 잔재로 규정한 데 있다. 종족은 국가의 공공적 가치에 반하는 이기주의의 원천이 될 수 있다는 가능성 때문에 비판받았다. 또한 그 종족제도의 도덕적 바탕이 유교이기 때문에 반유교운동에 종족비판이 포함되는 것은 필연적이었다.

국가와 향촌사회가 상보적이었다는 말은 상당히 의미심장하다. 이 둘은 대립과 협력의 가능성이 잠재되어 있는 상보적인 관계라고 할 수 있다. 실제로 신해혁명(辛亥革命) 때 혁명군이 확장되는 과정에는 지역과 지역을 잇는 친인척과 민간신앙으로 결속된 관계가 중요하게 작용했음을 쉽게 알 수 있다. 신해혁명으로 민국(民國)정부가 들어서고 근대국가가 세워지면서 향촌사회 위주의 느슨한 중국이 국가가 엄격하게 통제하는 단계로 진입하는데, 당시 민국정부가 향촌사회 내지 인민의 생활에 제도적으로 개입하면서 내세운 것은 '공천하(公天下)' 개념이었다. 천하가 공공의 것이라는 '천하위공(天下爲公)'은 결국 개인적 입장, 가족주의, 종족제도 등과 대립되는 개념이다. 민국정부는 공천하 개념과 함께 1930년대부터 신생활운동을 통해 근대과학과 합리성 등의 이름으로 전통적인 제도와 가치를 계속 타파하는 정책을 추진한다. 그러므로 유교라는 전통적 사회윤리에 부정적인 평가를 내린 것은 공산당 이전에 이미 민국정부 시기부터 있었던 흐름이다. 반유교운동이 기독교의 확산과 함께 진행되었다는 사실도 흥미로운 일이다.

1949년 신중국이 건립된 이후에는 사회주의혁명이 전통적인 종족과 가족중심주의 타파를 더욱 강화해나간다. 개인을 묶는 종족이 사라지면 궁극에는 개인이 국가에 직속되는 '민의 세포화'로 귀결되는데, 이는 인민의 전통적인 자율성이나 자치의 영역이 없어지고 모든 개인의 사적인 영역이 국가에 직접 소속됨으로써 인민 개인은 국가와 연결된 하나의 세포로 존재하게 됨을 뜻한다. 개인은 횡적으로 관계맺음이 없이 독립된 세포로서 존재하기 때문에 중국공산당은 '인민을 위한 봉사'의 기치를 내걸고 국가가 직접 개인을 관리하게 된다. 결국 사회주의 신중국의 혁명은 국가가 인민의 생활을 책임지고 관리하며 보호하는 체제를 확립하는 시도라고 하겠다. 그런데 개혁개방으로 국가는 인민에 대한 관리와 보장의 제도적 장치를 많이 없애고 변형했다. 인민은 새로운 변화에 적응하기 위해 그들 나름의 문화적·사회적 자산을 활용해야 했다. 향촌사회의 문화전통은 이런 맥락에서 전통의 재생이라는 형식을 통해 다시 고려되고 있다.

중국 사람들의 의식세계에서 역사나 전통문화의 재생은 중요한 정신적 자산이다. 장강 이남의 향촌사회에는 아직도 전통적인 종족사당이 많이 남아 있고, 새로 보수되고 건립되기도 한다. 주로 푸젠, 안후이, 후난, 장시, 광둥 등지에서 볼 수 있다. 한국의 사당은 아주 전통적인 종족인 경우는 종가에 설치하는데 현재의 종손으로부터 4대에 이르는 직계조상의 위패만 모신다. 또한 평소에는 닫혀 있고 1년에 몇 번 특별히 제향을 올릴 때에만 열리며 전체가 경건하고 성스러운 장소이다. 하지만 중국의 사당은 해당 종족원의 위패를 모두 모아놓으며 크고 화려하다. 종족 전체의 공동체적 공간으로서 사람들은 이곳을 마작, 음주, 결혼식, 마을잔치 등 다양하게 활용한다. 춘제[春節]와 같은 절기에는 모든 자손들이 다투어 향을 피우고 각각의 조상을 위해 절을 하는데 마치 시장바닥과 같이 분주하다.

하지만 이런 조상숭배나 종족사당은 공식적으로는 봉건사상에 기초를 둔 퇴폐적이고 이기적인 문화의 산실이라는 비판의 대상이 된다. 공직에 있는 사람들은 의식적으로 이러한 활동으로부터 거리를 유지한다. 그러나 일단 은퇴를 하면 족보중수나 사당 운영과 보수에 관련된 일에 열심히 참여한다. 종족조직은 타이완을 비롯해 해외 여러 곳의 화교와 화인을 포함하는 글로벌 네트워크를 구축하는 중요한 문화적 자원이 된다. 광둥과 푸젠의 촌락은 해외에서 성공한 그 지역 출신의 화예(華裔)들로부터 많은 도움을 받는다. 그들은 고향을 찾는 이른바 '쉰건(尋根, 뿌리찾기)' 프로그램을 통해 일종의 성지순례를 한다. 그리고 학교와 병원을 짓고 운영하며 도로와 교량을 건설하고 공장을 세운다. 지방정부가 해야 할 많은 중요한 일을 이들 화교 네트워크가 감당하는 것이다. 그러므로 정부도 이를 무시할 수 없다. 결국 인민은 국가에만 의존하지 않고 내부적으로 상부상조를 위한 네트워크를 만드는데, 이때 국가가 부정하는 전통적인 문화자원을 실질적으로는 이용하고 있다.

∷ 국가와 인민의 만남

'인민복무'라는 말이 있기 전까지 인민은 존재하지 않았다. 김춘수는 「꽃」이라는 시에서 "내가 그의 이름을 불러주기 전까지 그는 다만 몸짓에 지나지 않았다. 내가 그의 이름을 불러줬을 때 그는 비로소 내게 다가와 하나의 꽃이 되었다"라고 했는데, 인민 역시 '인민복무'라는 말을 통해 비로소 존재하게 되었다. 그러니 인민에게 이 '인민을 위한 복무'라는 구호는 참으로 고마운 것이다. 공산혁명으로 인해 비로소 그들은 이름 없는 존재에서 인민으로 탄생했기 때문이다. 그러나 인민은 정부가 주는 봉사를 받아들이는 피동적 존재인 동시에 '내가 주인'이라는 인민이 되기 이전부터 터득한 내밀한 전통적인 인식이 있다. 그러므로 인민은 '지배를 받는 주인' 혹은 '주변부가 된 주인'이라고 볼 수 있는데, 국가는 끊임없이 주인이면서 주변적인 존재인 인민을 위해 '노동모범'이나 '문명가정'과 같은 영웅의 상을 만든다.

인민의 세계와 국가권력이 만나는 또 하나의 공간은 한국의 설에 해당하는 춘제나 절기에 따라 도교나 불교 사원에서 행해지는 '묘회(廟會)'이다. 본래 사회주의혁명에서 종교는 인민을 속이는 허황되고 나쁜 것이라는 이유로 타파의 대상이 되었다. 물론 그 이면에는 군중집회에 대한 우려와 예방이 있었다고 볼 수 있다. 하지만 최근 종교신앙 그리고 묘회가 부쩍 활발하게 일어나고 있다. 많은 인민이 묘회에 몰려와 향을 사르고 꿇어앉아 절을 하며 자기의 소원을 빈다. 묘회 바깥에는 공안국의 경찰들이 질서정연한 모습으로 치안을 담당한다. 묘회 안에서 일상의 규율과 긴장을 벗어난 개인적 욕망이 뒤엉킨 혼돈의 향연이 벌어지는 동안, 그 밖은 국가권력과 이념에 의한 질서정연한 세상이다. 이러한 상반된 두 세계가 하나의 국가체제에서 허용되고 있다는 사실은 사람들에게 일종의 카타르시스를 제공한다. 요즘처럼 급변하는 세상에서 개인은 무력할 수밖에 없는데, 이러한 축제는 혁명을 위해서도 필요한 공간인지 모른다. 하지만 묘회 밖을 나온 이들은 이내 미신을 타파하는 국가시책에 적극적으로 참여하자는 구호를 외친다.

'주변화된 주인'을 발견할 수 있는 또 다른 사례가 있다. 저장성 평화현

(奉化縣)은 장제스(蔣介石)의 고향이다. 특히 시커우(溪口)라는 마을은 대대로 내려온 그의 생가와 어머니 묘를 비롯해 장씨 가문의 유적이 있어서 타이완 사람들을 위해 관광지로 꾸며놓았다. 베이징대 박사과정에 있는 학생의 집에 초대받은 자리에 그 마을 촌서기, 교사, 지역간부 등이 모였는데, '마오쩌둥과 장제스 중 누가 더 훌륭하냐?'라고 물었다. 처음에는 다들 가만히 있더니 곧 '한 명은 이겼고 한 명은 졌을 뿐이지, 둘 다 하늘에서 내려온 사람이고 우리와는 다르다'라고 말했다. 다시 '어떻게 다르냐?' 물었더니 '그들은 장강에 머리를 내놓고 떠가는 사람들이고, 우리는 물 밑의 찌꺼기'라고 대답했다. 그 후 상하이를 갔을 때도, 산둥을 갔을 때도 똑같은 질문에 대해 비슷한 답을 들을 수 있었다. 나는 여기서 두 인물을 '하늘에서 내려온 사람들'이라고 담담하게 평하는 모습에서 그들이 인민으로서 갖는 자부심을 읽을 수 있었다. 정치는 하늘에서 내려온 특별한 부류의 사람이 하는 것이고, 인민은 인민의 세상이 있는 법이라는 식이다. 그들은 주변부 존재로 있지만 세상의 주인이라는 의식을 갖고 있다.

⁝ 단위제와 호구제

중국의 현실세계에서 인민을 어떻게 규정하는지를 보여주는 중요한 제도가 있다. 바로 '단위제(單位制)'와 '호구제(戶口制)'이다. 단위제는 개인이 사회적 정체성과 법적인 정체성을 어디에서 부여받는가를 결정하는 제도이다. 이전에는 가족이 개인의 사회적 존재를 부여하는 단위였지만, 혁명 후에 사유제가 폐지되고 공동소유와 집체생활을 하게 되면서 가족은 더 이상 사회·경제적 단위가 아니게 되었다. 그 대신 사람들은 생산과 소비의 공동단위로 소속되었다. 학교, 공장, 병원, 촌락 등 가족을 넘어선 더 큰 경제, 사회, 정치의 통합된 단위의 성원이 되는 것이다. 단위에 소속이 되어야 그 단위가 제공하는 모든 물질적·사회적 생존에 필요한 자원을 제공받을 수 있다. 최근 단위는 소속 개인의 사회적 존재를 위해 담당했던 많은 기능을 포기했지만, 여전히 단위는 개인의 사회적 존재를 결정짓는 중요한 국가기제이다.

호구제는 전 인민을 자신이 원래 있었던 지역의 주민으로 묶어두는 것이다. 도시 인민은 도시호구를 부여받고 비농업 부문에서 일을 하며 국가로부터 생존에 필요한 물질적 자원을 배급받는다. 농촌의 인민은 농민호구를 부여받는데 국가로부터 토지경작권을 받아 농사를 짓고 자급자족을 도모한다. 교육, 의료, 보험 등은 자기가 속한 단위에서 받고 다른 지역으로 갈 경우, 단위에 정식으로 편입되지 않으면 일절 혜택을 받을 수가 없다. 호구적 신분은 농민이 전문학교 이상의 고등교육기관에 진학하거나 비농업 부문에 종사할 수 있는 자격과 직책을 획득하게 되는 특별한 경우가 아니면 세습된다. 자녀의 호구는 모계를 따르는데, 예컨대 도시호구의 여자와 농민호구의 남자가 결혼하면 자녀들은 도시호구를 갖게 된다. 마오쩌둥 시절에는 호구제와 단위제로 인해 지역·직장 단위 간 이동이 거의 없었다.

개혁개방에 따라 많은 농민들과 새로운 기회를 원하는 도시인들이 경제적 기회를 좇아 다른 지역으로 이동하게 되었고, 이들을 농민공 혹은 유동인구라고 부른다. 그런데 호구제와 단위제로 인해 이들은 실제 도시에 살지만 문서상으로는 그 도시의 호구가 아니다. 그러므로 규정상 그 도시의 공공기관, 즉 학교나 병원의 혜택을 받지 못한다. 그래서 이들의 호구를 해당 도시의 호구로 바꾸어주는 문제가 논의 중이다. 이는 대단히 큰 사회적 파장을 일으키기 때문에 현재 중국정부는 고민하고 있고, 최근 일부 지역에서 자녀의 호구적 신분은 개인이 선택하도록 허용하는 실험을 하고 있다. 1980년대만 하더라도 전체 인구의 80%가 농업종사자였지만, 지금은 60%로 줄었다. 농민호구를 가지고도 비농업 부문에 종사하는 인구가 늘었다는 것은 앞으로 중국사회의 산업, 경제, 인구 구조에 의미심장한 변화와 문제가 있을 것임을 예고한다.

원래 덩샤오핑은 개혁개방 초창기에 향(鄕)과 진(鎭)에 자력으로 공장을 세워서 당지(當地)의 농민 노동력을 흡수함으로써 농촌을 안정시키고 경제를 발전시키는 '농촌공업화'정책을 추진했다. 이후 장쩌민(江澤民) 정부가 들어서면서 농촌보다는 대외적인 투자유치를 통한 도시건설을 중심으로 경제성장을 추진했다. 그 결과 상하이 푸동(浦東)지구를 비롯한 여러 도시의 새로운 면모가 갖춰진 것이다. 그러나 도시개발에 집중한 정책으로 인해 후진타오 정부는 피폐해진 농촌의 문제를 해결해야 하는 과제를 안게 된다. 이른바 '삼농(三農)' 문제를 해결하기 위해서 후진타오 정부는 농촌에 대한 여러 가지 혜택과 신농촌건설운동 같은 정책을 펼치고, 다른 한편으로 '허세'정신을 강조했다. 그 추세에서 최근에는 농촌을 아예 기업화·도시화하려는 움직임이 일어나고 있다.

개혁개방 후 농민은 토지경작권을 분배받아서 농사를 짓고 국가에 바치는 책임량을 제외한 나머지 생산은 자기 것으로 취하는 '책임생산제'를 실시했는데 지금은 그렇게 하지 않는다. 예를 들면 향이나 진의 전체 농토를 자본화해 하나의 농업공사를 만들고, 농민은 배당된 토지에 따라 주식을 배당받는 '구펀제(股份制)'로 개편했다. 그러면 농민은 자기 식량이 확보되고 약간의 이익을 더 배당받는 한편, 자신의 노동력은 농업이 아닌 다른 부문에 투여해 별도의 수익을 올릴 수 있게 된다. 산둥성 옌타이(煙

臺)에서는 정부가 포도주 생산지로서 야심찬 정책을 내세우자, 이에 응해 전체 농지를 포도밭으로 만들고 포도주 생산회사와 계약하는 혁신적인 시도를 했다. 농민 모두가 농사를 짓는 대신 포도생산기업의 주주가 되어 회사에서 주는 배당금을 받게 된 것이다. 한마디로 지역정부는 대농장주가 되는 것이다. 이전에 농민들은 농촌을 떠나서 농업을 벗어났지만[離土離鄕], 현재 농민들은 농촌에 남아서 농업을 벗어나는 것[離土不離鄕]이다.

현재 중국 농촌에는 장정들이 별로 남아 있지 않다. 모두 도시로 나가고 소학교 다니는 아이들과 노인들만 있다. 그나마 남는 젊은이들은 촌락 인근 기업이나 공장에 임시계약직으로 일하고 있다. 이것은 농촌 젊은이들에게 집 장만의 부담에서 벗어나 농민호구로서 정부로부터 혜택을 누릴 수 있는 이점이 있다. 최근에는 대학이나 전문학교를 나온 청년들이 고향으로 돌아와 농촌에서 살기 시작했다. 교통이 편리해져서 출퇴근 시간이 1시간 정도로 줄어 촌락, 특히 도시 주변의 촌락은 오히려 살기 좋은 곳으로 인식되고 있다. 이런 것은 개인에 따라서는 단위제와 호구제가 그리 문제가 되지 않는다는 점을 보여주는 사례이다. 게다가 농민호구는 세금이나 복지에서 혜택을 누릴 수 있는 이점도 있다. 즉, 사람들은 결코 국가시책으로부터 떨어져서 존재하기보다는 그것과 적당히 타협하면서 조건을 이용한다는 것을 알 수 있다. 농민호구에게 토지와 세금감면 등의 혜택이 있으므로 전략적으로 농민호구를 선호하는 성향이 커지고 있다.

나가며

이 글에서는 한 가지 주제를 놓고 그것에 관련된 사회현상의 원인, 진행, 결과를 체계적으로 분석하는 대신에 현재 중국사회에 대한 여러 가지 관찰을 국가와 인민의 관계라는 틀 아래 단편적으로 늘어놓는 방식으로 살펴보았다. 결론적으로 중국에서 국가와 인민은 경쟁보다는 타협의 관계에 있다고 할 수 있다. 그리고 그 타협에는 각자의 영역이 있음을 암묵적으로 인정하는 바탕에서 시작한다. 그렇다고 인민이 국가에 대해서 무조건 수동적이거나 완전히 밀려나 있는 구경꾼은 아니다. 대립의 가능성은 언제나 잠재되어 있다.

개혁개방 35년이 지난 현재 중국은 그 어느 때보다 국가의 힘이 막강해졌고, 관료적 권위주의가 팽배해 있다. 국가 주도의 경제발전이 엄청난 속도의 성과를 이뤄냈기 때문에 관료들은 대단한 자신감과 엘리트 의식을 가지고 있다. 그 자신감은 행정과 정치 엘리트만의 것이 아니다. 지식인들 또한 그 자신감을 바탕으로 중화부흥과 중국모델론을 주창하고 애국주의 담론을 만들어낸다.

앞으로 국가와 인민이 어떻게 타협하고, 어떻게 대립하는지 살펴볼 필요가 있다. 이미 국내외의 전문가들은 국가 권력과 권위가 지나치게 비대해졌음을 우려한다. 인민의 내부적 스펙트럼은 더욱 다양해졌고, 대중교육의 확대와 고급화로 인해 그들의 세계는 더 많은 욕구와 기대로 채워지게 되었다. 광활한 영토, 수많은 민족집단, 다양한 지역사회에 퍼져 있는 13억 명이라는 엄청난 규모의 인구로 구성되는 중국을 지속적인 통합체로 만들기 위해서는 강력한 통치체제가 부득이하다는 이른바 '중국모델론'이 등장하지만, 정부는 기존의 통치철학을 고수하며 그 형식과 기술만을 바꾸는 작업을 시도하고 있다.

인민은 겉으로는 소극적이고 순종적으로 보이는데, 그것은 그들이 어리석거나 국가의 통제가 강력하기 때문이 아니라 자기들의 세계에 대한 강한 자부심이 있기 때문이다. 결국 인민을 국가에 직속시키는 세포화 정책을 위한 다양한 문화정치에도 불구하고 인민은 그들 나름의 공간을 확보하고 있는 것이다. 바로 이러한 점에서 국가와 인민은 폭력적 대결이 아닌 지속생산적인 타협을 할 수 있다.

(강연일 2014.5.16)

더 읽을 책

김광억·양일모 엮음. 2014. 『중국문명의 다원성과 보편성』. 아카넷.
김광억. 2000. 『혁명과 개혁 속의 중국 농민』. 집문당.
울프, 마저리(Margery Wolf). 1991. 『현대 중국의 여성』. 문옥표 옮김. 한울.
이중톈(易中天). 2002. 『中國 도시 중국 사람』. 유소영·심규호 옮김. 풀빛.
왕후이(汪暉) 외. 2006. 『고뇌하는 중국』. 장영석·안치영 옮김. 길.
페이샤오퉁(費孝通). 2011. 『중국 사회문화의 원형』. 장영석 옮김. 비봉.

제2강 중국 매스미디어의 변화

박승준 (인천대 중어중국학과 초빙교수)

강연 개요

1949년 중화인민공화국 정부 수립 이후 1976년까지 마오쩌둥(毛澤東) 시대의 중국 언론은 '총[槍杆子]과 붓[筆杆子]을 당이 장악한다'라는 원칙에 따라 관영언론만 허용되었다. 1978년 이후 덩샤오핑(鄧小平)의 개혁개방 시대에 중국언론은 경영을 스스로 책임지는 가운데 관영언론과 함께 뉴스도 시장에서 팔릴 수 있는 시장경제형 언론의 두 가지 트랙이 허용되고 있다.

들어가며: 중국의 흐름을 관찰하는 다섯 가지 기둥

매스미디어는 그 사회를 이해하는 중요한 도구이다. 25년 동안 중국을 드나들거나 상주하면서 지켜본 결과, 한국의 사업가나 기업인은 중국 뉴스를 직접 챙겨보는 일이 많지 않다는 사실을 발견했다. 그러나 중국을 이해하려면 중국의 미디어를 이해해야 한다.

먼저 중국의 흐름을 관찰하는 다섯 가지 기둥에 대해 소개하겠다. 첫째, 중국의 뉴스는 매일 저녁 7시, 서울 시간으로 8시에 하는 중국중앙

TV[中央電視台, China Central TV: CCTV]의 〈신원롄보(新聞聯播)〉로부터 시작한다. 모든 뉴스가 〈신원롄보〉에서 처음으로 보도된다는 뜻이다. 중국은 언론에 남아 있는 사회주의 시스템을 이용해서 엄청난 자금을 들여 인터넷 미디어를 구축하고 이 방송을 최상의 HD 화질로 전 세계에 공급하고 있다. 서울에서도 거의 동시에 저녁 8시면 볼 수가 있다.

둘째, ≪인민일보(人民日報)≫이다. ≪인민일보≫는 1개월이나 1년 봐서는 거기 나오는 뉴스가 무슨 의미인지 알 수 없다. 그러나 5년, 10년 정도 보면 중국 정치, 사회의 기본이 어떻게 변하고 또 어떻게 변할지 가장 깊이 있게 알 수 있는 신문이다. 그러므로 ≪인민일보≫의 독자가 된다는 것은 중국을 이해할 수 있는 아주 탄탄한 기초를 쌓는 일이다.

셋째, 신화통신 역시 관영언론이다. ≪인민일보≫와 달리 매일매일 공급되는 그날의 변화를 볼 수 있는 매체라고 규정할 수 있다.

넷째, 중국 미디어는 독자적인 정치적 여과망을 갖고 있다. 그래서 중국 미디어만 봐서는 중국을 객관적으로 이해할 수 없다. 그래서 나는 〈신원롄보〉와 함께 홍콩에서 발행되고 있는 주간지 ≪아주주간(亞洲周刊)≫을 함께 보고 있다. ≪아주주간≫은 홍콩 미디어 중 가장 객관적이고 오보가 없는 종합시사주간지라고 할 수 있다.

다섯째, 미국 스탠퍼드대(Stanford University) 후버연구소(Hoover Institution)에서 내는 온라인 계간지 ≪차이나 리더십 모니터(CHINA LEADERSHIP MONITOR)≫이다. 중국의 변화에 대한 미국적인 시각을 알 수 있고, 중국을 파악하는 미국의 실력 또한 엿볼 수 있다. 분기별로 발행되는 계간지이기 때문에 상대적으로 큰 틀에서 변화 흐름을 추적할 수 있는 장점이 있다. 이상 다섯 가지는 중국을 이해하고 변화의 흐름을 파악하는 데 상당히 유용하고 객관적인 시각을 형성하게 해준다.

중국의 언론자유

중국에 언론의 자유가 있을까? 많은 한국인들은 중국에 언론의 자유가 없다고 생각한다. 하지만 중국의 언론자유와 한국의 언론자유 개념은 조금 다르다. 중국 기자들은 자산계급, 즉 부르주아의 언론자유와 프롤레타리아의 언론자유를 구분한다. 그들은 자본주의 사회의 언론자유는 '길 없는 오지에서 자동차를 탈 수 있는 권리'라고 비유하면서 늘 객관적이지도, 공정하지도 않다고 비판한다. 솔직히 그런 말을 들으면 속으로 뜨끔하다. 언론 종사자로서 생각해보면 내가 지금 하고 있는 일이 과연 국민을 위한 것인지 아니면 언론사를 위한 것인지 헷갈릴 때가 있다.

중국에도 기자협회가 있다. 그 협회는 매년 봄에 낚시대회를 하는데 그때 실린 만평을 보면, 선배기자는 깊은 곳에 낚싯줄을 드리워 큰 물고기를 낚고, 후배기자는 얕은 곳에서 작은 물고기밖에 낚지 못하는 모습을 희화화했다. 이 만화는 여러 가지 의미로 해석할 수 있지만, 어쨌든 중국은 나름의 언론 시스템으로 스스로 언론자유를 구가하고 있다. 그 언론자유란 프롤레타리아를 위한 언론자유, 즉 길도 없는 곳에서 차를 탈 수 있는 권리가 아닌 프롤레타리아를 위한 도로를 건설하는 권리라고 그들은 말하고 있다.

박용수는 『중국의 언론과 사회변동』(2000)에서 중국 매스미디어 체계를 구성하는 요소로 전통 사회주의, 즉 마르크스-레닌주의(Marxism-Leninism), 중국의 역사전통, 중국공산당의 창의 세 가지를 들었는데, 이 세 가지 요소의 혼연일체가 바로 현재 중국언론이다. 그렇다면 중국헌법에는 언론에 관해 어떤 규정이 있을까? 중국헌법에는 언론자유가 분명히 보장되어 있다. 그런데 역설적으로 마오쩌둥 시대에 만들어진 1954년 헌법

제4장 '공민의 권리와 의무' 第87조에는 "중화인민공화국 공민은 언론, 출판, 집회, 결사, 시위의 자유를 가진다. 국가는 공민이 이들 권리를 향유하는 것을 보장하기 위해서 물질적 편의를 제공한다"라고 되어 있다. 이후 덩샤오핑(鄧小平) 시대에 만들어진 1982년 헌법에는 뒷부분 문장이 삭제되었다.

중국의 매스미디어

:: 마오쩌둥 시대의 매스미디어

정리하면 '중국에는 언론자유가 있으나 중국공산당의 정치노선을 벗어나선 안 된다'라는 것이 결론이다. 이런 방침은 어떻게 정해졌는가? 1938년 마오쩌둥은 옌안(延安)에서 「논지구전(論持久戰)」이란 글을 통해 '혁명은 총[槍杆子]과 붓[筆杆子]에 의존해야 한다'고 강조했다. '간쯔(杆子)'는 막대기란 뜻인데 총과 붓이 모두 막대기처럼 생겼기 때문이다. '창간쯔(槍杆子)', '비간쯔(筆杆子)'란 용어는 마오쩌둥의 뛰어난 언어감각을 보여주는 대목이다. 마오쩌둥은 혁명은 무력으로만 되는 것이 아니라 언론을 장악해야 성공한다는 것을 강하게 인식하고 있었다. 우리는 서구식 이론에 따라 언론을 입법, 사법, 행정에 이은 '제4부'라 칭하면서, 중국식으로 말하면 간섭받지 않는 자유를 구가하고 있지만, 중국공산당은 1949년 중화인민공화국 수립 이전부터 공산당이 군대와 언론을 동시에 장악해야 혁명이 성공할 수 있다는 인식 위에 국가를 세웠기 때문에 언론에 대한 서구식 이론과 인식적인 괴리가 있다.

중국공산당은 1941년 옌안에서 ≪해방일보(解放日報)≫라는 당 기관지를 창간한다. 현재의 당 기관지인 ≪인민일보≫는 1949년 이후 기관지가 되었고, 그보다 먼저 기관지 역할을 했던 것은 현재 상하이(上海)에서 발행되는 ≪해방일보≫이다. 이렇게 ≪해방일보≫, ≪인민일보≫, 신화통신(1931년 창립)이 마오쩌둥 시대에 중국공산당 통치를 이끌었던 3대 매스미디어였고, 여기에 덩샤오핑의 개혁개방 시대에 본격적으로 위력을 발휘하기 시작한 중국중앙TV가 부상했다.

∷ 덩샤오핑 시대의 매스미디어

개혁개방 시대를 이끈 덩샤오핑의 언론에 대한 생각은 마오쩌둥과 조금 달랐다. 1985년 그는 "과거 중국사회가 닫혀 있고 정보가 통하지 않았다는 것은 커다란 약점이었다"라고 말했다. 여기서 '과거'란 마오쩌둥 시대를 말한다. 본래 덩샤오핑은 말수가 적은 사람이었지만, 한번 말을 시작하면 아주 중요한 내용을 정확한 개념으로 표현을 해서 그 자체가 하나의 지도원리가 되었다. 덩샤오핑은 1984년에 경제전문지인 ≪경제참고보(經濟參考報)≫가 창간될 때에도 1면에 "정보자원을 개발해서 4대 현대화건설에 도움이 되도록 하라"는 내용의 지시를 내린 바 있다. 덩샤오핑은 마오쩌둥이 '백화제방(百花齊放)'을 정치적으로 이용한 것과 달리 진정으로 사상해방이 필요하다는 인식을 하고 있었는데, 1978년 11기 삼중전회의 기본 정신이 바로 '사상해방'이었다.

덩샤오핑은 자신이 이끌 개혁개방 시대를 '하나의 중심, 두 개의 기본점[一個中心 兩個基本點]'이란 말로 정리했다. 하나의 중심이란 '경제건설'이다. 마르크스-레닌주의, 마오쩌둥 사상보다 중요한 것이 '경제건설'이고, 그 아래 두 개의 기본점은 개혁개방과 4개항의 기본 원칙이다. 4개항의 기본 원칙이란 '사회주의 도로의 견지', '인민민주독재의 견지', '중국공산당 영도의 견지', '마르크스-레닌과 마오쩌둥 사상의 견지'를 말한다.

여기서 우리는 중국언론의 한계를 볼 수 있다. 덩샤오핑 시대의 중국언론이 비교적 활발했던 이유는 바로 이 '경제건설'이 국가정책의 가장 중요한 '하나의 중심'이었기 때문이다. 경제건설을 하다 보면 사회를 변화시키지 않고는 제대로 할 수 없다. 하지만 경제건설을 위해 사회가 다원화되는 것을 내버려두면, 즉 언론이 활발하게 활동하면 중국사회는 매우 혼란스럽고 불안해질 것이다. 그래서 사회주의와 중국공산당 통치를 골자로 하는 4개항의 견지는 모든 신문 공작자들, 즉 기자협회의 근무수칙에 강조되어 있다. 마르크스-레닌, 마오쩌둥의 정치지도를 결코 잊지 말라는 것이다. 이런 점들이 현재 중국언론의 특징으로, 우리가 보기에는 언론자유가 없다고 생각하게 만드는 기본 틀이다.

≪해방일보≫와 ≪인민일보≫의 논쟁

중국의 개혁개방은 1978년 시작된 뒤 11년 후인 1989년에 '톈안먼(天安門) 사태'라는 큰 소용돌이를 만나게 된다. 나는 미하일 고르바초프 소련 공산당 서기장의 중국 방문을 취재하러 베이징(北京)에 갔다가 톈안먼 사태 추이를 지켜보기 위해 한 달 이상 호텔에 머물렀다. 톈안먼 사태는 중국공산당 지도자들 입장에서는 앞에서 설명한 기본 틀을 상정하지 않으면 어떻게 될 수 있는지를 보여주는 사건이었다. 덩샤오핑이 주도한 11년의 개혁개방으로 중국사회에는 미국 할리우드 영화를 극장과 TV로 볼 수 있는 환경이 조성되었다. 특히 〈신원롄보〉는 마지막 5분간 국제뉴스를 하는데, 그때 자주 등장한 장면이 서울의 대학생 시위였다. 1919년 3·1운동이 중국 5·4운동의 전조가 된 것처럼, 1980년대 서울의 대학생 시위가 1989년 베이징대(北京大) 학생들의 대규모 시위에 영향을 주는 역설적인 상황이 조성된 것이다. 〈신원롄보〉 공작자들은 서울이 혼란스럽다는 것을 보여주기 위해 대학생 시위를 전했으나, 예상 밖에도 베이징대 학생들은 이것에 영향을 받아 톈안먼 사태라는 큰 시위를 벌인 것이다.

시위를 촉발한 것은 고르바초프의 방중이었다. 덩샤오핑이 개혁개방을 추진한 것처럼 고르바초프는 페레스트로이카를 추진했고, 고르바초프의 방중으로 정상회담이 열리고 30년 만에 중국-소련 화해가 이뤄질 예정이었다. 그때 상황은 중국의 개혁개방파 인사들을 대단히 위험하게 만들었다. 톈안먼 사태 후 ≪인민일보≫는 그와 같은 부르주아 자산계급의 자유화 요구는 용납할 수 없다는 논평을 지속적으로 실었다.

덩샤오핑과 개혁개방파의 정치적 입지는 축소될 수밖에 없었는데, 놀랍게도 1991년 초부터 상하이에 있는 ≪해방일보≫에서는 ≪인민일보≫와는 전혀 다른 논조의 칼럼이 실리기 시작했다. 그 칼럼은 '황푸핑(皇甫平) 평론'으로, 황푸핑은 익명이다. 그러자 베이징에 있던 보수파, 특히 성격이 급한 것으로 알려진 국가 부주석 왕전(王震)이 득달같이 상하이로 달려가서 지팡이로 책상을 두들기며 "대체 황푸핑이 누구냐?" 하고 다그쳤다는데 ≪해방일보≫에서는 누구도 대답하지 않아 황푸핑이 살아남았다고 한다. 왕전은 톈안먼 사태 당시 서쪽으로 진입하던 해방군이 시위대를 향해 발포하지 않자 탱크 위로 올라가서 지팡이를 두들기며 발포하라고 명령했던 사람이다. 1992년 한중수교 전, 당시 ≪인민일보≫ 안내로 상하이를 갔을 때 ≪해방일보≫를 방문한 일이 있다. ≪해방일보≫에서 질문을 받겠다고 해서 "황푸핑이 누구냐?"라고 물었더니 저우루이진

(周瑞金) 부사장이 한국인 기자가 어떻게 그런 질문을 하느냐며 바로 자신이었다고 말했다. ≪인민일보≫와 ≪해방일보≫의 대결이 결국 ≪해방일보≫의 승리로 끝나고 저우루이진은 덩샤오핑의 남순강화(南巡講話) 이후 ≪인민일보≫의 총편집인으로 자리를 옮겼다. 저우루이진이 상하이 ≪해방일보≫에서 베이징의 ≪인민일보≫로 자리를 옮기면서 덩샤오핑의 개혁개방은 제자리를 찾게 된 것이다.

1991년 ≪인민일보≫와 ≪해방일보≫의 논쟁은 국가의 노선과 운명이 걸린 싸움이었다. 그 당시 ≪인민일보≫가 제기한 화두는 '성사성자(姓社姓資)', 즉 중국공산당이 추구하는 이데올로기가 사회주의인지 자본주의인지를 분명히 해야 한다는 것이었다. 반면 ≪해방일보≫는 '사회주의인지 자본주의인지 물을 필요가 없다[不要問姓社姓資]'고 주장했고, 이념 논쟁보다는 기회를 잡았을 때 개혁과 경제발전에 박차를 가해야 한다고 했다. 재미있는 사실은, 당 총서기였던 장쩌민(江澤民)이 그해 9월 2일자 ≪인민일보≫에 '사회주의인지 자본주의인지 물어야겠다[要問姓社姓資]'라는 구절을 보고 이 여섯 글자를 삭제하라고 지시했다는 점이다.

≪인민일보≫ 사설은 당일 아침 지면으로 인쇄되어 나오기 전날 미리 볼 수 있다. 신화통신은 다음날 실릴 ≪인민일보≫의 사설을 미리 전국에 타전한다. 그러면 전국의 신문이 ≪인민일보≫의 사설을 싣는다. 그래서 중국에 신문의 종류가 2000여 종이나 되지만, 논평만은 ≪인민일보≫ 논조를 따르는 것이다. 그러다 보니 전날, 즉 9월 1일 저녁 7시 〈신원롄보〉의 보도에서는 ≪인민일보≫ 논평에 '사회주의인지 자본주의인지 물어야겠다'라는 구절이 있었는데, 다음날 아침 당 간부들에게 배달된 ≪인민일보≫는 장쩌민의 지시에 따라 그 구절이 삭제되었다.

≪북경청년보(北京青年報)≫의 혁신

≪해방일보≫와 ≪인민일보≫의 대결이 1990년대 초반 중국언론계의 큰 화제였다면, 1990년대 중반부터 중국의 길거리에는 따끈따끈한 뉴스를 담은 신문가판대가 형성되었다. ≪인민일보≫는 가판대에서 판매하는 신문이 아니다. 반드시 우편구독을 해야 하기 때문에 가판대에서 팔지 않는다. ≪북경청년보(北京青年報)≫는 원래 공청단(共青團, 공산주의청년단) 베이징시 지부의 기관지로, 별다른 주목을 받지 못하던 신문이었다. 그런데 이 신문이 여러 신문 가운데서 가장 먼저 시장경제를 전면에 내세운 경영혁신과 지면 디자인 변신을 시도해서 성공을 거둔다. ≪북경청년보≫는 답답한 활자로만 디자인하던 1면 편집을 버리고 커다란 컬러 사진을 쓰는 과감한 편집개혁을 단행한다. 이와 함께 가판을 실시한 결과, 1997년 이후 발행부수가 매년 35%씩 증가해 2000년에는 65만 부를 발행하고, 베이징시 인구 4.69명 중 1명이 구독하는 최고의 구독률을 기록했다.

중국중앙TV의 성장

중국중앙TV의 〈신원롄보〉는 중국뉴스의 기준이자 출발점이 되는 프로그램이다. 1958년 첫 방송을 시작한 중국중앙TV는 1978년 5월 현재의 이름으로 개명한 뒤 매일 저녁 7시 위성으로 전국에 동시 중계되는 〈신원롄보〉로 중요한 뉴스를 독점 공급하고 있다. 2008년 준공된 중국중앙

TV의 신축사옥은 바지 모양과 비슷해서 '큰 바지[大褲衩]'라고도 불린다. 중국은 2000여 종의 신문발행을 허가했지만 방송만큼은 민영방송이 없다. 모든 채널은 중국중앙TV 중앙과 지방의 채널에 통합되어 있다. 지방의 성(省), 시(市), 현(縣)을 포함해서 각 지역단위별로 방송국이 있지만, 모두 중국중앙TV의 통제 아래 규격화되고 일관된 정치뉴스를 내보내고 있다.

중국은 정부가 직접 개입해서 신문과 방송을 경영하거나 대폭 지원하기 때문에 국제뉴스에 강한 측면이 있다. 알자지라(AL-JAZEERA) 같은 아랍매체와도 연결되어 중동뉴스도 풍부하고, 여타 유럽매체나 미국 CNN과 비교해도 손색이 없다. 다만 중국정치에 대한 비판만 보도하지 않을 뿐이다. 중국중앙TV는 전 세계에서 일어나는 일을 보도하기 위해 세계 각지에 특파원을 파견해놓고 있다. 한국 방송국의 해외 특파원 숫자와 비교되지 않을 정도로 많은데, 이 특파원들이 세계 현장을 누비며 취재하고 보도한다. 중국은 외교적으로 중립적 태도를 취하고 있기 때문에 미국을 싫어하는 나라에서 벌어지는 사태도 밀착취재 보도를 한다.

현재 ≪뉴욕타임스(NEW YORK TIMES)≫나 ≪파이낸셜타임스(FINANCIAL TIMES)≫는 재정위기에 몰려 있고, 여러 유럽과 미국 신문들 역시 인터넷 시대를 제대로 대비하지 못해 재정이 굉장히 어렵다. 하지만 중국은 국가와 정부의 지원으로 매체의 광고수익이 날로 증가해서 신문, 방송 할 것 없이 황금기를 맞고 있다. 이렇게 가다가는 서구언론은 사라지고 중국언론만 살아남아 조지 오웰(George Orwell)의 『1984』(1949)에 나오는 세상이 실제로 구현되는 것이 아닐까 하는 우려까지 해본다.

〈신원롄보〉에는 지난 30여 년 동안 변하지 않은 특징이 있다. 한국의 1980년대에 '땡전 뉴스'가 많았던 것처럼 중국은 '땡시(習) 뉴스'가 많다.

'땡'하고 7시 시보가 울리면, "시진핑(習近平) 당 총서기 겸 국가주석은 … " 으로 시작되는 뉴스가 나오고 7인 정치국 상무위원의 동정이 차례로 소개된다. 시진핑, 리커창(李克強), 장더장(張德江), 위정성(兪正聲), 류윈산(劉雲山), 왕치산(王岐山), 장가오리(張高麗). 정확히 서열에 따라 동정보도가 이뤄진다.

하지만 〈신원롄보〉도 시대에 발맞춰 변화의 노력을 해왔다. 대표적인 것이 여성앵커의 외모 변화인데, 〈신원롄보〉의 여성앵커는 그 시대 유행의 상징이다. 1980~1990년대까지 20년간 〈신원롄보〉의 앵커였던 싱즈빈(邢质斌)은 인민복 차림에 혁명성이 가득한 목소리로 뉴스를 낭독했다. 그러나 요즘 〈신원롄보〉 여성앵커는 화려한 옷차림, 자유로운 분위기, 자연스러운 목소리를 과시하고 있다.

중국 매스미디어 환경의 변화

:: 인터넷 인구의 증가

중국의 미디어 환경은 최근 급격하게 변화하고 있다. 현재 가장 중요한 변화는 인터넷 인구의 급증이다. 중국인터넷정보센터(China Internet Network Information Center: CNNIC)가 2011년 7월 발표한 '제28차 중국 인터넷 네트워크 발전상황 통계보고'에 의하면 2011년 상반기 SNS 서비스 웨이보(微博) 등록인구는 1억 9500만 명이었다. 그러던 것이 2012년 하반기 게임포털 텅쉰(藤訊) 웨이보 등록인구는 5억 700만 명으로 늘었고, 2013년 상반기 검색포털 신랑(新浪) 웨이보 등록인구는 5억 3600만 명으로 확대되었다.

중국에서는 페이스북(FACEBOOK)이나 트위터(TWITTER)는 차단되어 있는 대신 웨이보가 있다. 웨이보는 트위터와 비슷한 SNS 기반 마이크로 블로그인데, 텅쉰이나 신랑 같은 포털을 통해 가입하고 활동한다. 인터넷 인구가 급증하고 웨이보 인구가 급증하면서, 중국공산당도 "이젠 중국도 정보를 통제할 수 없는 세상이 되었으니 더 이상 중국에 언론자유가 있는지 없는지 묻지 말라"고 말한다. 실례로 2010년 김정일이 베이징을 비밀리에 방문했을 때 톈안먼 앞을 경찰이 통제하는 것을 보고 웨이보에 한 네티즌이 동영상을 찍어 올리면서 '이 차량행렬이 도대체 누가 탄 행렬인데 이렇게 길을 차단하고 불편을 주는가?'라는 글을 남겨 김정일의 베이징 도착 소식이 전 세계에 알려졌다. 늘 극비리에 진행되던 김정일의 방중이 SNS 덕분에 세상에 공개된 것이다. 그러니 페이스북이나 트위터가 차단되었다고 중국이 닫힌 사회라고 말할 수는 없다는 것이다.

중국 사회주의 경제건설의 기초를 닦은 천윈(陳雲)의 '새장[鳥籠]이론', 즉 '조롱경제학'이 있다. 그는 시장경제를 새에 비유하면서 '새를 기르는 위해서는 새장을 만들되, 아주 큰 새장을 만들어서 그 안에서 자유롭게 날게 하면 된다'라고 주장했는데, 중국의 언론통제를 그렇게 볼 수 있을 것 같다. '새장언론', 즉 자유롭게 날 수 있을 정도의 큰 새장을 만들면 된다는 것이다.

중국 미디어의 그룹화

중국의 미디어 사업은 날로 번창하고 있다. 1992년 중국공산당 14차 당대회에서 사회주의 시장경제 체제의 확립이 결정되었고, 1996년 첫 미디어그룹이 탄생한 이래 8년 만에 중국에는 여러 미디어그룹이 등장했다. 신문의 경우, 10위까지의 순위는 다음과 같다. ① ≪광저우일보[廣州日報報業集團]≫, ② ≪해방일보[解放日報報業集團]≫, ③ ≪상하이문신연합[上海文新聯合報業集團]≫, ④ ≪청두일보[成都日報報業集團]≫, ⑤ ≪남방일보[南方日報報業集團]≫, ⑥ ≪저장일보[浙江日報報業集團]≫, ⑦ ≪항저우일보[杭州日報報業集團]≫, ⑧ ≪베이징일보[北京日報報業集團]≫, ⑨ ≪허난일보[河南日報報業集團]≫, ⑩ ≪산둥대중[山東大衆報業集團]≫.

중국정부는 경제발전을 위한 정보소통의 확대를 추구하기 위해 미디어그룹에 많은 지원을 하고 있고, 한국의 언론사들도 어떻게 하면 중국 미디어그룹과 재정적 교류를 확대할 수 있을까 궁리하고 있을 정도로, 현재 중국 미디어그룹의 경영상태는 좋다. 그리고 대부분 미디어그룹의 책임자가 미국과 유럽에서 언론학을 전공하고 온 40대의 젊은 사람들이다.

참고로 중국의 신문 발행부수 순위를 살펴보면 1, 2위가 모두 당 기관지라 할 수 있는 ≪참고소식(參考消息)≫과 ≪인민일보≫이다. ≪참고소식≫은 신화통신의 자매지이고, 2위인 ≪인민일보≫는 하루에 280만 부 정도 발행하고 있다. 인구 14억 명 중국에서 280만 부 발행은 생각보다 적은 수치로 보이지만, 중요한 점은 ≪인민일보≫가 중국에 2000종이 넘는 신문의 제작기준을 제공한다는 것이다. ≪인민일보≫의 가치는 ≪인민일보≫를 통해 중국의 변화와 흐름을 관찰하고, 예측할 수 있는 신문이라는 데 있다.

외국 기자가 중국에 주재하지 못하던 시절, 중국의 동정을 살피던 영국의 중국 전문가는 '덤불에 새가 내려앉으면 어느 정도로 흔들리는지를 보고, 즉 크고 무거운 새가 앉으면 덤불이 크게 흔들리고 작고 가벼운 새가 앉으면 덤불이 작게 움직이는 것을 보고 알았다'라는 비유를 했다. 위성사진으로 톈안먼 광장에 버스가 모여 있으면 '무슨 당대회가 열리나' 하고 추측했다는 것이다.

예전에는 중국공산당 중앙위원회 전체회의는 개최 자체가 비밀이었다. 하지만 이 회의는 현재 베이징 주재 외국 기자에게 취재를 요청하는 취재카드를 발급하고 회의가 진행되는 과정을 문자 메시지로 알려주기도 한다. 이렇게 당 관련 보도의 부분공개가 진행되고 있지만, 앞에서 설명한 중국공산당이 설정해놓은 틀, 즉 '새장'은 계속 유지되고 있다.

중국신문 발행부수 순위에서 10위 안의 목록들을 보면, 우리에겐 조금 낯선 ≪남방도시보(南方都市報)≫, ≪양성만보(羊城晩報)≫도 있다. 이중 남방미디어그룹 산하의 ≪남방도시보≫와 ≪남방주말(南方周末)≫ 등은 중국에서 유일하게 정치적인 반대 목소리를 내는 신문이다. 남방미디어그룹 계열의 매체들이 비교적 비판적인 목소리를 내는 것은 하버드대(Havard University) '니만 펠로우십(Nieman Fellowship)'에 이들 매체의 기자가 초청된 일이 있는 것과도 관련이 있어 보인다. 니만 펠로우십은 제3세계 기자들과 미국 기자들을 각기 10명씩 불러 1년간 워싱턴에 머물게 하면서 진행하는 연수 프로그램인데, 이 프로그램에 다녀온 기자들이 서구식 자유언론 구현을 시도하려는 것으로 볼 수 있다. 남방미디어그룹은 현재 지역신문 가운데 가장 많은 독자를 확보하고 있다.

빅데이터 시대 중국 미디어의 변화

덩샤오핑이 계획하고 미리 준비한 것은 아니지만, 개혁개방은 사회의 다원화를 가져왔다. 중국사회 역시 이제는 사회통합의 틀을 중국공산당이 일방적으로 제시할 수 없는 시대에 직면했다. 인터넷 시대의 빅데이

터가 그 역할을 대신하는 것이다. 중국은 더 이상 언론자유가 있느냐 없느냐를 묻는 것이 불필요한 사회가 되었다. 중국공산당의 정보독점이 불가능한 세상이 되었기 때문에 앞으로의 변화를 잘 지켜봐야 한다.

1978년 덩샤오핑은 개혁개방과 함께 사상해방과 실사구시를 내세웠다. 그런데 이듬해 홍위병(紅衛兵) 출신의 웨이징성(魏京生)이라는 사람이 베이징 시단(西單)에 정치민주화를 주장하는 '진정한 민주화'란 제목의 대자보를 써서 붙이자 당국은 그를 체포했다. 웨이징성은 15년형을 선고받고 1994년 석방되었는데, 당시 베이징 주재 외국 특파원들이 그를 취재하려고 외교부 대변인에게 그가 풀려나는 석방 장소가 어디냐고 물었더니 외교부 대변인은 "그걸 왜 외교부에 묻느냐, 사법부에 물어보라"고 했다. 그래서 한 서양 기자가 사법부에 전화를 하니, 사법부는 "당신은 외국인이니까 외교부에 물어보라"고 했다는 것이다. CNN마저도 그가 풀려나는 날, 법원 근처 눈 내리는 거리에서 "베이징에는 지금 눈이 내리고 있습니다(it's snowy in Beijing)"로 시작하는 리포트를 했다. 이후 CNN이 웨이징성을 인터뷰하며 "생각이 변했느냐?"라고 묻자 "변하지 않았다"라고 했다. 그러자 웨이징성은 다시 체포되어 15년형을 선고받았는데, 1997년 병보석으로 풀려나 미국으로 망명했다.

결론적으로 중국의 언론자유는 우리와 같은 개념은 아니지만, 큰 틀의 한계가 있고 그 안에서 제한적으로 보도하고 논평하는 자유라고 할 수 있다. 다시 말해 다원화 사회로 가는 것을 중국공산당이 틀로 억제하고 있는 셈인데, 과연 이런 상태의 중국이 언제까지 갈지는 좀 더 지켜봐야 하겠다. 단, 핵심은 인터넷 시대의 매스미디어가 어떻게 변할 것인가에 달려 있지 않을까 생각한다.

나가며

1992년 제16차 당대회에서 후진타오(胡錦濤)가 신임 정치국 상무위원이 된 뒤 첫 발표를 하기로 한 전날, 외교부 대변인실에서 외국 기자들에게 '내일 중요한 이벤트가 있으니 아침 8시 30분까지 인민대회당으로 오라'는 연락이 왔다. 그 연락을 받고 당시 600명 가까운 베이징 주재 외국 특파원들이 갔다. 그런데 8시 30분이 되어도 아무런 일이 일어나지 않았다. 누가 나타나지도 않았고, 그렇다고 그냥 갈 수도 없어 모여서 웅성거리며 기다렸다. 10시 30분까지 기다려도 아무런 일이 일어나지 않다가 11시가 되니 인민대회당 남쪽 문이 덜컥 열렸다. 그 문으로 기자들이 우르르 몰려 들어갔는데 방이 계속 연결되어 있었다. 오후 3시 즈음 마지막으로 열린 방문이 인민대회당 3층이었는데, 열린 문으로 들어서자 중국중앙TV 카메라가 기자들을 향해 돌아가기 시작했다. 그리고 그날 밤 10시 영어 뉴스에 '우리 당대회에 전 세계에서 온 많은 기자들이 높은 관심을 표현했다'라는 보도가 나왔다.

이쯤 되면 최근에 있었던 보시라이(博熙來) 사건이 어떻게 보도될 수 있었는지 어렵지 않게 유추할 수 있을 것이다. 장쩌민이 상하이시 당서기를 하다 덩샤오핑의 결정으로 당 총서기로 발탁되어 베이징에 왔을 때, 베이징시 당서기는 잘생기고 능력 있는 천시퉁(陳希同)이었다. 그런데 어느 날 천시퉁의 부정축재와 측근들의 엽색행각이 밝혀졌다. 그때 베이징 주재 외국 특파원들은 천시퉁이 얼마나 부패했는지 취재하고 고발하면서, 그렇게 하는 것이 중국공산당을 비판하는 길이라고 생각했다. 그러나 결론적으로 보면 거꾸로 천시퉁 숙청에 외국언론들이 이용당했다. 당의 수뇌부들이 천시퉁을 제거하기 위해 꾸민 시나리오에 따라 외국언론들이 움직인 결과가 되었다. 마찬가지로 후진타오 시대 초기에는 역량 있는 상하이 당서기 천량위(陳良宇)의 숙청작업이 있었다. 마찬가지로 그 역시 사회보장기금을 횡령하고, 여자에게 아파트를 사주는 등의 부패가 밝혀져 숙청되었다. 시진핑 시대에는 보시라이였다. 보시라이 사건은 직속 부하인 왕리쥔(王立軍) 부시장 겸 공안국장이 어느 날 미국 영사관으로 뛰어 들어감으로써 시작되었다. 천시퉁이 숙청될 때도 상황은 비슷했다. 그 당시 부시장이었던 왕바오썬(王寶森)이 갑자기 베이징시 교외에서 권총자살을 했다. 그리고 왕바오썬의 비리에 대해 관영언론이 보도했다. 그때도 TV앵커에게 아파트 12채를 줬다는 등 왕바오썬의 죄상이 밝혀졌는데, 보도의 초점이 점차 천시퉁의 죄상으로 바뀌더니 호텔 지배인인 천시퉁의 아들이 호텔 폐쇄회로 카메라로 어떻게 호텔방을 몰래 구경했는가 하는 식의 보도로 사람들의 관음증을 자극하는 등 천시퉁을 파렴치한으로 몰아 결국 숙청했다.

결론적으로 중국의 매스미디어는 중국공산당이 의도했든 그렇지 않았든 인터넷의 발달로 인해서 언론자유의 유무 논쟁이 별 의미가 없는 시대로 전환되고 있다고 볼 수 있다.

(강연일 2014.1.24)

더 읽을 책

박용수. 2000. 『중국의 언론과 사회변동』. 나남.
안춘옥 · 류창하. 1993. 『중국 언론은 이렇다』. 창.
Hearns-Branaman and Jesse Owen. 2014. *The Political Economy of News in China*. Lexington Books.
Shirk, Susan L.(ed.). 2010. *Changing Media, Changing China*. Oxford Univ. Press.
Xupei Sun. 2000. *An Orchestra of Voices*. Praeger.

제3강

중국발전과 인적자본의 역할

2년의 현지 관찰기

정영록 (서울대 국제대학원 교수)

강연 개요

중국의 발전이 무서울 정도로 빠르다. 발전은 합리적인 목표를 세우고, 이를 인적자본에 의해서 여하히 잘 운영해나가느냐에 따라 좌우된다. 중국도 인적자본의 양성, 특히 공산당 및 지도층의 집중적인 재교육을 통해서 세계의 흐름을 따라가고 있다. 물론 보통 교육의 확충과 유학의 자유화를 통해 발전의 단계별로 필요한 인적자본을 충분히 공급하고 있다. 특히 현 지도층의 대부분이 1950년 이후 출생으로 훌륭한 교육과 풍부한 경험을 바탕으로 중국경영에 앞으로 훨씬 더 혁신적일 것이라고 본다.

들어가며: 중국의 발전

지난 2년 4개월간 베이징(北京)에서 주중한국대사관 경제공사로 근무하며 인상 깊었던 것은 인적자본이 국가발전에서 얼마나 중요한가 하는 점이다. 중국의 경제규모는 2013년을 기준으로 9조 3000억 달러를 기록해 70조 달러의 세계경제에서 13.28% 정도의 비중을 차지한다. 추산해보니 1인당 소득이 6848달러이다. 20년 전 중국의 경제규모는 약 5000억 달러로 한국의 1.5배 정도였다. 하지만 2013년 기준으로 세계에서 차지하는 비중이 13%를 넘었고, 더 중요한 것은 경제성장률이 7.7%라는 사실이다. 2012년 세계경제성장률이 3% 전후라고 추산할 때 중국의 성장률은 2.5배였고 국민총생산 비중이 13%를 넘었기 때문에 거의 30%에 이르는 기여를 한 셈이다. 다시 말해 2012년 세계경제성장 3% 가운데 1%는 중국으로부터 나왔다는 것이다. 그만큼 중국이 중요해지고 세계경제에서 차지하는 비중이 커졌는데 이것을 경제학적인 관점으로만 볼 것이 아니라 다른 측면으로도 고찰할 필요가 있다. 중국의 이러한 고도성장의 근간에는 인적자본의 역할이 컸다고 생각한다.

주제 및 배경

설명할 내용은 크게 세 가지로 구분된다. 첫째, 일반인의 인적자본, 즉 '과거 중국이 일반 국민들의 지적 수준을 향상시키기 위해 어떤 방법을 취했는가?' 이것은 주로 일반대중교육에 관한 내용이다. 둘째, 집권세력, 즉 중국공산당의 인적자본에 관한 내용이고, 셋째, 정책집행자, 즉 공무원의 인적자본에 관한 것이다.

이런 주제에 관심을 갖게 된 계기는 다음과 같은 경험 때문이다. 2012년 2월 2일 한국의 외환은행격인 중국의 중국은행(中國銀行)이 100주년 기념식을 했다. 나는 기념식이 열리는 현장에 있었다. 주빈이었던 리커창(李克強) 국무원 부총리(현 총리)가 원고를 읽기 전 약 5분간 즉석 스피치를 했는데, 상당히 고무되어 있다는 느낌을 받았다. 그때는 보시라이(博熙來) 사건이 터진 직후였다. 이것을 계기로 리커창이 과연 어떤 사람인가 하는 개인적인 호기심이 생겼다. 또 한 예로 업무상 한국과 프로젝트를 진행하는 지방도시의 당서기를 자주 접촉할 기회가 있었는데, 2012년 각기 다른 지역 당서기 2명을 집중적으로 접촉했다. 한 사람에 대해서는 '능력 있고 훌륭하구나'라는 생각을 했고, 다른 한 사람에 대해서는 '술 대접에만 주력하는구나'라고 생각했다. 그런데 2013년 초 두 사람 중 한 사람이 베이징으로 교육을 받으러 왔다. 교육을 받으러 온다는 것은 신분이 바뀌었다는 의미이고, 직급이 변했다는 뜻이다. 교육기간에는 주말을 제외하고 외부출입이 불허된다. 이것을 옆에서 지켜보다 보니 중국의 인적자본은 한국과는 다른 메커니즘으로 움직이고, 상당히 흥미로운 이슈라 여겨 이런 주제를 정하게 되었다.

일반인의 경쟁력: 교육 인적자본

의무교육

1949년 중화인민공화국이 출범할 당시 문맹률은 80%였고 초등학교 취학률은 20%였다. 이후 초등학교 교육을 의무교육으로 정책화해 현재는 취학률이 100%가 되었다. 중국에서는 '문맹'에 대한 개념이 명확하다. '무식자(無識字)'는 당연히 문맹에 속하고, 무식자가 아니라도 한자 1500자를 해독하지 못하면 문맹으로 분류한다. 중국정부는 출범 초기부터 문맹을 퇴치하기 위해 문자개혁을 단행했다. '보통화(普通話)'의 사용 확대를 위해 쓰기 어려운 한자를 간편화하는 노력을 하고, 복잡한 방언과 발음을 표준화하는 과정을 거쳤다. 그 결과 1955년 기존 한자에서 획수를 줄인 '간체자(簡體字)'를 제정·발표하고, 1958년 중국어의 로마자 표기법인 '한어병음(漢語拼音, pinyin)' 방안을 확정·발표했다. 중국의 의무교육은 1986년 제6기 전국인민대표대회 제4차 회의에서 중학교 과정까지 9년으로 확대되어 현재에 이르고 있다. 의무교육으로 국민의 지식수준은 전반적으로 향상되었다.

대학교육

1949년 중국의 대학은 몇 개의 종합대학이 있었고 부처를 포함한 각 단위기관에서 보유한 대학이 있었다. 예컨대 중국인민은행(中國人民銀行)의 경우 자체적으로 보유한 대학에서 학생을 훈련시켜 자기 단위에 임명해 쓰는 형태로서 교육부에서 일괄적으로 관장하지 않는 상당히 복잡한 체계였다. 문화대혁명 시기에는 아예 대학이 정지되어 있다가 1977년 대학입시가 부활하면서 정상화되었다. 358쪽 표에 나타난 통계를 보면 1978년 대학 입학생이 40만 명 정도였다. 그 당시 인구인 10억 명 정도에 비하면 40만 명이란 수치는 굉장히 미미했다. 현재 대한민국 인구가 대략 5000만 명인데 대학 입학정원은 60만 명 정도이다. 중국도 입학정원이 계속 늘어나서 현재는 약 700만 명으로 증가했다. 고등학교를 졸업하는 학생들 중 상당수가 대학에 입학하고 있다. 하지만 이제는 수가 아니라 질의 문제이다.

1995년 중국은 이미 '211공정'이라고 하여 21세기 100개 세계 일류대학을 육성하는 프로젝트를 시작했다. 중국 서점에 가면 최근 들어 나타난 급격한 변화 하나를 발견할 수 있는데, 세계 명문대학에서 사용하는 교과서들이 실시간으로 번역이 되어 배포된다는 것이다. 예컨대 경제학

입학정원의 변화

연도		초등학교			대학교		
		학교(전체)	입학생(명)	재학생(명)	학교(전체)	입학생(명)	재학생(명)
1978	전체	94.9만 개	3315만	14624만	598개	40.2만	85.6만
	평균		35	154		672	1431
2012	전체	22.9만 개	1714만	9695만	2442개	688.8만	2391.3만
	평균		75	423		2820	9792

자료: 정영록.

에서 유명한 교과서인 경우 한국은 수정판이나 개정판이 나오기까지 많은 시간이 걸리지만, 중국에서는 거의 실시간으로 출간된다. 그것이 가능한 이유는 다음과 같다. 여러 명이 챕터 하나씩 맡아 동시에 번역한다. 이렇게 나눠 번역을 하니 실시간 출간이 가능한 것이다. 세계에서 가장 최신 내용의 교과서들을 중국에서는 이런 식으로 교수들이 집단적으로 번역해 실시간 도입하고 있다.

최근 중국에서 볼 수 있는 또 다른 현상은 1978년 해외출국이 자유로워진 이후부터 해외 유학생 숫자가 기하급수적으로 늘고 있다는 것이다. 그리고 유학생의 귀국 또한 급격하게 빨라지고 있다. 1985년에는 중국 유학생 수가 연간 5000명 이하였지만, 현재는 공식적으로 연간 35만 명 정도이다. 1978년부터 2013년까지 교육부가 집계한 통계에 따르면 유학생 수가 300만 명에 육박한다. 과거에는 유학생 중 많은 수가 귀국하지 않았지만 2008년부터는 많이 되돌아오기 시작했다. 2008년 글로벌 금융위기가 일어나면서 인재에 대한 글로벌 수요는 줄어든 반면 중국에서는 그해 '1000인 프로젝트'를 시행해 세계 인재를 유치하기 시작했다. 이 프로젝트는 중국공산당이 세계 최고 인재를 유치하기 위해 마련한 프로그램으로 인재 1인당 중앙정부와 지방정부가 각기 100만 위안(한화 약 1억 8000만 원)씩 지원한다. 초기 정착자금이 300만 위안이다. 2008년 많은 돈을 들여 프로젝트가 시행된 이후 현재까지 세계에서 몇천 명의 인재를 스카우트했다. 대부분 중국 본토 출신 및 화교권 인사들로 2012년까지 해외 유학한 300만 명 중 귀국한 150만 명 안에는 이런 인재들이 포함되어 있다.

중국 대학은 매우 실용적이다. 한국 대학은 학점이라는 법적·제도적 개념이 있어서 한 학기에 15~16주 동안 매주 수업을 수강해야 학점을 인정받는다. 하지만 중국은 '주말집중반'이 있다. 과정을 모듈화해서 금, 토, 일, 월 4일간 집중적으로 책 한 권을 숙달한다. 이런 집중반 수업을 월 1회 정도 운영한다. 전체 30일 중 주말을 포함해 금요일과 월요일 이틀만 휴가를 내면 명문대학에서 책 한 권을 끝낼 수 있다. 이를 통해 학생들과 교수들의 저변이 늘어난다. 다른 대학의 유명 교수를 학기 혹은 1년 단위가 아니라 주말집중반을 통해 초빙하면 훨씬 더 유연하고 효율적인 교학이 가능하다.

중국의 교육 인적자본을 다시 요약하자면, 9년 의무교육을 통해 문맹률이 거의 없어지고, 대학이 혁신하면서 일반 국민의 소양과 지식수준이 크게 향상되고 개인 경쟁력이 높아졌다. 이것이 중국의 발전에 큰 역할을 했다는 것이 첫째 강조점이다.

집권층의 경쟁력: 공산당원 인적자본

둘째 강조점은 집권층의 경쟁력이다. 중국에는 14억 명에 가까운 인구가 있다. 그중 중국공산당은 2012년 기준으로 8260만 명의 당원을 확보하고 있다. 이것은 남북한 인구를 모두 합친 것보다도 많은 수인데, 전체 인구 대비로 보면 대략 20명 중 1명이 공산당원이고, 1가구 4인 기준으로 5가구당 1명이 공산당원인 셈이다. 공산당원은 주요간부를 5년마다 뽑고 승진하는 인사체계를 갖추고 있는데, 중국에 있으면서 2012년 18대 중앙위원 선출과정을 지켜볼 수 있었다. 그 과정의 경쟁이 얼마나 치열한지 이해를 돕기 위해 중국공산당의 직급체계에 대해 간단히 설명하면, 먼저 8260만 명 공산당원 중에서 지역 및 직능을 대표하는 2270명의 전국대표가 선출된다. 당원에서 전국대표가 되려면 4만 대 1의 경쟁률을 뚫어야 한다. 전국대표 2270명 중에서 당 중앙위원 205명, 후보위원 171명이 선출된다. 전국대표는 국장급 이상, 후보위원은 차관보급 이상, 중앙위원은 장관급 이상이라고 할 수 있는데, 현재 중국을 통치하는 집권층의 핵심은 바로 이 205명의 중앙위원이다. 이 중 다시 25명을 뽑아 정치국원이라고 하고, 25명 중 최종적으로 선택된 7명이 정치국 상무위원으로 중국의 최고 권력을 형성한다.

앞에서 말한 두 도시의 당서기들은 전국 당대표 2270명에 들어가는데, 이들과 접촉하면서 느낀 점은 그 정도 지위의 지도자는 자기 콘텐츠가 있다는 것이다. 그들은 스토리텔링이 가능하다. 하지만 두 당서기 중 한 사람은 정무직으로 승진했고, 다른 한 사람은 승진하지 못했다. 중국 집권층의 이 같은 경쟁을 설명하는 이유는 이 층위의 인적자본에 대한 이해가 중국 내 투자나 분쟁에서 큰 손실을 줄인다는 데 도움이 되기 때문이다.

예컨대 중국의 지방행정구조를 이해해야 분쟁이 발생했을 때 보호받지 못하는 경우를 대비할 수 있다. 중국의 행정체계는 중앙-성(省)/직할시-시(市)-구(區)/현(縣)으로 이뤄지는데, 행정법상 현까지만 중국정부이다. 현 이하의 향(鄉), 진(鎮), 촌(村)은 자치조직이다. 현 이하의 조직이 외국기업과 계약하면 그 계약은 무효이다. 중국에서 경제공사로 근무할 때 이와 관련한 안타까운 상황을 많이 경험했다. 이미 15년 계약을 해서 사업을 하고 있는데 퇴거 요구가 있어 계약서를 확인하니 촌장(村長)과 계약을 맺은 경우가 많았다. 이는 중소기업뿐 아니라 대기업도 범하는 오류이다. 촌장은 촌을 대표하는 정부관리가 아니라 임의조직, 즉 자치조직의 장이다. 정부가 아니기 때문에 법적으로 외국기업과 계약을 맺을 수 없고 법의 보호 테두리 밖에 있다. 중국정부로부터 보호받는 단위는 현부터이고, 그런 의미에서 중국공산당원에게 현장(縣長), 즉 현서기는 본격적인 관료경력의 시작으로서 중요한 의미가 있다.

집권층의 이력서를 보면 대개의 향방을 짐작할 수 있다. 2012년 리커창과 시진핑(習近平) 중 누가 국가주석이 될 것인가 마지막 순간까지 설왕설래했는데, 두 후보의 이력을 분석하고 어떤 사람들과 조합이 되는지 살펴보니 둘의 큰 차이점을 발견할 수 있었다. 시진핑은 중국 행정조직의 말단 서기부터 공직을 시작했다. 10대 후반 산시성(陝西省) 옌촨현(延川縣) 량자허촌(梁家河村) 대대(大隊)에서 처음으로 지청(知青) 서기를 맡은 후 현, 시, 성 급으로 승진하며 서기를 지냈다(362쪽의 표 참조). 또한 시진핑은 공농병 출신으로 추천에 의해 1975년 칭화대(清華大)에 입학해 1979년 대학을 졸업하자마자 중국공산당 중앙군사위원회 판공청(辦公廳)의 비서로 관직을 시작했다. 그 후 지방의 서기를 지낼 때 해당 지역 군부대의 정치위원을 겸임했다. 다시 말해 행정뿐만 아니라 군 업무까지 장

시진핑 주요 이력

기간	직위	단위
1969~1975	산시성(陝西省) 옌촨현(延川縣) 량자허촌(梁家河村) 대대(大隊) 서기	촌(村)
1975~1979	칭화대(清華大) 화공과 재학	
1979~1982	중앙군사위원회 판공청(辦公廳) 비서	
1982~1983	허베이성(河北省) 정딩현(正定縣) 부서기	
1983~1985	허베이성 정딩현 서기	현(縣)
1985~1988	푸젠성(福建省) 샤먼시(廈門市) 부시장	
1988~1990	푸젠성 닝더지구(寧德地區) 서기	지구(地區)
1990~1996	푸젠성 푸저우시(福州市) 서기	시(市)
1996~2002	푸젠성 부서기, 성장(1999~2002)	
2002~2007	저장성(浙江省) 서기	성(省)
2007~2007	상하이시(上海市) 서기	직할시
2007~2008	중앙정치국 상무위원, 중앙서기처 서기, 중앙당교 총장	중앙
2008~2010	중화인민공화국 부주석	
2010~2012	중국공산당 중앙군사위원회 부주석, 중화인민공화국 중앙군사위원회 부주석	
2012~2013	중국공산당 총서기 및 중앙군사위원회 주석	
2013~현재	중국공산당 총서기 및 중앙군사위원회 주석, 중화인민공화국 주석 및 중앙군사위원회 주석	

자료: 정영록.

악하고 지방의 말단에서 각 급 행정단위를 거쳐 중앙에 이르기까지 총체적인 파악과 관리가 가능하다는 점에서 리커창과 차이가 있다. 결국 시진핑이 중국공산당의 리더가 된 이유는 단계마다 성과 및 근무를 평가받고, 그 과정에서 여러 차례 검증을 받았기 때문에 스페셜리스트(specialist)와 제너럴리스트(generalist)의 장점을 모두 가지고 있었다는 것에 있다.

주한 중국대사를 역임한 닝푸쿠이(寧賦魁, 2005~2008년 재임)도 중국으로 귀임한 후 현재 윈난성(雲南省) 부비서장이다. 본래 하던 외교부의 정무 업무가 아닌 원난성의 정치, 사회, 문화 등 실무를 맡고 있다. 그만큼 전반적인 분야를 담당하는 것이다. 단순한 외교전문가가 아니라 일반적인 행정전문가로서 훈련받을 수 있는 기회를 거친다고 볼 수 있다.

집행자의 경쟁력: 관료 인적자본

셋째 강조점은 정책집행자, 즉 공무원의 경쟁력이다. 중국의 공무원 수는 대략 700만 명 정도로 집계된다. 유관기관까지 공공기관으로 분류해 집계하면 4000만 명 정도 된다. 그중 장차관급은 3000명, 국장급 간부는 5만 명, 과장급 간부는 60만 명가량이다. 각 부처의 실무를 맡고 있는 공무원들도 집권층과 마찬가지로 단순히 한 단계만을 밟고 올라가지 않는다. 이들도 두 가지 관문을 거쳐야 하는데, 먼저 지방근무를 통해 능력과 성과를 검증받고, 다음에 주어진 재교육 기회를 통해 자신을 증명해야 한다.

중국에는 현재 중요한 행정학교, 즉 공무원연수원에 해당하는 곳이 중앙에 1개 대학[국가행정학원(國家行政學院)]과 3개 간부학교[징강산간부학원(井岡山幹部學院), 옌안간부학원(延安幹部學院), 푸둥간부학원(浦東幹部學院)]가 있어 재교육의 틀과 장을 제공하고 있다. 공무원들의 출신 학교를 살펴보면 명문대 학벌로만 형성되어 있지 않고 상당히 균형 잡혀 있다. 주로 재정·금융 분야의 공무원들과 접촉하다 보니 이들이 부처에 충원되는 방식에 대해 관심을 갖게 되었는데, 중국은 사회주의 계획경제에서 시장경제로 변했기 때문에 이 분야가 비교적 새로운 분야이고 실시간으로 외국의 새로운 개념을 수입하고 파악해야 해서 일이 어렵고 힘들다. 하지만 이들과 함께 일한 결론은 '그들은 충분한 능력이 있다'는 것이다. 그러한 판단의 첫 번째 근거는 각 부처 산하학교의 교수들이 매우 적절하고 실력 있는 사람들로 초빙되고 있다는 점이다. 앞서 설명한 '1000인 프로젝트'를 통해 유학하고 실무경험까지 갖춘 사람들이 공무원을 가르친다. 부처 산하학교가 비록 직업학교이고 입학성적이 높은 일류대학은 아니지만, 가르치는 내용은 상당히 수준 있고 실용적이다. 중국의 공무원은 직급이 올라갈 때마다 교육을 받는다.

한국 공무원의 경우, 자기가 속한 기관의 관심사에만 집중하는 경향이 있다. 장차관급 관료들이 모인 국가 간 회담 자리에도 한국 측이 풀어내는 이야기는 너무 전문적이다. 경제장관끼리 만나면 주로 물가, 경제발전, 무역 등의 이슈에만 집중해서 대화한다. 그런데 중국의 카운터파트(counterpart)는 날씨부터 시작해서 세계정세, 중국역사, 자신이 최근에 보거나 느낀 한국의 강점에 대해서 꼭 언급한다. 이것이 한국 공무원과 중국 공무원의 큰 차이다. 한국 공무원은 세밀한 자신의 영역에 있어서는 아주 강하지만 국장급 이상이 되면 세부적인 것은 과장급에게 맡기고 조금 더 큰 이야기로 중국 공무원에게 깊은 인상을 줄 수 있어야 한다. 중국 공무원이 하는 말을 들으면 아주 몸에 와 닿는다. 이 같은 스토리텔링은 지방과 여러 부처의 경험이 바탕이 되어 나오는 것이다. 이것이 바로 중국 공무원의 중요한 경쟁력이고, 국가발전을 이끄는 동력이라고 생각한다.

공무원의 경험과 관련한 다른 예로 대학의 융통성 있는 운영이 있다. 중국 공무원은 정부 지원으로 대학 주말집중반에 개설된 다양한 EMBA(실무형 MBA) 과정을 이수하기도 하고, 해외연수를 다녀오기도 한다. 중국 지도층을 형성하는 300여 명의 공산당 핵심인사 가운데 상당수가 6개월 이상의 해외연수를 다녀온 것으로 보인다. 현재 국가부주석인 리위안차오(李源潮)와 중앙재경영도소조판공실(中央財經領導小組辦公室) 주임인 류허(劉鶴)가 하버드 케네디 스쿨(Harvard Kennedy School)에서 수학했고, 외교담당 국무위원인 양제츠(楊潔篪)는 런던정경대학(London School of Economics and Political Science)을 다녔다. 이 같은 교육지원이 공무원의 역량을 강화하는 데 큰 도움이 되었고, 현재 그들의 능력은 우리가 생각하는 이상이다.

서울대도 최근까지 광둥성(廣東省)에서 매년 40여 명의 국장급 공무원과 회사간부를 초청해 교육을 실시한 적이 있다. 한국에서는 감히 상상도 할 수 없는 일이지만, 이들은 현직에 있으면서도 1개월 이상 자리를 비울 수 있다. 이처럼 중국은 공무원 교육에 많은 시간과 자금을 투자하고 있다. 중국에서는 공무원 능력을 부양하는 데 얼마나 힘쓰고 있는지 알 수 있다.

중국의 한국 유학생

중국에는 한국 유학생이 많다. 외교부 공식통계로는 약 6만 5000명이라고 추산하는데, 실질적으로 이 중 정규과정을 다니는 학생은 많지 않다. 최근 중국 유학생들의 가장 큰 고민은 중국에서 대학을 나와도 취직을 못한다는 것이다. 그 원인은 제도와 역량의 문제가 복합되어 있다.

제도의 요인을 보면, 중국에서는 외국 유학생이 졸업해도 바로 취업할 수 없다는 조항이 있다. 2년 이상 실무경험이 있어야 한다. 이 부분을 풀어보고 싶어서 군 경험이 있는 유학생을 대상으로 군 복무기간을 실무경험으로 인정해주는 것을 제안하려던 중에 한국으로 돌아오게 되었다. 이것은 한국이 외교적으로 풀어야 하는 문제이다.

유학생의 역량 문제를 보면, 중국에서는 초·중·고등학교에 외국 유학생이 오면 이들을 격리시켜 국제부라는 별도의 반을 편성해 가르친다. 그렇기 때문에 이들이 고등학교를 졸업해도 대학에 가서 배울 수 있는 준비가 되어 있지 않은 경우가 많다. 그만큼 자국민들은 경쟁을 심하게 시켜 대학을 보내는 데 반해 외국 유학생은 국제부라는 그들만의 리그에 갇혀 있기 때문에 대학에 들어간 후에도 적응하기 어렵고 뒤처지게 된다. 중국인 학생들과 유학생의 격차는 수학에서 제일 크다. 한국인 유학생을 포함한 국제부 학생들이 대학에 들어가서는 중국 학생들을 따라가지 못한다. 그래서 이과로 진학하는 사례가 거의 없다. 문과를 진학해도 중국어과, 영어과 등 경쟁력 없는 학과에 집중되는 현상이 나타난다. 중국에서는 과학의 원소기호나 전문용어가 중국어로 되어 있기 때문에 기초를 잘 닦지 않으면 따라가지 못한다. 중국 유학에 이런 사정이 있다는 것을 제대로 인식해야 한다. 6만 5000명의 한국 유학생 중 정규학과에 등록된 학생들이 1/3이 채 안 된다고 알고 있다. 앞으로 이 문제를 어떻게 개선하고 해결할 것인지 생각해봐야 한다.

나가며

중국의 인적자본을 살펴보며 다음 네 가지를 느꼈다. 첫째, 집권 고위층은 유자격자이다. 고위층으로 올라갈수록 평점으로 적어도 70점이 넘고 이력 또한 다양하다. 실전경험이 풍부하다는 말이다. 일정 정도 이상의 실전경험과 자격을 갖추지 않으면 고위층으로 올라가지 못한다는 사실은 한국이 중요하게 살펴야 할 특징이다.

둘째, 교육과 재교육 과정을 통해 단계별로 공무원의 업무능력이 향상된다. 7명 상무위원 중 서열 6위인 왕치산(王岐山)의 예로 들어보자. 현재 중국 공직사회에는 찬바람이 불어 판공비가 감축되고 직급에 따라 한 끼에 1인당 쓸 수 있는 돈이 100위안으로 제한되어 있다. 이 같은 정풍운동을 추진한 핵심인물이 바로 중앙기율검사위원회(中共中央紀律檢査委員會) 서기인 왕치산이다. 원래 그의 전공은 사학이다. 중국사회과학원(中國社會科學院) 근대역사연구소 연구원으로 있다가 농촌 문제에 몰입하게 된 후 금융에 관심을 가져 중국농촌신탁투자공사(中國農村信托投資公司)의 총경리를 거쳐 중국건설은행(中國建設銀行)장을 역임했다. 이런 경력이 가능한 것은 역할을 맡는 과정에서 교육과 재교육을 통해 자신의 업무능력을 확대하고 제고했기 때문이다.

셋째, 인재 저변이 매우 다양하다. 한 장관급 인사에 대해서 말하자면, 그는 프랑스어권 인사이다. 현재 중국은 아프리카 개발에 큰 관심을 가지고 있는데, 아프리카에 브릭스(BRICS) 개발은행을 제안하는 등 여러 가지 측면에서 협력을 강화하려고 시도하고 있다. 이는 자원 확보 차원의 접근으로 보인다. 과거에는 이 업무를 주로 영어권 인사가 맡았으나, 이번에는 프랑스어권 인사가 장관을 맡게 되었다. 사람들은 예상외의 발탁을 두고 신임장관 임명에 어떤 특수한 배경이 있는지 궁금해했다. 살펴보니 아프리카 근무 경험이 있었던 그는 국가전략의 차원에서 임명된 것이었다. 이처럼 중국에는 다양한 분야에 등용할 인재 저변이 형성되어 있다.

넷째, 공무원 조직이든지 집권층이든지 모든 조직은 비서조직이 아닌 업무조직이 되어야 한다. 중국은 업무조직 측면이 발달해 실질적인 성과를 내는 특성이 있다. 반면 상사 모시기에 바쁜 것이 한국 조직의 특성이다. 물론 중국에도 상사를 모시고 연설문을 쓰는 비서 업무가 있지만, 업무조직의 일원으로 더 많은 일을 한다.

이상 네 가지가 중국이 이뤄낸 여러 가지 국가적 발전의 원동력이라고 생각한다. 인적자본의 축적이 상당히 실용적이면서 탄탄하다. 이러한 요소들을 기초로 중국발전에 인적자본이 기여한 바를 연구해 한국에 적용시킬 필요가 있다.

(강연일 2014.2.28)

더 읽을 책

대한무역투자진흥공사. 2013.『중국을 움직이는 파워엘리트 400인』. KOCHI 자료(13-005).

박제가. 2013.『북학의』. 안대회 옮김. 돌베개.

보걸, 에즈라(Ezra F. Vogel). 2012.『덩샤오핑』. 심규호 · 유소영 옮김. 민음사.

정덕구. 2011.『한국을 보는 중국의 본심』. 중앙books.

Kuhn, Robert Lawrence. 2010. *How China's Leaders Think*. Wiley.

제4강

중국법의 이해

법의 개념, 법제사 및 사법제도 개관

강광문 (서울대 법대/법학전문대학원 교수)

강연 개요

중국의 법 제도에 대한 이해를 돕기 위해 우선 중국법의 개념, 즉 중국에서 법이 어떻게 이해되고 있는지, 그 특징 및 서양의 법 개념과의 차이점을 고찰했다. 다음으로 중국의 법제사, 즉 수천 년을 이어온 중국의 법제를 어떤 큰 틀에서 봐야 하는지 개괄하고, 마지막으로 중국 사법제도의 일반적인 특징과 문제점을 간단히 살펴본다.

들어가며

중국의 현재를 알기 위해서는 중국법을 이해해야 한다. 하지만 중국의 법률제도 전반을 파악하기란 쉽지 않은바, 첫째로 중국의 법에 대한 이해, 즉 현새 중국에서 이해하는 법의 개념 파악, 둘째로 중국의 법제사 전반에 대한 개괄, 셋째로 현 중국 사법제도의 특징을 설명한다.

중국에서 법의 개념

∷ 법의 용어와 정의

먼저 현재 중국에서 법의 용어와 개념, 즉 법이 어떤 의미인지 살펴보겠다. 중국 헌법 제5조는 이렇게 규정하고 있다. '중화인민공화국은 의법치국(依法治國)을 실행하고 사회주의 법치국가(法治國家)를 건설한다.' 여기서 '의법치국'은 법에 의해 나라를 다스린다는 것이고, '법치국가'의 내용은 중국 사회주의 법제건설의 기본목표이기도 한 다음 구절에서 집중적으로 나타난다. "의거해야 할 법이 있고, 법이 있으면 반드시 그에 의거해야 하고, 법 집행은 엄격해야 하며, 법을 어기면 끝까지 추궁해야 한다[有法可依 有法必依 執法必嚴 違法必究]." 이 문구는 1978년 11기 삼중전회(중국공산당 제11기 중앙위원회 제3차 전체회의)에서 나왔으며 이후 거의 모든 교과서와 공산당의 정책문서는 물론 언론에도 자주 등장한다. 즉, 사회주의 법제건설을 완성하기 위해서는 개인이나 공산당의 정책에 의한 통치가 아니라 법에 의한 통치가 이뤄져야 하고, 입법을 체계화하고, 엄정하고 공평한 법 집행과 준수를 실현해야 한다는 것이다.

법학 교과서나 법학 사전에서 정의하는 법은 '국가가 제정하거나 승인한 것으로 통치계급의 의지를 체현하고 국가강제력으로 시행되는 행위규범체계[『법학사전(法學詞典)』(1980)]', '국가가 제정하거나 승인한 것으로 인간의 권리, 의무, 권력을 규정하고 국가강제력으로 시행되며 사람들의 행위를 조절하는 규범체계[『중국대백과전서(中國大百科全書)』(2006)]'이다. 이러한 법 개념의 키워드로는, 국가에 의한 입법, 강제력에 의한 보장, 통치계급의 의사와 이익의 체현 등을 꼽을 수 있다.

∷ 중국 법 개념의 원류

이 같은 중국의 법 개념은 어떻게 형성된 것인가, 즉 이러한 법 이해의 원류를 어디서 찾을 수 있을까? 앞에서 말한 현대 중국의 법 개념에는 두 가지 사상적 계보의 영향이 있다. 전통적인 중국의 법사상과 1949년 사회주의혁명 이후 구소련을 통해 들어온 마르크스-레닌주의(Marxism-Leninism)의 법 이해가 바로 그것이다. 따라서 현대 중국법을 이해하려면 이 두 갈래 맥락에서 '법'이 어떻게 규정되어왔는지를 알아야 한다.

⁘ 전통의 법 개념과 사상

우선 중국 전통의 법 개념을 보도록 하자. 지금으로부터 약 2000년 전인 1세기 정도에 쓰인 『설문해자(說文解字)』라는 현존하는 가장 오래된 한자사전에서는 '법'을 이렇게 풀이했다. "法(灋), 刑也", 즉 "법은 형(형벌)"이다. 현대 중국에서 출판된 『고한어사전(古漢語詞典)』(2009)에서도 "법은 법률이고 형법이며 법칙이고 제도"라고 설명하고 있다. 중국에서 법은 형(刑)이나 형벌과 동의어로 쓰이며 군주 또는 국가가 제정한 군주의 통치를 위한 수단이다. 이러한 전통적인 법 개념은 2000년간 중국에서 거의 변함없이 사용되었다.

근대 이전 중국의 전통적 법사상은 일반적으로 유가(儒家)와 법가(法家)라는 두 가지 사상이 결합해 형성되었다고 알려져 있다. 유가는 '예(禮)로 나라를 다스린다. 덕(德)을 위주로 하고 형(刑)을 보조로 한다'라는 입장에서 출발해 법에 의한 통치보다 예치(禮治)나 덕치(德治)를 강조한다. 『논어(論語)』에는 다음과 같은 구절이 있다. "권력으로서 통치하고 형벌로서 다스리면 백성들이 이를 피하면서도 부끄러움을 모르고, 덕으로서 통치하고 예로서 다스리면 백성들이 부끄러움을 알고 올바른 길로 나아간다[道之以政 齊之以刑 民免而無恥 道之以德 齊之以禮 有恥且格].” 이것은 중국의 법제사 교과서에서 유가나 공자의 법 이해를 설명하는 데 반드시 인용되는 구절로, 법이 필요할 때는 사용되어야 하지만 가장 이상적인 사회 통치수단은 아니라는 의미이다. 법이나 형벌에 비해 덕과 예가 한 수 위라고 보며, 가장 이상적인 사회는 법이 없는 사회이지만 필요할 때는 법을 사용해야 한다는 것이 유가의 인식이다.

반면 유가를 비판한 법가의 법사상은 법으로의 통치, 즉 법치를 주장한다. 인간은 이기적이기 때문에 “법을 근본으로 삼아 법으로 나라를 다스려야 하고, 친소를 가리지 않고 상벌을 엄중히 해야 한다[以法爲本 以法治國 不別親疏 信賞必罰]”는 것이다. 특히 법의 집행은 엄격하고 공정해야 하고, 사회질서를 위한 중형(重刑)의 기능을 강조한다. 바로 이 같은 유가와 법가의 법사상이 진한(秦漢) 이래로 중국의 주류 법사상의 기반을 마련했고, 그 기본은 유가 중심에 법가 사상을 결합한 형태였다.

그런데 얼핏 상반되어 보이는 유가와 법가의 법에 대한 생각에 여러 가지 공통점이 있다는 점이 중요하다. 그것은 우선 법을 일종의 도구로 보는 관점이다. 법은 통치의 목적이 아니라 수단이라는 것이다. 또한 법을 권리, 평등, 정의의 개념보다는 형벌과 동일시한다는 점이다. 이러한 법 개념은 근대에 이르기까지 크게 변하지 않았고, 서양과 달리 중국에서는 법 개념 자체에 대한 논의가 별로 일어나지 않았다. 중국에서 문제가 되는 것은 법의 효용이나 기능이지 법 개념이 아니다.

※ 마르크스주의의 법 이해

이러한 전통적인 법사상 이외에 현대 중국의 법 개념에 영향을 준 다른 한 갈래의 흐름은 마르크스-레닌주의에서 비롯된 사회주의 법 이론이다. 그 특징을 세 가지로 정리하면 법의 계급성, 법의 이데올로기성, 법의 역사성이라고 할 수 있다.

먼저 법의 계급성은 카를 마르크스(Karl Marx)와 프리드리히 엥겔스(Friedrich Engels)가 쓴 『독일 이데올로기(Die Deutsche Ideologie)』(1846)라는 책에 나오는 다음 구절에 잘 나타나 있다. "지배계급은 국가형식을 통해 자신의 역량을 조직하는 것 이외에 반드시 이러한 특수한 관계가 결정한 의지에 국가의지, 즉 법률이라는 일반적인 표현형식을 부여해야 한다." 여기서 "국가의지"인 법은 실제로 국가의지의 허울을 쓴 지배계급의 의지이다. 다시 말해 지배계급의 의지를 표현한 것이 바로 법이다. 법의 이데올로기성은 법이 문화나 도덕과 마찬가지로 하부구조인 경제기반(생산력과 생산관계)에 의해서 결정되는 상부구조라는 뜻이다. 그래서 부르주아 국가에서는 부르주아의 생산관계가 법을 결정하고, 봉건사회에서는 봉건사회의 생산관계가 법을 결정한다. 법의 역사성은 법이 인류 역사상 처음부터 있었던 것도, 영원히 존재하는 것도 아니라는 것이다. 엥겔스의 유명한 책 『가족, 사적 소유와 국가의 기원(Der Ursprung der Familie, des Privateigentums und des Staats)』(1884)에 따르면 국가는 계급과 함께 나타나고, 사회발전이 일정한 단계에 이르면 계급과 함께 소멸된다. 따라서 법도 국가와 마찬가지로 영원하지 않고 언젠가는 소멸된다고 본다.

이러한 법의 세 가지 특징은 중국을 포함한 기타 사회주의 국가들의 법 이해에 결정적인 영향을 미친다. 1949년 이후 중국은 소련의 법 제도와 이론을 전면적으로 도입하게 되는데, 당시 거의 모든 법학 교과서나 사전에서는 소련의 대표적인 법학자 안드레이 비신스키(Андре́й Януа́рьевич Вышинский)의 다음과 같은 법 정의(定義)를 그대로 답습하고 있다. "법은 국가정권이 만들고, 지배계급의 의지를 반영하며, 국가강제력으로서 그 시행을 보상하고, 지배계급의 사회관계와 사회질서를 반영하는 규범의 총체이다."

∷ 전통 법사상과 마르크스주의 이론의 결합

따라서 중국의 현재 법 개념은 크게 2000년간 지속된 전통적인 법사상과 마르크스주의 이론의 결합이라고 볼 수 있다. 이러한 법 개념을 요약하자면, 법은 통치수단이고 지배계급의 이익을 수호하기 위해 필요한 형식이며 국가 또는 국가권력이 제정한 규범이다. 또한 법은 영원하지 않고 필요에 따라 존재하므로 법의 개념에는 '법의 수단성, 법의 부차성(副次性), 법의 국가권력에 대한 의존성'이라는 특징이 강하게 남게 된다.

마찬가지로 법치(法治)는 민(民)을 통치하고 사회질서를 유지하는 도구론으로 이해되는 경향이 강하다. 중국에서 법치의 상대는 국가권력이나 위정자가 아니라 민이다. 인민을 지배하는 수단으로서 법이 존재한다. 법은 국가권력이나 위정자를 제어하는 장치나 질서가 아니라 국가권력이 정한 통치의 수단이다. 이는 곧 국가권력에 대한 법의 의존성을 보여주는데, 이로써 법과 법치의 자율성이 결여되었다고 할 수 있다.

법의 수단성과 부차성, 즉 법이 필요악이라는 사상과 성문법 중심주의, 민이 법치의 대상이라는 개념 등이 현대 중국의 법 이해의 특징이다.

∷ 서양법과 비교

그렇다면 이 같은 중국의 법 개념이 서양의 법 개념과는 어떻게 다른가?

서양에서 법은 '권리, 정의'와 어원이 같은 단어이고, 서로 혼용되는 경우도 많다. 라틴어의 'jus'나 독일어의 'Recht'는 법과 권리, 나아가서 정의의 뜻을 동시에 지니고 있다. 독일어에서 법은 '객관적인 권리'로, 정당한 '주관적인 권리'의 총합으로도 이해된다.

중세 유럽에서 법은 '객관적인 정의의 질서'라고 여겨졌다. 그러한 질서에서 국가권력은 오히려 법질서를 유지하는 수단이다. 법이 국가권력을 유지하는 수단이 아니라 국가권력이 수단인 것이다. 여기서는 법질서가 1차적인 목적이다. 국가권력이 법을 제정하는 것이 아니라, 기존의 정당한 권리에 대한 확인이 곧 법이다. 다만 근대국가가 수립된 후 실증주의의 영향 아래 국가 입법 중심의 법 개념이 생겼고 객관법과 주관적 권리가 분리됨에도 중세의 그 사상은 뿌리 깊게 남아 있다. 즉, 서양에서는 법(Recht)과 권력(Macht)의 긴장관계가 항상 존재한다. 그리고 법치는 국가권력 또는 위정자를 법질서에 종속시키기 위한 개념이다. 이 같은 서양의 법 전통과 현대 중국의 법 개념을 비교하면 다음과 같은 차이점을 도출할 수 있다.

첫째, 법의 목적성. 중국은 법이 국가권력에 의존하고 국가통치를 실현하는 수단이지만 서양은 법 자체가 목적이다. 그래서 서양의 국가권력은 법질서의 일부분이다. 둘째, 법과의 긴장관계. 중국에서 법치는 예치나 덕치 또는 인치와 긴장관계에 있다. 그래서 엄형주의와 관용주의가 서로 교체한다. 사회가 혼란스러울 때는 법으로 엄격하게 통치하고, 사회가 평화로울 때는 예나 덕으로 관용을 베풀어야 한다. 반면 서양은 법의 상대개념, 즉 법과 긴장관계를 유지하는 것이 권력이다. 셋째, 법치 개념. 중국에서 법치의 상대는 인민이다. 인민을 법으로 통치한다는 개념이 강하게 남아 있다. 반면 서양은 법치의 상대가 우선 국가권력이다. 즉,

국가권력 또는 위정자를 제어하는 장치로서 법이라는 개념이 있다.

이를 바탕으로 법과 권리와 권력 사이에 존재하는 정당성의 상하관계를 살펴보면, 중국에서 인민의 권리(權利)는 무엇보다 법의 규정에 기초한다. 그렇다면 법은 어디서 나오는가? 법은 국가권력의 제정, 즉 입법에서 비롯된다. 즉, 군주나 황제의 권위 혹은 지배계급의 권력으로부터 나온다. 그럼 국가권력의 정당성은 어디서 나오는가? 이에 대해서는 여러 해석이 있지만 오래된 표현을 빌리자면 '천(天)', 즉 하나님의 하늘이 아니고 흔히 '민의(民意)'라고 표현되는 '천'에서 나온다. 여기서 말하는 '천'의 내용과 정당성에 대해서는 의견이 갈리겠지만, 어쨌든 권리는 법에서 나오고, 법은 국가(권력)에서 나오며, 국가의 정당성은 '천(민의)'에서 나온다. '천(민의)'을 위반하면 혁명이 일어나는데, 중국 역사에서 왕조가 자주 바뀌는 이유는 정당성의 가장 상위에 있는 '천(민의)'에 반했기 때문이다.

서양에서 법의 출처는 '권리(정의)'이다. 권리를 확인하는 것이 법이고, 권력은 법의 하위 개념으로 그 정당성이 법으로부터 나온다. 그러므로 정당성의 서열에서 권리(정의)가 가장 상위이고, 그다음이 법이고, 가장 하위에 권력이 있다.

중국 법제사 개관

∷ 성문법의 체계화 및 전통 법사상의 형성

중국은 오랜 성문법 전통이 있다. 기원전 10세기 즈음 이미 『여형(呂刑)』이라는 성문법전이 존재했다고 한다. 이 법전에는 '오형(五刑)', 즉 묵

(墨), 비(劓), 비(剕), 궁(宮), 대벽(大辟)의 다섯 가지 형벌이 규정되어 있고, 이후 서주(西周) 시기에는 『구형(九刑)』으로 계승된다. 기원전 5세기 전국(戰國)시대에 이회(李悝)라는 사람이 중국 역사상 처음으로 체계를 갖춘 성문법전이라 할 수 있는 『법경(法經)』을 지었고, 이후 계속 체계화가 진행되어 진(秦)나라 때 『진률(秦律)』, 한(漢)나라 때 『한률(漢律)』로 이어졌다. 그 내용을 보면 현대인이 놀랄 정도로 현재 형법이나 형사소송법의 개념과 비슷한 내용들이 많이 있다. 특히 당(唐)나라 때 제정된 『당률(唐律)』은 동아시아 주변 국가에 큰 영향을 미치게 된다. 고려는 물론 일본도 중앙집권국가로서 법체계를 세우는 데 『당률(唐律)』 제도를 모방했다. 그 후 명(明)나라 때 나온 『대명률(大明律)』은 조선의 『경국대전(經國大典)』에 직접적인 영향을 미쳤다고 한다. 이처럼 중국의 법 제도가 주변 국가에 영향을 미치면서 동아시아 법 제도에 공통성이 생기고, 이를 '중화법계(中華法系)'라고 지칭하기도 한다.

이러한 중국 성문법 체계를 보면 그 내용이 형사법과 행정조직법 관련 조문을 중심으로 구성되었다는 점을 쉽게 알 수 있다. 무엇보다 이러한 성문법이 다른 문명권에 비해 굉장히 일찍부터 체계화되었고, 2000년이 넘도록 중단되지 않고 근대까지 쭉 이어져 왔다는 점이 놀랍다. 특히 형법과 행정조직법 체계가 일찍 완성되었는데, 이는 중앙집권국가가 중국에서 일찍 출현한 것과도 연관이 있다. 이 같은 문명의 조숙성(早熟性)과 지속성이 중국 성문법 체계의 중요한 특징이다.

중국의 법사상은 춘추전국시대의 백가쟁명(百家爭鳴)을 거치면서 진한(秦漢)에 들어와 유가와 법가의 결합으로 확립된다. 그 후 예치와 덕치를 근간으로 하고 형벌을 차선으로 하는 전통이 근대까지 이어졌다. 여기서 '법률의 유가화[法律的儒家化]'에 대해 설명하자면, 고대 중국에서는 법률의 해석이나 입법에서 공자와 맹자의 저서를 포함한 유교경전에 크게 의존하는 전통이 있었다. 현대사회에서 법을 해석할 때는 먼저 성문법을 보고, 성문법 규정이 명확하지 않으면 관습법, 관습법이 없으면 법의 기본 원리나 학설 등으로 가는 것이 순서이다. 중국은 근대 이전까지 유교경전을 법의 해석에 이용하고, 입법할 때도 그것을 직접 인용함으로써 법제도나 판결이 유가사상의 영향을 많이 받게 되었다.

∴ 서양 법제의 수용과 근대 법체계의 확립(1840~1949년)

2000여 년을 이어온 중국의 전통 법 제도는 근대에 와서 큰 변화를 맞게 된다. 1840년 아편전쟁 이후 중국의 문호가 개방되면서 서양문물이 들어오고, 이때부터 서양의 법사상이 조금씩 도입된다. 청(淸)나라가 망하기 전에는 청이 서양의 법사상과 제도를 도입하고, 1911년 신해혁명(辛亥革命)으로 청이 망한 후에는 중화민국이 청의 연장선상에서 서양의 법 제도를 도입한다. 1949년 국민당 정부가 타이완으로 쫓겨 가고 중국공산당이 중화인민공화국을 수립할 때까지 약 100년이 중국에서 서양 법제가 도입되고 근대 법체계가 확립된 기간이라고 할 수 있다.

먼저 청나라 말에 도입된 주요한 법사상과 제도를 살펴보면, 첫째, 만국공법(萬國公法) 사상이 있다. 만국공법이란 근대적 국제질서를 토대로 한 주권국가 간 관계를 조정한 국제법을 지칭하는 것으로, 본래 중국의 전통적인 국제질서인 주변국들과의 조공관계로 맺어진 화이(華夷)질서와는 상이한 개념이었다. 만국공법 사상이 들어오면서 전통적 조공질서와 화이질서는 무너지게 된다. 둘째, 캉유웨이(康有爲), 량치차오(梁啓超) 등이 주도한 변법(變法)운동이 있다. 이 운동으로 중국은 약 1000년간 지속된 과거제도를 폐지하고 근대적인 학교제도를 수립하면서 해외로 유학생을 파견하고 입헌주의 체제를 수립하기 시작한다. 이 과정에서 새로운 성문법률이 편찬되는데, 『흠정헌법대강(欽定憲法大綱)』(1908), 『대청형률초안(大清刑律草案)』(1907), 『대청상률초안(大清商律草案)』(1910), 『대청민률초안(大清民律草案)』(1911) 등이 대표적이다.

이후 중화민국 시기에 들어와 새로이 공화주의 근대 국가체제가 수립되면서 『형법(刑法)』(1928) 및 『형사소송법(刑事訴訟法)』(1928), 『민법(民法)』(1929) 및 『민사소송법(民事訴訟法)』(1929), 『중화민국헌법초안(中華民國憲法草案)』(1936), 『중화민국헌법(中華民國憲法)』(1946) 등이 제정되고 비로소 근대적 법체계를 확립하게 된다. 그 당시 확립된 법체계는 1949년 이후 중국이 아닌 타이완으로 계승되어 현재 중화민국 법 제도의 근간이 되었는데 여기서 주목해야 할 것은 그때 중국이 근대 법체계에서 주요하게 모델로 삼은 것은 일본의 대륙법 체계였다는 점이다. 이는 일본이 메이지유신(明治維新) 이후에 동아시아에서 가장 앞서 나갔기 때문인 측면도 있고, 또한 같은 한자문화권인 일본이 서양의 문물과 법 제도를 먼저 도입했기 때문에 접근이 용이했던 측면도 있다. 그 무렵에는 일본으로 유학생을 많이 파견했고, 결과적으로 그들이 중국의 근대 법체계를 만드는 데 중요한 역할을 했다.

중국이 영미법이 아닌 대륙법을 모델로 한 이유에 대해서는 여러 학자들의 분석이 있지만, 중국의 유명한 법제사학자인 장진판(張晉藩)은 그 이유를 네 가지로 설명한다[『중국의 법률적 전통과 근대전형(中國法律的傳統與近代轉型)』(2009)]. 첫째, 국가주의 관념, 즉 국가가 입법을 독점하는 체제가 대륙법 국가와 유사했기 때문이라는 것이다. 둘째, 성문법 전통, 즉 2000년이 넘는 오랜 성문법 전통이 영미법의 판례법 전통과 맞지 않았기 때문이라는 것이다. 셋째, 법조인 계층의 결핍, 즉 판사, 변호사 같은 전문적인 법조인 계층이 안성적으로 존재하지 않는다는 것이다. 넷째, 일본이 메이지유신에 성공하면서 그것을 따라간 측면이 있다는 것이다.

:: 사회주의 중국의 법제건설(1949~현재)

그렇다면 1949년 이후부터 현재까지 중화인민공화국의 사회주의 법제건설은 어떤 과정을 거쳤는가? 이 시기를 대략 3단계로 구분할 수 있는데, 첫째, 1949년부터 1960년대 이전까지를 사회주의 법 제도의 도입 시기라고 할 수 있다. 중국은 1949년 이후 국민당 정부가 만든 법 제도를 모두 폐지하고, 소련식의 사회주의 법 제도를 도입한다. 그리고 1954년에 첫 헌법을 만든다. 이것은 중국 역사상 첫 사회주의 헌법으로, 내용을 보면 소련 헌법을 모방했다는 점이 잘 드러나 있다. 그리고 법학교육과 교과서에도 마르크스 법 이론이 전면적으로 도입되었다.

둘째, 1960년대 이후 중국은 혼란기에 들어간다. 문화대혁명 기간(1966~1976년)에 법과 법학 무용론에 빠져서 대학교 법학과를 폐지했을 뿐만 아니라 검찰과 법원은 아예 문을 닫고 업무를 보지 않았던 시기가 있었다. 셋째, 1978년 이후 덩샤오핑(鄧小平)이 사회주의 법치국가건설을 주장하면서 본격적인 사회주의 법제건설이 시작된다. 다시 대륙법을 중심으로 형법·형사소송법·민법통칙·민사소송법·행정소송법·회사법·계약법·노동법 등의 성문법이 하나씩 입법화되면서 법률체계가 점진적으로 완성되어 가는데, 특히 2000년 이후 굉장히 많은 법률들이 만들어졌다.

지금까지 개괄적으로 살펴본 중국의 법제사를 정리하면, 먼저 진한(秦漢) 시기에 중국의 이른바 전통 법사상과 체계가 확립된다. 그것이 19세기까지 이어지다가 1840년 아편전쟁 이후부터 1949년 이전까지 대륙법 체계를 모델로 한 근대 법체계가 확립된다. 그리고 1949년 이후에 사회주의 법 개념의 도입과 혼란기가 있었고, 마지막 단계인 1978년 이후에 개혁개방과 사회주의 법제건설의 시기가 시작되었다.

부연설명하면, 현재 중국은 기본적으로 대륙법 계통에 속하는 국가라고 할 수 있다. 한국, 일본, 타이완도 모두 대륙법계이기 때문에 각종 성문법률의 내용만으로 봤을 때는 동아시아 각국이 매우 유사하다. 법률 조문이나 용어도 비슷하다. 그것은 대륙법이라는 성문법 체계의 유사성에서도 기인하지만, 동일한 한자문화권인 일본이 먼저 도입해서 번역한 개념들을 한국과 중국이 사용하면서 생겨난 유사성이라고 볼 수도 있다.

나가며: 중국 사법제도 개관

:: 중국의 국가체제와 사법기관

마지막으로 중국의 사법제도에 대해 설명하겠다. 중국의 국가체제는 최상층에 전국인민대표대회 및 그 상설기관인 상무위원회가 있다. 그 아래 국무원, 최고인민법원, 최고인민검찰원이 있다. 지방도 마찬가지이다. 예컨대 산둥성(山東省)이면 산둥성 인민대표대회와 상무위원회가 있고, 그 아래 산둥성 인민정부, 산둥성 고급인민법원, 산둥성 고급인민검찰원이 있다. 산둥성의 칭다오시(青島市)라면 칭다오시 인민대표대회가 있고, 그 아래 칭다오시 인민정부, 칭다오시 중급인민법원, 칭다오시 중급인민검찰원이 있다. 중앙 외에 성급(성, 직할시, 자치구), 그 아래 시급(시, 자치주), 다시 그 아래 현급(구, 현, 자치현)으로 구성된 지방정부가 있다.

흥미로운 것은 전국인민대표대회와 상무위원회가 한국으로 치면 국회와 비슷한 입법기관이고, 그 밑에 국무원과 최고인민법원 및 최고인민검찰원이 있다는 점이다. 그리고 중국에서 말하는 사법기관과 한국에서 말하는 사법기관은 조금 다르다. 한국은 사법기관이 기본적으로 법원이고 검찰은 준사법기관 혹은 행정기관으로 법무부 산하에 있지만, 중국에서는 인민법원과 인민검찰원이 모두 사법기관으로 불리고 심지어 공안(公安), 즉 경찰도 사법기관으로 보는 경향이 강하다. 한마디로 중국의 국가체제는 전국인민대표대회 산하의 일부양원제(一府兩院制)라고 할 수 있다. 여기서 일부는 행정부를, 양원은 인민검찰원과 인민법원을 가리킨다. 이것을 입법·행정·사법 기관이 형식적으로 평등하게 위치해 서로 견제하는 근대입헌주의의 삼권분립제도와 비교하면, 중국은 입법기관 산하에 사법기관과 행정기관이 놓여 있는 구조라고 할 수 있다.

중국의 국가체제

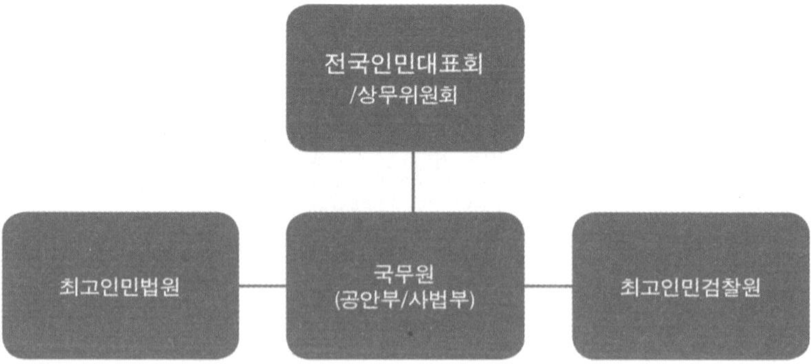

자료: 강광문.

이와 같은 권력구조는 모든 국가권력에 대해 인민이 직접 또는 간접적으로 통제해야 한다는 이론에 근거한 것이다. 예를 들어 한국에서 요즘 여러 가지 이슈가 되는 사건을 처리하는 데 국민들이 법원이나 검찰에 불만을 토로하지만, 이에 대해 어떠한 통제를 하기란 쉽지 않다. 법원이나 검찰은 기본적으로 독립기관이기 때문이다. 법원과 검찰의 독립을 보장하는 점은 중요하지만 이러한 권력기관에 대한 견제장치, 나아가서 국민의 감시가 필요한 경우가 있다. 중국은 이러한 사법기관이 독주하는 폐단을 극복하는 차원에서 — 대부분의 사회주의 국가가 마찬가지이다 — 인민이 선출한 전국인민대표대회를 통해 사법기관과 행정기관을 감독·통제하고 때로는 간섭할 수 있는 구조를 만든 것이다. 즉, 최고 권력기관인 전국인민대표대회의 정당성은 인민으로부터 나오고, 행정부나 최고인민법원 같은 사법기관은 그 산하에 둠으로써 인민이 인민대표대회를 통해 사법기관을 간접적으로 통제하는 구조인 것이다.

∷ 중국의 법원체제와 소송제도 일반

중국의 법원체제는 4급 양심(兩審)제도이다. 현급으로 기층인민법원, 시급으로 중급인민법원, 성급으로 고급인민법원, 가장 위에 최고인민법원이 있다. 소송제도로는 양심종심제도, 공개재판, 합의재판, 인민배심 등이 있다. 다른 것보다 양심종심제도만 이해하면 되는데, 예를 들어 한국은 3급 3심 제도로서 모든 사건이 대법원까지 갈 수 있다. 그런데 중국은 양심제이기 때문에 기층인민법원에서 1심이면 중급인민법원에서 2심으로 종결된다. 중급인민법원에서 1심이면 고급인민법원에서 끝나는 것이다.

중국의 법원체제

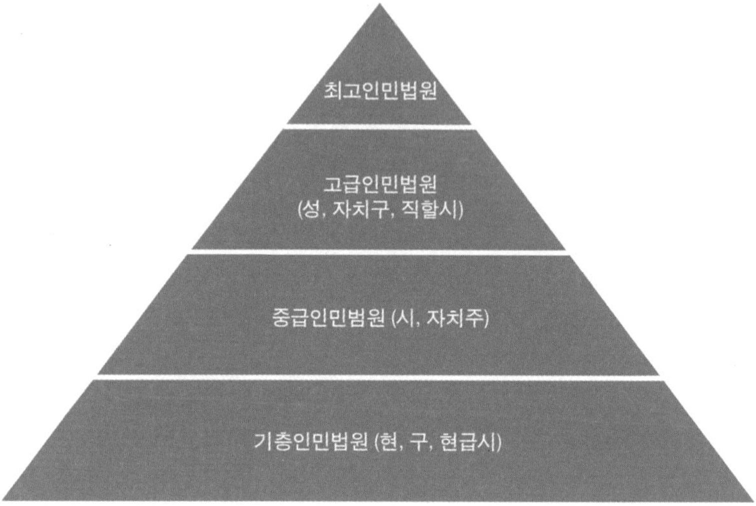

자료: 강광문.

⁞ 중국의 검찰과 공안의 권한배분

앞서 설명했듯이 중국에서는 검찰이 기본적으로 사법기관이다. 중국의 검찰과 한국의 검찰은 그 권한이나 역할 면에서 몇 가지 차이가 있다. 먼저 중국 검찰의 주요 권한은 네 가지 정도로 볼 수 있다. 첫째, 일부 형사사건의 수사권이다. 중국에서는 공무원 범죄를 경찰이 수사하지 않고 검찰이 수사한다. 중국에서는 모든 범죄를 크게 공무원 범죄와 일반 범죄 두 종류로 나눌 수 있다. 일반 범죄는 경찰이 수사하고 공무원 범죄는 검찰이 수사한다. 둘째, 일반 형사사건 수사에 대한 검찰권(특히 구속비준권)이다. 즉, 일반 형사사건의 수사는 경찰이 하지만 구속비준은 검찰이 한다. 한국에서는 구속영장을 법원이 발부하지만 중국에서는 검찰이 비준한다. 셋째, 공소권이다. 이것은 세계 모든 나라가 거의 같다. 국가를 대표해서 기소를 제기하는 권한은 검찰이 가지고 있다. 넷째, 법률 감독권이다. 중국은 검찰이 민사사건을 포함해서 모든 사건에 대해 재심절차(再審程序) 등을 통한 법률 감독권을 행사한다. 양심으로 판결이 끝난 사건에 대해서 피해자가 불복한다면 인민검찰원을 통해 재심을 제기할 수 있고, 인민검찰원 스스로도 종심된 사건에 대해 재심 제기가 가능하다. 그러면 검찰은 법률 감독권을 행사해서 민사사건을 포함한 모든 사건에 개입할 수 있다. 즉, 소송절차를 재가동할 수 있다는 의미이다.

이상의 내용을 바탕으로 한국 검찰과 중국 검찰을 비교하면, 크게 두 가지 정도 차이가 있다. 하나는 중국은 일반 형사사건에 대해서 검찰의 수사 지휘권이 없다는 점이다. 수사권은 공안에 있다. 검찰은 다만 구속 비준의 형태로 개입할 수 있지만 내사 및 수사 개시와 종결을 모두 공안이 단독으로 결정한다. 다만 공무원 범죄에 대해서는 검찰이 수사를 한다. 다른 하나는 민사사건에 대한 법률 감독권이 한국에는 없다는 점이다. 한국 검찰은 민사사건에 대해서 개입할 여지가 없는 것에 비해 중국은 법률 감독권을 통해 개입할 여지가 있다.

그렇다면 공안은 어떠한가? 중국 공안이 '힘이 세거나 막강하다'라는 말이 많은데, 실제 어떤 권한을 가지고 있는지 정리하면 다음 네 가지이다. 첫째, 행정처벌권이다. 행정처벌권에는 벌금, 구류, 허가증 취소 등이 있다. 구류는 최대 15일까지 가둘 수 있다. 매우 강력한 행정처벌이다. 전에는 강제노동교양[勞教] 같은 행정처벌도 있었지만 인권침해라는 비판이 제기되면서 최근 없어졌다. 둘째, 일반 형사사건의 수사권이다. 중국은 일반 범죄의 경우 검찰의 수사지휘권이 없다. 공안이 단독으로 수사권을 행사한다. 셋째, 강제조치 집행권이다. 즉, 구속 등의 집행이 공안의 협조로 이뤄진다. 넷째, 출입국 관리 등의 권한이다. 예컨대 한국은 출입국 관리 권한이 법무부에 있지만 중국은 공안에 있다. 한국에서는 법무부나 기타 기관이 행사하는 권한을 중국에서는 공안이 행사하는 경우가 많다. 한마디로 공안이 광범위한 권한을 가지고 있다.

한국과 비교하면 중국 공안은 일반 형사사건에서 독자적인 수사권을 가지고 있다. 다만 이것만으로는 중국 공안이 '힘이 세거나 막강하다'라고 말하기는 부족하다. 많은 국가가 경찰에 독립적인 수사권을 부여하고, 그렇지 않는 한국의 제도가 오히려 예외적인 경우이고 국제적 관례가 아니다. 따라서 중국 공안에 독립적인 수사권이 있는 것은 전혀 이상한 일이 아니다.

문제는 중국 공안의 광범위하고 강력한 행정처벌권이다. 이 점에서는 중국이 한국 등 다른 국가와 범죄에 대한 개념이 다르다는 것을 우선 이해해야 한다. 예컨대 음주운전이나 도박 같은 행위를 한국에서는 범죄 또는 경범죄로 취급하지만, 중국에서는 범죄가 아닌 치안위법행위로 보고 행정처벌로 처리한다. 중국에서 범죄는 엄중한 위법행위를 지칭한다. 따라서 음주운전이나 도박 같은 경미한 위법행위는 범죄가 아니기 때문에 검찰의 기소나 법원의 재판을 거칠 필요 없이 공안이라는 행정기관이 단독으로 행정처벌권을 행사할 수 있다. 그래서 그 처벌권의 범위가 광범위하고 15일 구류 같은 강력한 조치가 있는 것이다. 한국에서는 범죄이지만 중국에서는 행정처벌에 해당하는 치안위법행위를 몇 가지 살펴보면 모욕, 비방, 공연음란 등이 있다. 몰래 국경을 넘는 위법월경(違法越境)이나 성매매도 역시 그렇다. 마약 같은 경우, 흔히 '중국에서 마약 하면 사형된다'라고 알려져 있지만 정확한 내용이 아니다. 마약을 하는 것은 대부분 행정처벌로 처리되고, 마약을 소지하거나 판매하는 행위가 사형까지 받는 엄중한 범죄이다. 성매매 역시 그 행위를 조직해서 영리를 취하면 범죄로 성립한다. 쌍방폭행은 대부분 행정처벌로 처리되지만, 피해자가 중상을 입거나 사망하면 범죄가 된다. 이렇게 범죄로 분류되지 않는 치안위법행위는 검찰이나 법원을 거치지 않고 치안관리법규에 따라 처벌하기 때문에 공안이 광범위한 권한을 행사하게 된다. 그래서 한국 경찰에 비해 중국 공안이 막강하고 무섭다는 말이 나오는 것이다.

:: 중국 사법제도의 문제점

중국의 사법제도, 특히 법원제도의 문제점에 대해 설명하겠다. 중국은 아직까지 법원에 대한 신뢰도가 낮은 편이다. 국민들이 법원의 판결이나 판사를 별로 신임하지 않고, 사건이 생기면 인맥이나 관시(關係), 공산당 간부와 연(緣) 같은 다른 경로를 통해서 해결하려는 경향이 강하다. 중국 정부가 지난 20~30년간 이 문제를 해결하려고 노력했지만 쉽지 않은 것 같다. 결국 문제는 사법 독립을 훼손시키는 요소들인데, 이것은 세 가지 정도로 정리할 수 있다.

첫째, 사법권의 지방화 문제이다. 중국은 지방법원이 지방정부나 지방 공산당에 종속되는 경우가 많다. 산둥성 고급인민법원과 고급인민검찰원은 산둥성 인민대표대회에 대해 책임을 지고 산둥성 인민정부로부터 예산을 받는다. 칭다오시 중급인민법원과 중급인민검찰원은 칭다오시 인민대표대회에 대해 책임을 지고 칭다오시 인민정부로부터 예산을 받는다. 한마디로 지방정부가 지방법원의 재정권을 갖고 있다. 그리고 지방공산당위원회는 실질적으로 지방법원에 대해 인사권을 행사한다.

한국은 판사가 순환보직으로 움직이지만 중국은 한 지역에만 고정되어 활동한다. 예컨대 칭다오시 중급인민법관이면 거의 대부분 칭다오시 중급인민법원에서 평생 법관을 하게 된다. 극소수 일부가 지방법원에서 최고인민법원으로 올라가기도 하고, 최고인민법원에서 지방으로 내려오기도 하지만 순환보직이라는 제도는 없다. 그래서 지방에 유착관계가 있을 수밖에 없다. 이른바 지방보호주의의 폐해가 생긴다.

민사사건은 피고 주소지에서 소송이 진행되는 경우가 일반적으로, 이럴 경우 원고는 불리한 입장에 놓이게 된다. 예를 들어 피고가 칭다오시 국유기업이고 원고가 외국기업이거나 베이징(北京)시 기업이라면, 현지 지방법원 입장에서는 칭다오시에 지방세금을 내는 기업에게 유리한 판결을 내리는 경향이 생긴다. 설사 원고가 칭다오시가 아닌 다른 지방에서 승소를 받았어도 집행은 피고 재산지에서 이뤄지기 때문에 집행을 하려면 현지 법원을 통해야 한다. 그러니 승소 판결을 받아도 집행이 어렵다. 한국기업을 포함한 외국기업이 불리한 대우를 받는 경우가 종종 있었다. 이러한 문제들이 너무 심각해서 최근에 여러 가지 개혁조치가 나오고 있지만 쉽게 해결될 수 있을지는 미지수이다.

둘째, 법원 운영의 행정화 문제이다. 첫째 문제가 사법 독립을 훼손시키는 외부요인이라면 이것은 내부요인인데, 한국의 사법기관은 일반 행정기관과 달리 그 위상이 특별하다. 판사는 일반 공무원과 다르고, 독립적으로 자신의 양심과 법률 지식에 근거해 판결할 뿐 상급 판사나 법원장, 나아가서 대법원장의 말을 들을 필요가 없다. 판사 개개인이 하나의 사법기관이라고 할 수 있다. 그런데 과거 중국은 법원과 일반 행정기관, 판사와 일반 공무원을 동일하게 취급하는 경향이 강했다. 판사가 단독으로 결정하기 힘든 경우 법원심판위원회가 토론해서 결정하는 사건토론

결정제도나 상급 법원에 요청해서 지시를 받는 지시요청보고제도가 대표적인 사례이다. 이런 것들은 사법 판사의 독립적인 지위를 저해하는 제도이다. 지금은 여러 개혁 조치로 많이 좋아졌지만 아직까지 중국은 판사나 법원을 일반 행정기관과 같이 운영하는 전통이 남아 있다.

셋째, 법관의 자질 문제이다. 중국은 영토가 넓고 법관 수도 많기 때문에 법관의 자질이나 법학 지식이 균일하지 않은 경우가 많다. 특히 지방 소도시나 농촌의 법관이 전혀 법학교육을 받지 않은 사람인 경우도 흔하고, 전혀 다른 분야의 경력자인 경우도 부지기수이다. 1990년대까지 중국에서는 제대군인이 법관을 많이 했다. 그래서 자질 문제가 있고 전문성 또한 떨어진다. 법관의 대우도 열악한 편인데, 월급이나 신분보장이 제대로 되어 있지 않다. 한국과 달리 법관은 엘리트 의식이나 자부심이 상대적으로 부족하다. 이 문제는 지방으로 내려갈수록 심화되는 경향이 있다. 그래서 법관에 대한 국민들의 신뢰가 낮고, 불만이 많다.

중국도 2002년부터 사법시험제도를 도입해서 법조 일원화, 즉 판사·검사·변호사가 동일한 시험을 쳐서 진출하는 경로를 만들어 일정 수준 이상의 자격을 요구하는 시스템을 갖췄지만 이러한 문제들이 단숨에 해결될 것 같지는 않다.

(강연일 2014.9.24)

더 읽을 책

다카미자와 오사무(高見澤磨) · 스즈키 겐(鈴木賢). 2013. 『중국법의 역사와 현재』. 이용빈 옮김. 한울아카데미.
조영남. 2012. 『중국의 법원개혁』. 서울대학교출판문화원.
張晉藩. 2009. 『中國法律的傳統與近代轉型(第三版)』. 法律出版社.
楊鴻烈. 2004. 『中國法律思想史』. 中國政法大學出版社.
瞿同租. 2004. 『瞿同租法學論文集』. 中國政法大學出版社.

제5강

관광을 통해 본 중국문화·국가·현대성

양한순 (아주대 사회학과 교수)

강연 개요

이 강연에서는 중국의 현대화 과정에서 모범학습이라는 중국의 전통이 어떻게 관광과 결합되어 나타났는지를 살펴본다. 특히, 중국 제일부촌으로 알려진 화시촌(華西村) 사례를 중심으로 중국의 사회주의혁명이나 개혁개방으로의 전환과정에서 드러난 관광의 중요성을 점검한다.

들어가며

이 강연은 우리에게 친숙한 '관광'이라는 주제를 통해 중국문화를 분석해보고자 한다. 2003년 '화시촌(華西村)'에서 현지조사를 하는 동안, 화시촌 사람들이 자신들은 부자라는 것을 떳떳하게 밝히고 그것을 관광객들에게 재미있게 표현하는 모습을 볼 수 있었다. 한 예로 391쪽 사진과 같은 공연이 있는데, 돈을 흔들며 춤추는 모습이 매우 인상적이었다.

이 공연을 통해서 화시촌 사람들은 매우 솔직하게, 그리고 자랑스럽게 자신들이 부자임을 밝히고 있다. 과연 중국인들에게 '물질적 부'가 어떤

중국 화시촌의 공연

자료: 양한순.

의미이기에 이런 공연을 하는 것일까? 화시촌을 보면서 '중국인들의 이러한 모습을 어떻게 이해할 수 있을까?'라는 질문을 했다. 연구를 진행하면서 화시촌의 관광에는 중국의 역사, 문화, 정치가 담겨 있다는 것을 알게 되었다. 화시촌 연구를 한 뒤로 중국에 관한 다양한 연구를 해오고 있지만, 특별히 화시촌만큼은 아직까지도 매년 방문해 조사를 하고 있다. 그래서 이 강연에서는 화시촌을 중심으로 중국의 관광, 현대사회, 역사, 문화에 대한 이야기를 해볼까 한다.

먼저 '우리는 왜 관광을 하는가?'를 알아보기 위해 관광의 이론적인 면을 현대성과 연결시켜 살펴보고, 현대성이 중국에서 어떤 중요한 의미가 있는지 짚어보도록 하겠다. 그리고 중국에서 '모범학습'이라는 전통문화가 어떻게 관광과 연결되고, 이런 모범학습 문화가 중국의 사회주의 시대

관광지와 개혁개방 이후의 관광지에 어떤 영향을 줬는지를 확인해보려고 한다. 그리고 마지막으로 이와 같은 논의를 바탕으로 화시촌 관광을 분석하고, 그 양상의 변화를 통해 중국 관광의 변화와 의미를 이야기해보도록 하겠다.

관광과 현대성: 우리는 왜 '관광'을 떠나는가

현대인들은 왜 관광을 가는 것일까? 관광을 연구하는 관광사회학과 관광인류학에서 이런 질문을 많이 한다. 관련 이론을 살펴보면 이에 대한 답을 주로 '현대성(modernity)'에서 찾는다. 현대성이란 17세기 이후로 서구 사회가 성취해온 사상과 그들이 만들어온 생활양식, 제도, 철학, 과학기술 등을 가리킨다. 현대성은 우리에게 발전, 풍요, 민주주의, 자유 등의 가치를 안겨줬다. 하지만 동시에 부정적인 영향을 끼치기도 했다. 경쟁이 심화되고 사람들은 그 과정에서 소외, 위선, 단조로움을 느끼게 되었다. 평등과 자유는 확대되었지만 피상적인 만남이 늘어났고 우리가 향유하는 것들 가운데 가짜 혹은 위선적인 것들이 많아졌다. 피로가 증대되고 환경오염이 심화되었다. 그래서 사람들은 현대사회의 위선, 단조로움, 피곤함을 벗어나고 싶다는 욕구를 갖게 되었다. 따라서 이론적으로 관광이란, 진정성(authenticity)을 찾기 위해 우리가 몸담고 있는 현대사회를 멀리 떠나는 활동, 즉 현대성을 탈출하는 의례적 활동을 의미한다. 이런 관점은 '왜 관광을 떠나는가?'라는 물음에 대한 설득력 있는 이론이다.

그런데 이런 서구적 이론으로는 설명하기 어려운 또 다른 종류의 관광이 있다. 주로 비서구 사회에서 나타나며, 현대성을 탈출하고자 떠나는 것이 아니라 오히려 현대성을 보기 위해서 떠나는 여행이다. 휘황찬란한 도시의 불빛과 높은 빌딩을 보고 싶어 하고, 현대성을 만들어낸 도시나 국가, 즉 프랑스의 파리, 미국의 뉴욕, 영국의 런던 등으로 떠나고 싶어 한다. 이런 종류의 관광은 순례 또는 학습의 성격을 띤다. 이처럼 현대성을 향한 관광의 성격이 명확하게 드러나는 것이 근대화 과정에 있었던 비서구 사회의 사절단이다. 1880년대의 이와쿠라(岩倉) 사절단, 1890년대 한국의 보빙사(報聘使)와 같은 외교 사절단은 바로 서구를 체험하고 학습하는 관광단이었다.

유럽과 미국 또는 해외 대도시를 향해 떠나는 관광은 한국에서도 여전히 인기가 있다. 그런데 한국인들의 해외 관광이 과거에는 대부분 현대성을 '향한' 관광이었다면, 최근에는 현대성을 '떠나는' 관광이 점차 증가하고 있다. 사람들이 복잡한 현대성을 경험하려 하기보다는 한적한 곳이나 농어촌에 가서 실질적인 자연을 체험하고 배우려고 한다. 그래서 동남아시아, 아프리카, 태평양 군도 등 오지를 찾아다니는 다큐멘터리가 인기를 끌뿐만 아니라 이런 곳들이 여행지로 각광을 받고 있다. 한국인들이 이제는 현대성을 떠나서 원시적이고 순수한, 진정성 있는 삶을 보고 싶어 한다는 의미이다. 한국인들의 관광 모습의 변화가 한국사회의 변화를 잘 보여주고 있는 것이다.

중국에서의 현대성

그렇다면 현대성이 과연 중국에서는 어떤 의미가 있는지 살펴보겠다. 우리가 잘 알다시피 중국은 오랫동안 중화(中華)사상을 품고 살아왔다.

중국인들이 생각하는 중국은 온 세상의 중심 국가이자 중심 문명이었다. 그런데 19세기에 이르러 중국은 아편전쟁(1840년)과 청일전쟁(1894년)에서 잇달아 패배하며 자신들의 무기력함을 뼈저리게 느끼게 된다. 특히 작은 나라로만 여겼던 일본이 근대화를 이룩하고 전쟁에서 중국을 이기자 중국인들이 받은 충격은 실로 말할 수 없이 컸다. 그들은 뼈아픈 경험을 통해 '이제 과거의 찬란한 역사와 문화만으로는 안 되겠구나, 우리가 부강한 나라를 건설하기 위해서는 현대화밖에 없다'라고 생각했다. 이에 따라 20세기 초 현대화에 대한 열망이 두드러지게 나타나는 '신문화운동'이 전개된다.

신문화운동은 청나라 멸망 후인 1910년대 등장하는 문화운동으로서, 반(反)전통주의적 성격을 지니고 있다. 그 당시 지식인들은 중국 문화와 전통을 비판하면서 그것만으로는 살아남을 수 없고 서구의 현대성을 배워서 중국의 것으로 만들어야 한다고 주장했다. 신문화운동을 주도한 대표적인 지식인으로는 천두슈(陳獨秀), 리다자오(李大釗), 루쉰(魯迅), 후스(胡適) 등이 있다. 천두슈와 리다자오는 중국공산당을 만든 사람들이고, 『광인일기(狂人日記)』(1918), 『아큐정전(阿Q正傳)』(1921)으로 유명한 루쉰은 자유주의와 공산주의를 모두 아우르는 인물이며, 후스는 중국 자유주의를 대표하는 학자이다. 이 같은 인물들 외에도 무정부주의 등 다양한 서구의 근대 이론을 통해 중국을 개혁하고자 하는 사람들이 많았다.

이렇게 현대화에 대한 다양한 생각이 논쟁하는 가운데 20세기 중반에 사회주의를 내세운 중국공산당이 국민당과 내전에서 승리를 거두게 된다. 1949년부터 중화인민공화국이 사회주의를 통해 중국의 현대화를 진행하게 된 것이다. 중국의 초기 현대화 모델은 소련이었다. 그런데 이후 소련과 중국의 관계는 틀어지게 된다. 이념적으로 중국은 소련의 수정주의를 비판했고, 양국 사이에 국경 분쟁이 일어났다. 중국은 더 이상 소련에 의지하지 않고 중국식 사회주의를 발전시키겠다고 선언했다. 여기서 등장한 것이 '대약진운동'(1958~1961년)이다. 매우 이상적인 중국식 사회주의를 실험한 것이다. 그러나 대약진운동이 실패로 돌아가고 중국의 현대화는 난관에 처하게 된다. 그러자 다시 한 번 제도뿐만 아니라 중국인들의 의식 자체를 뜯어고침으로써 중국식 사회주의를 실현하겠다는 혁명의 실험, '문화대혁명'(1966~1976년)이 대두한다. 하지만 문화대혁명을 통해서도 중국은 부강한 나라 건설이라는 현대화의 과제를 이뤄내지 못했다. 중국인들은 결국 자신들에게 필요한 것이 물질적 부와 경제발전이라고 생각하게 되었고, 자본주의 시장경제라도 중국에 도움이 된다면 받아들여야 한다고 판단하게 된다. 이에 따라 1979년부터 시장경제를 도입하는 큰 전환을 겪게 된다.

이처럼 '현대화'라는 이름 아래 중국은 지난 100여 년 동안 굉장히 많은 변화를 겪었다. 현대화 초기에는 중국의 전통을 거부하는 큰 전환이 이뤄졌다. 전통에 대한 거부는 중화인민공화국 수립 이후 사회주의 시기 내내 이어진다. 또 중국의 사회주의 역시 개혁개방을 통해 커다란 전환을 맞이한다. 나는 이러한 과정을 보면서 중국과 같은 거대한 나라가 어떻게 그토록 극적인 전환을 이룰 수 있었는지 의문이 들었다. 체중이 많이 나가는 사람이 달리기를 하다가 갑자기 방향을 틀고자 하면 관성 때문에 쉽지가 않은데, 이와 마찬가지로 거대한 영토, 많은 인구, 유구한 역사를 지닌 중국이 빠른 전환을 이룰 수 있었던 요인은 무엇일까? 분명히 국가 또는 사회 주류세력이 제창하는 것들을 단시간 내에 학습하고 그것을 따르는 사람들이 있었기에 가능한 것이 아니었을까.

중국이 개혁개방을 통해 경제성장을 이뤄나갈 때 '유교 자본주의'라는 담론이 등장하기도 했다. 이는 중국뿐 아니라 한국을 비롯한 아시아의 네 마리 용을 설명할 때 등장했던 용어이기도 하다. 한마디로 유교 문화가 동아시아 국가의 자본주의, 시장경제를 발전시키는 데 기여했다는 것이다. 이것은 이제부터 하려는 이야기와 연결되는 내용으로서, '관광'과 '모범'에 초점을 맞춰 국가적 전환을 설명하고자 한다. 그럼 '모범을 학습'하는 활동을 통해 한 국가가 어떻게 사회적 전환을 이루게 되는지에 대해 분석하겠다.

앞에서 관광을 이론적으로 현대성과 연결해보면 현대성을 향한 관광과 현대성을 떠나는 관광이 있다고 구분했다. 현대성의 개념을 잠시 접어두고 관광의 기본적인 성격을 두 가지로 나누어 살펴보면, 하나는 현실을 벗어나 권력의 주변부로 가는 '기분전환'으로서의 관광이다. 즉, 현실을 꽉 쥐고 있는 권력과 질서로부터 벗어나려고 하는 욕구에서 비롯된 관광이다. 다른 하나는 나의 현실을 만들어내는 권력과 질서의 본모습, 즉 그 권력의 중심을 보고자 하는 욕구가 반영된 관광이다. 이것은 '학습'의 욕구로 볼 수 있다.

여기서 잠시 이런 질문을 할 수 있다. 우리가 현재 쓰는 '관광(觀光)'이라는 말을 예전에도 썼을까? 지금과 의미가 약간 달랐지만 고려시대와 조선시대에도 '관광'이라는 말을 사용했다. 그런데 당시는 '놀러 나간다'라는 뜻으로는 '유람'이라는 단어를 썼고, '관광'이란 단어는 중국에 가서 앞선 문물을 보고 배우는 활동을 일컫는 말이었다. 중국에 유학을 다녀오는 것도, 사신들이 중국에 다녀오는 것도 '관광'이라고 불렀다. 관광이라는 말은 주(周)나라 때에 처음 등장했다. 주나라에서는 외부에서 손님이 올 때 주나라의 발전된 문물을 보여주는 것을 관광이라고 했다. 말 그대로 '빛[光]'을 '본다[觀]', 앞선 문명을 본다는 뜻이다. 즉, 관광이라는 말의 본래 의미는 '학습으로서의 관광'이었다. 다시 말해, 관광은 '모범에 대한 학습' 활동이었던 것이다. 학습으로서의 관광과 과거의 '모범학습'이라고 하는 중국식 전통은 이론적으로 매우 유사하다. 그렇다면 고대 사회의 모범학습 문화가 사회주의 시대에 와서 어떻게 변화했는지, 그리고 그것이 어떤 경로로 관광으로 이어졌는지 살펴보도록 하겠다.

중국의 '모범학습' 문화, 국가, 관광

'모범학습'이라는 용어가 생소하겠지만, 이 말이 의미하는 문화에 대해서 우리는 아주 잘 알고 있다. 고전에는 이상적인 인간형을 지칭하는 말이 많다. '성인(聖人)', '군자(君子)' 등이 대표적인데, 이것을 '모범'이라는 일반적인 말로 바꿔본 것이다. 『시경(詩經)』에서 이르기를, "주나라의 성왕(成王)은 부친인 무왕(武王)을 모범으로 삼아 공부했다". 여기서 무왕, 즉 보고 배우는 대상이 되는 특정 인물이나 존재가 바로 '모범'이다. 또한 『도덕경(道德經)』에서는 "성인은 도(道)를 지킴으로써 천하의 모범이 된다"라고 했다. 이렇게 '모범을 통한 학습'의 전통은 비단 유교에만 국한되는 개념이 아니라 중국의 기본 문화를 이루는 요소로 볼 수 있다.

모범의 학습이라는 전통을 가장 잘 보여주는 것은 유교이다. '맹모삼천지교(孟母三遷之敎)'라는 고사를 보면, 맹자(孟子)의 어머니는 아들이 주변 환경으로부터 배우는 것을 보고 좋은 환경을 위해 세 번이나 이사를 한다. 처음에 묘지 옆에 살 때는 맹자가 곡하는 것을 따라 배우고, 시장 옆으로 가니 장사하는 것을 따라 배우고, 서당 옆으로 가니 글과 예법을 따라 배우더라는 것이다. 중국인들은 보고 배우는 과정이 학습에 대단히 중요하다는 것을 인식하고 이를 문화적으로 응용했다. 중국에는 이런 모범학습 문화가 보편적이며 모범과 관련된 어휘는 모범(模範), 전범(典範), 시범(示範), 사범(師範), 사표(師表), 표솔(表率), 귀감(龜鑑), 전형(典型), 방양(榜樣) 등 많다. 이런 어휘들 외에도 오늘날 중국에서 모범이란 뜻으로 널리 사용되는 단어들로는, 선진(先進), 영웅(英雄), 우수(優秀), 오호(五好), 십호(十好), 십성급(十星級), 문명(文明) 등이 있다.

따라서 '모범'이란, 사람들의 존경을 받아 사회적 명예를 누리고 남들의 부러움을 사며 타인의 모방 욕구를 자극하는 존재로 정리할 수 있다. 그런데 국가는 모범을 그냥 놔두는 것이 아니라, 모범을 공인하고 모범학습을 독려함으로써 모범 속에 담겨 있는 사회적 가치와 질서를 재생산하고자 한다. 중국에는 이러한 모범학습 문화가 아주 뿌리 깊게 배어 있다. 과거에는 효자나 열녀를 포상하는 것이 국가의 중요한 활동이었고, 현대에 와서도 '전국노동모범'이라는 표창을 실시한다. 특히 중국 전통 사회에서는 유교가 중요한 사회적 질서이자 가치였고 모든 사람이 배워야 할 이념이었기 때문에, 국가에서는 유교적인 도덕과 윤리를 널리 홍보했다. 그럴 때 중요한 자료로 쓰인 것이 바로 효자들의 이야기이다. 대표적인 책이 원(元)나라 말 곽거경(郭居敬)이 쓴 『이십사효(二十四孝)』이다. 그때 이 책이 얼마나 유명했던지 고려시대 말에 권부(權溥)라는 자가 그 내용을 기초로 『효행록(孝行錄)』을 편찬했고, 이후 조선시대에도 우리나라 이야기를 추가해 간행되었다. 세종대왕 때는 글을 모르는 사람들도 알기 쉽도록 매편마다 그림을 넣은 『삼강행실도(三綱行實圖)』로 편찬되기도 했다. 이런 이야기를 통해 사람들이 효를 배우고 그 시대의 모범을 학습하게 만드는 것이다. 여기서는 스물네 가지 고사 가운데 세 가지를 소개하겠다.

첫 번째 고사는 한(漢)나라 때 '위모매아(爲母埋兒)'이다. 매우 가난한 부부 한 쌍이 아이를 낳았다. 그런데 아이가 음식을 먹으니 부모님께 드릴 것이 부족해져서 또 낳을 수 있는 아이 대신 하나 밖에 없는 부모를 보양하고자 아이를 묻기로 결정했다. 눈물을 흘리며 땅을 파던 부부는 금덩어리를 발견한다. 하늘이 효심 깊은 부부에게 상을 내린 것이다.

두 번째 고사는 진(晉)나라 때 '자문포혈(恣蚊飽血)'이다. 한 효자가 아버지가 평상에서 잠을 자는데 모기가 와서 귀찮게 하는 것을 보고 모기를 잡으려다 잘못해서 아버지의 잠을 깨우게 될까 우려해 모기를 잡는 대신 웃통을 벗어 자신을 물도록 했고, 아버지를 편하게 주무시게 했다.

마지막 고사는 당(唐)나라 때 '유고불태(乳姑不怠)'이다. 어느 며느리의 시어머니가 연로해서 이가 다 빠져 음식을 잘 들지 못하고 몸이 쇠약해지자, 며느리가 아이에게 물리던 젖을 드려 시어머니의 건강을 지켰다.

'정말 저렇게 할 수 있을까?' 하는 생각이 들지만 당시는 매우 감동적이고 현실적인 이야기였다. 고대 중국에서는 이러한 효행을 본받고 따르고자 하는 사람들이 많았기 때문에 유교적 질서가 계속 유지되어온 것이다.

사회주의(마오) 시대의 관광지

사회주의 신중국이 들어선 이후에 모범이 어떻게 달라졌는지에 대해 살펴보도록 하겠다. 사회주의 시대에는 자급자족하는 집체(集體)나 이타적인 인물이 주로 모범으로 여겨졌다. 자본주의 체제에서는 각 경제주체가 이기적이어야 수요와 공급의 법칙에 맞는 질서를 만들어낼 수 있지만, 사회주의 사회에서는 사람들이 이타적이어야 공동체 생활을 잘 영위할 수 있다. 그래서 사회주의 시대의 중국정부는 이타적인 사람과 자급자족적인 공동체를 모범으로 인정했다.

사회주의에서도 모범이란 존재는 국가적으로 매우 중요했다. 그 중요성은 중국 헌법 42조에서 "국가는 사회주의 노동경쟁을 장려하고, 모범노동자와 선진근로자를 표창한다"라고 명시하고 있는 데서도 잘 나타난다. 이 규정에 따라 중국정부는 '전국노동모범'을 선발해 표창하고 있다. 이 상은 중국에서 가장 영예로운 표창이다. 과거에는 국가가 부정기적으로 이 상을 수여했는데, 1990년부터는 정기적으로 5년에 한 번씩 전국에서 약 3000명을 선발해 상을 주고 있다. 그리고 중앙정부 외에 성(省)과 시(市) 단위에서도 노동모범을 선정한다. 여기서 소개하는 사회주의 시대 중국 관광의 이야기는 바로 이들 전국노동모범의 이야기이기도 하다.

우선 마오쩌둥(毛澤東) 시절 가장 유명했던 모범을 소개하면, 첫 번째는 다자이(大寨) 마을이다. 다자이촌은 중국 산시성(山西省)에 있는 산골 마을인데, 중국에서는 이곳을 모르면 간첩이라고 할 수 있을 정도로 아주 유명하다. 일반적으로 산골 마을에서는 식량을 자급자족하는 것이 매우 어렵다. 그런데 다자이촌은 산을 계단식 농지로 개간해서 이를 극복했다. 농기계도 없는 산골 마을에서 오직 주민들의 육체노동만으로 이런 일을 해낸 것이다. 이 사실이 알려지자 마오쩌둥 주석은 1964년 "농업은 다자이를 배우자[農業學大寨]"라는 구호를 만들었다. 이때부터 중국 곳곳에서 다자이 학습운동이 벌어지고 1970년대 말까지 1000만여 명에 달하는 중국 농민들과 2만 5000여 명의 외국인이 다자이 마을을 방문했다. 그 당시 다자이 마을은 사회주의 중국 농촌의 성지였다. 그리고 오늘날과 같은 상업관광이 없던 때는 다자이 마을 견학이야말로 중국에서 가장 커다란 관광이었던 것이다.

다자이촌이 전국적인 모범이 될 수 있도록 이끈 인물은 바로 촌서기였던 천융구이(陳永貴)였다. 그는 간신히 자신의 이름 석 자 정도만을 쓸 수 있었던 문맹이었지만 나중에는 부총리의 자리까지 오르게 된다. 다자이의 명성이 얼마나 대단했는지를 짐작할 수 있는 대목이다. 전국의 농민들은 다자이를 보고 배우며 농촌개혁운동을 벌여나갔다. 물론 개혁개방 이후에는 다자이가 만들어진 모범이라는 비판의 소리도 있었지만, 마오 시절 그곳이 중국의 대표적인 모범이었던 것은 분명한 사실이다.

농업뿐만 아니라 공업에서도 모범이 있었다. 바로 다칭(大慶)이라는 지역인데, 당시 "공업은 다칭을 배우자[工業學大慶]"라는 구호가 있었다. 다칭은 헤이룽장성(黑龙江省)에 위치한 유전 지역이다. 중국은 식량뿐만 아니라 에너지도 자급자족이 필요했는데, 석유개발은 결코 쉬운 일이 아니었다. 다칭에 유전이 있다는 것은 알았지만 기술력과 장비가 턱없이 부족한 상황이었다. 그런 가운데 노동자들이 강철 같은 힘을 발휘해 유전을 뚫은 것이다. 가장 대표적인 인물 왕진시(王進喜)는 다칭의 영웅으로 '철인'이라는 별명을 얻었다. 그 추운 헤이룽장성에서 맨몸으로 유전을 뚫었기 때문이다. 앞서 소개했던 천융구이와 왕진시는 모두 전국노동모범으로 선정된 사람들이다. 실은 전국노동모범이라는 호칭보다도 더 큰 명성을 가진 사람들이다. 이렇듯 사회주의 시대에는 자급자족을 이뤄낸 집체나 남들보다 앞장서서 노동을 통해 훌륭한 일을 해낸 사람들을 국가에서 모범으로 공인해 다른 이들이 본받을 수 있도록 했다.

그리고 이타적 인물의 전형으로는 레이펑(雷鋒)을 들 수 있다. 현재 중국에서는 개인을 기억하는 국경일이 이틀 있다. 그 하나는 12월 26일 마오쩌둥 탄신기념일이고, 다른 하나는 3월 5일 '레이펑의 날[學雷鋒記念日]'이다. 그런데 현재 중국에서는 마오쩌둥 탄생일은 조용하게 지나가는 반면, 레이펑 기념일이 되면 전국적으로 많은 행사가 벌어질 정도로 레이펑은 중요한 인물로 기억되고 있다. 군인이었던 레이펑은 22세라는 젊은 나이로 세상을 떠났다. 흔히 유명한 군인이라고 하면 전쟁 영웅을 떠올리기가 쉬운데, 레이펑은 운전병으로서 트럭을 운전하던 도중 갑자기 쓰러진 나무에 깔려 목숨을 잃었다. 그런데 레이펑이 그토록 유명한 사람이 된 것은 자신의 선행을 기록한 그의 일기를 통해서였다. 그는 일기에 남몰래 실천했던 작은 선행들을 적어두었다. 그는 동료 군인들이 잘 때 몰래 일어나 빨래를 해준다거나 구멍이 난 양말을 직접 꿰매주고 다른 사람들이 쉬고 있을 때 혼자 화장실 청소를 도맡아 하는 등 앞장서서 착한 일을 했던 것이다. 그리고 그는 자신의 일기에 "나는 선행을 해서 기분이 좋은데 동료들은 그 일을 누가 했는지 모른다. 내가 몰래 착한 일을 하는 것이 정말 기쁘다"라고 적었다.

이런 레이펑이야말로 바로 사회주의 중국에서 찾던 인간형이었다. 레이펑이 사망한 다음 해인 1963년 3월 5일 마오쩌둥은 "레이펑으로부터 배우자"라는 구호를 외쳤다. 그러자 전국의 모든 학교에서는 레이펑의 일기가 필독서로 지정되고 학생들은 레이펑을 본받아 일기를 쓰고 남몰래 선행을 하도록 가르침을 받게 된다. 이렇게 사회주의의 모범 인간형을 만들어간 것이다. 그런데 개혁개방이 되자 레이펑 같은 사람은 '바보'라고 비판을 받게 된다. 시장경제에서는 레이펑이 이상적인 인간형이 아니었기 때문이다. 하지만 시장경제가 심화될수록 중국인들의 이기주의와 개인주의가 팽배했고 인간성 상실에 대한 반성의 목소리가 다시 높아지게 된다. 이에 따라 최근 중국에서는 '레이펑의 날'을 통해 사회봉사의 중요성을 재강조하고 있다.

이처럼 사회주의 시대의 관광이란 바로 모범학습 활동이었다. 그리고 학습의 대상이자 관광의 대상은 다자이와 같은 마을, 다칭과 같은 사업장, 레이펑과 같은 인물이었던 것이다.

개혁개방 시대의 관광지

개혁개방 시기에는 모범이나 관광에 어떤 변화가 나타났을까? 마오쩌둥 시기에는 대중관광이 존재하지 않았다. 앞에서도 말했듯이 모범학습이 일종의 관광이었던 셈이다. 그런데 개혁개방 이후 상업관광이 등장하게 된다. 개혁개방 이전에는 국가가 상업관광을 인정하지 않았지만, 관광이 경제발전에 도움이 된다는 것을 인식한 후로는 관광 진흥책을 실시하게 된다. 대표적인 정책이 휴일제 도입이다. 중국정부는 1995년에 5일 근무제를 도입하고, 1999년에는 춘절(春節, 설), 노동절(勞動節), 국경절(國慶節)에 각기 일주일씩 쉴 수 있는 황금주 휴가제도를 도입했다. 그리고 2008년에는 청명절, 단오절, 중추절을 공휴일로 추가 지정했다. 휴일을 늘림으로써 관광을 진작시키고자 한 것이다. 이러한 정책을 통해 관광이 늘어나게 되었는데, 개혁개방 초기에는 사람들이 주로 부유한 지역이나 공업 도시를 찾아가서 현대성을 학습하는 관광이 대부분이었다.

시대가 바뀌고 사람들에게 매력을 주는 대상이 달라지면 모범도 변하게 된다. 예전에는 사회주의 가치를 널리 알릴 수 있는 인물에게 국가가 노동모범을 표창했다면, 개혁개방 시기에는 시장경제에서 성공한 인물들이 노동모범 표창을 받는다. 예를 들면 뒤에서 설명할 다추좡(大邱庄)의 촌서기인 위쭤민(禹作敏), 화시촌의 촌서기인 우런비오(吳仁寶)와 그의 아들인 우셰언(吳協恩), 농구선수 야오밍(姚明) 같은 사람들이 전국노동모범

표창을 받게 된다. 이들은 시장경제 체제에서 성공을 거둔 사람들이다.

아울러 국가에서는 개혁정책이 성공을 거둔 곳, 즉 잘사는 지역이나 공업화된 곳, 발전한 지역에 '선진', '문명', '시범지'와 같은 호칭을 부여한다. 또 중국관광국[國家旅遊局]에서는 농업관광 시범지 203곳과 공업관광 시범지 103곳을 지정해 사람들이 해당 지역을 관광하면서 새로운 공업 모델과 농업 모델을 배울 수 있도록 장려한다. 대표적인 농업관광 시범지는 장쑤성(江蘇省)의 화시촌과 베이징(北京)의 한춘허(韓村河), 허난성(河南省)의 난제촌(南街村), 저장성(浙江省)의 텅터우촌(滕頭村) 등이 있고, 공업관광 시범지로는 베이징옌칭맥주그룹[北京燕京啤酒集團公司], 우시하이란그룹[無錫中國海瀾集團], 칭다오맥주공장[青島啤酒廠], 칭다오하이얼공업단지[青島海爾工業園] 등이 있다. 그리고 이런 시범지들 가운데 방문객들을 안내하기 위해서 아예 자체 여행사를 두고 있는 곳이 많다. 중국의 녹색관광기지로 잘 알려진 텅터우촌을 방문했을 때, 그곳에서도 '선진집체(先進集體)'라든가 '저장성애국주의교육기지(浙江省愛國主義教育基地)' 등과 같이 중앙정부와 성 정부, 시 정부에서 수여한 각종 호칭들을 볼 수 있었다. 이처럼 개혁개방 시대의 관광은 시장경제와 과거의 모범학습 관행이 융합되어 있다는 것을 알 수 있다.

화시촌: 천하제일촌 관광

፡ 1980년대 중국농촌의 모범: 톈진 다추장

이제부터 소개할 화시촌은 장쑤성 남부에 위치한 마을이다. 그런데 화시촌에 대해 본격적으로 소개하기 전에 우선 톈진(天津)에 자리 잡은 다추좡에 대해 간단히 살펴볼 필요가 있을 것 같다. 화시촌이 중국의 유명한 모범촌이 되기 이전인 1980년대에 먼저 유명 마을로 알려진 곳은 톈진의 다추좡이다. 그 당시 다추좡의 서기는 위쭤민이라는 사람이었는데, 개혁개방 직후 철강제품을 생산해 떼돈을 벌었다. 개혁개방정책이 실시되자 건설이나 인프라 구축에 필요한 물자가 늘어났고 위쭤민이 한발 앞서 필요한 제품을 생산함으로써 많은 부를 축적할 수 있었다. 위쭤민 서기도 처음에는 다자이 같은 농업 지역을 찾아다니며 많은 것을 배웠다. 하지만 다추좡의 척박한 농지에서 농업만으로는 부자가 될 수 없었다. 그래서 위쭤민은 일찍부터 공업화에 눈을 돌리게 되었고, 그의 모험은 크게 성공한다. 위쭤민 서기가 공업으로 많은 돈을 벌자 전국 각지의 사람들이 다추좡을 찾아와 돈을 벌 수 있는 방법을 배우기 시작했다. 조금 뒤에 설명할 화시촌 서기 역시 이곳에 와서 많은 것을 배웠다. 1990년대 초 위쭤민 서기의 연봉은 한국 돈으로 1억 2000만 원 정도였다. 현재도 이 정도면 상당히 큰 금액인데, 그 당시 가치로 환산하면 어마어마한 부자였던 것이다. 그런데 이렇게 엄청난 부를 이룬 마을이 한순간에 몰락했다. 그 이유는 위쭤민 서기가 자만한 나머지 국가에 저항했기 때문이다. 다추좡에서 횡령 사건이 일어났고 취조 과정 중에 회계가 사망했다. 경찰이 와서 조사를 하려고 하자 위쭤민이 마을 사람들을 무장시켜 경찰의 진입을 막았던 것이다. 그러자 중앙정부가 위쭤민을 체포하고 행정단위를 개편해 다추좡촌을 해체했다.

‘천하제일촌’이라고 불리게 된 화시촌

중국의 농촌모범이었던 다추좡이 몰락한 후 1990년대 초 들어와서 화시촌이 ‘중국제일촌(中國第一村)’이라는 영예를 물려받는다. 오늘날의 화시촌을 만든 인물은 40여 년간 촌서기직을 맡아왔던 우런바오라는 사람이었다. 그는 2013년 사망하기 전까지 촌에서 커다란 영향력을 행사해왔고, 현재는 그의 넷째 아들인 우셰언이 촌서기직을 물려받아 마을을 운영하고 있다.

개혁개방 전까지 화시촌은 다자이 마을을 학습하는 농촌마을이었다. 그러다가 개혁개방과 더불어 소규모 공업화를 시작하게 된다. 화시촌의 공업화는 향진기업(鄕鎭企業)에서 출발했다. 향진기업이란 개혁개방 이후 마을의 공동재산을 이용해서 촌이나 향에서 설립한 기업을 말한다. 처음에는 농기계나 면직물과 같은 작고 간단한 물건을 생산했지만 점점 커져서 현재는 코일, 강판, 알루미늄, 화학, 섬유, 의류, 해운, 관광 등 굉장히 다양한 사업을 진행하고 있다. 기업이 성장하면서 화시촌의 생산 규모는 1990년대 중반 전국 농촌에서 1위를 기록하고 1990년대 말이 되면서 화시촌은 ‘천하제일촌’이라는 호칭을 얻게 된다.

화시촌 기업의 성장은 중국의 다른 기업이 성장하는 모습과 유사하다. 다만 화시촌의 특징은 현재까지도 집체 소유제를 유지하고 있다는 점이다. 화시촌에서는 기업 주식의 70%를 촌민위원회가 소유하고, 나머지 30%만 주식시장에서 거래하고 있다. 현재 화시촌의 인구는 1700여 명으로 약 420가구가 살고 있다. 그리고 2만 명이 넘는 외지노동자들이 일하고 있다. 화시촌이 어떻게 부자 마을이 되었고, 촌내에서 분배는 어떤 방식으로 이뤄지고 있는지를 살펴보는 일도 매우 중요한 문제이지만 여기서는 화시촌이라는 부자 마을의 관광이 어떻게 이뤄지고 있는지를 중심으로 설명하겠다.

∷ 개혁개방 국가정책의 모범

1990년대 화시촌은 개혁개방정책의 모범으로 인정받게 된다. 그리고 이를 증명하듯 국가 지도자들이 잇달아 방문했다. 1993년에는 리펑(李鵬) 총리가, 1998년에는 장쩌민(江澤民) 주석이 화시촌을 방문했다. 그뿐만 아니라 1993년 중국중앙TV에서는 〈화시촌 이야기〉라는 드라마가 방영되었다. 이렇게 되자 중국 전역에서 화시촌을 배우려는 사람들이 몰려들었다. 사람들은 화시촌을 '개혁개방 시대의 다자이촌'이라고 인식하게 되었다. 사회주의 시기 다자이촌이 가졌던 모범의 지위를 개혁개방 시기에는 화시촌이 물려받게 된 것이다. 화시촌은 현대성의 공간이자 국가정책의 공간이다. 화시촌 스스로도 자신들이 이렇게 부자가 될 수 있었던 것은 모두 국가정책 때문이라고 누차 강조한다. 당과 국가는 많은 사람들이 이곳을 방문해 개혁개방의 성과를 배우고 자연스럽게 국가정책을 따를 수 있도록 관광을 적극 장려했다. 촌서기인 우런바오의 평전도 출간되고 중등학교 교과서에 화시촌과 관련된 이야기가 실리기도 했다.

화시촌의 지도자들 또한 '우리는 국가의 정책을 충실히 따르고, 우리가 하는 일은 국가의 지지를 받고 있다'라는 것을 보여주기 위해 화시촌 서기와 후진타오(胡錦濤) 전(前) 주석이나 시진핑(習近平) 주석이 악수하는 장면을 적극 홍보한다. 그뿐만 아니라 화시촌은 다양한 정부기관으로부터 받은 많은 표창들을 진시해놓음으로써, 그리고 국가 수요 지도자였던 마오쩌둥(毛澤東), 덩샤오핑(鄧小平), 저우언라이(周恩來), 주더(朱德), 류

화시촌에 세워진 국가 주요 지도자 동상

왼쪽에서부터 덩샤오핑, 저우언라이, 마오쩌둥, 주더, 류샤오치.

자료: 양한순.

샤오치(劉少奇)의 석상을 함께 모셔놓음으로써 화시촌 관광의 공간이 바로 국가의 공간이라는 점을 강조한다. 우런바오에게는 우셰둥(吳協東), 우셰더(吳協德), 우셰핑(吳協平), 우셰언(吳協恩)이라고 불리는 네 아들이 있는데, 이들의 이름은 국가 지도자의 이름에서 따서 지은 것이다.

∷ 물질적 부의 전시와 화시촌 관광

화시촌 관광의 기본 테마는 '부(富)'이다. 그러면 이러한 물질적 부가 앞에서 설명했던 현대성과 어떻게 연결되는지 살펴보도록 하겠다. 중국에서 물질적 부는 현대성의 지표로 사용된다. '얼마나 현대화되었는가?'라는 질문은 곧 '얼마나 부유한가?'라는 물음과 동일한 의미로 받아들여진다. 개혁개방 이후 시기별로 경제성장을 나타내는 구체적인 물질적 지표들이 등장했다. 예컨대 어떤 시기에는 TV가 부의 상징이기도 하고, 어떤 시기에는 냉장고나 자동차, 또 어떤 시기에는 컴퓨터나 별장 등이 부의 기준이 되기도 했다. 화시촌은 이러한 것들을 다른 지역보다 한발 앞서 전시하고 그것을 관광의 대상으로 삼았다.

그런데 중국에서 이렇게 물질적 부를 통해 사회발전의 단계를 나타내는 것은 국가의 정책과 밀접한 관련이 있다. 개혁개방을 통한 현대화를 시작하면서 국가는 사회발전의 단계를 세 가지로 구분했다. 빈곤상태를 벗어난 초기 단계는 어느 정도 밥은 먹고 사는 '원바오(溫飽)' 단계이다. 다음은 '샤오캉(小康)' 단계로서, 먹고사는 문제가 어느 정도 해결되고 약간의 물질적 부를 향유하기 시작하는 단계이다. 마지막은 '부유(富裕)' 단계이다. 중국이 개혁개방정책을 실시하면서 내세운 구호가 바로 '샤오캉 사회를 건설하자'는 것이다. 그리고 더 나아가 일부 지역은 서구 사회 못지않은 부유한 사회를 이룩하는 것을 목표로 삼는다. 따라서 화시촌은 개혁개방 이후 중국의 현대화 과정에서 나타나는 샤오캉이란 무엇인지, 더 나아가 부유함이 무엇인지를 보여주겠다는 취지에서 자신들의 부를 전시하고 있다.

화시촌의 우런바오 서기는 재미있는 방식으로 물질적 부를 행복과 연결시키는 담론을 만들어냈다. 그는 행복하기 위해서는 '다섯 가지 조건[五個子]'이 필요하다고 말한다. 첫째는 돈[票子]이다. 둘째는 자동차[車子]이다. 셋째는 집[房子]이다. 넷째는 자녀[孩子]이다. 마지막으로는 체면[面子]이다. 화시촌 촌민들은 이 다섯 가지를 향유하고 있기 때문에 행복하

화시촌 광장 자동차 전시

화시촌 주택

자료: 양한순.

다고 말하고 있다. 강연의 서두에 나온 '돈 춤'은 바로 행복한 화시촌민을 나타내는 공연이었던 것이다. 그리고 위의 사진은 2004년 화시촌 마을 광장에 자동차를 전시한 모습이다. 화시촌은 일주일간의 전시를 마치고 이 차들을 마을 주민들에게 전부 나누어줬다. 그 옆의 사진은 화시촌 주택의 모습으로 외부에 수영장이 있는 등 상당히 호화롭다. 겉모습뿐만 아니라 실제 내부를 들어가 보면 이 마을이 물질적으로 부유하다는 것을 확인할 수 있다.

화시촌을 이해하는 데 중요한 문제 가운데 하나는 분배라고 생각한다. 그 가운데 본촌민과 이주노동자 사이 분배의 격차가 특히 그렇다. 그런데 화시촌 관광에서 이 문제에 대한 담론은 거의 듣기 힘들다. 화시촌 관광객의 시선은 물질적으로 풍요한 본촌민에게 고정되어 있다. 학습의 대상이 본촌민이기 때문이다. 어쨌거나 이러한 화시촌을 보기 위해 매일 수많은 관광객이 몰린다. 2011년 전후로 한 해에만 100만~200만 명의 방문객이 화시촌을 찾았다. 이때가 방문객이 가장 많았던 시기였는데 당시 화시촌에서 일하는 가이드가 60명에 달했다.

화시촌을 찾는 관광객들은 크게 두 그룹으로 나눌 수 있다. 한 그룹은 가난한 순례자들이고, 다른 한 그룹은 '놀러 온' 관광객들이다. 전자는 화시촌을 배우려고 오는 사람들이다. 중국에는 '경전을 구한다[求經]'라는 표현이 있다. 당나라 때 현장법사 이야기에서 유래된 말인데, 불경을 구하러 인도로 떠나듯 주로 가난한 농민이나 촌의 간부들이 진지하게 무언가를 배워 가려고 화시촌을 찾아오는 것을 일컫는다. 이들은 진지한 순례자들이다. 이들 중 외국인들이 화시촌을 본다면 절대 중국을 깔보지 못할 것이라고 말하는 사람들도 있다. 화시촌을 통해 중국이 성취한 현대성에 대한 자부심을 확인하는 것이다. 화시촌을 방문하는 관광객의 대략 2/3가 바로 이런 사람들이다.

반면 나머지 1/3은 그냥 놀러 온 관광객들이다. 이들은 주로 대도시 출신으로 이미 개혁개방이 가져온 물질적 부가 무엇인지 아는 사람들이다. 중국에서 제일 부자 마을은 과연 어떻게 생겼는지에 대한 호기심으로 가볍게 화시촌을 찾는다. 그들 중 일부는 화시촌을 보며 아직도 사회주의 집체 제도가 남아 있는 것을 신기해한다. 또 일부는 우런바오 서기의 '독재'나 우씨 집안의 가족주의에 대해 비판하기도 한다.

화시촌에는 화서금탑(華西金塔)이라고 불리는 탑이 있다. 그곳 옥상에는 금으로 도금된 4개의 신상이 있다. 건강과 장수의 신, 재물의 신, 관운의 신, 노자의 상이다. 관광객들은 이들 신상 앞에 멈춰 절하고 기원한다. 부자 마을에 와서 부자가 되게 해 달라고 소원을 비는 것이다. 화시촌은 개인적으로 부자가 되고 싶은 중국인들의 염원이 절절하게 표현된 관광 공간이자 현대화의 성취라는 국가적 염원이 드러나는 공간이기도 하다.

화시촌 관광의 변화: 국가의 공간에서 시장의 공간으로

화시촌은 그동안 중국 개혁개방의 모범으로서 국가의 정책을 대변하고 국민의 열망을 표현해주는 공간이었다. 이런 화시촌 관광에 최근 변화가 생겨나고 있다. 그 변화가 어떤 것이며 그것이 무엇을 의미하는지 살펴보자.

한국에서도 그렇듯이 최근 중국인들의 관광은 현대성을 찾아가는 관광에서 현대성을 떠나는 관광으로 점차 전환되는 추세이다. 아울러 관광이 더욱 상업화되면서 국가보다 시장과 관광객의 시선을 의식하는 방향으로 변화하고 있다. 또한 단체 관광이 감소하고 개인 관광이 증가하고 있다. 이것은 중국에서 중산층이 증가하는 상황과 관련이 있는데, 차량을 보유한 가정이 많아지면서 휴일에 가족들과 여행을 떠나는 현상이 점차 늘어나고 있는 것이다. 그 가운데 가장 중요한 변화는 현대성을 찾아 배우려는 관광보다 일상생활을 떠나 휴식을 취하고 현대성과 멀어지려는, 즉 즐거움을 찾고자 떠나는 관광이 점차 늘어나고 있다는 점이다.

이와 관련해 최근 중국에서 유행하고 있는 관광의 유형을 몇 가지 소개하겠다. 첫째는 농촌 관광이다. 체험학습을 위한 것도 많아지고 오지나 소수 민족이 사는 지역을 찾아 떠나는 관광도 유행하고 있다. 둘째는 전통문화 관광이다. 과거에는 거들떠보지도 않았던, 심지어 파괴했던 전통 문화를 새롭게 부활시키고 그것들을 찾아가고 있다. 그런데 전통 문화에도 등급이 존재한다. 가장 높은 등급은 유네스코(UNESCO)에 등재된 것이고, 그다음으로 국가급·성급·시급 문화재가 있다. 이제는 중국정부의 인정으로 충분한 것이 아니라 세계의 인정을 받아야 한다는 의식이 커지고 있다. 셋째는 홍색(紅色) 관광이다. 이것은 일종의 향수 관광으로 예전 마오쩌둥 시대의 사회주의·공산주의 정신을 다시 한 번 느껴보는 관광이다. 예를 들어 인민복을 입어보는 체험이나 개혁개방 이후 잊힌 다자이를 다시 찾아 옛 추억을 되살리는 관광을 하는 것이다. 마지막으로 자연 관광, 즉 사막, 초원, 고산지대 등 자연을 찾아 떠나는 관광이 유행하고 있다.

이런 시대적 흐름 속에서 화시촌의 관광은 새로운 변화를 겪고 있다. 과거에는 국가와 상업성을 동시에 의식했다면 지금은 국가보다 상업적인 측면을 더욱 중시하는 경향이 나타나고 있다. 화시촌 관광의 독특한 특징 가운데 하나는 화시촌 관광은 바로 경제적 성공의 결과였다는 점이다. 다른 대부분의 관광지는 경제적 수입을 목적으로 관광을 이용하지만 화시촌은 다른 요소를 통해 부를 축적했고, 그렇게 축적한 부가 화시촌을 관광지로 만들었다. 그런데 최근 들어 화시촌 역시 다른 관광지와 마찬가지로 관광을 중요한 경제적 수입원으로 인식하고 있다. 그리고 이러한 상업적 목적에서 더 많은 관광객을 유치하고 싶어 한다. 화시촌이 전시하는 부는 국가의 현대화를 나타내는 지표라기보다는 관광객들의 이목을 끌기 위한 수단으로서의 성격이 커지게 되었다. 따라서 화시촌은 보통의 부가 아니라 아주 놀랄 만한 정도의 부를 통해 관광객을 끌어모으려고 한다. 이제는 웬만한 정도의 부로는 관광객의 시선을 끌기 어렵게 된 것이다.

따라서 화시촌은 가장 크고, 높고, 비싼 것들을 전시한다. 414쪽 왼쪽 첫 번째 사진은 화시촌에 있는 '천하제일종'이다. 세계에서 가장 큰 종이었지만 안타깝게도 이 종을 제작해서 전시할 때쯤 중국의 다른 지역에서 더 큰 종을 만들어 지금은 '천하제이종'이 되고 말았다. 그 옆의 사진은 헬리콥터인데, 화시촌은 현재 헬리콥터 2대를 구입해 관광객들을 태우고

천하제일종

화시촌 헬리콥터

화시촌 74층 빌딩

1톤짜리 황금 소

자료: 양한순.

마을을 도는 관광 프로그램을 마련했다. 그 아래 왼쪽 사진은 2011년 완공한 74층짜리 빌딩이다. 농촌 지역의 한복판에 들어선 이 빌딩은 주변의 어떤 건물과도 비교할 수 없을 정도로 높고 인상적이다. 이 빌딩의 개막식은 중국중앙TV에서 생중계할 정도로 전국적으로 큰 뉴스거리였다. 그리고 그 옆의 사진은 이 빌딩 60층 로비에 전시된 1톤짜리 황금 소이다. 한화로 수백억 원에 달하는 이 전시물은 그 자체로 관광객들의 큰 주목을 끌고 있다. 화시촌은 더 이상 모범학습의 공간이 아니라 관광객의 눈을 즐겁게 해주는 관광지로 변해가고 있다. 전체적으로 보면 과거 국가의 공간이었던 화시촌 관광지가 점차 시장의 공간으로 변해가고 있음을 알 수 있다. 국가가 후퇴하고 상업성이 증가하는 것이다.

관광지에서 국가의 개입이 점차 줄어들고 있음을 확인할 수 있는 또 하나의 사례가 단체 관광객의 감소 현상이다. 최근 들어 개인 관광객이 증가하고 단체 관광객이 줄고 있는 것은 국가정책의 영향이기도 하다. 바로 시진핑 정부가 추진하고 있는 반부패정책 때문이다. 반부패정책의 하나로서 공금을 이용한 단체 관광을 금지한 것이다. 과거 중국에서는 공금을 이용해 단체 관광을 가는 경우가 많았다. 그런데 현 정부의 강력한 반부패정책으로 이러한 단체 관광객의 숫자가 크게 감소했다. 2014년 화시촌을 찾은 관광객의 수가 2011년 대비 70%나 감소했다는 말을 들었다. 국가가 관광에 대한 개입을 줄이는 대신 시장에 많은 것을 맡기고 있는 상황인 것이다.

나가며: 관광 속의 국가, 모범, 현대성

지금까지 관광이라는 주제를 통해 화시촌을 살펴보았다. 화시촌의 관광을 이해하기 위해서는 중국의 '모범학습'이라는 전통 문화를 먼저 알아야 한다. 이 강연에서는 모범학습이라는 중국의 전통 문화가 사회주의 시대에는 어떤 계기로 나타났고, 개혁개방 시대에는 어떻게 변형되어 지속되었으며, 그리고 현대성을 어느 정도 성취한 요즘에는 어떤 방향으로 전환되고 있는지를 화시촌에 비춰 보았다.

화시촌 관광을 통해 결과적으로 생각해본 것은 '관광이란 무엇인가?'라는 질문이다. 이것은 곧 '중국은 어디로 가는가?'라는 질문과 같다. 우리가 왜 떠나고 싶어 하는지, 무엇을 보고 싶어 하는지, 이런 것들이 모두 우리를 둘러싼 지배적인 문화와 직접적으로 관련이 있다. 관광은 단순히 쉬러 가는 것, 놀러가는 것을 넘어서서 사회의 지배적 권력을 떠나거나 혹은 배우게 만드는 것이기 때문이다. 후자의 경우는 과거 중국의 모범학습이라고 하는 문화와 연결되어 있다. 그리고 그것은 다시 노동모범에 대한 인정 등을 포함한 사회주의 제도에 맞닿아 있고, 그것이 결국 중국의 사회주의를 정착시키는 데 큰 기제로 작용했음을 알 수 있었다. 마지막으로 현대에 와서는 관광객들의 취향이 달라지고, 화시촌 관광의 공간 역시 변하는 모습을 보면서 앞으로 중국이 어디로 갈 것인가에 대한 답을 어렴풋이 그려볼 수 있었다. 이제 중국인들은 국가보다는 시장경제에서의 모범, 즉 시장경제에서 성공한 사례에 더 큰 매력을 느끼고 있으며 국가 역시 그와 관련된 방향으로 가고 있음을 알 수 있다.

(강연일 2014.12.29)

더 읽을 책

양한순. 2012.「가짜 논쟁에도 불구하고 다시 기억되는 레이펑」. ≪동아시아브리프≫, 2호, 38~47쪽.

_____. 2007.「모범노동자가 된 부자들: 시장권력의 성장과 현대 중국사회 모델의 변천」. ≪국제 · 지역연구≫, 3호, 125~167쪽.

_____. 2007.「부자와 순례자들: 중국 제일 부촌에서의 탈사회주의 모더니티 관광」. ≪한국문화인류학≫, 2호, 3~47쪽.

周怡. 2006. 中國第一村: 華西村轉型經濟中的後集體主義. Oxford University Press.

Bakken, Børge. 2000. *The Exemplary Society*. Oxford University Press.

제 4부

제국적 유산과 문화 전통

중　국,
새 로 운
패 러 다 임

제1강 다시 대두된 중국의 정신

공자·맹자의 새로운 이해

허성도 (서울대 중어중문학과 명예교수)

강연 개요

중국이 공자를 비롯한 유학을 세계에 알리기 시작한 내부적·외부적 요인을 살펴본다. 그리고 우리가 공자를 비롯한 유학을 새로운 관점에서 연구하고 사가독서 및 초계문신과 같은 연구자 양성 제도를 마련할 필요에 대해 생각해본다.

들어가며

다룰 내용은 총 다섯 가지이다.

첫째, 왜 중국이 최근 들어 공자사상을 대두시키게 되었는지, 그 필요성을 찾아보겠다. 필요의 성격에 따라 공자·맹자에 대한 중국의 향후 연구 방향이 파악될 수 있을 것이다.

둘째, 왜 많은 사상 중 하필 공자사상인가에 대해 알아보겠다.

셋째, 공자사상을 어떻게 이해·수용·대응할 것인지를 논의하면서 공자사상 연구의 문제점을 짚어보도록 하겠다.

넷째, 어떻게 하면 공자와 맹자의 유학사상을 새로운 관점에서 바라볼 수 있을지, 그간 연구의 미비점을 어떻게 보강해갈 것인가에 대해 살펴보겠다.

다섯째, 공자사상을 새롭게 이해하기 위해 우리 사회의 인식이 어떻게 변화해야 할지 혹은 어떤 제도적 장치가 필요한지에 대해 논의하겠다.

왜 중국은 공자사상을 대두시키는가

:: 대내적 필요성

중국이 어째서 공자사상을 대두시켰는가 하는 문제는 두 가지 관점으로 살펴볼 수 있다. 하나는 대내적, 즉 중국 내부의 관점이고, 다른 하나는 대외적, 즉 중국 외부의 관점이다.

먼저 대내적 필요성을 알아보겠다. 중국은 자국의 발전 단계를 세 가지로 제시하고 있다. 첫째 단계는 '원바오(溫飽)'사회이다. '따뜻할 온', '배부를 포' 자를 쓰고 있다. 즉, '따뜻한 곳에서 자고, 따뜻한 옷을 입고, 배불리 먹을 수 있는 사회'를 의미한다. 이것을 첫째 단계로 제시했다는 것은 이전까지 중국인들이 얼마나 춥고 배고픈 세월을 보냈는지 역설적으로 보여준다. 둘째 단계는 '샤오캉(小康)'사회이다. '샤오캉'은 1979년 덩샤오핑(鄧小平)이 오히라 마사요시(大平正芳) 일본 총리와 만난 자리에서 처음 사용한 단어이다. 샤오캉사회란, '어느 정도[小] 건강하고 안락한[康] 사회'를 의미한다. 다시 말해 정치적·사회적·문화적으로 기본 조화를 이루는 사회가 샤오캉사회의 기본 개념이다.

장쩌민(江澤民) 전(前) 중국주석은 2002년 제16차 당대회에서 2020년까지 샤오캉사회 건설을 마치겠다고 밝혔다. 이는 2021년부터는 샤오캉사회보다 더 발전된, 중국인들이 가장 이상적인 사회라고 여기는 '다퉁(大同)'사회 건설에 나서겠다는 것을 뜻한다. 대동(大同)은 『예기(禮記)』 예운(禮運) 편에 등장하는 단어이다. 공자는 제자인 자유(子遊)의 질문에 답하면서 정치적으로 민주화를 이루고, 현자와 능력 있는 자를 선발하며, 완전고용과 완전복지가 실현되는 이상적인 사회가 대동사회라고 이야기한다. 그러나 완전한 복지제도란 있을 수 없기에 사회학자들은 '완전복지'라는 말 대신 '보편복지'라는 말을 쓴다. 이를 종합하면 민주적 정치체제를 이룩하고, 완전고용과 보편복지가 실현되는 사회를 '다퉁사회'라고 정의할 수 있다. 앞으로 2021년이 되면 중국이 정말 다퉁사회 건설에 나설지 관심 있게 지켜볼 일이다.

그런데 이상의 사회발전 단계를 밟아나가는 데는 커다란 장애가 있다. 이렇게 사회가 발전한다는 말은, 결국 정치권력과 경제권력이 폭넓게 재분배되어 간다는 것을 의미한다. 하지만 분배정책은 결코 완전할 수 없다. 어떻게 분배하든지 주는 사람은 많이 준다고 불만을 갖게 되고, 받는 사람은 적게 받는다고 생각하게 된다. 인류사회가 만든 분배정책 중 아직까지 완전한 제도는 없다.

1992년 중국에 갔을 때 깜짝 놀란 적이 있었다. 중국에서 누구를 만나건 모두가 돈 이야기를 하는 것이었다. 중국사회가 왜 이렇게 되었는지 답을 찾고 싶어서 베이징대(北京大) 철학과 대학원생들을 만났다. 놀랍게도 학생들이 나에게 가장 먼저 꺼낸 이야기는 '한국에서 교수 봉급이 얼마냐, 승용차가 있느냐'라는 질문이었다. 한참 대화를 나누다가 알게 된 사실은 그때까지도 베이징대 철학과 대학원에 불교, 유교 관련 강의가 없다는 것이었다. 물론 마르크스주의와 서양철학 강의도 없었다. 철학과

학생들에게 제공되는 강의는 마오쩌둥(毛澤東) 사상뿐이었다. 중국정부에서는 마오쩌둥 사상과 마찰을 우려해 다른 철학 강의 개설을 허락하지 않았던 것이다.

나는 매우 놀랐다. 이는 중국이 사상적 진공 상태에 놓여 있다는 것을 의미했다. 사상적 진공 상태가 되면 마음이 깨끗해질까? 사람은 아무것도 생각하지 않는 시간을 1분도 유지하기 어렵다. 사상적 공백이 오면 가장 말초적인 것을 떠올리기 마련인데, 그것이 바로 권력과 돈이다. 그래서 많은 중국인들이 권력과 돈을 이야기했던 것 같다. 이러한 사상적 진공 상태에서 불완전한 분배정책을 실시할 경우에 많은 사람들의 불만이 나타날 수 있고, 자칫하면 계급투쟁이 일어날 수도 있다. 중국정부는 이와 같은 사태에 대비하기 위해서 중국사회의 이념적 정체성을 확립할 필요성을 느꼈을 것이다. 그것의 기반은 철학적 체계를 갖춘 사상이어야 하고, 결국 이러한 연유로 공자사상이 대두된 것이 아닐까 하는 생각을 한다.

⁝ 대외적 필요성

대외적 필요성은 다소 복잡하다. 최근 중국은 세계로 뻗어나가기 시작했다. 진출 혹은 접근이라고 말할 수 있다. 접근에는 두 가지가 있다. 경제적 접근과 정치적 접근이다. 경제적 접근은 아주 간단하다. 이익이 되면 하고, 그렇지 않으면 하지 않는다. 중국정부가 시진핑(習近平) 주석을 앞세워 세계를 다니며 큰소리를 칠 수 있는 것은 돈이 많기 때문이다. 이를 두고 서양 지성계는 중국정부에게 묻는다. '중국에 축적된 부(富)의 원천은 무엇인가? 그것은 중국 상품이 세계에서 벌어들인 이익이 많기 때문이다. 중국 상품의 이점은 무엇인가? 그것은 가격이 싸다는 것이고, 결국 중국 노동자와 농민의 이익을 정부가 착취한 것 아닌가?' 이와 같은 지적에 대해 중국정부는 할 말이 없었고, 이것이 중국정부의 콤플렉스가 되었다.

다음으로 정치적 접근에 대해 살펴보겠다. 정치적 접근은 사회적·이성적·논리적 접근이고, 깊이 들어가면 문명적·철학적 접근이 된다. 그런데 중국인들이 외부 사람들과 접촉할 때, 그들의 마음에는 중화사상과 대국주의가 깊게 자리 잡고 있다. 이에 근거해 중국인들이 '우리는 땅이 넓다, 인구가 매우 많다'라는 자부심을 갖는다. 이런 경우에 서양의 지성계는 '땅이 넓고 인구가 많아서 어쨌다는 것인가? 그것으로 중국은 세계인의 복지, 평화, 행복을 위해 무슨 기여를 했는가?'라고 지적한다. 중국은 자신들의 대국주의가 참혹하게 무너지는 것을 느꼈을 것이다.

일본의 경우를 보자. 서양인들은 일본인들을 '경제적 동물(economic animal)'이라고 부른다. 어떤 일본인들은 이 말의 강조점을 '경제적'에 두고 세계인들이 일본의 경제적 부를 인정한다고 좋게 받아들인다. 하지만 이 말의 강조점은 '동물'에 있다. 서양에서 일본을 두고 '돈이 좀 많은 동물일 뿐'이라고 야유를 보내는 것이다. 그들은 일본사회를 이성적인 집단으로 보지 않는다. 그 이유를 찾기 위해서는 독일과 프랑스의 사례를 살펴보아야 한다. 독일과 프랑스는 수많은 전쟁을 치르며 오랜 기간 적대했다. 제2차 세계대전 후 서독의 콘라트 아데나워(Konrad Adenauer) 총리는 독일과 프랑스의 평화를 위해, 그리고 유럽의 평화를 위해 어떻게든 프랑스와 적대관계를 청산해야겠다고 결심했다. 그는 1962년 프랑스를 방문해 프랑스 국민들에게 독일의 전쟁행위를 신성으로 사과했다. 이어 1963년 아데나워 총리는 프랑스 샤를르 드 골(Charles De Gaulle) 대통령을 찾아가서 '엘리제 조약'으로 불리는 상호 협조조약을 맺게 된다. 1970년 빌리 브란트(Willy Brandt) 총리는 폴란드를 방문했다. 그는 바르샤바(Warszawa)의 유대인 희생자 묘지에서 참배를 하던 도중 무릎을 꿇었고, 이 장면을 담은 사진이 세계인에게 전달되었다. 이 사진으로 인해 국제사회는 독일이 전쟁에 대해 진정으로 참회하고 있다고 인식하게 되었다. 앙겔라 메르켈(Angela Merkel) 총리는 최근까지도 독일의 과거사에 대해 사과를 하고 있다. 이것이 끝이 아니다. 독일은 국사 교과서를 편찬하는 과정에서 프랑스와 협의한다. 독일 학자가 프랑스 학자를 찾아가 과거사에 대해 함께 검토한다.

다시 일본을 보자. 아베 신조(安倍晉三) 총리는 최근까지도 전범의 상징인 야스쿠니신사(靖國神社)를 참배했다. 이러한 모습을 본 서양의 지성계는 일본은 이성적 사회가 아니라고 평가한다. 이러한 이유로 일본은 '국제사회의 인정을 받지 못한다'는 콤플렉스에서 벗어나지 못한다.

1990년대 초 서울대 인문대학에서 일본어를 제2외국어에서 제외한다는 입시요강을 발표했던 적이 있다. 그때 NHK 기자가 서울대 인문대학장을 인터뷰하며 일본어를 제2외국어로 인정하지 않는 이유에 대해서 질문하자, "일본은 인류의 행복, 복지, 철학, 이념체계에 기여한 바가 없으므로 일본어는 문화어가 아니다. 그러므로 대학에서 교육할 필요가 없다. 하지만 일본어가 경제활동을 하는 데는 유용하니 그 정도의 일본어는 학원에서 배워도 충분하다"라고 답했다. 학장의 답변이 일본에 알려지면서 일본사회는 큰 충격을 받았다. 일본에 대한 평가가 이러한데, 중국은 과연 세계 지성계에서 어떠한 대우를 받고 있을까? 이것을 설명하기 위해 먼저 세계 헌법사를 살펴보자.

헌법은 나라의 국체(國體)를 규정한다. 대한민국 헌법 1조 1항은 '대한

민국은 민주공화국이다'. 2항은 '대한민국의 주권은 국민에게 있고, 모든 권력은 국민으로부터 나온다'라고 규정되어 있다. 한국뿐 아니라 자유민주국가의 헌법은 거의 이와 같이 시작한다. 중국 헌법 1장 1조는 '중화인민공화국은 노동자 계급이 영도하고, 노동자·농민 동맹을 기초로 하는 인민 민주 전제정치의 사회주의 국가이다'라고 되어 있다. 중국 헌법 1장 2조는 '중화인민공화국의 모든 권력은 인민에게 속한다'라고 되어 있고, 2장 33조부터 36조까지는 '중화인민공화국 공민은 언론, 출판, 집회, 결사, 여행, 시위의 자유와 종교, 신앙의 자유를 갖는다'와 같이 중국인의 기본권을 명시하고 있다. 그런데 서양 지성계가 중국인들에게 '당신들의 헌법은 어디서 온 것인가?'라고 물으면 그들은 할 말이 없다.

잠시 중·고등학교의 세계사 시간을 떠올려 보자. 1215년 '마그나 카르타(magna carta, 대헌장)'가 제정된다. 1215년은 한국의 고려시대에 해당한다. 그때 영국에서는 '자유민은 법률과 재판에 의하지 않고 체포·감금·추방되지 않는다'와 같은 내용을 담은 대헌장이 선포된 것이다. 이는 왕권을 제한하고, 법치주의 사회로 나아가겠다는 선언이었다. 이어 1628년 '권리청원'이 채택되면서 '의회의 동의 없이 과세할 수 없다' 같은 의회의 권한이 확대되기 시작한다. 1689년에는 영국 헌법의 기본이 되는 '권리장전'이 통과된다. 권리장전에서는 의회주의가 확실하게 자리 잡게 된다. 의회의 승인 없이 법률을 제정하거나 법률의 효력을 정지시킬 수 없다고 규정하고 있으며, 의회의 승인 없이 상비군을 유지할 수 없다는 내용도 포함되어 있다. 권리장전에 와서는 영국의 헌법체계가 거의 완전하게 정립된다. 참고로 영국 헌법은 성문법(成文法)이 없고 헌법적 관습률이 헌법적 규범을 이루고 있다.

1776년 권리장전의 영향을 받아 마침내 인류사회를 변화시킨 미국의 독립선언이 선포된다. 조선에서는 정조가 왕위에 오르던 해이다. 미국 독립선언에서는 드디어 모든 인간이 자연권, 즉 생명권, 자유권, 행복추구권을 갖는다고 밝히고 있다. 그런데 그다음 내용이 더욱 중요하다. 미국의 독립선언은 정부의 성격을 명확하게 규정하고 있는데, 자연권을 확보하기 위해 인민은 정부를 둔다고 했다. 이에 따르면 정부는 오로지 인민의 자연권 확보를 위해 필요한 기구이다. 그다음 항에서는 만약 정부가 이상에서 살펴본 목적에 충실하지 않거나 이를 파괴한다면, 인민은 정부에 저항할 권리가 있다고 선언했다. 미국 독립선언서에서 밝힌 정부에 대한 저항권은, 전 세계인에게 정부에 대해 저항할 수 있다는 사실을 처음으로 알려준 엄청난 권리였다.

권리장전으로부터 나온 미국의 독립선언은 그로부터 13년 후인 1789년, 프랑스 인권선언에 결정적인 영향을 미치게 된다. 프랑스 인권선언의 핵심은 한마디로 주권재민, 즉 주권은 국민에게 있다는 것이다. 전 세계 헌법에서 명시하고 있는 주권재민이 바로 프랑스 인권선언에서 유래한 것이다. 그뿐만 아니라 우리가 익히 알고 있는 민주주의의 중요한 원칙들이 모두 이에 포함되어 있다. 예를 들어 '소급 입법의 처벌을 받지 않는다', '고문을 금지한다', '유죄 판결 이전에는 무죄로 추정된다' 등과 같은 내용들이다. 이것이 세계 헌법의 전범이 되었다.

이러한 과정을 거친 서양 지성계가 중국에 다음과 같이 묻는 것이다. '서구인들이 철학체계에 기반을 둔 이러한 혁명을 일으켜 세계의 헌법 정신을 만들 때, 중국인들은 무엇을 했나?' 중국인들은 대답할 말이 없다. 그들은 국제사회에서 두 가지 콤플렉스를 가지고 있다. 첫째는 정의(正義)에 대한 콤플렉스이다. 서양 지성계에서 중국정부의 부(富)는 정의롭지 않다고 지적하는 것에 대한 콤플렉스이다. 둘째는 중국의 정신은 세계인의 행복, 복지, 평화에 기여한 바가 없다는 콤플렉스이다. 이러한 상황에서 중국정부가 '우리는 세계에 어떠한 기여를 할 것인가? 특히 철학적 측면에서 어떠한 기여를 할 것인가?'라는 고민을 하던 끝에 내세운 것이 공자사상이 아닐까 생각한다.

왜 공자사상인가

:: 대내적 원인

중국에서는 불교가 성행했다. 그런데 불교를 국가의 중심이념으로 삼고자 하면, 부분과 전체의 관계에서 치명적인 약점이 드러난다. 개인이나 가족, 혹은 한 마을이 불교를 믿는 것은 괜찮다. 그런데 불교의 대자대비(大慈大悲)가 국가의 통치이념이 되는 경우, 만약 이웃에 패권 국가가 존재하면 중국은 국가로 유지되기가 어려울 것이다.

노장사상도 마찬가지이다. 노장사상의 핵심은 무욕(無慾), 무위(無爲)이다. 개인, 가족, 한 마을이 무욕과 무위를 추구하면 문제가 되지 않지만 중국 전체가 무욕과 무위를 추구한다면 어떻게 되겠는가? 아마도 국가라는 체제를 유지하기 어려울 것이다. 한비자(韓非子) 사상은 어떠한가? 한비자는 법치주의를 주장했다. 그러나 법치주의에도 큰 문제가 있다. 세상에 완전한 법치주의란 있을 수 없다. 만약 완전한 법치주의 사회에서 살아간다면 아마 숨도 쉬지 못할 것이다. 왜냐하면 법치주의는 결국 원칙주의를 추구하게 되고, 원칙주의는 원리주의로, 원리주의는 근본주의로 이어지기 때문이다. 근본주의는 본래 종교학 용어인데, 종교 교리를 완벽하게 지키라는 것이다. 옳은 말 같지만 누구든지 해당 종교의 모든 원리를 하나도 빠짐없이 지키기란 불가능하다.

사람들은 근본주의를 내세워 다른 사람들을 곧잘 공격한다. 근본주의, 원리주의, 원칙주의의 특징은 누구든지 타인을 공격할 수 있다는 것이다. 사람은 완전하지 않기 때문이다. 이런 특징이 사회, 국가 나아가 전 세계를 혼란스럽게 만든다. 오늘날 중동의 분쟁은 결국 근본주의와 그렇지 않은 사람들 간의 갈등이다. 법치주의는 훌륭한 사상인 것 같지만 온 국민이 이성적이지 않다면 성립되기 어렵다. 완전한 법치를 이루고자 한다면 결국 근본주의를 향해 나아가게 되어 있다. 진(秦)나라는 법치주의를 통해 강대한 나라를 이룩했다. 그러나 진나라가 천하를 통일하고 멸망하기까지는 고작 15년이 걸렸을 뿐이다. 스스로 질식한 것이다.

중국은 '전체와 부분이 조화를 이루는 사상은 무엇인가?'라는 고민 끝에 공자정신을 선택한 것이 아닌가 생각한다. 공자사상은 일단 군신관계를 인정한다. 따라서 정치적 지배 이데올로기로서는 매우 효과적인 힘을 발휘할 수 있다. 또한 공자사상은 국가 전체뿐만 아니라 개인의 권리도 중시한다. 이와 같이 전체와 부분을 모두 중시하기 때문에 공자사상으로 대변되는 유학이 국가의 중심이념으로 대두된 것이라고 생각한다.

∷ 대외적 특성

공자사상은 서양에도 큰 영향을 줬다. 앞에서 서양 지성인들이 '중국이 인류의 평화와 복지와 행복에 기여한 것이 무엇인가?'라고 물었을 때 아무 말도 할 수 없었다고 말한 바 있다. 서양인들이 이런 질문을 하고, 중국인들이 이에 대답을 못한 이유가 있다. 왜냐하면 서양 사람들은 자신들이 공자사상으로부터 영향을 받았다는 사실을 잊어버렸고, 중국인들 자신도 중국사상이 서양사상에 영향을 줬다는 사실을 잊었기 때문이다. 중국에서는 마오쩌둥 집권 이후 서양철학에 대한 연구가 이뤄지지 않았다. 그래서 자기들의 사상이 서양에 영향을 줬다는 사실을 알 수가 없었다. 그렇다면 중국사상이 서양에 어떤 영향을 줬는지 살펴보자.

중국이 서양에 처음 소개된 것은 마르코 폴로(Marco Polo)의 『동방견문록(Il Milione)』을 통해서이다. 중국의 문물을 소개한 『동방견문록』에는 공자사상이 포함되어 있지 않았다. 그런데 16세기 말부터 서구 사회에 중국의 사상과 예술을 본격적으로 전하기 시작한 저작들이 나오게 된다. 그중 하나가 후안 곤잘레스 데 멘도사(Juan Gonzalez de Mendoza)의 저서인 『가장 광대하고 강력한, 그러나 우리에게는 잊힌 새로운 중국의 역사, 간추린 중국의 역사, 그러나 참된 역사(History of the Great and Mighty Kingdom of China and the Situation Thereof)』(1585)이다. 이 긴 제목의 책은 16세기 말 출간되어 처음으로 중국사상을 서양에 전하게 된다.

17세기가 되자 서구 사회에서 중국 관련 서적이 크게 늘었다. 그 원인 중 하나는 중국으로 건너온 선교사들이 중국 책을 서양에 전파했기 때문이다. 포르투갈 선교회가 중국의 선교권을 장악하게 되자, 루이 14세는 포르투갈 선교회와 로마 교황청을 견제하기 위해 예수회(Jesuits)의 설립을 허가하고 예수회 선교사를 중국으로 파견했다. 예수회 선교사들은 중국에 하나님의 세계를 전하기 위해서 중국을 이해하고자 노력했다. 공자사상을 연구하기 시작했고, 관련 서적을 서양에 전파하게 되었다. 하나님 말씀을 전하러 온 사람들이 하나님의 말씀은 덜 전하고 오히려 공자의 말씀을 서구에 전하기 시작한 것이다. 이 책들은 먼저 라틴어로, 뒤이어 프랑스어와 영어로 번역되었다. 놀라운 것은 영국에서 명예혁명이 일어난 1688년 이전까지 『사서(四書)』, 『주역(周易)』, 『효경(孝經)』, 『소학(小學)』이 유럽사회에 모두 번역되었다. 이것은 사실상 서양사상계를 강타했다고 말할 수 있다. 왜냐하면 계몽주의 사조는 1688년 명예혁명 시기에 태동해 약 100년 동안 지속되었는데, 사상 연구자들은 계몽주의 사상가들이 유교의 영향을 받았다고 말하지 않고, 공자사상이 계몽주의 사상을 가능하게 만들었다고 말하고 있기 때문이다.

독일에서는 미적분을 만든 고트프리트 라이프니츠(Gottfried W. Leibniz)가 중국사상을 받아들였다. 우리는 라이프니츠가 『주역』을 보고 이진법을 정리했다는 것에 주목하지만, 사실 그는 공자사상을 처음 받아들이고 계몽주의 사상을 이끈 사람이다. 프랑스에서는 볼테르(Voltaire), 프랑수아 케네(François Quesnay) 등이 공자사상을 받아들여 유럽 계몽주의 사상을 이끌었다.

이들은 왜 중국사회와 공자사상을 경이롭게 생각했을까? 몇 가지 이유가 있다. 첫째는 내각제이다. 조선시대 이조, 호조, 예조, 병조, 형조, 공조라는 6조 제도는 중국에서 시작되었다. 조금 의아하게 들리겠지만 서양에서는 그것을 내각제로 보고 '중국은 어떻게 그처럼 이른 시기에 내각제를 확립했을까?'라며 놀라워했다. 둘째는 과거제도이다. 서양에는 과거제도가 없었다. 영국은 현재도 공채시험이 없다. 그들은 사람을 어떻게 채용할까? 그야말로 알음알음한다. 공무원이나 대기업 직원도 그렇게 채용한다. 그래서 영국에서는 하류층이나 중산층이 상류층에 진입하기란 거의 불가능하다. 권석하가 쓴 『영국인 재발견』(2013)을 보면 이러한 내용이 잘 나와 있다. 서양은 중국을 보며 '어떻게 이른 시기에 과거제도를 통해 신분 상승이 가능하도록 했는가, 어떻게 인재를 선발할 생각을 했는가?'라며 큰 충격을 받았다.

과거에 응시하려면 공부를 해야 한다. 『맹자』를 보면 하(夏)·은(殷)·주(周) 시대 이미 지방에 '교(校), 서(序), 상(庠)'이라는 학교가 있었다. 중앙에는 '학(學)'이라는 교육기관이 있었다. 서양에서는 중국의 교육제도가 전해지기 전까지 '만인교육론'이라는 어휘와 개념이 없었다. 중국의 제도가 전해지고 나서야 비로소 만인교육의 개념이 생겨난 것이다. 중국사회는 서양 계몽주의 사회에 이처럼 큰 영향을 줬다.

서양인들은 '어떻게 신도 없는 사회에서 이러한 문명을 이루었는가?'라는 점에 더욱 놀랐다. 그들은 그 핵심이 바로 공자사상이라고 이해했다. 그래서 공자사상이 유럽 계몽주의 사조를 이끌었다고 하는 것이다. 그런데 중국에서는 아직까지 이에 대한 본격적인 연구가 이뤄지지 않고 있다. 1992년 1명도 없었던 베이징대 서양철학 교수가 지금은 30명 정도 규모로 늘어났다. 마르크스주의와 유교철학 강의도 생겼다. 이것은 중국사회의 엄청난 변화이다. 이제 그들은 공자사상이 서양 계몽주의 사조에 준 영향에 대한 연구를 더욱 진전시키게 될 것이다.

공자사상을 어떻게 이해·수용·대응할 것인가

이해

공자사상 혹은 유학사상을 연구한다고 하면 국내에서는 '공자가 아니라 퇴계나 율곡을 연구해야 하지 않는가?'라는 분위기가 은연중에 존재한다. 그러나 이제는 이런 사고에서 벗어나야 한다. 나는 공자사상을 한국문화의 일부로 보자고 말하고 싶다. 공자사상을 외국사상으로 간주하고 연구하는 것과 한국사상으로 생각하는 데는 큰 차이가 있다.

한국에 한자가 들어온 것은 한사군(漢四郡) 시대인 기원전 100년 무렵이다. 벌써 2100년이 되었다. 『삼국사기(三國史記)』를 보면 682년 통일신라시대에 '국학(國學)'이라는 국립대학이 세워진다. 국립대학에 수학과와 철학과가 있었고, 『논어(論語)』 박사가 있었다. 이미 682년 국학에서 박사를 두고 논어 강의를 시작했다. 그러므로 실제로는 그보다 앞선 시기에 유학이 도입되었을 것이다. 유학 도입 시기를 682년이라고 보더라도 1300여 년의 유학 연구 역사를 가진 셈이다. 1300년을 연구했으면 우리 것으로 보아도 된다. 그러나 우리는 중국의 것이라고 선을 긋는다. 이와 관련해 서양의 사례를 들어보겠다. 미국, 독일, 프랑스 철학자들이 소크라테스(Socrates), 플라톤(Plato), 탈레스(Thalēs)를 연구하는 것을 두고, '당신들은 미국, 독일, 프랑스 사람이면서 왜 그리스 철학을 연구하는가?'라고 하지 않는다. 서양에서는 유용하다면 받아들인다. 그런데 이것이 정말 순수한 그리스 철학인가? 탈레스는 밀레토스(Miletos) 지역 사람이고, 탈레스에 이어 서양철학을 발전시킨 아낙시만드로스(Anaximandros)와 아낙시메네스(Anaximenes) 역시 밀레토스 출신이다. 소크라테스 이전까지 그리스에는 철학자가 없었다. 그럼에도 그리스에서 '우리가 왜 터키와 이탈리아 철학자의 사상을 연구하는가?'라고 말하지 않는다. 그런데 왜 우리는 1300여 년 유학을 연구하고도 그것을 외국 것이라고 생각하는가? 이제 우리도 마음의 문과 시야를 넓혀야 하지 않을까?

최근 들어 한자 사용도 크게 줄었다. 그러나 2100년을 사용하고도 한문을 외국 문자라고 인식하는 것은 우리의 인식 폭이 얼마나 좁은가를 보여준다. 알파벳은 페니키아(Phoenicia)에서 유래되었다. 미국인들은 '우리가 왜 페니키아 문자를 쓰는가?'라고 하지 않는다. 유용하다면 쓸 수 있어야 한다. 우리는 유용한 것에 대해서도 의미 없는 이데올로기를 덧입혀 생각하는 것 같다. 세계화를 이룩하기 위해서는 1300년, 2100년 동안 쓴 것을 우리 것이라고 받아들일 수 있어야 한다. 앞으로는 유학을 우리 문화로 생각하고 연구하자.

⁘ 수용

공자사상의 수용을 위험하게 생각하는 경우가 있다. 이는 공자사상을 수용하면 공자의 사상을 전면적으로 수용해야 한다는 이해가 낳은 생각이다. 그래서 '공자가 죽어야 나라가 산다'라는 말이 나온 것이다. 공자사상 중에서 우리에게 유용하지 않은 부분이 있다면 수용하지 않으면 된다. 이 시대를 설명하는 데 유용하지 않거나 인간의 평등권, 자유권, 생명권, 행복추구권에 저해가 된다면 버리면 된다. 그런데 우리는 공자사상을 수용한다고 하면 논어의 모든 구절을 그대로 받아들여야 한다고 착각하고 있다. 수용 과정에서 얼마든지 선택권이 있다. 만약 유학사상 중에 잘못된 것이 있으면 지적하면 된다. 예컨대 나는 『논어』를 보다가 이런 것을 느꼈다. 공자와 맹자는 '사이(四夷)', 즉 오랑캐를 대단히 무시했다. 그런데 만약 공자나 맹자가 이와 같은 한 마디를 덧붙였다면 어땠을까 한다. '오랑캐들이 그러하다면, 그들이 그렇게 된 이유가 있을 것이다[彼然則 必有其所由也]'라고 말했더라면 공자는 종족에 따르는 삶, 문화, 사고의 다양성을 인정하는 사람이 되었을 것이다. 하지만 공자와 맹자는 주변 나라에 자기들의 예법을 강요했다. 이럴 때는 공자와 맹자가 자기들 외에 나머지 인류사회의 다양성을 인정하지 않았다고 비판하면 된다. 비판하면 그 내용도 우리의 것이 된다. 그러므로 공자·맹자 사상의 수용에 대해 지나친 콤플렉스를 가질 필요가 없다.

특히 공자를 연구할 때는 '미언대의(微言大義)', '사문난적(斯文亂賊)'이라는 말을 많이 듣는다. 이는 『논어』에 나오는 각 글자가 전부 공자의 위대한 생각을 담고 있기 때문에 한 글자도 달리 해석해서는 안 된다는 뜻이다. 이것은 공자를 완전체로 본 것이다. 하지만 공자 역시 사람이다. 세상에 완전한 사람은 없다. 게다가 현재 접하는 『논어』는 공자가 직접 쓴 것이 아니라 한(漢)나라 장우(張禹)라는 사람이 편집했다. 그러니 이제는 미언대의나 사문난적이라는 지적으로부터 조금 자유로워져도 괜찮다. 공자는 완전하므로 그의 모든 사상이 완전하리라는 강요에서 벗어나야 한다. 이렇게 되면 우리의 수용 자세는 유연해질 것이다.

∷ 대응

만약 중국이 자신의 필요로 유교 논의를 지배 이데올로기로 삼아 패권을 행사하려 한다면 어떻게 대응해야 할까? 우리가 유학을 더 열심히 연구함으로써 중국에 더욱 잘 대응할 수 있을 것이다. 나는 사대주의를 좋아한다. 사대주의가 싫어서 한국이 미국, 중국, 일본, 러시아와 싸워야 하는가? 그렇게 해서 나라가 망하는 것보다는 그들을 이용해서 우리가 영원히 지속될 수 있도록 국가의 기틀을 마련해야 한다. '사대주의'라는 말은 『맹자』 양혜왕(梁惠王) 하편 3장에 처음 등장한다.

> 惟仁者 爲能以大事小(유인자 위능이대사소)
>
> 오직 인자한 자만이 큰 나라를 가지고 작은 나라를 섬긴다
>
> 惟智者 爲能以小事大(유지자 위능이소사대)

오직 지혜로운 자만이 작은 나라를 가지고 큰 나라를 섬긴다

以大事小者 樂天者也(이대사소자 낙천자야)

큰 나라로 작은 나라를 섬기는 자는 하늘의 뜻을 즐기는 자이고

以小事大者 畏天者也(이소사대자 외천자야)

작은 나라로 큰 나라를 섬기는 자는 하늘의 뜻을 두렵게 아는 자이다

樂天者 保天下(낙천자 보천하)

큰 나라로 작은 나라를 섬기는 낙천자는 천하를 보위하고

畏天者 保其國(외천자 보기국)

작은 나라로 큰 나라를 섬기는 외천자는 그 나라를 보위한다

만약 중국이 사대주의를 요구하면 다음과 같이 말해야 할 것이다. "『맹자』를 잘 읽어보라. 큰 나라가 작은 나라를 섬긴다는 '사소주의(事小主義)'가 있다. 그런데 너희는 왜 작은 나라를 섬길 줄 모르는가? 맹자는 작은 나라를 섬길 줄 알아야 하늘의 뜻을 즐기고 천하를 보위한다고 말했다. 너희는 작은 나라를 가질 것인가, 아니면 천하를 가질 것인가?" 그런데 어떤 이유에서인지 앞선 구절에서 사소주의는 빠지고 사대주의라는 용어만 전해진다. 하지만 보시다시피 『맹자』에는 분명히 사소주의가 등장하고 있다. 우리가 유학을 열심히 공부하면, 공자사상이 훗날 패권주의자들의 지배 이데올로기로 변모되었을 때도 그에 대항하는 논리를 펼칠 수 있을 것이다.

∴ 새로운 이해의 시작: 공자사상의 문제

이번에는 공자사상에 어떠한 문제가 지적되었는지 살펴보도록 하겠

다. 서양철학자들은 정의(定義)와 논리를 대단히 중시한다. 게오르크 헤겔(Georg W. F. Hegel)은 『논어』에는 논리성이 결여되었다고 지적했다. 『논어』를 보면 전부 한두 마디로 되어 있다. 하지만 이 말은 결과이고, 그 말이 나오기까지 생략된 수많은 부분이 있을 것이라고 생각한다.

서양인들은 과정 중심의 사고방식을 가지고 있기 때문에, 항상 논리 과정을 중요시한다. 예를 들어 서양에서는 '정의(justice)'를 정의할 때 '과정이 공정하고 공평하면 그 결과는 정의이다'라고 말한다. 그러나 이 말이 무조건 옳은 것은 아니다. 이 말에 의하면 복권이 정의가 된다. 복권은 누구나 공평하게 살 수 있고, 추첨 과정이 공정하기 때문에 그 결과도 정의로운 것이다. 그런데 미국의 한 사회학자가 복권 1등 당첨자들을 대상으로 실시한 조사에서 응답자의 70%가 불행해진 것으로 나타났다. 과연 복권이 정의로운 것인가를 의심하게 된다.

『논어』에는 논리 과정보다는 결론이 나와 있다. 이 때문에 헤겔은 공자 사상은 철학이 아니라고 했다. 여기서 잠시 헤겔이 얼마나 논리 과정 자체를 중요시하는 사람인지 보자. 파르메니데스(Parmenides)라는 서양 고대 철학자가 있었다. 그는 서양철학사에서 "존재하는 것은 존재하고, 존재하지 않는 것은 존재하지 않는다"라는 아주 중요한 말을 남겼는데, 인간은 무(無)에 대해 인식할 수 없고 그 세계에 대해 말할 수 없다고 주장한 것이다. 즉, 이 말은 순수사유와 감각사유 사이에 존재하는 모순을 지적하는 말이었다. 그런데 서양 사람들이 정말로 존재하지 않는 것을 존재하지 않는다고 생각하는가? 아니다. "나는 아무것도 가지고 있지 않다(I have nothing)"라고 말한다. 파르메니데스의 주장에 따르면 'nothing'은 아무것도 아니므로 가질 수 없다. 그러므로 이것을 가질 수 있다는 것은 감각사유이지 순수사유가 아니라는 것이다. "비가 내리지 않는다(no rain has come)." 파르메니데스에 의하면 이 말 역시 틀렸고 정확한 사고가 아니다. 왜냐하면 없는 비는 내릴 수도 없기 때문이다. 그는 이와 같이 자칫하면 빠지기 쉬운 순수사유와 감각사유 사이의 모순을 지적했다. 헤겔은 바로 이것 때문에 파르메니데스야말로 서양에서 철학적 사유를 제일 먼저 시작한 사람이라고 주장했다. 이런 까닭에 헤겔은 논리 과정이 생략된 공자의 『논어』를 비판한 것이다.

막스 베버(Max Weber)는 "『논어』는 인디안 추장의 훈시 같다"라고 말했다. 헤겔과 마찬가지로 논리화 과정이 결여되어 있다는 지적이다. 논리화 과정이 없는 이유는 단어에 대한 정확한 정의가 없기 때문이다. 여기서 말하는 인(仁)과 저기서 말하는 인이 서로 다르고, 여기서 말하는 중(中)과 저기서 말하는 중이 다르다. 이와 같이 정확한 개념과 정의가 제시되어 있지 않다는 것은 공자사상의 최대 약점이다.

새로운 이해의 실제적 시도

:: 정의를 찾아가는 작업

그렇다면 공자와 맹자를 새롭게 이해하기 위해 어떤 시도가 필요한지 구체적 사례로 살펴보겠다. 첫째는 정의(定義)를 찾아가는 방법이다. 『논어』 자로(子路) 편에는 섭공(葉公)과 공자의 대화가 등장한다. 그런데 플라톤의 『에우티프론(Eutifrón)』에는 놀랍게도 이와 똑같은 내용이 담겨 있다. 먼저 『에우티프론』의 내용을 보자.

에우티프론과 소크라테스가 법정 앞에서 만났다. 에우티프론은 자기

아버지를 살인죄로 고발하러 왔다고 말했다. 그것이 정직이고, 선(善)이라고 생각했기 때문이다. 두 사람이 대화를 나누다가 '경건'이라는 어휘를 논하게 되었다. 40쪽가량 되는 『에우티프론』은 결국 처음부터 끝까지 '경건함'의 정의 문제를 논하고 있다. 하나의 단어를 정의하기 위해 얼마나 처절한 노력을 했는지 알 수 있다. 이러한 과정이 서양철학에서 논리학의 기본이 되었다. 이번엔 『논어』 자로 편을 보자.

섭공이 공자에게 말했다. "우리 마을에 자기를 바르게 하고자 하는 사람이 있는데, 그 아버지가 양을 훔치자 아들이 아비를 법정에 고발했습니다." 그러자 공자가 말했다. "우리 마을에도 바름을 추구하는 사람이 있는데 이와는 다릅니다. 아버지는 자식을 숨겨주고 자식은 아버지를 숨겨주니 바름[直]이 그 안에 있습니다." 똑같은 상황에서 『에우티프론』은 책 전체가 경건함을 정의하고 있지만, 『논어』에서는 단 두 문장으로 바름을 설명했다. 그런데 두 문장에서 말하고 있는 바름의 정의가 서로 다르다.

공자는 아버지가 자식을, 자식이 아버지를 숨겨주는 것이 '바름'이라고 말했다. 이것은 과연 옳은 말일까? 주변에 간첩이 있는데 신고를 하지 않으면 불고지죄(不告知罪)에 해당된다. 그런데 만약 아들이 평양에서 간첩이 되어 내려왔다면 이 경우에는 신고하지 않아도 불고지죄로 처벌받지 않는다. 법보다 천륜이 우선시되기 때문이다. 따라서 공자의 이야기는 설득력이 있다.

비록 『논어』에서 논하고 있는 '바름'은 서로 다르지만, 『에우티프론』의 논리 과정의 도움을 받는다면 이에 대한 정의 역시 찾아낼 수 있다고 생각한다. 그러면 이런 질문이 생긴다. '왜 동양철학을 서양철학적 사고로 해석하려 하는가?' 나는 이것을 더 이상 딜레마로 보지 말자고 주장한다. 우리가 서양의 수학체계를 사용하고, 양복을 입는 것 등은 모두 필요해서이다. 그러므로 서양철학에서 필요한 것은 얼마든지 가져올 수 있어야 하고, 이것은 절대로 어색한 일이 아니다. 이번에는 『논어』 학이(學而)편에서 자하(子夏)라는 사람이 말한 내용을 보자.

> 賢賢易色 事父母 能竭其力 事君 能致其身 與朋友交 言而有信. 雖曰未學 吾必謂之學矣(현현역색 사부모 능갈기력 사군 능치기신 여붕우교 언이유신. 수왈미학 오필위지학의)

'현현(賢賢)'이란 '현명한 것을 현명한 것으로 대하라, 현명함을 보고 현명함을 배워라, 그 현명함을 인정하라' 하는 뜻이다. 이는 본질을 본질로 정확하게 파악하라는 의미이다. 그런데 다음에 나오는 '역색(易色)'의 해석이 문제이다. 뒷부분의 내용을 먼저 보면, '부모를 공경하는 데 자신의 힘을 다하고, 임금을 섬기는 데 자신의 몸을 다하고, 친구와 서로 사귀는 데 말할 때마다 신의를 지키면, 비록 배움이 없었다고 할지라도 나는 그가 배웠다고 말하리라'는 내용이다.

'역색'의 '색(色)'에 대한 해석은 다양하다. 이를 '호색(好色)'으로 보고 '호색하는 마음을 바꾸어 현현하라, 즉 현명한 사람을 현명하게 인식하라' 하는 해석이 있다. 그런데 '색'을 이런 의미로 보면 앞뒤가 전혀 맞지 않는다. 그래서 '색'을 '안색(顔色)'으로 보는 관점이 생겼다. 즉, '현명한 사람을 현명하게 대하고 안색을 편안히 하라'는 것이다. 이때 '易'은 '바꿀 역'이 아니라 '편안할 이'로 해석된다. 그런데 안색을 편안히 하는 것과 현명함의 본질을 아는 것이 무슨 관계가 있을까? 이와 같이 '색'은 아직까지 명확한 해석이 이뤄지지 않고 있다. 이제 이를 해석하기 위헤 『맹자』를 보기로 하자. 『맹자』 진심(盡心) 상편에는 다음과 같은 말이 나온다.

形色 天性也 惟聖人然後 可以踐形(형색 천성야 유성인연후 가이천형)

형색은 하늘에서 받은 본질이다. 오직 성인이 된 연후에야 형(形)을 실천할 수 있다

이 구절은 『맹자』에서 가장 어렵다고 꼽힌다. 여러 학자가 주를 달았지만 명확한 해석을 제시하지는 못했다. 중국의 유명한 학자인 양보쥔(楊伯峻)의 『맹자역주(孟子譯註)』(1960)를 보아도 이해되지 않는다. 일본어 번역본에서는 "이 문장은 너무 단순해서 그 본질을 알기가 어렵다"고 해 놓았다.

나 역시 이 구절에 이르러서 어떻게든 해석을 해보려고 몇백 번을 읽어봤지만 이해되지 않았다. 3개월 동안 하루 종일 이 구절에만 매달리다가 어느 날 이런 생각을 하게 되었다.

이 문장을 보면 앞에서 '형색(形色)'이었던 것이 뒤에 와서는 '색(色)'이라는 글자가 빠지고 '형(形)'만 남았다. 지금까지 이 구절에 대해 해설한 사람들은 '형'의 뜻에 집중했으나 나는 '색'의 의미에 집중해보기로 했다. '색'의 의미를 알면 '색'을 떼어버리고, '형'만 실천한다는 의미가 파악될 수 있을 것이라고 생각했다. 호색, 안색 등 '색'에 대한 여러 가지 해석이 있지만 나는 그 의미를 색의 본래 뜻인 '색깔(color)'로 보기로 했다.

우리는 지금 특정한 대상(object)을 보고 있다. 그런데 그것의 진면목이 아니라 그저 색깔을 보고 있는 것이다. 우리가 상대방을 볼 때, 사실은 상대방이 아니라 상대방의 색깔을 보는 것이다. 상대방 몸에서 색깔을 완전히 빼버린다면 우리는 상대방을 볼 수 없다. '색'이란, 인간이 대상을 인식할 때 그 표면에 나타나는 요소로 정의할 수 있다. 그런데 '색'은 대상의 본질을 나타내는 것이 아닌 경우가 많다. 나뭇잎을 보라. 계절에 따

라 색이 바뀌지 않는가? 이와 같이 모든 사물의 색은 변한다. 따라서 '색'은 모든 것의 본질을 설명하지 못한다고 볼 수 있다. 그렇다면 '형색이 천성이다'라는 구절에서 '색'을 뺀 '형'은 무엇인가? 모든 대상에서 색깔을 배제한 그것이 '형'일 것이다.

대상이 어떤 진리라고 가정해보자. 진리의 색깔은 무엇인가? 진리의 색깔은 음성, 문자와 같은 언어일 것이다. 다시 말해 '진리를 볼 때는 언어를 배제하고 그 본질 혹은 원리만 보아야 한다, 도색된 색깔은 보지 마라, 그러면 오직 성인이 된 연후에 본질을 실천할 수 있다'라는 의미가 아닐까 한다. 색은 색깔이고, 인간에게 가장 처음으로 인식되는 외부의 것이다. 인지심리학자들은 사람의 신경이 대상을 볼 때 무엇을 가장 먼저 인지하는지를 실험한 적이 있다. 예를 들어 축구공을 굴리고 나서 시신경이 무엇을 먼저 인지하는지 실험한 것이다. 과연 공의 움직임, 형체, 색깔 중 어떤 것이 가장 먼저 보일까? 실험 결과 대단히 짧은 순간이지만 사람의 시신경이 가장 먼저 감지한 것은 색깔이었다. 다음으로는 형체와 운동이었다.

색을 진리에 대입하면 그것은 진리의 외피, 즉 언어라고 설명할 수 있다. 이렇게 생각하면 '현현역색(賢賢易色)'이라는 구절이 다음과 같이 해석될 수 있다. '현명함을 현명함으로 보고, 그 사람의 겉모습을 보지 마라, 겉모습은 이(易), 즉 쉽게 여겨라.' 우리가 현명한 사람을 볼 때 현명함 그 자체에 주목하는 것이 아니라 그 사람의 학벌, 집안, 직위와 같은 겉모습을 먼저 본다. 하지만 『논어』 학이 편에서 자하는 '현명한 사람의 외피를 모두 제거하고 오직 현명함만을 봐라, 그래야 현명함을 정확하게 인식할 수 있다'라고 말하고 있다. 또한 그렇게 해서 현명함을 얻으면 '부모를 힘을 다해 모시게 되고 임금을 몸을 다해 섬기며 친구와 사귈 때 신의를 지키게 되고' 이렇게 현명의 본질을 얻으면 '비록 배움이 없었다고 할지라도 나는 그가 배웠다고 인정하겠다'라고 한 것이다. 이렇게 우리도 단어를 정의해갈 수 있지 않을까 생각한다.

∷ 생략된 논리의 재구성, 의미와 가치 찾아가기

동양철학계에서는 의미와 가치를 찾아가는 작업을 소홀히 하고 있는 것 같다. 서양철학의 아버지라고 불리는 탈레스가 인류에게 남긴 것은 두 가지이다. 첫째는 '만물의 근원은 물'이라는 것이고, 둘째는 '기하학 5정리'이다. 서양에서 탈레스를 서양철학의 아버지라고 부르는 이유는 그가 의미와 가치를 찾아냈다는 데 있다. 예를 들면 기하학 5정리 가운데 '교차하는 직선의 맞꼭지각은 같다'라는 정리가 있다. 10cm의 대각선 2개가 만나도, 100cm, 1000m, 심지어 1만 km의 직선이 만나도 그 맞꼭지각은 같다. 이 원리만 알고 있으면 경험하지 않아도 교차하는 두 직선의 대각이 같다는 것을 알 수 있다. 따라서 이는 경험을 초월한 진리가 된다. 이것은 또한 시간을 초월한 진리이기도 하다. 1만 년 전에 두 직선이 만났을 때에도, 지금 두 직선이 만나도, 또한 1만 년 후에 두 직선이 만나도 대각은 같다. 그뿐만 아니라 아프리카에서도, 아시아에서도 두 직선의 대각은 같다. 그래서 이는 공간을 초월한 진리이기도 하다.

여기서 한 가지 중요한 것은, 탈레스의 기하학 5정리는 인간과 아무런 관계가 없다는 점이다. 이는 삼각형 혹은 직선 그 자체의 성격이다. 탈레스는 사물이 인간 세계와 아무 상관없이 그 자체로 하나의 진리를 갖는다는 것을 증명했다. 그리고 가장 중요한 점은 인간의 순수한 사유과정을 통해 사물 그 자체의 원리, 즉 진리를 증명했다는 것이다. 이때부터 인류는 신화의 세계를 떠나게 된다. 그전까지 인류는 모든 것이 신의 뜻인 줄로만 알았던 신화적 세계관 속에서 살았다. 그러나 인간의 순수한 사유만으로 대상, 즉 사물에 존재하는 진리를 추구할 수 있으며, 경험과 시공간을 초월하는 진리를 추구할 수 있다는 것을 탈레스가 보여줬기 때문에 그가 서양철학의 아버지로 인정받는 것이다.

또한 탈레스는 이런 사유의 과정을 이용해 사물의 근원을 탐구했다. 그리고 "모든 물질의 근원은 물"이라고 선언한다. 이 명제는 비록 틀렸지만 서양철학에 엄청난 영향을 줬다. 근원, 곧 아르케(arche)에 대한 탐구가 여기에서 시작되었다.

하지만 동양철학에서는 의미와 가치를 찾아가는 작업에 소홀했다. 펑유란(馮友蘭)이 『중국철학사(中國哲學史)』(1934)에서 이러한 작업을 했지만 아직은 태부족이다. 좀 더 깊이 있고 철저하게 의미와 가치를 구할 필요가 있다. 또 하나는 논리를 찾아갈 필요가 있다. 널리 알려진 『논어』의 첫 구절은 다음과 같다.

> 學而時習之 不亦說乎(학이시습지 불역열호)
>
> 배우고 때때로 익히면 또한 즐겁지 아니한가

공자는 이 구절을 가르치면서 분명 소크라테스처럼 제자들과 수많은 토론을 했을 것이다. 그 토론의 과정을 재구성해보자.

"선생님, 오늘은 배움에 대해 이야기해주시겠습니까?"

"그래, 배움에 대해 이야기해보자." 그때 옆에 있던 제자가 바로 제동을 건다.

"선생님, 배움이 중요한가요? 노자(老子) 선생님은 배움이 중요하지 않다고 했습니다. 인간 세상의 사소한 지식들은 완전하지 않기에 어떤 때는 유용해 보이지만 그것은 세상을 더욱 혼란하게 한다고 했습니다."

공자가 묻는다.

"너는 농사를 짓느냐? 그렇다면 농사짓는 법을 어떻게 알았느냐?"

"할아버지에게 배웠습니다."

"그것이 배움이다. 배우지 않으면 우리는 살아갈 수 없다."

배움이란 무엇인가? 경험이다. 경험하지 않은 것은 배울 수 없고 인식되지 않는다. 결국 '학(學)'은 경험론이고, 좀 더 깊이 들어가면 인식론의 한 체제가 된다. 공자는 아마 '배워야 한다, 배운다는 것은 다른 사람의 경험을 배우는 것이다, 이것이 축적되면 수많은 사람의 삶을 내 삶에서 실현할 수 있다, 그러니 배움은 중요하다'라고 끝까지 주장했을 것이다.

이런 장면도 상상해볼 수 있다. 공자가 '배우고 때때로 익힌다'라고 말했을 때, 어떤 제자가 이렇게 묻지 않았을까?

"선생님, 진리를 배웠으면 항상 실현해야지 왜 때때로 합니까?"

"사람은 성인처럼 완전하지 않다. 진리를 배웠다고 해서 항상 실현할 수는 없는 것이다."

공자와 제자들 사이에 수많은 토론이 오가다가 결국 '사람은 완전하지 않다는 것을 우리 서로 인정하자, 그러면 어떤 진리를 배웠다고 해서 그것을 항상 실천할 수 있는 것은 아니다, 때때로 하는 것이 맞다'. 이렇게 토론이 진행되었을 것이다.

'시(時)', 즉 '때때로'라는 말도 간단하지 않다. 영어에도 '때때로'라는 뜻을 가진 단어가 여러 개 있다. 다시 제자가 묻는다.

"선생님, '때때로'라는 것은 무슨 뜻입니까? '항시'는 아닌 것 같고, '습관적으로(usually)'해야 한다는 뜻입니까?"

공자가 대답한다.

"보통 사람에게는 습관적으로 하는 것도 쉽지 않다. 어떻게 진리를 습관적으로 실천한다는 말인가? 그것을 반드시 실천해야 할 때 실천하면 되는 것이다."

그렇다면 '시'는 'timely'가 된다. 영어에 '때때로'라는 뜻을 가진 단어는 이외에도 'sometimes', 'occasionally' 등과 같이 여러 개가 있다. 그중에 과연 공자가 말한 '시'는 무엇일까? 이 주제만으로도 『에우티프론』 같은 책이 한 권 나올 수 있지 않을까 생각한다.

'습지(習之)'는 '그것을 익히다'라는 뜻인데, 똑똑한 제자라면 당장 이렇게 물었어야 한다.

"선생님, 왜 '습(習)'이라고 말씀하십니까? 진리를 배웠으면 실천해야지요. '습'은 '천'으로 바뀌어야 합니다. 왜 실천하지 않고 익힌다고 합니까?"

공자가 대답한다.

"실천은 진리가 완벽하게 인식되었을 때 가능하다. 완벽해질 때까지 너는 진리에 대해 의심하고 있을 것이다. 이것이 진리라는 확신을 갖기 전까지 비록 너는 진리를 알지만 그것은 너의 것이 아니기 때문에 그것이 진리로 확정되려면 너는 한없는 반복, 즉 익히기를 해야 한다. 그 후에야 그것이 너에게 정확히 진리로 인식되는 것이다."

여기서 '학', 즉 배움이 인식론과 관련되지 않나 생각하는데, 배워서 우리가 알면 그것이 인식인가? 이 부분에서 새로운 인식론이 나와야 한다. 배웠으면 인식된 것인가? 보았으면 인식된 것인가? 내 속에 들어와 산지식이 되고 내 삶에서 실천적 행동이 나올 때 비로소 인식된 것인가? 이런 것들을 따져봐야 한다. 공자는 "실천이 아니라 익히다 보면 언젠가 '이게 정말 맞구나' 하는 순간이 오고, 그때부터 그것이 진짜 자기 것이 되니,

그런 경험을 하게 되면 정말 즐겁지 않겠는가, 그때의 열락은 기가 막히다"라고 한 것이다.

앞에서 살펴본 다양한 논의들을 정리할 수 있다면 『논어』에 생략된 논리적 구조를 찾아갈 수 있지 않을까 싶다. 학이 편에 등장하는 유자(有子)의 말을 보자.

> 孝弟也者 其爲仁之本與(효제야자 기위인지본여)
> 효도하고 형제간에 우애 있는 것이 인의 근본이다

이 구절 때문에 공자사상은 가족주의 철학이라는 지적을 받게 된다. 그런데 나는 이 구절을 다르게 해석할 수 있다고 본다. '효도하고 형제간에 우애 있는 것이 인의 근본[本]이다'라고 했다. 여기서 '본'이란 무엇인가? 뿌리이다. 뿌리만 보고 그것을 나무라고 하는 사람은 아무도 없다. 그렇다면 근본의 의미에 대해 다시 생각해볼 필요가 있다. 앞에서 '본'은, '인(仁)'을 나무로 존재하게 하는 바로 그 요소라고 해석해야 하지 않을까? 그런데 왜 하필 공자사상의 핵심인 '인'의 근본을 효도와 형제간의 우애라고 했을까?

기독교의 근본은 사랑이다. 불교의 근본은 '대자대비', 즉 온 생명체에 대한 동일한 사랑이다. 그러므로 사람도 동물도 죽여서는 안 되고, 풀과 나무에 대해서, 심지어 흘러가는 물에 대해서도 대자대비심을 가져야 한다. 이는 생명체만이 아니라 존재하는 모든 것에 대한 사랑이다. 유교에서는 '인'을 말한다. '인'을 현대어로는 사랑이라고 번역할 수 있다. 그렇다면 왜 하필 '효제(孝悌)'인가? 한번 생각해보자.

월급을 받아 회사를 나서는데 불쌍한 거지를 발견했다. 사랑을 베풀어야 하지 않겠는가? 그래서 월급의 절반을 거지에게 줬다. 조금 더 가다가 초등학교 동창을 만났다. 부인이 병에 걸려 수술을 해야 하는데 돈이 필요하다고 한다. 남은 월급의 반을 친구에게 줬다. 집 앞에서 경비원을 만났다. 자식이 병에 걸려 죽게 생겼다고 도와 달라고 한다. 남은 월급을 모두 줬다. 이 행위는 옳은 것인가? 기독교와 불교 사상에 의하면 옳다. 그렇다면 유교에서는 어떻게 말하고 있는지 보자.

유교는 실천 철학이다. 유교는 실천을 위해 인, 즉 사랑의 단계를 다음과 같이 구분했다. '모든 사람을 사랑해야 한다, 그러나 그 사랑에는 먼저 해야 할 사랑과 나중에 해야 할 사랑이 있다, 먼저 해야 할 사랑은 무엇인가? 너와 이 세상에서 가장 가까운 사람, 너에게 가장 중요한 것을 준 사람을 먼저 사랑하라! 인간에게 가장 중요한 것이 무엇인가? 생명이다, 생명을 너에게 준 사람이 누구인가? 부모이다, 그러므로 부모에게 먼저 사랑을 주어라.' 이것이 효(孝)이다. '다음으로 중요한 것은 무엇인가? 지구상에서 너와 피를 나눈 존재가 누구인가? 형제이다, 그러므로 형제와 우애 있게 지내야 한다.' 이와 같이 유교에서는 사랑의 단계를 지적하고 있다. 그렇기 때문에 '인'을 가족주의 철학이라고 하는 사람과 만난다면 나는 이렇게 지적하고 싶다. '당신이 이 구절을 잘못 해석한 것이다, 뿌리[本]만 남겨놓으면 그것은 나무가 아니다, 뿌리, 즉 효제로서 나무를 완성해야 한다, 그것이 뿌리의 존재 가치이다.' 『맹자』 양혜왕 상편에 다음과 같은 구절이 있다.

> 老吾老以及人之老(노오로이급인지로)
>
> 내 부모를 대접하듯 다른 사람의 노인을 대접하라
>
> 幼吾幼以及人之幼(유오유이급인지유)

내 자식을 사랑하듯 다른 사람의 자식을 사랑하라
天下可運於掌(천하가운어장)
그러면 천하가 편안하게 다스려질 것이다

맹자는 '뿌리'를 정확하게 해석했다. 사랑하는 마음을 형제와 부모에게만 품고 있어서는 안 된다. 그 마음으로 다른 사람을 대하면 천하를 사랑할 수 있다. 맹자가 『논어』의 말을 정확하게 재해석한 것이다. 그러므로 우리는 공자사상을 가족주의 철학으로 여길 것이 아니라 그것에 새로운 의미와 가치를 두어야 한다.

나가며: 새로운 이해를 위해 요구되는 것들

∷ 전문가 양성

한국에서 공자사상을 새롭게 이해하기 위한 연구를 한다면 필요한 것은 무엇인가? 첫째는 전문가 양성이다. 너무 간단한가? 그러나 의외로 만만치 않다. 전문가란 무엇인가? 중국 한(漢)나라 때 오경(五經) 박사 제도를 실시했다. 한 사람이 평생 동안 오경 가운데 한 권만 공부한 것이다. 한나라는 『논어』와 가장 가까운 시대이다. 그런 중국 본토에서도 한 사람이 평생 한 권만 연구했다. 그것이 진정한 박사이고 전문가이다. 그런데 우리는 한문을 공부한다고 하면 한자로 쓰인 모든 책을 다 봐야 할 것처럼 여긴다. 결코 그렇지 않다.

나는 평생 혹은 최소한 10년 만이라도 『논어』만 연구하는 사람이 양성되어야 한다고 생각한다. 이 사람은 가능하다면 서양철학을 함께 공부하고, 자연과학에 대한 지식도 있고, 독일어나 영어 등 외국어도 할 줄 알고, 시시때때로 물리학과 같은 과학에도 관심을 가져야 한다. 그러한 상태에서 『논어』를 읽어야 『논어』가 다시 보일 것이다. 10년 동안 『논어』를 공부한다면 『논어』를 천 번 이상 읽을 수 있다. 이는 천 번 읽는다는 것이 아니라 천 번 생각한다는 뜻이다. 이렇게 『논어』를 파고든다면 전 세계 어디에 내놓아도, 심지어 중국에서도 당당한 학자가 된다. 고려의 안향(安珦)은 당시의 국립대학인 국자감에 1경 2박사 제도를 두자고 주장했다. 중국은 1경 1박사 제도지만, 이에는 독단이 작용할 가능성이 있으므로 우리는 1경 2박사 제도를 두자고 주장한 것이다. 평생 『논어』만 연구하는 사람, 혹은 『맹자』, 『대학』, 『중용』만 연구하는 각 분야의 전공자를 5명씩만 확보할 수 있다면 중국이나 일본이 결코 한국을 경시하지 못할 것이다.

양성의 방법

이러한 전문가를 양성하기 위한 방법을 생각해보자. 중국 한나라 때 양웅(揚雄)이라는 사람이 있었다. 그는 학자이자 관리였다. 관리 생활을 하다 보니 학문적 연구를 하기가 어려웠다. 그래서 놀랍게도 황제에게 이런 편지를 썼다. '황제 폐하, 저에게 1년간 봉급을 주십시오. 그러나 집에서 그냥 놀고먹게 해주십시오, 그러면 제가 공부를 하겠습니다.' 놀랍게도 황제는 이것을 허락해 양웅은 관직 생활을 하지 않고 봉급만 받으면서 『방언(方言)』이라는 위대한 책을 썼다. 조선시대 세종 때는 사가독서(賜暇讀書)라는 제도가 있었다. 말 그대로 휴가를 내려서[賜] 독서하게 하다, 즉 봉급을 주지만 다른 일을 시키지 않고 오직 학문연구에만 전념케 한 제도이다. 정조 때는 초계문신(抄啓文臣) 제도가 있었다. 젊은 인재들을 문신으로 초계, 즉 선발해서 당시 궁중 도서관에 해당하는 규장각에서 학문을 연마할 수 있도록 했다. 그들은 문신이었지만 다른 임무를 받지 않고 오직 학문에 전념해야 했다.

그런데 현재 한국사회에서는 봉급을 받으면서 '공부만 하는 꼴'을 보지 못한다. 1년에 1편씩 논문을 제출하면서 일정한 직무를 수행해야 한다. 학자들에게 아무런 부담도 주지 않고 자유롭게 공부만 할 수 있도록 하자. '봉급만 받고 놀면 어떻게 하는가?' 하는 걱정은 하지 말아야 한다. 10명에게 봉급을 줬다면 그중 1명의 전문가만 배출되면 된다. 그렇게 50명을 10년 동안 훈련시킨다면 최소한 『논어』 박사 5명은 배출할 수 있다. 우리는 학자들이 노는 꼴을 볼 수 있어야 한다. 10명 중 1명만 건지면 된다. 이를 위해 국가와 사회가 투자해야 한다. 그러면 중국을 능가하는 학자층을 가질 수 있을 것이다.

(강연일 2014.11.19)

더 읽을 책

김학주 역주. 2013.『맹자』. 서울대학교출판문화원.
______. 2009.『논어』. 서울대학교출판문화원.
박석. 2013.『인문학, 동서양을 꿰뚫다』. 들녘.
암스트롱, 카렌(Karen Armstrong). 2010.『축의 시대』. 정영목 옮김. 교양인.
주겸지(朱謙之). 2010.『중국이 만든 유럽의 근대』. 전홍석 옮김. 청계.
황태연. 2011.『공자와 세계』. 청계.

제2강

현대 중국의 '제국화 가능성'과 제국 전통

백영서 (연세대 사학과 교수)

강연 개요

'제국으로서의 중국'을 설명하는 주요 담론으로 중국의 안팎에서 제출된 조공체제론·문명국가론·천하관을 검토한다. 이를 '주변의 시각'을 중시해 중국과 비대칭적 관계를 갖는 한반도의 통일 담론에서 제기된 복합국가론과의 비교를 시도함으로써 비판적 중국연구의 길을 연다.

들어가며: 제목에 담긴 함의들

'ː'제국화 가능성 혹은 불가능성'을 보는 시각

강의 제목을 '제국화 가능성'이라고 했는데, 정확히 표현하면 가능성 앞에 괄호하고 '불(不)' 자를 넣어야 한다. 즉, 중국이 제국화 가능성도 있지만 동시에 불가능성도 있다는 뜻이다. 그렇게 표기하지 않고 가능성이라고 제목을 달면 '이 사람은 중국이 제국화할 가능성이 있다고 보는구나' 라고 생각할 것이다. 이 주제는 현재 전 세계적인 논쟁거리로서, 중국이 제국주의가 된다고 보는 견해가 있는가 하면, '그건 중국을 너무 위협적으로 보는 시각이다'라는 비판 의견이 팽팽하게 맞서고 있다. 예를 들어 2013년 3월 12일 자 영국 ≪파이낸셜타임스(FINANCIAL TIMES)≫가 아프리카 나이지리아의 중앙은행 총재 라미도 사누시(Lamido Sanusi)의 글을 실었다. 그는 그 글에서 '중국이 제국주의가 된다'라고 주장했다. 사누시의 아버지가 중국 대사여서 1950~1960년대 중국에서 근무를 했다고 하는데, '자신의 아버지는 중국을 좋아했고 혁명을 지지하는 사람이었지만 본인은 아버지와 달리 이제 중국과 이혼을 하려 한다, 이유는 중국은 새로운 형태의 제국주의이기 때문'이라는 것이다. 중국은 현재 아프리카에 많은 투자를 하고 있다. 이를 앙골라 모델이라고 하며, 이는 아프리카의 무한한 지하자원을 담보로 아프리카에 사회간접자본(Social Overhead Capital: SOC) 건설비용을 지원하는 것이다. 언뜻 보면 중국은 자본을 투자하고 앙골라는 자원을 수출하는, 양국 다 이득이 되는 모델이지만 실상은 달랐다. 중국이 자본을 투자할 뿐만 아니라 장비와 노동력까지 가져오는 것이다. 사회간접자본 건설비용을 지원하는 경우, 자본만 투자하고 현지 노동자를 쓰면서 기술 이전을 해야 하지만, 값싼 중국 노동자가 대거 건너와서 일을 하고 있다. 앙골라의 일자리를 늘려주는 것도 아니고 소비재를 팔아주는 것도 아니라, 오히려 중국의 저가 상품이 몰려와 아프리카 제조업에 손해를 끼치니 남는 것이 없다는 말이다. 사누시 총재는 이것이야말로 제국주의라고 비판한 것이다.

하지만 반론도 만만치 않다. 『차이나 사파리(China Safari)』(2009)를 보면, '그런 방식의 투자는 중국만이 아니라 앞서 미국을 포함한 서구 여러 나라도 마찬가지였다, 오히려 현재 아프리카가 전 세계의 주목을 받게 된 것은 중국 때문이다, 일본은 중국의 아프리카 진출을 자원 수탈적이라며 비난하지만 과거 일본의 아프리카 진출 역시 똑같았다, 중국이 한발 늦은 것뿐이지 유달리 중국만의 문제는 아니라는 것'이다.

이런 식으로 중국이 제국(주의)화하는 것이 아닌가 하는 문제는 굉장히 논쟁적이다. 한국으로 눈을 돌리면 훨씬 더 심각한 상황이 벌어지는데, 이 문제가 자칫 이념 논쟁의 자장(磁場) 속에 바로 분열될 위험이 있다. 예컨대, 내가 '중국은 제국화가 된다'라고 주장하면, 중국위협론자라는 비판을 받을 수 있다. 그런데 한국에서 중국의 제국화를 둘러싼 이슈는 단순히 객관적인 사실에 입각해서 판단하는 문제가 아니라 굉장한 이념 논쟁으로 빠질 수도 있다. 중국의 이런 문제는 미국을 어떻게 보는가 하는 문제와 닿아 있다. 다시 말해 중국과 미국이라는 강대국을 어떻게 보느냐에 따라서 바로 친중파, 친미파로 나뉘어 대립하는 자장에 휩쓸릴 수 있다는 것이다. 하지만 중국의 제국화와 관련된 실상들은 그리 간단치가 않다. 그래서 나는 어느 한쪽의 입장을 쉽고 간단하게 택하지는 않겠다.

⁘ 미래 프로젝트로서의 '제국 전통'

역사 연구자로서 내가 제국 전통을 바라보는 입장을 설명하겠다. 현대 중국이 미래에 어떤 방향성을 취할 것인가를 논할 때 과거의 전통이 얼마나 중요하게 작용을 할 것인가는 역사 연구자로서 흥미로운 질문이다. 하지만 이 문제에 관해서 역사 연구자들이 종종 저지르는 위험이기도 하고, 또한 역사 연구자들에게 대중이 기대하는 것 중의 하나는 '모든 것이 역사의 연속성이다'라는 시각인데, 오늘의 중국, 나아가 내일의 중국이 과거의 연장, 그 연속선상에 있는 무엇이라고 생각하는 경향이 있다. 하지만 나는 역사학자로서 그러한 관점에 반대한다. 우리는 과거의 포로가 아니다. 과거라는 틀에 영향을 받는 것은 사실이지만 우리는 과거에 사로잡힌 죄수가 아니다. 과거에는 틈새가 있다. 그 과거가 허용하는 틈새를 이용해서 우리는 새로운 미래를 집단적으로 형성해나가는 것이다.

그런 점에서 중국의 오늘이나 미래를 내다볼 때 과거의 전통이 영향을 미치지만, 그것은 오늘의 사람들이 부단히 과거의 전통, 즉 제국의 전통을 불러내서 활용하는 것이란 이해가 필요하다. 제국의 전통은 오늘날의 중국인들에 의해 그리고 서방의 어떤 사람들에 의해 불려 나온 것이다. 그래서 연속된 것처럼, 연장이 될 것처럼 설명한다. 에드워드 카(Edward H. Carr)의 『역사란 무엇인가(What is History)』(1961)에는 "역사는 과거와 현재의 대화이다"라는 구절이 있지만, 나는 이것을 바꿔 말하고 싶다. '역사는 과거와 미래의 대화이다.' 어떻게 보면 역사는 미래의 프로젝트라고 말할 수 있다. 어떤 미래를 원하는가에 따라 우리는 역사에서 필요한 것을 가져오는 경향이 있다. 현재 중국 사람들이 그렇게 하고 있고, 그 대표적인 사례가 제국 전통이다.

이제 본격적으로 주제를 몇 가지로 구분하겠다. 첫째, 왜 '제국으로서의 중국'인가? 제국이라는 관점에서 중국을 보아야 하는 필요성에 대해 설명하겠다. 둘째, 제국담론, 즉 제국이라는 개념으로 중국을 설명하는 몇 가지 중요한 담론들, 일종의 안경인 셈이다. 그 담론들의 초점에 대해 간단히 언급하고 비판하겠다. 예컨대 조공체제론, 문명국가론, 천하관 같은 것이다. 셋째, 중국 주변에서 모색되는 주권의 재구성이다. 중국의 주변에서 이뤄지는 새로운 주권을 이야기하면서 그것이 제국담론에 어떤 영향을 미칠 수 있는지 말하겠다. 그중 하나가 복합국가론인데, 한국의 통일 논의 과정에서 나온 담론이다. 이 복합국가론과 중국의 제국론을 대조하면서 대화를 시도하겠다.

왜 제국으로서의 중국인가

첫째, 왜 제국으로서의 중국인가? 어째서 중국을 제국이라는 시각, 제국담론으로 보는가 하는 이유는 중국이 강대해진 것에 있다. 물론 과거에도 중국이 세계사적 문제라는 말은 있었다. 예를 들어 중일전쟁이 일어난 다음 해인 1938년, 미국의 소설가 펄 벅(Pearl S. Buck)이 중국을 배경으로 한 『대지(The Good Earth)』(1931)라는 소설로 노벨문학상을 받았다. 그 당시 임화(林和)라는 문학평론가는 "왜 펄 벅에게 노벨문학상이 돌아갔는가? 그것은 중국에서 세계사의 운명을 결정할 매듭의 한 알맹이가 풀리고 얽히는 분기 과정이 진행 중이기 때문이다"라고 논평했다. 중국의 세계성, 세계사적인 성격 때문에 펄 벅이 노벨문학상을 받았다는 것이다. 사실 그때는 중국이 대국화되지도 않은 때였다. 오히려 1937년 시작된 중일전쟁에서 패하고 있는 상황인데도, 한국의 지식인들은 중국이 겉으로는 몰락하고 있지만 세계사가 전개되는 무대의 나라라고 인식했다. 그때도 그랬는데 지금은 더 말할 나위가 없다. 이른바 중국을 미국과 함께 G2라고 일컫는다.

중국의 부상에 대해 한국도 당황하고 있지만, 서방 연구자들과 지식인들 역시 마찬가지인 것 같다. '중국을 어떻게 이해해야 하는가? 하나의 국민국가(nation-state)로 보면 안 될 것 같다. 중국은 방대한 영토, 긴 역사, 그 역사의 지속성을 가지고 국민국가로의 전환에 일단은 성공했지만 이것은 세계사적 예외이다. 그렇다면 이걸 어떻게 설명해야 하는가?' 사람들은 단순히 중국이 거대하다고 알지만, 세계사적으로 중세의 제국 규모를 현재까지 유지하고 있는 국민국가는 없다. 불과 20여 년 전만 해도 러시아가 그런 나라였지만 현재 소비에트 연방은 해체되었다. 혹시 인도를 생각할 수 있다. 인도도 제국이었고 현재 국민국가의 양상을 띠고 있다. 하지만 '인도는 아직 하나의 국민국가로 완전히 통합되지 않았다, 아주 느슨한 상태이다'라고 비판하는 사람들이 있다. 오로지 중국만이 예외이다. 이 예외를 어떻게 설명해야 하는가가 서방 연구자들에게 굉장히 힘겨운 과제이고, 이로 인해 중국에 대한 여러 가지 시각이 생겼다.

한국은 어떠한가? 보통 한국의 학계나 일반인들은 중국을 하나의 국가로 보는 데 익숙하다. 중요한 것은 중국 사람들이 20세기 내내 이것을 시대의 과제로 삼았다는 것이다. 즉, 어떻게 하면 중국이 하나의 국민국가가 될 수 있는가? 하는 문제를 고민했다는 말이다. 중국은 제국이었기 때문에 방대한 영토를 느슨하게 관리했다가 완전히 망했다. 반면 일본은 메이지유신(明治維新) 이후에 국민국가 건설(nation-state building)에 성공해서 통합된 국가와 국민을 형성하고 부강한 나라를 만들어 강대국이 되었다. 청일전쟁에서 일본이 이겼기 때문이다. 외세의 침략으로 중국을 하루빨리 하나의 국민국가로 만들기 위해 근대적 정치, 경제, 사상을 도입했다. 그래서 20세기 중국은 서양과 똑같은 하나의 국민국가 건설을 중요한 역사의 과제로 삼았던 것이다. 여러 학자들은 중국의 20세기 현대사가 국민국가라는 과제를 실현하는 과정이었다는 취지의 주장을 하고, 우리도 은연중에 그런 담론에 영향을 받아서 중국을 하나의 국가로 인식하게 되었다. 하지만 중국은 예외적으로 제국을 가지고 국민국가를 만든 나라라는 사실을 상기할 필요가 있다.

이를 강조하는 이유는 요즘 학계의 분위기가 중국을 국민국가가 아닌 제국으로 봐야 한다는 시각이 굉장히 강하기 때문이다. 그런데 이런 문제는 한국처럼 제국을 경영했던 경험이 없고, 오히려 제국주의의 침략을 받았기 때문에 제국에 대해서 부정적인 경향, 즉 제국을 제국주의와 동일시하면서 부정적으로 간주하는 것이다. 그럼 '제국'이란 무엇인가? 제국은 간단히 말해서 광역국가이다. 제국에는 팽창과 관용이라는 중요한 원리 두 가지가 있다. 제국을 도덕적으로 비판하게 되는 이유가 바로 이 팽창성, 제국의 부정적인 의미의 영향 때문인데, 다른 나라의 영토를 넘어가서 커지는 특징이 제국을 구성하는 한 가지 요소이다. 다른 하나는 쉽게 간과하고 잘 보지 못하는 특성, 바로 관용이다. 이 관용 때문에 제국이 제국주의와 다른 것이다.

물론 제국이나 제국주의는 논쟁적인 개념이어서 복잡하지만 설명하기 편하게 정리하면, 제국주의는 하나의 국민국가이고, 국민국가가 대외로 팽창을 한다. 그러면서 다른 나라의 이질적인 것을 자국과 동화시키려고 한다. 다른 나라로 팽창해서 광역국가가 되면, 포용력 있게 다양한 이질성들을 용인하는 것이 아니라 동화시키려고 한다. 예를 들어 일본은 스스로를 제국이라고 했지만 사실은 제국주의였다. 조선, 타이완을 제국주의 식민지로 만들면서 제도와 문화 전반을 일본식으로 바꿨다. 반면 제국은 통신이나 교통이 발달하지 않고, 재정적·행정적인 능력이 뒷받침되지 않아서, 바로 그렇기 때문에 다양성을 인정하면서 간접적으로 지배하는 방식을 취하고 내정에 깊이 관여하지 않는다. 이런 것을 관용이라고 하는데 단순히 제국주의처럼 침략과 동화로 복종과 수탈을 강요하는 것이 아니라 팽창은 하되 간접적인 지배를 통해서 광역국가를 관리하는 것이 제국이다. 이렇게 본다면 전통시대의 중국은 하나의 제국이었다고 말할 수가 있다.

중화제국이 가장 확장된 시기는 청(淸)나라 때이다. 중국이 티베트, 몽고, 신장(新疆), 만주(동북지방)를 포용하는 규모로 커진 것은 청나라 중기이고, 그전 명(明)나라만 해도 그렇게 넓지 않았다. 중화제국의 판도는 부단히 팽창해서 청나라 중기에 정점을 이루고, 그 대부분의 영토가 중화민국에 이어 중화인민공화국의 영토로 그대로 유지되었다. 하지만 이것은 근대 국민국가의 국경처럼 선으로 그어진 명료한 것이 아니다. 선이 아니라 면으로 되어 있는데, '변강(邊疆)'이라고 하는 회색지대, 즉 느슨한 접경지대가 있는 것이다. 예컨대 조선과 청은 만주지역, 즉 동북삼성을 느슨하게 접하고 있었다. 그래서 현재까지 논쟁이 되고 있다. 동북지방의 역사가 고구려사와 겹쳐, 한국은 고구려사를 한국 역사라고 보지만 중국은 중국의 지방사로 본다. 이것은 중화제국의 경계가 선이 아닌 면이고 느슨하기 때문이다. 그런데 현실적인 영토의 판도는 이러한 규모이지만, 중국 사람들이 생각하는 이념적 영토의 판도는 이보다 더 크다는 것이 중요하다. 중국 사람들은 '천하관' 아래 세계가 다 중국의 영향을 받는, 문화적·도덕적 영향을 받는 영토라고 본다. 이 이념적 판도와 현실적 판도 사이에는 간극이 있다. 중국은 현실의 중화세계를 이념적 중화세계의 범위로 부단히 확대하려는 관심을 가지고 있었다. 현실적인 힘이 있는 한, 세계로 뻗어가려는 관심은 중국을 보는 사람들을 굉장히 불편하게 만드는 요소이다. 오늘날 중국인들은 이런 현실적·이념적 판도를 가지고 있는 중화제국이란 발상으로부터 제국 전통의 기억을 활용해 문화대국을 구상하려고 한다.

제국담론의 비판적 검토

⁝ 조공체제론

조공체제를 설명하기 위해서는 조공제도부터 언급해야 한다. 이 제도는 역사적으로 존재했다. 조선, 고려 같은 한국의 역대 왕조와 중국 사이에 조공제도가 운영되었고, 베트남 역시 중국과 조공관계였다. 조공제도는 중국이라는 이념적인 중화세계의 도덕적인 우위를 인정하고, 그것에 자진해 복종하는 것이다. 감사하는 마음으로 사절단을 보내 정기적인 예를 갖추면, 중국이 그 답례로 많은 선물을 주는 문화적 관계인 동시에 경제적인 교역관계이다. 조공제도는 양국 간에 안정과 평화를 유지하는 방법으로 오늘날 일부 서방 학자나 저널리스트들은 조공제도가 되살아날 것이라고 예측한다. 21세기 중국이 주도하는 국제질서에서는 조공제도가 부활한다는 것이다. 즉, G2의 하나인 중국이 국제질서를 운영하는 원리는 제국주의 원리가 아닌 조공제도 원리일 것이라고 본다.

영국의 중국 전문가 마틴 자크(Martin Jacques)는 『중국이 세계를 지배하면(When China rules the world)』(2009)에서 21세기 중국이 세계를 지배하면 조공제도가 부활할 것이라고 주장한다. 미국처럼 패권에 의한 지배가 아니라 이념, 문화, 덕에 의한 지배를 말한다. 그는 조공제도를 긍정적인 것으로 보고, 20세기를 지배했던 제국주의 질서와는 전혀 다른 일종의 문화적 헤게모니로서 중국이 21세기를 운영할 것이라고 말한다. 이런 논의를 지지하는 사람들은 꽤 있다. 중국 관변학자들도 문화대국이라는 표현을 통해 많이 주장한다. 중요한 것은 21세기에 조공제도가 부활할 것이라는 주장에 대해 역사학자들은 대개 부정한다는 점이다. 21세기 조공제도 부활론은 언론, 사회과학, 정치학, 경제학, 국제정치학에서 자주 논의되나, 역사학자들은 부정적인 입장인 편이다. 이유는 역사적인 사실과 맞지 않기 때문이다.

조공제도는 당시 중화제국의 대외정책을 운용하는 여러 제도나 원리 중 하나일 뿐이다. 예컨대 중국이 일본이나 다른 서양 나라에 대해서는 호시(互市)제도, 즉 물물교환제도를 운영했다. 교역 장소도 베이징(北京)이 아니라 경제적으로 번성한 광둥성(廣東省)의 광저우(廣州) 같은 곳이었다. 경제적인 차원에서만 거래관계를 허용하고 문화적으로 지배할 생각은 하지 않았다. 이렇듯 몇 개의 다른 제도들이 동시에 운영된 것이지, 유일하게 조공제도만 있었던 것은 아니다. 조공제도는 조선, 베트남, 류큐(琉球) 왕국 등 몇 개의 나라에만 적용되었다.

이처럼 사실에 맞지 않는 것을 확대 해석한 사람은 하버드대(Havard University)에서 중국학을 일으키고 미국 중국학의 아버지라 불리는 존 페어뱅크(John Fairbank)이다. 그는 '중국적 세계질서(Chinese world order)'라는 개념을 만들고, 그것이 조공제도를 움직였다고 주장했다. 그는 왜 '중국적 세계질서'라는 개념을 만들었을까? 베스트팔렌조약 이래 서양은 근대 조약체제의 국제질서로 유지되었다. 중국이 조공제도와 같은 낡은 '중국적 세계질서'에만 매여 있으니 근대로 넘어와야 한다는 것을 강조하기 위해서이다.

일본의 한 역사학자는 조공제도에 대해 이렇게 지적했다. "조공제도가 역사적으로 존재했고, 대외질서 전체가 아니라 일부가 그에 의해 작동된 것도 맞지만, 청일전쟁에서 중국이 패하면서 완전히 없어졌다." 1895년 청일전쟁에서 청나라가 패하자 한국은 모화관(慕華館)을 허물고 독립문(獨立門)을 세웠다. 모화관은 중국 사절단이 올 때 중국을 숭상하는 뜻에서 그곳까지 나가 사절들을 맞이한 장소였다. 모화관을 없애고 독립문을 세운 것은 우리도 독립적인 국민국가라는 의미였다. 그렇게 청일전쟁 이후로 중국은 마지막 조공국가마저 잃었다. 베트남은 청프전쟁에서 패배하고 이미 잃은 상태였다.

그런데 중국인들의 역사 기억 속에는 오히려 조공제도가 점점 더 이상화되어 제국주의 지배와 다른 것처럼, 이른바 패도가 아닌 왕도인 것처럼 미화되었다. 쑨원(孫文)이 그랬고, 그 외 많은 중국사상가들이 조공제도를 점점 이상화했는데 그 절정이 현재 논의되는 조공제도 부활론이라고 생각한다. 부언하면, 요즘 중국에서 이런 표현이 많다. '어떤 새로운 이론이나 논리를 외국에 알려야 한다. 그래야 우리의 국제경쟁력이 생기고 설득력이 생긴다.' 그래서 영어로 된 잡지를 만들고, 학자들을 외국에 많이 내보낸다. 요즘 중국을 보면 정말 잘하고 있는 것 같다. 예컨대 국제정치를 전공하는 사람들이 중국어 잡지뿐 아니라 영어 잡지를 만들어서 외국 유명 출판사의 이름으로 출간한다. 그 덕분에 자주 인용되는 내용 중에 하나가 바로 '조공체제론'이다.

그들이 말하는 조공체제론과 종래의 조공체제론의 차이는 조공체제론이 단순히 유교적인 도덕에 의한 통치·외교 관계를 수립하는 데 그치지 않고 국가 간 이해관계를 조절하는 하나의 원리였다는 점이다. 여기서 서양의 게임이론에 기반을 둔 비대칭 개념이 등장한다. 다시 말해 중국은 워낙 컸기 때문에 다른 나라들과 비대칭 관계를 맺어 전략적인 동의나 합의를 얻었다는 것이다. 전략적인 합의란 상호 필요에 의해서, 즉 조선은 왕위계승에 취약한 정통성을 보완하기 위해서, 전쟁 지원을 위해서 등 자기들 나름의 국내적인 요인에 따라 전략적으로 조공제도에 뛰어들었고, 중국은 변방의 안정을 위해서 군사력을 동원하는 것보다 조공제도라는 문화적인 비대칭 관계를 활용하는 것이 이득이었다. 이런 상호 이해관계에 따른 비대칭 개념을 활용해 동아시아의 평화를 오래 유지할 수 있었던 것이 조공체제이고, 서양과 대칭적인 관계의 국가 사이에 적용되는 베스트팔렌조약 이래 국제법 질서는 중국에 적용할 수 없다는 주장이다.

중국학자들은 서양학자들과 교류하면서 국제정치학회에서 중국의 경험이 대안이 될 수 있다는 식의 논리를 확산하는데, 중요한 것은 이것을 제국의 운영원리로 여긴다는 점이다. 반드시 '제국'이라는 표현을 쓰지 않아도 조공체제를 단순히 문화적인 차원이 아닌 새로운 정치이론체계로 발전시키고 있다.

향후 중국이 조공체제를 부활시킬지도 모른다고 보는 제국담론은 일종의 미래 프로젝트이다. 단순히 과거 역사를 설명하는 듯 보이지만 사실은 제국 전통을 가져오는 것이다. 조공체제론은 비대칭적인 양자관계를 설명하고 그것이 전략적 합의의 결과라고 말하지만, 중국의 주변 약소국에 대해서, 그들의 동향이나 주체적인 선택에 대해서 충분한 납득의 근거를 대지 못하고 있다는 비판이 가능하다. 예컨대 임진왜란, 병자호란, 한국전쟁 같은 경우를 보더라도 중국이 대외정책을 결정하는 과정에서 한국의 역할이 몹시 중요했음에도 이 점을 충분히 드러내지 못하고 있다. 조공체제에서 우리의 선택 여하에 따라 중화제국을 포함한 동아시아 질서가 변화될 가능성에 대해 제대로 설명하지 못한다는 점이 게임이론에 입각한 비대칭균형관계이론의 한계이다.

∷ 문명국가론

다음 제국담론의 비판적 검토 대상은 문명국가론이다. 국가 간 관계를 설명할 때 국민국가를 단위로 하지만, 앞서 설명한 것처럼 중국은 완전한 국민국가라고 하기 어렵다. 그래서 일부 학자들은 중국을 문명국가(civilization-state)라고 표현하기도 한다.

일반적으로 하나의 국가가 형성될 때 그 기본은 민족이다. 민족은 혈연관계를 기반에 두고 같은 언어, 문화, 역사를 형성하며, 경제, 교육, 정치를 발전시켜서 통합한다. 이러한 과정을 거쳐 국민국가가 만들어지지만, 중국은 그러한 예에 해당하지 않는다. 중국은 한족과 나머지 55개 소수민족으로 구성된 다민족국가(일민족-돌출형 다민족국가)로 민족이나 언어가 같지 않다. 그럼에도 불구하고 중국이 하나의 국가로 지속해온 이유가 바로 문명이고, 그 문명의 핵심이 '유교'이다. 자크는 '국민국가는 문명국가라는 지층구조의 표층에 지나지 않다'라고 했다. 중국인들은 그 문명으로 자신들의 정체성을 지킨다. 예컨대 한국은 한민족으로 혈통과 언어를 중요하게 여기지만, 중국은 혈통을 중시하지 않는다. 그보다 문명이 하나의 국가를 유지하는 힘이라고 말한다.

자크는 유교가 중국문명의 핵심이었다고 말하는데, 이에 대한 비판은 어렵지 않다. 특히 역사학자로서 비판하기는 아주 쉽다. 유교는 그렇게 간단하지 않다. 유교에도 다양한 갈래가 있는데, 그것을 하나로 뭉뚱그려 유교가 중국의 핵심원리라는 주장은 말이 안 되고, 나아가서 청나라만 보더라고 절대 유교국가가 아니었다. 예컨대 한족을 지배할 때는 과거제도와 같은 전통적 유교문명을 사용했지만 티베트, 신장을 포용할 때는 불교를 취했다. 이렇게 중국은 이질적인 것들을 결합하고 있다.

박지원의 『열하일기(熱河日記)』는 베이징에 도착한 조선 사절단이 중국 황제의 여름 피서지인 열하(熱河)로 향하면서 겪은 여러 일들을 기록한 것이다. 사절단원이었던 박지원의 눈에 비친 청나라는 명나라와 여러

모로 달랐다. 한번은 라마교의 수장인 판첸라마(Panchen Lama)를 만났는데, 그때 박지원은 굉장히 당황했다. '유학자인 내가 저런 이단을 만나서 절을 해야 하는가?' 하지만 한편으로는 '청나라가 이렇게 다양한 통치술을 펼치고 있는 거대한 나라구나, 이 압도적인 힘에 어떻게 대응해야 되는가?'라고 생각했다.

『열하일기』에 나오듯이 청나라는 유교만이 아니라 다양한 종교적인 요소를 가지고 있었다. 이것을 일컬어 한 역사학자는 '청의 역사를 잘 이해하려면 남북의 선뿐 아니라, 동서의 선을 동시에 이해해야 한다'라고 말했다. 남북의 선은 북에서 남으로 내려오는 전통적인 유교문명, 즉 한족 중심의 문화를 가리키고, 동서의 선은 베이징에서 신장까지 이어지는 다양한 이민족을 가리킨다. 동서와 남북, 2개의 선을 동시에 봐야만 청을 제대로 이해할 수 있다는 것이다. 이것만 놓고 보더라도 중국을 단순히 유교국가, 중국인들이 유교를 중심으로 자기들의 정체성을 형성해왔다고 하는 것은 실제에 맞지 않는다고 비판할 수 있다.

하지만 이것으로 미래의 프로젝트인 제국담론, 그중의 하나인 문명국가론에 대한 이해는 부족하다. 그들이 왜 그것을 활용하는지 좀 더 살펴볼 필요가 있다.

중요한 것은 중국이 중화제국 시대에도 그랬듯이 하나의 체계이고, 그 체계 안에 여러 제도들을 망라하고 있다는 점이다. 중국은 과거나 현재나 문명국가이다. 즉, 그냥 영토를 팽창해서 제국주의처럼 식민지화하려는 것이 아니라 '문명'의 단위 — 그것이 과거엔 유교였다면 현재는 중화사회주의 이념일 수도 있고 정신문명일 수도 있다 — 를 갖고 있고, 하나의 체계 안에 다양한 제도들이 있다는 것을 얘기하고 오늘날에 적용하려는 것이다. 그럼 이것이 어떻게 적용되는가? 홍콩을 예로 들어보자. 홍콩인은 독자적인 여권을 가지고 있다. 그리고 중국인은 홍콩을 갈 때 쉽게 통과하지 못한다. 비자는 아니지만 비자와 유사한 통행증을 받아야 한다. 중국은 홍콩에 대해서 1국 2제도라고 공식적으로 설명한다. 즉, 한 국가이지만 제도는 다르다는 것이다. 중국은 이것을 역사적으로 하나의 체계 속에 여러 이질적인 제도를 망라하고 있다는 식으로 설명한다.

그러면 중국의 많은 성들, 지역의 특징이 다르고 낙후된 성들도 각 성별로 '제후경제'라는 준독립적인 성격으로 아우를 수 있다. 성 하나의 규모가 한 국가와 맞먹기 때문에 다양한 제도의 이질적인 특징들을 거느리는 탄력 있는 국가체계가 중국이라고 말한다. 홍콩의 경우도, 타이완 역시 그렇다. 타이완을 느슨한 상태로 놔두는 것을 문명제국인 중국의 특징이라고 한다. 더 확대하면 전 세계에 흩어져 있는 화인(華人) 세계, 비록 국적은 현지 국적이지만 문화적으로 혹은 문명의 차원에서 중국과 동일시하는 화인들, 화문(華文) 세계라고도 하는 이 화인 세계까지 다 포함된다.

이러한 문명국가론은 자크가 처음 만든 것이 아니다. 이 개념은 루시안 파이(Lucian W. Pye)라는 미국의 중국정치학자가 만들었다. 그는 정치문화에 착안해 중국정치를 분석하면서, 일찍이 "중국은 국가군(the family of nations)에 속하는 또 하나의 국가가 아니라 국가임을 자처하는 문명국가(civilization-state)이다"라고 말한 적이 있다. 이는 영국 노동당 싱크탱크의 주요한 멤버인 자크를 포함해 중국연구자 내부에도 영향을 미쳤다.

광저우 중산대(中山大)의 교양학부장인 간양(甘陽)은 톈안먼 사태 때 홍콩으로 망명 갔다가 본토로 돌아온 경력이 있고, 최근에는 중국정부에 중요한 이론들을 많이 만들고 있다. 그중 문명국가론이 핵심이다. 그는 20세기 시대적 과제는 국민국가 형성이었지만 21세기의 과제는 문명국가를 만드는 것이라고 주장한다. 그러면서 서방을 본떠 국민국가를 만든 나라들을 비웃는데, 예를 들면 터키는 완전히 자기를 거세한 상태에서 근대화를 했다고 노골적으로 비판한다. 반면 중국은 서방 노선을 따라 국민국가를 만드는 것이 아니라 독자적으로 중국 특색의 사회주의 노선을 견지하며 전통적인 중국문명에 입각한 문명국가를 건설한다고 말한다.

또한 간양은 삼통(三通)으로서 중국문명을 설명한다. 첫째는 유교라는 전통문화, 둘째는 마르크스주의 혁명, 셋째는 개혁개방 이후의 노선이다. 이 세 가지가 연결되어 현재의 중국이 형성되었다는 것이다. 신좌파 이론가인 그가 1978년 개혁개방 이전 마오의 노선을 인정하는 것까지는 이해할 수 있지만, 유교 문화까지 긍정해서 이 세 가지가 현재 중국 성공의 동력이었다고 주장하는 것이 놀라웠다. 그의 인터뷰를 보면, 유교에 대해 "복고 자체는 일종의 혁신이자 혁명"이라고 말하면서 문명국가론을 전파한다.

천하체계론

'문명'과 더불어 제국담론에 등장하는 또 하나의 유행 어휘로 '천하'가 있다. 대표적인 사람은 『천하체계(天下體系)』(2005)라는 책을 쓴 자오팅양(趙汀陽)이다. 천하체계론은 복잡한 논의지만 간단히 설명하면 '천하라는 것은 안팎이 없고 모든 것을 끌어들인다. 서양 기독교 정신 이론은 적을 포용하지 못하지만, 우리는 모든 이질적인 것 또는 적까지도 친구로 만드는 변화의 원리를 가지고 있다. 즉, 포용과 관용의 원리가 있다'라는 것이다. 물론 그는 현실적인 조공제도에서 화(華)와 이민족, 즉 야만족의 구별이 있었던 것을 어떻게 처리하느냐를 두고 고민하는데, 화와 이의 구별을 내외(內外)의 원칙이 작동하는 것으로 보고, 화이(華夷)의 원칙보다 더 큰 것이 무외(無外)의 원칙, 즉 바깥이 없다는 원칙이라고 설명하면서 이 원칙이 모든 것을 끌어들이는 포용의 원리라고 말한다.

자오팅양 역시 현 정부의 싱크탱크에 관여하고 있고, 그의 저서에 대한 서양의 국제정치 이론가들의 논문도 많이 나오고 있다. 그중 한 사람인 미국 학자 윌리엄 칼라한(William A. Callahan)은 천하체계론이 서양 국제정치이론이 설명할 수 없는 국제관계를 설명하는 장점은 있지만 사실은 일종의 '애국주의 형식의 보편주의'라면서 중국인들의 자부심을 드러내는 이론이라고 비판한다.

이에 대해 자오팅양의 입장은 분명하다. '천하체계론이 역사적 사실과 다르다고 비판하는 역사학자들도 있지만 그것은 크게 중요하지 않다. 천하체계를 주장하는 이유는 이론체계를 만들기 위함이고, 이를 통해 중국을 다시 구축하려는 것이 목적이다'라는 것이다. 즉, 천하체계론은 과거를 설명하려는 것이 아니라 과거를 통한 중국의 현재와 미래의 구축이라는 목적성 프로젝트라는 점이다.

주변에서 모색되는 주권의 재구성과 제국담론

중국사상계를 좌파와 우파로 나누기도 하지만, 좌파 우파 할 것 없이 요즈음 공통의 키워드는 유교이다. 좌파인 간양도, 자유주의 우파들도 유교라는 문화를 가지고 설명한다. 자유주의자인 중국의 한 지인은 신천하주의를 말한다. 신천하주의라는 담론을 통해서 보편적인 중국문명을 만들려고 하는데, 그것은 중국의 전통적인 좋은 면과 서양의 현재 새로운 좋은 면을 융합시켜 중국에게 좋은 것을 만들자는 것이다. 문제는 그 신천하주의라는 보편적인 담론을 자신들이 만들 수 있거나 만들어야 한다고 생각한다는 것이다. 이에 대해서는 좀 더 다양한 시각이 필요하다고 생각한다.

이에 대해 나는 주변의 시각, 동아시아를 보는 이중적 주변의 시각을 가져야 한다고 주장한다. 이러한 시각이 중요한 이유는, 동아시아는 세계사에서 억압당한 주변인 동시에 그 안에 또다시 중심과 주변이 있다는 데 있다. 바로 그런 세계의 주변으로서 동아시아, 동아시아의 주변으로서의 주변, 그와 같은 이중적인 주변의 위치에서 중국과 세계를 보는 것은 어떠한가? 오히려 그곳에서 어떤 보편적인 이론이 나타날 가능성이 있지 않을까? 이 이중적 주변의 동아시아에 중요한 '핵심현장' 세 곳이 있다. 하나는 분단된 한반도, 다른 하나는 일본의 오키나와, 마지막은 타이완이다. 내가 이들을 고른 이유는 이 세 곳의 주권 문제가 굉장히 복잡한 현상을 띠고 있는 데 있다. 한반도의 경우, 이전에는 남북한을 2개의 국가로 인정하지 않았지만 두 나라 다 유엔(UN) 가입 후 현재는 각각 국민국가로 인정한다. 하지만 여전히 하나의 민족으로서 통일에 대해서도 이야기한다. 즉, 주권이 중첩되어 있다. 주권이 분할되어 있지만 동시에 공유되기도 하는 것이다.

여기서 자크 데리다(Jacques Derrida)의 '주권의 파르타주(partage)'라는 용어를 빌리자면, 파르타주는 분할인 동시에 분유(分有), 즉 '나눔'을 뜻한다. 나눔은 분할, 즉 자르는 것이지만 동시에 같이 공유하는 것이기도 하다. 데리다는 이 나눔에 해당하는 파르타주의 형식을 통해 앞으로 새로운 민주주의가 나타날 것이라고 했다. 나는 한반도 문제를 해결하는 과정에서 이 같은 새로운 형태의 민주주의 국가가 나타나리라고 전망한다.

일본에서 억압받고 차별받는 오키나와 사람들의 자치운동에서도 이런 새로운 노력이 나타날 것이다. 타이완과 중국 사이의 양안관계 또한 그렇다. 타이완과 중국 관계는 제국담론으로도 설명될 수도 있지만, 그럴 경우 내가 앞서 설명한 주변의 주체성 문제가 소홀해진다. 제국의 담론, 예컨대 문명국가론의 관점에서 보면 타이완 문제는 이미 해결된 것이다. 정치적·제도적인 일치가 아니라 현상유지를 통해 전쟁이 없는 상태가 이미 제국이라는 큰 틀 안에 통합되었다고 본다. 이질성을 보장해주기 때문이다. 하지만 나는 그것에 대해서 비판적이다. 그런 제국담론은 타이완의 주체적인 노력을 소홀히 하기 때문이다.

2012년은 한중수교 20주년이었다. 이를 뒤집어 말하면 한국과 타이완의 단교 20주년이었다. 그래서 나는 한중수교 20주년만 생각하지 말고 다른 면도 생각해보고, 중국은 하나가 아니라는 취지에서 『대만을 보는 눈』(2012)이라는 책을 펴냈다. 타이완을 보면, 한국의 좌우 이념대립처럼 분열되어 있다. 국가의 장기발전을 세우기 힘들 정도인데, 모든 것을 분열된 관점으로만 본다. 주요 쟁점은 독립론과 통일론이다. 대륙과 통일을 하려는 입장이 국민당이라면, 그것에 대해 굉장히 비판하면서 대륙과 거리를 두고 독립을 추구하는 입장이 민진당이다. 두 당의 입장이 타이완의 사상계와 정치계를 완전히 분리시켜 분열화하고 있다. 이렇게 분열된 타이완 내부에서는 양안관계를 어떻게 바라보고 있는가? 중국에서 발신하는 제국담론 중 문명국가론이 있다면, 타이완사회 내부에서도 복합사회와 같은 새로운 사회유형, 국가유형에 대한 논의가 벌어지고 있다. 자세한 내용은 『대만을 보는 눈』을 참고하길 바란다.

정리하면 동아시아의 핵심현장 세 곳, 즉 20세기 이래 근대사의 모순이 응결된 곳, 이 지역의 수직적인 질서 속에서 억압되고 이중으로 주변화된 존재로 자리 잡은 분단된 한반도, 오키나와, 타이완에서 이뤄지고 있는 주권에 대한 다양한 논의들을 염두에 두고, 그 시각에서 중국의 제국담론을 다시 보는 것은 어떨까? 그중에서도 특히 주목하는 것은 한반도 통일 논의를 제기하는 과정에서 나온 복합국가론이다.

'제국'론과 '복합국가'론의 대화

지금까지 중국은 미래 프로젝트를 위해서 다양한 제국담론을 발신하고 있다고 설명했다. 그러면 한국은 이런 중국을 어떻게 봐야 하는가? 단순히 중국이 '위협적이다, 그렇지 않다'라는 사실규명 자체는 중요하지 않다. 오히려 한국이 중국에게 무슨 의미가 있는가를 생각해보면 어떨까? 보통은 '중국은 한국에게 무엇인가?'라는 질문을 많이 한다. 1970년대 초 ≪신동아≫에서 미·중 화해를 다룬 특집에 이런 설명이 나온다. "1970년대 중국은 우리에게 무엇인가? 중국은 우리의 운명이다." '우리의 운명'을 만들어 나가는 데 중국이 정말 중요하다는 표현을 저렇게 한 것이다. 하지만 나는 요즘 주어를 바꿔서 말한다. "우리는 중국에게 무엇인가? 우리는 중국에게 아무런 의미가 없는 것인가?" 중국의 주변인 우리, 분단된 한반도에서 살고 있는 한국인의 역사와 미래는 중국인에게 아무런 의미가 없는 비대칭적인 존재로 무시당해도 좋은가? 그렇지 않다. 연구자로서 우리가 발신할 수 있는 이론과 관점, 우리의 역사 경험이 중국인에게도 일정하게 영향을 미칠 수 있다. 이것은 양자가 대화를 — 물론 비대칭적인 대화이긴 하지만 — 하는 것이다. 중국에서 문명담론을 말하면 서양에서 인용하고 이론을 전개하지만 한국에서 무언가 말하면 무시당하기 쉽다. 나도 중국어로 발표도 하고 책[『사상동아(思想東亞)』(타이베이 2009, 베이징 2011)]도 출간했지만 얼마나 영향을 미칠지 미지수이다.

중요한 것은 한국의 통일 추구 과정이 동아시아 정세에 큰 영향을 미칠 수 있고, 당연히 중국에도 영향을 미칠 수 있다는 점이다. 이 통일 논의 과정에서 제기되었던 복합국가론에 대해서 설명하면, 단일형 국가(unitary state)가 아닌 국가와 국가 간 혹은 여러 국가가 결합하는 것을 복합국가(compound state)라고 한다. 복합국가에는 수평적 결합도 있고 수직적 결합도 있다. 연방제(federation), 국가연합(confederation) 같은 것들은 수평적 결합 형태이다. 수직적 결합 형태는 종주국과 보호국의 관계를 들 수 있다. 동화시키고 완전히 식민지화하면 하나의 국가로 단일형 국가가 되는 것이다. 한국의 경우, 1905~1910년까지 일본의 보호국이었다. 보호국화 상태는 복합국가의 수직적 결합 형태라고 할 수 있다.

복합국가라는 용어는 한국에 많이 알려져 있지 않지만, 처음 제기된 것은 1970년대 초였다. 1972년 7·4 공동성명을 발표하고 남북이 분단된 이후 처음으로 정부 간 대화를 시작하고 지속하기 위해서 남북조절기구를 만든 적이 있다. 이때 민간 측에서 역사학자 천관우가 "한국이 통일을 하기 위해서는 국가구상을 새롭게 해야 한다, 북한의 연방제는 한반도에 적용되기 어렵기 때문에 새로운 국가구상을 논의해야 하는데, 그것이 복합국가이다"라고 설명했다. 그는 역사학자로서 한반도 역사에 고려와 발해 같은 분열된 단계가 많았기 때문에 거기서 아이디어를 얻은 것 같다. 그는 복합국가라는 개념을 통해 새로운 형태의 창의적인 국가형태를 만들어야 남북이 안정적으로 대화할 수 있고 나아가 통일까지 할 수 있다는 주장을 했다. 나는 한국 학계에서 제기되었던 경험, 그것도 시민들이 참여하면서 통일에 기여하려고 했던 경험에서 나온 복합국가라는 개념을 활용해서 중국의 제국담론과 대화를 해보면 의미가 있지 않을까 한다.

이것이 어떠한 의미가 있는가? 적어도 제국담론이 가지고 있는 몇 가지 부정적인 요소를 제거하는 데는 도움이 된다. 첫째, 제국담론을 자꾸 말하면 중국인들에게는 부담이 있다. 제국담론에는 팽창과 관용이라는 두 요소가 있는데, 팽창의 요소 때문에 의도치 않더라도 주변 이웃에게 팽창에 대한 억압의 기억, 역사적 아픈 상처를 떠올리게 한다. 그래서 중국학자들이 '문명대국'나 '조공체제'를 말하는 반면, 제국담론이란 용어를 잘 쓰지 않는다. 그러니 오히려 복합국가 같은 발상을 생각해보면 어떨까 하는 제안이다.

둘째, 아무리 제국담론을 잘 설명한다고 해도 그중 하나는 게임이론에 입각한 비대칭적 균형이론이다. 비대칭적인 균형관계를 넘어서 주변의 주체성을 고려하는 역동적 균형관계를 만드는 것이 필요하다. 그래야 보편적인 담론을 만들 수 있다. 그런 면에서 복합국가론은 참조할 여지가 있다.

셋째, 쑨거(孫歌)라는 학자는 중국을 가리켜 '종합사회'라고 한다. 중국은 한마디로 규정을 할 수 없다는 것이다. 종합사회인 중국을 제대로 보는 데도 복합국가론은 도움이 된다. 제국담론은 주로 국가 간 관계, 즉 국가 위주의 발상이다. 하지만 중국은 국가와 사회의 관계가 중요한데, 사회에 주목하게 하는 것이 복합국가론이다. 복합국가론은 통일 과정에서 시민들의 역할이나 참여를 적극적으로 염두에 두고 있는 개념이기 때문이다. 복합국가론은 국가와 사회의 관계를 설명하는 다양한 중국의 역사적 경험을 끄집어낼 수 있다.

제국담론과 복합국가론의 대화를 통해 한국과 중국의 역사적 경험도 다시 살펴볼 수 있다. 엄밀하게 보면 어떤 학자가 말했듯이 중국은 이미

반(半)연방제일지도 모른다. 그래서 한국의 복합국가론이 하나의 예로서 중국과 비대칭적이지만 대화를 나누는 것이 필요하고, 이것이 서로에게 도움이 된다고 생각한다. 한국인이 중국인과 대화를 나눌 수 있는 담론을 개발하고 발신하는 것이 바로 '비판적 중국학'의 길이라고 생각하고, 그 과정에서 내 생각의 일단을 여기에 풀어놓았다. 많은 분들이 비판적 중국학의 길에 동참하기를 간곡히 바란다.

(강연일 2013.10.8)

더 읽을 책

백영서. 2013. 『핵심현장에서 동아시아를 다시 묻다』. 창비.

자오팅양(趙汀陽). 2010. 『천하체계』. 노승현 옮김. 길.

자크, 마틴(Martin Jacques). 2010. 『중국이 세계를 지배하면』. 안세민 옮김. 부키.

최원식 · 백영서 엮음. 2012. 『대만을 보는 눈』. 창비.

Callahan, W. and E. Barabantseva(eds.). 2011. *China Orders the World*. Johns Hopkins Univ. Press.

제3강 조공질서와 한중 관계

데니는 왜 청한론을 저술했는가■

강진아 (한양대 사학과 교수)

강연 개요

중국이 주재했었고 주재할 동아시아 질서는 어떠한 것일까? 중국 중심의 위계적 조공질서는 평등하지는 않지만, 전근대 아시아 세계에서 세력이 불균형한 각국 간에 공존을 보장했다. 개항 이후 서구가 도입한 주권국가의 조약질서는 조공관계를 부정했는데, 이는 아시아의 식민지화에 중국의 개입을 차단하려는 포석이었다. 한편 중국은 보호를 위한 자원을 제공하면서 과거의 종주권을 점차 서양과 같은 실질적 속국으로 주장하려 했다. 조선을 비롯한 아시아 국가들은 서구에 대항하기 위해서 종주권 관계와 조공에 집착하면서도, 중국의 태도 변화에 대해서는 구례와 어긋난다며 강력히 저항했다.

들어가며

1894년 청일전쟁이 일어났다. 56년 후인 1950년에는 한국전쟁이 있었

■ 이 글 중 '중국이 이끄는 국제질서와 '조공질서'의 유산' 부분은 강진아, 「G2시대의 중국 사회주의: 역사적 관점에서 본 중국의 개혁개방」, ≪역사비평≫, 106호(2014년 봄)의 일부를 정리한 것이고, '근대적 표준의 등장과 상호 인식의 충돌', '데니, 청한론을 저술하다', '청한론의 핵심 주장'의 주요 내용은 오카모토 다카시(岡本隆司), 『미완의 기획, 조선의 독립』, 강진아 옮김(소와당, 2009)의 일부를 요약하고 강연자의 의견을 덧붙인 것이며, '조공체제를 바라보는 여러 시각'의 일부는 강진아, 『문명제국에서 국민국가로』(창비, 2008)의 4장에 근거하고 있음을 밝힌다.

다. 그리고 다시 60여 년의 세월이 흘러 현재를 맞고 있다. 중국의 부상과 함께 일본의 우경화 등 동아시아를 둘러싼 정세가 상당히 불안정한 이 시점에서 청일전쟁 과정에서 한중 관계를 되짚어보는 것도 큰 의미가 있다고 생각한다.

먼저 현재 조공질서가 제기되는 이유를 살피고, 전근대 동아시아의 조공질서가 무엇인지 알아보겠다. 다음으로 개항 이후 등장한 '근대적 표준'이 기존 질서와 어떻게 부딪혔는지 살펴보기 위해, 그 실마리로 '오웬 데니(Owen N. Denny, 1838~1900년)'라는 인물에 대해 알아볼 것이다. 그 후에야 이 글의 부제(데니는 왜 청한론을 저술했는가)를 이해할 수 있을 텐데, 『청한론(淸韓論, China and Korea)』의 핵심 주장을 점검하고 마지막으로 조공체제를 바라보는 여러 시각과 현재적 의미를 조망하고자 한다.

중국이 이끄는 국제질서와 '조공질서'의 유산

요즘 많이 하는 G2라는 말은 '헤게모니 국가'로 바꿀 수도 있겠다. 세계의 패권 국가가 바뀔 때마다 그 국가가 주재하는 국제질서도 변한다. 19세기 헤게모니 국가는 영국이었다. 영국이 지배하던 시기에 지구의 거의 절반이 영국 영토였다. 또 몇 가지 아주 특이한 사례를 빼놓고는 세계가 제국주의 국가와 그 식민지로 나누어져 있었다. 20세기에 미국이 그 질서를 무너뜨렸고, 그 전환 과정에서 두 차례의 세계대전이 필요했다. 이후 미국이 구축한 질서는 원칙적으로 '주권평등'의 이념을 구현하면서 '국제연합'이라는 틀 아래 작동하지만, 실질적으로는 시장과 군사력으로 막대한 영향력을 행사하는 체제였다.

21세기의 G2는 미국과 중국이라고 하지만 과연 중국이 헤게모니 국가가 될지는 알 수 없고 회의론도 적지 않다. 그러나 중국의 부상에 따라 전지구적 규모이든지 아시아-태평양에 국한된 역내 규모이든지 어떤 새로운 국제질서가 등장할 가능성이 높다. 그렇다면 중국이 주도하는 질서는 어떤 것일까? 지난 두 세기를 제외하고 진한(秦漢) 이래 2000년간 중국 중심의 조공질서가 아시아를 경영했다. 그러니 21세기에도 같은 질서가 부활하지 않을까 하는 의구심과 호기심이 생긴다.

조공체제 담론은 중국 학계에서 활발히 전개되고 있다. 일부 학자들은 명확하게 "조공질서는 회복해야 할 문화유산"이라고 말한다. 대표적으로 판웨이(潘維)는 "중국 전통의 중화적 천하관을 되살리자"라고 주장한다[『중국이라는 새로운 국가모델론(當代中華體制)』(2010)]. 자오팅양(趙汀陽)은 "중국의 전통적 천하관이 21세기 평화의 세계질서 원리로 유용하다"며 "정치·문화적 제도"로서 중화제국은 국민국가(nation-state)가 아니라 "세계사회"이며, "적을 벗으로 변화시키는 이론"이라고 말한다[『천하체계(天下體系)』(2005)]. 간양(甘陽)은 20세기 핵심과제는 민족국가, 국민국가 형성이었지만 21세기는 국가의 단위를 뛰어넘어 "문명국가(civilization-state)" 건설이 과제라며 "대중화(大中華) 문명국가" 건설을 언급한다[『문명·국가·대학(文明·國家·大學)』(2012)]. 신좌파 지식인의 거두로 알려져 있는 왕후이(汪暉)도 전근대 중국의 조공관계를 긍정한다. 조공관계는 상호 인정과 존중의 평등관계를 포함하고 있다고 보기 때문이다. 그는 20세기 제국주의 질서를 극복하는 데 도움이 될 문화적 자산으로 조공질서를 생각한다.

중국 학계의 이 같은 담론에 대해 불편한 시각을 가질 수 있지만 사실 이렇게 논의가 활성화된 것은 서구, 즉 북미 뉴레프트(new left) 계열 학자들의 영향이 크다. 그들은 미국의 지배를 일종의 제국주의적 질서라고 비판하면서 과거 낙후한 체제로 취급하던 조공질서를 전향적으로 새롭게 해석해 중국을 자극한 측면이 있다. 예를 들어 종속이론을 주장했던 안드레 군더 프랑크(Andre G. Frank)나 조반니 아리기(Giovanni Arrighi) 같은 사람은 미국의 헤게모니 지배에 반대하면서 서구 근대 문명 자체를 굉장히 비판적인 시각으로 본다. 반면에 조공체제는 전쟁이 끊이지 않았던 유럽의 국가 간 질서와는 달리 거의 400년간 비교적 평화를 유지한 질서였다고 높게 평가한다. 그리고 이 전통을 계승한 중국이 21세기 패권을 장악하고 국제질서를 주재한다면 근대의 폭력적 제국질서를 극복할 수 있지 않을까 하는 기대를 한다.

이 같은 사상적 경향과 상관없이 중립적인 학자들도 조공질서에 대해 관심을 갖는데, 대표적인 사람이 브랜틀리 워맥(Brantly Womack)이다. 그는 "조공체제는 주변에 비해 우월적 지위에 있던 중국이 비대칭적 관계를 맺는 이웃 국가들과 합리적 선택과 전략적 상호작용의 결과로 만들어 내고 유지한 제도였다"라고 주장한다. 즉, 하나가 굉장히 세고 나머지 작은 국가들이 있는데, 조공체제는 그들 간에 평화롭게 공존할 수 있는 나름의 합리적인 질서이자 방법이었다는 것이다. 마틴 자크(Martin Jacques)는 중국을 "국민국가가 아닌 문명국가"라고 정의하고, 조공제도 역시 "문화적·도덕적 제도"라고 주장한다.

물론 이에 대해 한국 역사학계는 상당히 반발한다. 현재 중국이 언급하는 조공제도는 전근대적 제국 전통, 즉 중국의 제국적 성격이 화려하게 부활한 것으로, 주변국 입장에서는 팽창주의적이고 위협적이다. 유용태는 "중국의 지식인들이 조공관계의 합리성과 평등성을 강조하는 것은 제국 경험을 당연시함으로써 자신의 제국성을 제대로 보지 못하는 일방적 제국의식의 표현이다"라고 말한다. 또 배경한은 20세기 전반기 한국의 망명정부와 장제스(蔣介石)의 국민당 정부 간 관계를 분석하면서, 망명정부가 중국에 매우 의존적이었으며 장제스는 중화주의적 태도를 보였다고 지적한다. 예컨대 1944년 종전 직전 국민당 정부가 대한민국임시정부를 정식 정부로 승인하려다 미국의 견제로 실패했다. 한국은 그 사례를 두고 미국을 비판하지만, 오히려 자세한 과정을 보면 국민당 정부가 대한민국임시정부를 강력한 영향력 아래에 둠으로써 전후(戰後) 한반도에 영향력을 끼치려고 했고, 미국이 이를 저지한 측면이 있다는 것이다. 물론 검토가 필요한 의견이지만 이런 해석도 있다.

그러한 측면에서 조공질서를 이야기할 때 가장 주목받는 시기가 바로 '개항기'이다. 개항기는 전통적 조공질서가 서구 근대와 만나 부딪히면서 제국주의적이고 침략주의적인 측면이 많이 노출되는 시기였다. 오카모토 다카시(岡本隆司)는 이 시기의 청(淸)은 전통적 조공관계에 따른 종주권을 주장한 것이 아니라 사실상 실질적인 지배를 시도했다고 주장한다. 또 커크 라센(Kirk Larsen)은 개항기 조선에 대한 청의 정책은 단순한 종주권 회복이 아니라 이미 근대의 세례를 입고 진화한, 그리고 혼자 힘으로는 역부족이니 영국과 손을 잡은 "비공식적 제국주의(sino-british informal imperialism)"였다고 언급한다.

현재도 조공과 종주권 개념은 현실에 영향을 미치고 있다. 중국은 왜 그렇게 경제적으로 도움이 안 되는 북한을 지원할까? 어떤 연구자들은 과거 경제적 시혜로 변방의 안정을 샀던 조공질서의 연장선상에서 중국의 대북지원을 해석하기도 한다. 또 중국인 중에는 한국이 속국이었다고 폄하하는 사람도 적지 않다. 과연 과거 한반도 정권과 중국이 맺었던 전근대 조공질서가 무엇이고, 근대 이후 이 질서가 어떻게 해체되고 잠복했다가 현재 부활하고 있는지를 검토할 필요가 있는 것이다.

전근대 동아시아의 조공질서와 상호 인식의 모순

조공질서는 니시지마 사다오(西嶋定生)가 처음 '동아시아 세계론'을 주장하면서 상당히 개념화·이론화되었다. 니시지마가 생각하는 조공질서는 한(漢)에서 당(唐)에 걸쳐 완성되었고 조공과 책봉이라는 정치적 관계가 매개되기는 하지만 기본적으로 유교라든지 한자문화, 율령제, 대승불교 같은 것을 공유하는 하나의 문화적인 공동체였다.

이런 문화중심주의적인 해석에 반해서 실제 명(明)에 이르면 지극히 경제적이고 정치적인 고려가 중요해진다. 이 시기 한반도는 고려에서 조선으로 왕조가 교체되는 시기였다. 조선은 고려의 친원(親元)세력을 누르기 위해 친명(親明)정책을 추진한다. 또 태조가 조선을 건국한 뒤 정종에 이어 태종이 왕위를 계승하지만, 그는 형제들을 죽이고 왕위에 올랐기 때문에 어떤 식으로든지 정통성을 확보해야만 했고, 조선 국왕으로 인정받기 위해 명의 영락제(永樂帝)에게 대단히 충실한 조공국의 자세를 취할 수밖에 없었다.

일본은 아시카가(足利) 막부가 통치하고 있었는데, 국내의 여러 경쟁세력을 물리치기 위해 명과 무역 특권을 독점하려 했다. 중국과 무역은 황금알을 낳는 거위였다. 하지만 명의 정책은 '해금(海禁)'이라고 해서 모든 민간 무역을 금지하고 조공을 하는 국가에게만 '감합(勘合)' 같은 형태의 허가장을 발급해 경제적 이득을 주면서 통제하는 방식이었다. 아시카가 막부는 일본 국왕으로 책봉되고 감합을 통해 국내 세력을 제어하면서 경제적·정치적 이익을 누리려고 했다.

중국 역시 이때 조공체제가 새롭게 정비되었다고 할 수 있다. 명의 영락제는 조카를 죽이고 황제 자리에 올랐다. 그 역시 국내적으로 권력의 정통성이 부족했고, 그것을 메우기 위해 경제적으로 손실만 많은 '정화(鄭和) 원정'을 일곱 번이나 보낸다. 그러나 실상 정화 원정은 세계 각지를 다니면서 조공을 받아 진귀한 토산물을 국내에 내보이는 큰 쇼였다. 영락제는 정통성 확보를 위해 동아시아 각국의 조공도 적극적으로 수용했다. 이로써 명대의 조공질서가 단순히 문화적 공동체가 아니라 상당한 정치적·경제적 고려로 이뤄진 질서였음을 알 수 있다.

문제는 이 질서가 명말청초가 되면서 동요한다는 것이다. 16~17세기에 포르투갈, 스페인이 아시아에 진출하면서 라틴아메리카의 은이 유입되고, 일본의 은은 폭발적인 생산 증가를 맞았다. 중국에서는 은 화폐경제가 활성화되고 공전의 상업 붐이 일어난다. 그러자 기존의 조공무역 틀에 안주하지 않는 새로운 상업세력, 해양세력, 무장세력이 등장한다. 그 대표적인 사례가 바로 '북로남왜(北虜南倭)', 북쪽의 오랑캐와 남쪽의 왜구이고, 이것의 절정이 임진왜란과 병자호란이다. 북로는 원래 몽고족을 가리키는데, 중국이 이들을 방어하기 위해 최대 200만 명의 상비군을 동북지역에 배치하고, 군량미를 은으로 결제하면서 이 지역에 은이 넘쳐났다. 이때부터 모피와 홍삼 무역이 더욱 활성화되고 그 경제적 수익을 젖줄로 여진족, 즉 만주족이 힘을 키우며 성장했다. 결과적으로 이 같은 혼란 상황은 명이 망하고 청이 중원을 점령하면서 일단락되는데, 그것이 하나의 큰 충격을 줬다.

'화이변태(華夷變態)', 즉 중화가 오랑캐가 되고 오랑캐가 중화가 되었다. 분명히 청나라 만주족은 오랑캐 중에도 상(上) 오랑캐인데 그 오랑캐가 중화제국이 된 것이다. 어떤 의미에서 이 같은 사태는 주변국의 자의식을 굉장히 높이는 결과를 가져왔다. 예컨대 일본은 류큐(琉球)·아이누(Ainu)·조선을 조공국으로 아우르는 일본 중심의 '소천하(小天下) 의식'을 가지게 되고, 베트남은 캄보디아·미얀마에게 조공을 받으며 중국과 대등한 천하의 중심임을 자임한다. 조선은 명의 멸망으로 중국 본토에서는 중화의 정통이 끊겼고 이를 계승한 나라가 조선이라는 '소중화(小中華) 의식'으로 비록 군사적으로 압도적 열세에 있어도 문명대국이라는 자의식을 키웠다.

하지만 실상은 어땠나? 청의 제국 지배의 주요한 특성 중 하나는 이중적 지배이다. 즉, 북아시아의 몽고·티베트·위구르에 대해서는 유목제국의 대칸(大汗)으로서 군림하고, 명과 조공관계를 구축했던 주변국에 대해서는 중화제국으로서 군림했다. 조선의 사례는 다소 특이했다. 조선은 청이 입관(入關)하기 전에는 병자호란의 패전국으로서 '세폐(歲幣)'를 지불하는 굴욕적인 화친을 맺었다. 이에 따라 청은 매년 거액의 공물을 조선에 요구했으며 소현세자처럼 후계자까지 인질로 잡아갔다. 하지만 입관 후에는 중화제국이 되어 명과 마찬가지로 조선을 조공국으로 대하면서 관계가 재조정되었고, 가혹한 공물이나 인질 조항은 사라졌다.

조선 사대부들은 이 같은 상황을 받아들이기 어려웠다. 척화론자였던 홍익한(洪翼漢, 1586~1637년)은 상소문에서 "이 세상에 태어난 이래로 천자라고 하면 대명(大明)의 천자밖에 들은 바가 없다. 이 오랑캐[虜]가 우리의 풍속을 야만스럽게 만들고 우리 군신을 예속시키고 천자가 되려는 것은 당치도 않다. 조선은 일찍이 예의로 유명해 천하에 '소중화(小中華)'라고 일컬어지고 있다"라고 말했다. 그러면서 청에 대한 우월의식을 가지는데, 다만 이것은 여전히 국내용이었다. 실제로는 17세기 중반을 넘어가면서 청에 대해서 명과 마찬가지로 사대관계를 맺고 일본에 대해서도 도쿠가와(德川) 막부가 성립된 이후 통신사를 보내면서 대등한 교린관계를 맺었다. 그리고 이 사대교린은 200년간 편안하게 유지된다.

이 같은 동아시아의 질서는 사실상 '편의로운 오해의 질서'였다. 조선은 조공을 하면서도 청에 대해 '그래 봤지 너희는 야만인'이라고 생각했고, 청은 조선에 대해 아주 착한 조공국이라고 칭찬하면서도 언제 뒤통수를 맞을지 모른다고 의심했다. 일본에 대해서도 통신사를 보내면서 '우리가 문명국이니 한 수 가르쳐준다'라고 생각했지만 일본은 '조선이 우리에게 조공하러 왔다'라고 호언했다. 그렇다면 상대편이 그렇게 생각하고 있는 것을 몰랐을까? 어느 정도는 알고 있었다. 다만 어차피 국내용인데 별 상관이 없었다는 것이다. 문제될 것이 없으니 편의적인 오해의 질서가 평화롭게 유지될 수 있었다. 그런데 이것이 19세기 후반 서구의 등장과 함께 다시 한 번 요동치게 된다.

근대적 표준의 등장과 상호 인식의 충돌: '속국', '자주', '독립'

:: 서양의 등장과 대외 인식의 격변

조선이 서양과 본격적으로 만나게 된 것은 천주교 탄압이 빌미가 된 병인양요(1866년)와 제너럴셔먼호 사건이 빌미가 된 신미양요(1871년)를 통해서였다. 프랑스와 미국은 군대를 보내기 전에 먼저 중국에게 묻는다. "조선이 속국이라면 그 행위는 종주국인 청이 책임져야 하는 것이 아닌가?" 청은 1, 2차 아편전쟁에서 패하면서 서구 열강과 불평등 조약을 맺고 수도까지 초토화되는 참혹한 상황이었다. 그런 상황에서 청의 총리아문(總理衙門)은 이렇게 대답한다. "조선은 청의 속국이지만 조공을 하고 있을 뿐이다. 일체의 국사(즉, 내정 외교)는 자주이다." 그러자 프랑스와 미국은 "그렇다면 사실상 독립국"이라고 하면서 조선에 군대를 파견하고 조약체결을 요구한다. 이에 조선은 "종주국인 청 — 천자이자 군주이자 아비인 황제 — 을 두고 속국인 조선 — 제후이자 신하이자 자식인 국왕 — 이 함부로 이국(夷國)과 관계를 맺을 수 없다"라며 이를 거부한다. 결국 군사충돌이 발생했지만 조선은 용감하게 싸워서 막아냈다.

프랑스와 미국이 군사행동 전에 저렇게 청에 물은 것은 중국의 개입을 사전에 차단하기 위해서였다. 그런 다음 조선과 통상조약체결을 강행하려 했던 것이다. 이에 대한 청과 조선의 반응은 한마디로 부담스러운 서양과의 교섭을 서로 떠넘기는 상황이었다고 볼 수 있다. 제 코가 석 자인 중국은 조선에 관여할 여력이 없었고, 조선은 중국을 핑계로 통상을 거절했던 것이다.

그런데 일본이 1875년 운요호 사건을 일으켜 무력으로 개항을 강요하면서 다시 묻는다. "조선은 내외의 정사를 완전히 독자적으로 판단하고 주재하는 독립국인가, 아니면 사물을 모두 청에게 여쭙는 속국인가?" 결국 실랑이 끝에 강화도조약(1876년)을 맺는데 제1조는 "조선은 자주의 국가로 일본국과 평등한 권리를 보유한다"라고 규정했다.

하지만 이것은 동상이몽으로 조선 입장에서 '자주의 국가'는 중국의 사대관계와 전혀 배치되는 것이 아니었다. 원래 조선은 '속국자주'이므로 '자주의 국가'가 맞는 것이다. 그리고 '일본국과 평등한 권리'라는 표현도 원래 일본과 교린관계였으므로 전혀 문제될 것이 없다. 이전의 사대교린이 여전히 지속되고 있는 것이다. 하지만 일본의 생각은 달랐다. '자주'라고 했으니 조선은 중국과 외교적으로 상관없는 '독립국'임이 국제적으로 공언되었다고 본 것이다. 당연히 일본의 이러한 대도는 조선에 들어갈 때 중국의 개입을 차단하려는 의도였다.

∷ 조선의 대외개방과 한중 갈등

조선과 강화도조약을 맺은 일본은 중국과 일본 양쪽에 조공하던 류큐 왕국을 병합(1879년)한다. 류큐가 오키나와현으로 내지화된 이듬해에 김홍집(金弘集)이 수신사로 도쿄에 갔다가 일본주재 청의 공사인 하여장(何如璋)을 만났다. 하여장은 자신의 관원인 황준헌(黃遵憲)이 쓴 『조선책략(朝鮮策略)』을 전해주고 김홍집은 귀국해서 이 책을 고종에게 바쳤다.

『조선책략』의 내용은 러시아의 위협을 강조하면서 '중국과 친하고[親中國], 일본과 제휴하고[結日本], 미국과 연대하라[聯美國]'로 요약할 수 있다. 즉, 청과 관계밀착, 일본과 관계개선, 미국과 조약체결을 조선에 권하는 내용이다. 이 책을 본 고종과 민씨 정권은 충격을 받고 근대적 군비와 기술 도입을 시작하면서 미국과 조약을 맺기로 결심한다. 사실 청의 이홍장(李鴻章)은 1874년 타이완 출병 이후 조선정부에 미국과 조약을 맺을 것을 지속적으로 권고하지만 조선정부는 거부했었다. 그러다가 고종이 이 책을 보고 진심으로 필요성을 느껴 체결을 추진하게 된 것이다.

문제는 미국과 조약체결을 하면서 새롭게 불거졌다. 1881년 말 영선사 김윤식(金允植)이 톈진(天津)으로 건너가 이홍장을 만났다. 조선은 서양 국가와 교섭을 해본 적이 없기 때문에 실제 교섭은 이홍장의 주도로 톈진에서 하고 조인만 조선에서 하기로 했다. 이렇게 만들어진 조약 초안에 이홍장은 "조선은 청의 속국으로 내정 외교는 조선의 자주이다"라는 문구를 제1조에 넣자고 제안했다. 이에 대해 김윤식의 입장은 어땠을까? 지금 우리의 생각과는 반대로 '좋다'라고 했다. 왜 그랬을까? 김윤식의 일기인 『음청사(陰晴史)』를 보면 다음과 같은 내용이 나온다.

조선이 청의 속국인 것은 천하가 아는 바이지만 …… 이때 청조는 각국에 성명해, 조약에 대서특필하려고 합니다. 그러므로 훗날 조선에 유사시 만약 전력으로 구해주지 않는다면 반드시 천하의 웃음거리가 됩니다. 청이 조선을 책임지는 것을 본다면, 각국이 우리를 가벼이 여기는 마음도 사라질 것입니다. 게다가 그 아래 구절에는 '모두 자주할 수 있다'라고 이어지고 있습니다. 이렇다면 각국과 통교는 '평등의 권리'로서 해도 꺼릴 것이 없습니다. 권리를 잃어버릴 우려도 없고 큰 나라를 섬기는 뜻에도 어긋나지 않습니다.

하지만 이에 대해 미국이 반대한다. '속국자주'란 문구를 수용할 수 없다는 것이다. 그러자 이홍장은 이 문구를 조약에서 빼는 대신 조약 비준을 받기 위해 미국에 사신을 보낼 때 속국자주를 명기한 조선 국왕의 친서를 미국 대통령에게 송부하도록 했다. 이런 식으로 간섭이 심해지면서 청의 태도가 점차 바뀐다. 예컨대 교섭에서 실질적인 역할을 담당했던 마건충(馬建忠)의 『동행초록(東行初錄)』을 보면 다음과 같은 이야기가 나온다.

5월 14일 조약 조인을 위해 정사 신헌(申櫶)과 부사 김홍집이 승선해 인사차 왔을 때 조선의 기를 꺾기 위해 국왕을 대신해 배신들에게 삼궤구고두(三跪九叩頭)의 예를 시키고 삼가 황태후와 황상의 성안을 여쭙도록 했다. 그런 뒤 서서히 유도해 이쪽에서 하는 말을 기꺼이 듣도록 만드는 한편, 미리 친서의 초고를 대필해주고 '자주'의 명목은 용인하더라도 실제로는 '속국'의 실질을 명백히 했다.

'자주의 명목은 용인하더라도 속국의 실질을 명백히 하다.' 바로 이것이 조선 현지에서 활동하던 청 외교관들의 가장 큰 목표였다. 이런 태도에 대해서 조선정부가 반감을 갖지 않을 리 없었다. 비록 임오군란(1882년) 때 청에 파병을 요청하긴 했지만 청군이 주둔하면서 내정간섭이 심화되자 점차 조선 내부에 반청 여론이 거세졌다. 그럼에도 마건충은 1882년 조청상민수륙무역장정(朝淸商民水陸貿易章程)을 체결하면서 이렇게 말했다.

> 이번에 정할 무역장정은 대등한 국가들 사이에서 맺는 조약과는 다르다. 이 장정을 어디까지나 타국의 조약과 같은 것으로 하고 싶다면, 그것은 조선이 은연중 청과 대등하게 되려고 하는 것이며 일본인에 대한 두려움만을 알지 청은 두려워하지 않는 것이다.

조선의 자주 추구

이런 상황에서 조선은 점차 자주를 강조한다. 민영익(閔泳翊)은 임오군란 이후에 주일 영국공사인 해리 파크스(Harry S. Parkes, 1828~1885년)를 만나 다음과 같이 말했다.

> 대원군의 배제는 조선에게 나쁜 것은 아니지만 이런 방식은 국가의 굴욕입니다. 청이 조선의 내정에 이렇게까지 간섭할 권리는 없습니다. …… 조선은 내정 외교 모두 자주입니다. …… 원래 청에 대한 조선의 조공관계는 일정한 의례에 한정된 것으로 청은 조선의 내정에 간섭하지 않아 왔습니다. 그러므로 최근 청의 행위는 구례에 반하는 것입니다. …… 조선인은

지금 청의 간섭에 참을 수 없습니다.

또 일본에 수신사로 파견된 박영효(朴泳孝)도 다음과 같이 말했다.

자국민의 통치에 필요하지 않기 때문에 군대를 가지고 있진 않지만, 그 때문에 청의 수중에서 저항도 못하고 말하는 대로 할 수밖에 없는 것이 현재 조선의 처지입니다. 조약을 체결한 서양 각국의 원수에게 조선국왕이 보낸 친서에 '조선은 청의 속국이나 내정 외교는 자주'라고 선언하고 있습니다. 국왕의 독립된 지위를 이처럼 선언한 것은 청도 완전히 승인하고 동의한 바인데, 그럼에도 청은 오늘날에 와서 조선의 내정 외교에 온갖 수단을 다 동원해 간섭하고 국왕으로부터는 주권을, 정치로부터는 행동의 자유를 빼앗고 있습니다.

여기서 주목할 것은 '속국자주'가 '주권국가'와 배치되지 않는 개념으로 파악된다는 점이다. 사대당에 친청파로 유명한 어윤중(魚允中)도 "조선에 대해 자주라고 하는 것은 좋다"라고 긍정한다. 다만 "독립이라고 해서는 안 된다"라는 것이다. 반면 급진개화파인 윤치호(尹致昊)는 "우리가 이미 서양과 조약을 맺은 날 독립국이 되었다"라고 한다. 왜냐하면 "이 세상에 속국과 평등한 조약을 맺는 도리는 없기 때문"이라는 것이다. 이런 분위기에서 김옥균(金玉均) 등 급진개화파가 갑신정변(1884년)을 일으켰다. 그리고 이 쿠데타를 원세개(袁世凱, 1859~1916년)가 진압하면서 청의 위세는 더욱 커졌다. 그 와중에 '데니'가 이홍장의 추천으로 조선에 부임했다.

개항기 주한 청 관리들의 논리는 "지금 조선정부에 러시아의 보호를 받아들이라고 교사하는 자가 있는데, 이것은 사실상 보호의 이름을 빌려서 잠식, 병합하려는 것이다. …… 진정한 보호는 상국인 청만이 가진다. 임오, 갑신의 내란 평정이 그 명확한 증거이다. …… 청의 속국은 내정 외교가 다 자주인데 서양의 속국은 그렇지 않다. 다만 연금을 받을 뿐으로 내정 외교는 자주할 수 없고 징수한 재화도 종주국의 것이 되어버린다. 어느 쪽이 더 좋은가?"라는 것이었다.

데니, 청한론을 저술하다

⁝ 데니는 누구인가

『청한론』은 구한말 고종의 외교고문으로 있었던 미국인 오웬 데니가 1888년에 저술한 짧은 소책자이다. 한글로 번역해도 40쪽밖에 안 되고 영어 원문도 30쪽에 지나지 않는다. 일본 아시아역사자료센터 홈페이지에 가면 원문을 다운로드할 수 있는데, 이 책의 요지는 한마디로 "조선은 확실히 청의 조공국이지만 국제법에 따르면 조공국이라도 독립국이므로 사실상 독립국"이라는 것이다.

데니는 미국의 오하이오에서 태어나 오리건으로 이주해서 법률을 전공하고 판사로 일했다. 이후 여러 관직을 거쳐 1877년에 중국 주재 영사로 임명된다. 처음에는 톈진의 영사로 있다가 상하이(上海) 총영사로 승진했다. 그때 대외관계는 북양대신(北洋大臣) 이홍장이 좌지우지하고 있었고, 북양대신의 관소가 있는 곳이 바로 톈진이었다. 그런 까닭에 데니와 이홍장은 친밀한 사이였다.

그 무렵 동아시아에서 미국은 '야심 없는 대국' 이미지가 있었다. 그 계기는 1879년 류큐 병합이었다. 류큐 왕은 일본에 강제 병합되기 직전 중국에 밀사를 파견해, 이제까지 청을 종주국으로 섬겼는데 위기에 처한 조공국을 도와주지 않으면 종주국의 위신이 어떻게 되겠냐며 중국을 압박한다. 류큐 왕국은 이미 미국, 영국 등 서양 국가와 조약을 맺고 있었기 때문에 서양 열강도 일본이 류큐를 오키나와로 내지화하는 것에 불만이 있었던 상황이었고, 청이 일본의 류큐 병합에 강하게 반발하고 나서자 세계여행 중이었던 전 미국 대통령 율리시스 그랜트(Ulysses S. Grant, 1864~1869년 재임)가 청일 교섭을 중재하겠다며 협상 테이블을 만들었다.

이때 데니는 그랜트를 보좌하면서 함께 일본에 가고, 그 과정에서 이홍장은 미국과 데니에 대해 더욱 호감을 갖게 되었다. 이후 조선이 중국에서 미국과 조약체결을 논의할 당시, 상하이 총영사로 있던 데니는 미국 대표의 접대를 담당하고 있었다. 그러다가 상사인 베이징 공사 조지 슈워드(George F. Seward)와 갈등이 생겨 1883년 10월 사표를 내고 미국으로 돌아가게 된다. 귀국해 포틀랜드에서 지내고 있던 데니는 1885년 7월 톈진의 북양대신 이홍장으로부터 전보 한 장을 받는다. 지금 조선정부에서 외교 고문을 원하는데 가지 않겠냐는 내용이었다. 데니는 이 제안을 바로 수락하고 1885년 말 미국을 출발해 중국으로 갔다. 중국에서 먼저 이홍장을 만나 사전 협의를 하고, 1886년 3월 28일 인천에 도착해서 조선의 외교 고문으로 부임한다.

∷ 조선의 상황과 쟁점이 된 한청 관계

데니가 부임했을 당시 조선은 어떤 상황이었을까? 국제정치의 파도 한가운데서 좌초되지 않으려고 안간힘을 쓰는 형국이었다. 조선은 1882년

데니와 그의 편지

데니가 조선에서 보낸 편지를 한국사가 로버트 스워다우트(Robert R. Swartout Jr.) 박사가 정리했다. 데니의 중국식 이름은 '더니(德尼)'였다.

자료: Robert R. Swartout Jr., *An American Advisor in Late Yi Korea: The Letters of Owen Nickerson Denny*(Univ. of Alabama Pr., 1984).

조선에 부임한 데니의 자택

자료: Robert R. Swartout Jr., *An American Advisor in Late Yi Korea: The Letters of Owen Nickerson Denny*(Univ. of Alabama Pr., 1984).

5월 미국과 조약을 체결한 후 영국, 독일, 러시아와 연이어 조약을 체결한다. 하지만 임오군란이 일어나서 일본과 청이 이를 빌미로 조선에 진출하게 되고, 국내정치는 청과 일본 사이 노선 대립이 심각해진다. 결국 청의 내정 간섭을 더는 참지 못해 일본 세력을 업고 갑신정변이 일어났다. 하지만 이를 원세개가 진압하면서 청의 위세는 더욱 커진다.

조선이 청을 완전히 믿을 수만은 없어 안전을 확보하기 위해 러시아 세력을 끌어들이려 하자, 이에 반발한 영국이 거문도를 점령하면서 상황은 더욱 혼란스럽게 전개된다. 이때 조선에 들어왔던 외세 가운데 최대 세력은 여전히 청이었다. 그것은 조선이 지난 200년간 청의 '속국'이었기 때문에 가능했다. '속국자주'에 대한 해석은 각기 다를 수밖에 없었다. 이홍장은 '속국'을 더욱 강조하면서 그것을 관철시키기 위해 젊고 강경한 원세개를 파견했다. 그리고 조선정부에 한층 고압적인 태도를 취하면서 종주국의 권위를 내보이려 했지만 그것만으로는 부족했다.

서양 각국은 청과 조선의 관계에 의심을 표하면서 '자주국'이면 '독립국'이므로 청의 조선 간섭은 아무런 근거가 없다는 주장을 펼쳤다. 이홍장은 서양 국가들이 근거로 삼는 국제법에 대한 지식이 필요했고, 바로 그런 필요로 법률에 밝은 데니의 역할을 기대했던 것으로 보인다. 그가 원세개와 손을 잡고 조선정부를 청이 바라는 방향으로 이끌지 않을까 생각했다. 다시 말해 청이 조선에 대한 확실한 권리가 있다는 것을 설명해 주기를 원했던 것이다.

그런데 데니의 생각은 달랐다. 그는 청과 조선의 원활한 관계를 위해서는 청이 바뀌어야 한다고 여겼다. 이홍장은 '속국'을 우선시했지만 데니는 '자주'를 제일로 여겼다. 데니는 원세개의 전횡에 분노해서 그의 경질을 이홍장에게 계속 요구한다. 당시 원세개는 사사건건 조선의 내정과 외교에 간섭했고, 중국 상인들의 밀수를 조직적으로 도왔을 뿐만 아니라 고종의 폐위까지도 꾀했다. 데니는 자신이 이홍장에게 부탁받은 일은 원세개의 횡포를 제압해서 조선의 반청 의식을 약화시키는 것이라고 믿고 이홍장에게 원세개를 경질해야 한다고 말했지만 이홍장의 태도는 미온적이었다.

마침내 임기 2년이 끝나자 그는 큰 결심을 하고 청의 조선정책을 맹렬히 비판하는 『청한론』을 쓴다. 이것으로 이홍장과 데니의 관계는 파탄이 났지만 고종은 너무나 반갑고 고마운 나머지 그의 임기를 1890년까지 2년 더 연장해줬다. 조선에서 임기를 마친 데니는 고향으로 돌아가 여생을 마쳤다. 데니는 『청한론』을 출판하기 직전에도 희망을 버리지 않고 톈진까지 가서 이홍장을 만났다. 그러나 이홍장의 반응은 기대와 달랐다. 데니는 마침내 결심을 굳히고 영어로 조선의 입장을 대변하는 『청한론』을 조선과 상하이에서 인쇄해 서양 각국 외교공관에 배포했다.

청한론의 핵심 주장

:: 주권이란 무엇인가

데니는 국제법에서 통용되던 헨리 휘튼(Henry Wheaton)의 정의를 인용해 주권을 설명했다. "주권은 어떤 국가를 통치하는 최고 권력이다. 이 최고 권력은 국내적으로나 국제적으로 다 행사될 수 있다." 중국의 ≪화북일보(華北日報)≫ 등에서는 중국의 입장을 반영해서 다음과 같이 말했다. "17세기 말엽에서 18세기 초엽까지 조선의 왕이 책봉한 세자는 청국 황제의 재가를 받은 연후에야 법적 상속인이 될 수 있었다. 따라서 베이징으로부터 그런 재가를 받기 전에는 왕의 칭호를 들을 수 없었다." 즉, 책봉을 예로 들어 '그렇기 때문에 그 주권은 제한적'이라는 주장이다.

이에 대해 데니는 다시 휘튼을 인용해 "특정 국가가 경우에 따라서 다른 국가의 명령에 복종했다고 해서 그 주권이 손상되는 것은 아니다. 심지어 그 국가의 의회에 대해 관례적인 영향력을 행사할 경우라도 그 주권이 손상된 것은 아니다. 다만 이러한 복종이나 영향력이 명확한 조약의 형태를 취하고 있고, 그 조약에 따라 약소국가의 주권이 법적으로 다른 국가로부터 영향을 받을 경우에는 그 국가의 주권이 손상된다"라고 정리한다. 그리고 이를 기초로 한청 관계를 규정하기 시작한다.

약소국은 자신의 독립을 불안하게 유지하고 있으며 그 독립성은 강대국의 의사에 따라 좌우된다. 왜냐하면 약소국은 강대국의 침략을 꺼려하고 있기 때문이며, 그렇기 때문에 약소국과 국민은 강대국이 암시적 또는 명시적으로 하는 명령에 복종할 수밖에 없다. …… 하지만 복종과 명령은 수효나 강도 면에서 비교적 약한 것이므로 이것으로 강대국과 약소국 사이에 종속관계를 형성하기에는 불충분하다.

그러면서 존 오스틴(John Austin)의 개념을 가져와 이렇게 설명한다.

비록 강대국이 영원히 우월하다고 할지라도 약소국이나 그 국민은 독립된 정치사회이며 그 국가에서 강대국은 주권의 일부를 이루지 않는다. 또한 비록 약소국이 영원히 열세라고 할지라도 약소국은 실제에서나 관행에서나 독립국이다.

그 결과 한청 관계에 대한 데니의 결론은 이렇게 귀결된다.

> 조선은 청의 조공국일 뿐이다. 조공관계라 함은 지난날 두 나라 사이에 최고의 신뢰가 있었을 때만 지속되어왔다. 바꿔 말해서 조선은 청의 처사가 관대하고 우호적이며 공정한 한에서 진심으로 조공관계를 지속시키고자 했다. 그러나 이 조공관계란 주권이나 독립권에 영향을 미칠 정도가 아니며 영향을 미칠 수도 없다.

그러면서 국제사회에 다음과 같이 호소한다.

> 국제법은 약체 국가도 배려해야 한다. 독립국의 지위를 보전하고자 하는 조선의 고투를 고려해야만 한다. …… 서양 열강은 조선이라는 작은 왕국을 몇 세기나 신비 속에 봉인된 은둔상태로부터 끌어내어 압박과 부당한 대우를 받으면 원조한다는 보증서를 주어 문명국의 사회로 가입시켰다. (기왕지사 그랬다면) 이 새로운 성원이 국제사회의 일원으로 살아가려고 하는 입구에서 억압당하도록 내버려둬서는 안 될 것이다.

⁙ 청의 대응과 '독립'의 이중성

데니는 '속국'이라는 한자어를 '중국에 조공하는 나라(a state tributary to China)'로 번역했다. 또 '자주'는 '완전한 통치권을 갖다(have full sovereignty)'로 번역했다. 이러한 술어에 기초해 국제법을 원용함으로써 '조공국은 곧 독립국'이란 도식을 이끌어냈던 것이다. 그러자 이에 대항해 청은 '속국'에 대한 영어 번역을 '종속국(vassal state)'으로 사용했다.

『청한론』이 나온 지 2년 뒤에 헌종(憲宗)의 모후(母后)인 조대왕대비(趙大王大妃)가 죽자 중국이 장례식에 사신을 파견하는데, 원세개가 그 행적을 기록해 『사한기략(使韓紀略)』을 출간했다. 한문과 영어로 출간해서 서양 각국 외교공관에 배포했는데 책에는 이런 내용이 있다. "두 사신이 황상의 소국을 배려하는 마음과 속방(屬邦)을 다독거리는 뜻을 받들어 체현한 것이 정말로 사소한 것에라도 미치지 않은 바가 없었다. 훌륭하구나." 중요한 것은 여기서 '속방'을 '종속국'으로 번역해서 '조공국'과는 확실히 다른 용어를 사용했다는 점이다. 그런데 이홍장의 입장을 살펴보면, 원세개와는 조금 다른 느낌의 전략을 발견할 수 있다.

> 조선 땅은 러시아가 침을 흘리는 지역으로, 청이 신속히 토벌해 판도에 넣는 것을 영국이 바란다고 한다. 하지만 그것은 명백히 옆에서 전쟁을 도발하는 것이다. 영국은 호의를 보이는 것 같지만 실상은 우리가 어떻게 되든지 상관없다는 생각을 하고 있다. …… 설사 서양 각국이 조선을 자주라고 간주해도 내놓고 조선을 우리의 속국이 아니라고 할 수는 없으며, 우리에게 조선을 속국이 아니라고 인정하라고 강요하는 것은 더욱 불가능하다. 만약 조선 국왕이 제 분수도 모르고 우쭐대며 조공도 하지 않겠다고 하면 모를까? 그렇지 않는 한, 대놓고 잘못을 꾸짖으며 병사를 일으켜 죄를 물을 수는 없다.

이 같은 이홍장의 전략에 대해서 러시아의 남하를 막기 위해 지속적으로 청의 조선 병합을 요구했던 영국의 관점은 어땠을까? 훗날 영국 외무장관을 지낸 조지 커즌(George N. Curzon)은 『극동여행기(Problems of Far East)』(1894)라는 책에서 다음과 같이 논평했다. "이홍장의 정책은 논리적으로도 통하지 않고 국제적 관례에도 배치되었다. 하지만 그 결과는 성공하지 않았다고 할 수 없는데, 논리적인 결함은 모두 실제적인 이익으로 보충되었다." 여기서 실제적인 이익이란 신미양요와 병인양요 때 선교사와 자국민을 습격한 책임을 조선 이전에 청에게 물었으나, 청은 그 책임을 조선에게 넘기면서 청이 조선을 벌하지도 않고, 조선 문제에 대한 책임도 모면한 것을 말한다. 그 대신 미국과 조약체결을 허용하면서 동시에 중재자로서 권리를 주장하게 되었다. 그런데 그 역할은 본래 일본이 맡고 싶었던 것이다. 청은 약화된 국력으로 이러한 방식이 아니었다면 조선을 사이에 두고 깊이 두려워한 두 나라, 즉 일본과 러시아를 제어할 수 있었겠는지 묻는다. 그런 면에서 논리적으로는 말이 안 되지만 실제적으로는 이익을 본 측면이 있다고 평가했다.

하지만 이러한 줄타기는 4년 후 청일전쟁으로 끝이 났다. 전쟁이 끝나자마자 1895년 1월 일본의 압력으로 고종이 종묘에 배례를 행하면서 "청에 기대려는 생각을 잘라버리고 '자주독립'의 기초를 확고히 세운다"라고 선언했다. 그리고 도성 밖에 청의 사신을 맞았던 영은문(迎恩門)을 파괴하고 그 자리에 독립문을 세운다. 하지만 이 독립과 더불어 일제의 침략이 가속화되었다는 점도 하나의 사실로 인정할 수밖에 없다.

∷ '속국자주'의 논리

결론적으로 우리에게는 서구의 주권 개념과 속국 개념으로는 이해할 수 없는 조공질서의 '속국자주'라는 개념이 있었다. 강력한 서구 제국주의를 막아내야 하는 상황에서, 초기에 조선은 '중국이 종주국이니 우리를 보호해야 한다'라고 하고, 중국은 '조선이 속방이지만 외교와 내정 모두 자주이니 알아서 하라' 했다. 그 와중에 일본이 타이완에 출병하고 운요호 사건을 일으키자 청도 변화가 생겼다. 베트남과 류큐가 각각 프랑스와 일본에 넘어가니 조선에 관심이 많은 일본이나 러시아를 가만히 둘 수는 없었던 것이다. 그래서 조선정부에게 '청이 도와줄 힘은 없으니 미국 등 여러 열강과 조약을 맺어서 세력 균형을 꾀하라' 하고 조언했다.

그런데 임오군란이 일어나면서 청군이 조선에 출병했고 주둔하게 되었다. 군대가 주둔하니 원세개나 장건(張謇) 같은 현지 외교관들은 이렇게 된 바에 조선을 서구 개념의 속국으로 만들려고 구상했다. 우선은 서구 열강이 청에게 했던 것처럼 해관(海關)을 장악하고 경제적 이권도 침탈하면서 '비공식적 제국주의'를 실행하고, 역량이 허락한다면 조선 병합까지도 고려했다. 그에 비해 중국 본토에 있었던 이홍장이나 최상층의 위정자들은 그렇게 생각하지 않았던 것 같다. 중국은 그럴 여력이 없고, 그렇게 하면 전통적인 조공질서에 위배될 뿐만 아니라 중국 내부의 티베트, 몽고, 위구르 같은 번부(藩部)에 자극을 줘서 이탈 경향을 강화시킬 수 있기 때문이다.

그 당시 조선의 입장은 군사적 보호는 하되 내정 간섭은 조공질서에 위배된다는 것이었다. 한편 일본은 '독립국'인 조선에 중국은 상관하지 말라고 했다. 마지막으로 영국은 중국이나 일본 중 아무나 좋으니 러시아가 조선을 차지하지 않도록 막아달라는 입장이었다.

이런 상황에서 데니는 『청한론』을 통해 현실적으로 조선의 입장을 대변하고자 했던 것으로 보인다. 사실상 조선이 홀로 되었을 때 일본이나 러시아 등 열강의 침탈을 막아낼 힘이 없다고 본 것이다. 그래서 청과 관계를 끊으면 안 된다고 생각했다. 청에 조공관계를 앞세워 '보호(sponsorship)'의 책임과 의무를 요구하는 한편, 이 조공관계는 약소국과 강대국

19세기 말 한반도의 상황을 풍자한 시사만화

자료: Georges Ferdinand Bigot, "Go Fishing," *TÔBAÉ*, 1887.

간에 존재하는 '실질적 위계'를 의례적으로 표현한 것에 지나지 않으니 조선은 또한 '주권' 국가임을 재차 강조했다. 따라서 대국의 도덕적 의무를 강조하고 내정 간섭을 견제하고자 한 것이 『청한론』의 핵심 내용이라고 할 수 있다. 이것은 또한 당시 고종의 심중이 아니었을까 한다.

조공체제를 바라보는 여러 시각

⁝ 근년의 새로운 해석과 반박

과거 조공질서에 대해 '조공무역 시스템론'을 제기한 하마시타 다케시(濱下武志)는 당시 주변국들이 중국과 조공관계를 맺은 것은 중국의 힘이 강해서가 아니라, 돈이 많고 물자가 풍부해서 무역을 하면 경제적 이득을 얻을 수 있었기 때문에 그 매력에 따른 자발적인 것이었다고 주장했다. 즉, 조공체제는 경제적 유대로 맺어진 아시아의 질서였다는 것이다. 그 근거로 유목국가들이 조공을 하면서 변방의 호시(互市)를 증설해 달라고 요구한 것이나 동남아시아 국가들이 서로 조공하겠다고 경쟁한 것, 그리고 조공하겠다며 광저우(廣州)와 푸저우(福州)에 동남아시아 조공선들이 입항했는데, 베이징에는 60년간 한 번도 간 적이 없었다는 등의 사례를 들고 있다. 또한 류큐는 2년에 1번 조공을 하는 '2년1공(二年一貢)' 국가였는데, 조선처럼 1년에 2번 조공할 수 있게 해 달라고 중국에게 요청했다가 거절당하기도 했다. 또 조공에 대한 답례로 중국이 내려주는 회사품(回賜品)의 가치는 조공으로 바치는 것보다 10배나 많았다고도 한다. 이 같은 정황으로 볼 때 중국 입장에서는 조공체제가 전혀 경제적인 이익이 나지 않는 질서였고, 오히려 강력한 경제력을 바탕으로 변경을 안정시키면서 평화를 사는 정책이었다는 것이 하마시타 다케시의 입장이다.

하지만 이에 대한 반박도 만만치 않다. 먼저 조공으로 경제적 이득을 얻은 경우는 동남아시아이고 조선은 아니라는 것이다. 전해종(1970)의 연구는 조선의 경우 조공에 대한 경제적인 부담이 회사(回賜)로 얻는 것보다 컸다는 사실을 잘 보여준다. 청에 대한 조선의 조공은 군사적·정치적 의미가 압도적이었다. 구범진(2008)은 명과 청은 달랐다면서 특히 청에게 조선은 류큐나 베트남처럼 명의 유산을 '상속'한 것이 아니라 무력 동원, 즉 병자호란을 통해 직접 '획득'한 조공국이었다고 말한다. 그래서 가장 모범적인 조공국이라고 추켜세우면서도 끊임없이 정치적·군사적인 관심과 감시를 늦추지 않았다는 것이다. 청은 다른 조공국과 달리 조선에 대해서는 만주인을 계속 사신으로 보냈다고 지적한다.

한명기(1999)에 의하면, 조선에서도 조공관계는 국내정치적 의미가 컸다. 다시 말해 조선이 화이(華夷)질서를 국내정치에 동원했다는 것이다. 임진왜란 때 명나라 군대가 와서 도와주긴 했지만 조선의 사회 지배층의 역할은 미미했다. 그에 비해 활약이 돋보였던 의병장들은 후에 모두 토사구팽을 당했다. 이들에 대한 아래로부터의 지지가 뜨거웠기 때문에 이를 제압하기 위해 '재조지은(再造之恩)', 즉 '나라를 다시 만들어준 명의 은혜'란 이데올로기를 강조했다는 것이다.

이러한 논의들을 보건대 조공질서는 일괄적이지 않고 지역과 시기에 따라 큰 차이가 있었던 것 같다. 조선의 조공관계는 확실히 정치적인 측면이 훨씬 강했다. 다만 조공질서로의 편입이 중국의 선진기술과 문화에 접근할 수 있는 이점을 제공했다는 것에서 포괄적 의미의 선진기술 수입으로 얻는 경제적 수익은 단순히 조공과 회사의 손익관계로만 따져서 해명할 수는 없다고 생각한다.

농업기술, 면화, 면포, 화약 같은 예를 보건대 기술은 늘 중국이 가장 먼저 앞섰고, 두 번째로 빨리 흡수해 자력화한 것이 조선이었다. 물론 중국은 숨기려고 했지만 조선이 산업 스파이를 보내 훔친 게 더 많았다. 나는 이것을 전근대 '따라잡기(catch-up)형 발전 모델'로 파악하고자 한다(강진아, 2005).

마지막으로 이삼성은 『동아시아의 전쟁과 평화』(2009)에서 '조공질서는 위계적 안보체제'라고 표현했다. 한반도 역사를 훑어보면 중화제국이 안정적이었을 때 평화가 유지되고, 유목세력, 일본 해양세력과 같은 조공질서 밖의 세력이 팽창했을 때 오히려 전란에 휩싸였다는 것이다. 따라서 조공질서는 비록 위계적이긴 하지만 평화체제였으며, 이 같은 전통시대 동아시아의 국제관계를 주권국가 개념이 지배하는 근대 서양 주도의 식민주의 질서와 동일한 개념으로 이해해서는 안 된다고 설명한다.

⁑ 내가 보는 조공질서

※ 조공질서는 아시아 세계의 국제적 규율질서였다

그렇다면 나는 조공질서를 어떻게 보는가? 첫째, 조공질서는 아시아 세계의 국제적 규율질서였다. 조공질서는 위계적 성격을 지니는데, 사실 위계적이고 불평등한 것은 세계사적으로 보면 매우 보편적인 조약질서이다. 오히려 대등한 주권에 기초한 조약질서가 이례적이다. 국제법의 시작이라는 베스트팔렌조약(1648년)을 보면 'sovereignty'라는 단어가 나오는데, 이 말이 처음에는 '주권'이란 의미가 아니었다. 김수행은 애덤 스미스(Adam Smith)의 『국부론(An Inquiry into the Nature and Causes of the Wealth of Nations)』(1776)을 번역할 때 영어 원문의 'sovereignty'를 모두 '왕권'으로 번역했다. 왜냐하면 당시 'sovereignty'란 각각의 왕실이 일정한 '영토(territory)'를 통치할 수 있는 권한을 가리켰고, 베스트팔렌조약은 그것을 상호 존중한다는 것으로 영국 국왕이 영국을 지배하고 프랑스 국왕이 프랑스를 지배하는 것은 침해할 수 없는 고유한 권한이라는 뜻이다.

이 같은 개념이 유럽에서 나온 이유가 있다. 그 당시 유럽은 국력이 비슷한 다수의 영역국가 및 소국으로 분할되어 있었는데, 각국 왕실은 대부분 혼인관계로 얽혀 있었다. 그래서 영국 왕이 프랑스 왕을 겸하기도 하고, 스페인 왕녀가 영국에 시집가기도 했다. 그런 환경에서 '왕권의 대등성'이라는 이례적인 개념이 나왔다. 이것이 이후 시민혁명과 근대 민족주의 혁명을 거치면서 비로소 주권재민으로 발전하고 현재의 국가주권 개념으로 변천한 것이다.

반면 아시아는 영토, 인구, 문명, 기술의 선진성에서 중국의 존재가 압도적으로 컸다. 게다가 그런 대규모의 제국이 오랜 역사적 지속성을 가지고 지역에 군림했다. 중국 역사는 분열과 통일의 시기가 교차되는데, 분열 시기는 갈수록 줄어들고 통일의 시기가 길어졌다. 이런 상황이 중국 중심의 위계적 국가 간 질서인 조공질서를 매우 자연스럽게 받아들이도록 했다.

※ 조공질서 내의 속국은 서양 조약질서 내의 속국과 완전히 다르다

둘째, 조공질서에서 말하는 '속국'은 어떤 의미인가? 원래 한자 '속국(屬國)'은 영어인 'subject state, vassal state'란 말이 들어오기 전부터 있었다. 즉, '屬國'과 'subject state, vassal state'는 그 맥락이 다를 수밖에 없다. 청의 외교관인 증기택(曾紀澤)의 발언을 보겠다.

> 지금 서양의 각 대국은 중국의 속국을 침탈하는 데 급급하고 있다. 그 이유는 진정한 속국이 아니기 때문이라고 한다. 그러나 중국의 속국에 대한 대응은 그 국내정치에 관여하지 않고, 외교에 대해서도 불문하므로 서양 각국이 속국을 대우하는 것과 다르다. …… 티베트와 몽골은 중국의 속지(屬地)이지 속국이 아니다. 그럼에도 지금까지 티베트에 대한 중국의 관할은 서양의 속국 지배에 비해 관대했다.

이 글을 거꾸로 해석하면 당시 번부를 가리키는 속지 지배도 서양 세계의 '속국'보다 자유로운데, 하물며 조공질서의 '속방' 혹은 '속국'이 그것과 같을 리 만무함을 알 수 있다. 이러한 속국 개념을 정리하면, 조공체제는 '비상시는 정치적·군사적 보호를 받고, 평소에는 앞선 문명과 기술 및 무역을 비롯한 경제적 이익을 제공하는 선진국으로서 중국이 중심을 차지하는 위계적 국제체제'라고 할 수 있으므로 이 질서에 참여하는 국가를 '속국'이라고 정의할 수 있다. '속(屬)'의 의미가 '부속'의 뜻만 있는 것이 아니라 '어디에 속하다', 즉 '멤버십(membership)'의 의미도 있으니 '속국'을 '성원국(one of system)'의 의미로 해석할 수 있지 않을까 생각한다.

중요한 것은 중국의 주변국이 왜 그 같은 '체제'에 자발적으로 참여했는가 하는 점인데, 한 예를 살펴보자. 우리는 임진왜란을 단순히 조선, 일본, 중국 간의 전쟁이라고 생각하지만 당시 명의 수도인 베이징에는 조선 사절이 와서 임란에 대한 대응 논의를 하고 있을 때, 타이의 아유타야(กรุงศรีอยุธยา) 왕조의 나레수안(นเรศวร) 왕이 보낸 칙사가 류큐와 연합군을 결성해 조선에 원군 파병을 하겠다는 뜻을 전한다. 이후 명이 서둘러 강화를 하는 바람에 결과적으로 파병이 성사되지는 않았지만 이것은 매우 흥미로운 사실이다.■ 명나라 초기의 자료를 보면 조공 횟수가 가장 많았던 나라는 조선이고, 다음이 류큐, 그다음이 타이이다. 좀 더 쉽게 말해서 조공질서 서열에서 2위와 3위가 연합군을 조직해 1위 조공국을 원조하는 상황이 벌어질 수 있었다. 종주국과 조공국 사이의 위계질서뿐 아니라 그 질서에 속한 멤버 사이의 횡적인 연대도 발생할 가능성이 있었다는 것이다. 이 같은 상황을 단순하게 생각할 수 없는 이유는 타이가 이 조공질서를 정치에 이용했다는 데 있다. 1569년에 미안마군이 와서 아유타야를 함락시킨다. 원래는 미안마가 약세였으나 국력이 역전되면서 아유타야 왕조가 몰락했던 것이다. 그러다가 중흥의 시조인 나레수안 대왕이 미안마군을 다시 물리치고 타이의 독립을 되찾는다. 그리고 바로 몇 년 뒤에 류

■ 木村可奈子, 「明の対外政策と冊封國暹羅-萬暦朝鮮役における借暹羅兵論を手掛かりに」, ≪東洋學報≫ 第92巻第3號(2010), pp. 281~310.

큐와 연대 파병 제의가 있었다. 나레수안 대왕은 조공질서 내의 위세를 이용해서 크메르, 미얀마에 대한 위세를 확장하려고 시도했던 것이다.

※ '독립'은 무엇인가

속국이 '성원국'이라면 독립은 '홀로 선다'는 것이다. 일본은 중화질서에서 떨어져 있던 '나홀로 국가'였고, 시스템에서 보자면 외로운 국가였다. 일본도 한때는 조공질서에 참여했지만 명 중기 이래로 시스템 밖에 있었다. 그러한 국가가 조공질서 권역 내의 성원국을 공격했을 때 시스템에 참여하는 여타 국가가 원군을 보낸다는 발상은 조공질서가 위계적이기는 하지만 다국적 공수동맹(攻守同盟)을 연상시키는 부분이 분명 있었다.

이 같은 '속국'의 성격은 근대에도 나타난다. 네팔은 5년에 한 번 조공을 하는 국가였는데, 1812년 네팔 조공사절단이 와서 유사시 청의 지원을 요청했다. 그런데 2년 뒤 영국이 네팔을 침략한다. 네팔정부가 티베트 라사[拉薩]의 주장대신을 통해 청에 군사지원을 요청하자 청이 "조공만 계속 한다면 네팔이 영국에 복속해도 좋다"라고 답변한다. 즉, 양속(兩屬, dual membership for two systems)을 인정한다는 것이다. 만약 '속국'이 정말로 주권을 손상시키는 개념이라면 이런 대답은 있을 수가 없다.

미얀마는 10년에 한 번 조공을 하는 국가였다. 영국이 두 차례에 걸쳐 침공한 후 1864년 통상조약을 체결하는데, 청이 영국과 교섭하면서 미얀마의 중국 입공(入貢)을 유지하는 대신 영국의 지배를 인정했다. 그러나 영국은 1885년 다시 제3차 미얀마전쟁을 일으켜 결국 미얀마를 인도에 병합시킨다. 청은 1886년 베이징에서 미얀마조약을 체결하면서 최종적으로 종주권을 포기하고 미얀마에 대한 영국의 주권을 인정했다.

서구 열강의 아시아 각국에 대한 식민지화 과정을 보면 먼저 종주권 여부를 묻고서 독립을 강조해 침략에 대한 중국의 개입을 차단한다. 그러면 조공질서에 속한 속국은 한결같이 종주권을 강조한다. 속국들은 중국에게 도움을 얻기를 바라기 때문이다. 이는 일종의 정치적·군사적 보호 요청으로, 예를 들어 북대서양조약기구(North Atlantic Treaty Organization: NATO) 성원국이 침략을 받으면 미국에게 원조를 요청하거나 우크라이나 사태에 러시아가 개입한 것과 비슷한 양상이다.

일본 역시 유럽을 모델로 제국주의의 길을 가기로 결심하고 주변국들을 식민지화하러 나섰을 때 제일 먼저 문제가 되었던 것이 조공관계와 종주권이었다. 그래서 양속지역이었던 류큐를 병합할 때 먼저 중국에게 조공하지 말라고 압력을 가했고, 조선에 대해서도 청의 종주권을 끊는 것, 즉 조선의 '독립'을 줄기차게 주장해서 결국 식민지로 만들었다. 데니는 조공관계를 인정하면서 조선 독립을 주장했고, 일본은 조공관계를 부정하고 조선 독립을 주장했다는 점에서 사실상 조선의 실질적 독립을 위해 가장 현실적인 방안을 고민했던 것은 데니가 아닐까 생각한다.

같은 맥락에서 시대착오적인 사대주의자로 보이던 당시의 유학자들은 막상 일본이 조선의 국권을 침탈하자 상당수가 중국으로 건너가서 독립운동을 한다. 하지만 윤치호 같은 개화파, 독립파 중에도 '사회진화론'을 받아들이면서 문명의 진보를 약육강식으로 여겨 식민지 현실을 받아들인 사람도 적지 않았다. 당대 인물들은 단순히 속국자주를 주장했느냐, 자주독립을 외쳤느냐 여부로 그 진보성을 구분하기보다는, 이런 부분까지 고려해 거시적으로 재평가할 필요가 있다.

나가며: 조공질서의 현재적 의미와 전망

현재 중국은 미래의 국제질서에서 전근대 시기의 조공질서를 재구성할 필요를 은근히 강조하고 있다. 이에 대해 이삼성은 '이러한 중국 안팎의 논의는 전통시대 조공체제의 합리성을 논의하는 맥락과는 매우 다른 문제의식의 발로'라고 언급한 바 있다. 과거 조공체제와는 달리 중국은 근대 민족주의의 세례를 받았다. 이미 구한말에도 전통적 조공질서 내의 종주권을 서양적 질서, 즉 실질적 속국화로 전환하려 한 바 있다. 일종의 제국주의 학습을 그때 이미 했었다는 것이다.

또한 중국의 입장에서 '애국주의'는 '피해자의 애국주의'이다. 한국도 마찬가지인데, 주로 약탈당하고 침탈받으면서 근대 민족주의를 학습했다. 특히 중국처럼 자신이 문명의 중심이라고 자부하던 국가가 200년이나 문명적 퇴조를 겪고 강렬한 피침략의 경험을 했다. 아무리 애국주의가 융성해져도 그 경험은 쉽게 사라질 수 없다. 그러므로 단순히 전근대적인 개념을 적용해서 문제를 논하는 것은 무리가 있다. 그보다는 각 시대와 상황에 따라서 좀 더 다양한 연구가 있어야 한다고 생각한다. 그래야만 21세기 평화지역으로서 동아시아 체제를 만드는 데 실질적인 도움이 될 수 있을 것이다.

(강연일 2014.4.25)

더 읽을 책

강진아. 2009.『문명제국에서 국민국가로』. 창비.
민두기. 2001.『시간과의 경쟁』. 연세대학교출판부.
미타니 히로시(三谷博) 외. 2011.『다시 보는 동아시아 근대사』. 강진아 옮김. 까치글방.
오카모토 다카시(岡本隆司). 2009.『미완의 기획, 조선의 독립』. 강진아 옮김. 소와당.
이삼성. 2009.『동아시아의 전쟁과 평화』. 한길사.

제4강 '중국몽'과 문화주의 전통

전인갑 (서강대 사학과 교수)

강연 개요

문화주의에 입각해 통치되는 국가를 이상으로 인식하고 그러한 이상을 실천해왔던 문화가 강하게 지속되는 현재의 중국에서, 중화 문화를 재평가해 '중국적 표준'을 설정하려는 사상적 모색은 '중국몽'의 실현과 밀접한 관련을 맺고 있다. 과거를 모델로 미래를 기획하는 중국의 문화사적 관성을 생각할 때, 유교 이념의 적극적 재해석, 전략적 의도를 내포한 기획된 역사 연구의 확산 등은 문화주의 전통과 무관하지 않으며, '위대한 중국의 꿈'을 향한 21세기 중국의 미래기획과 밀접히 연동되어 있는 것으로 보인다.

들어가며

'중국몽(中國夢)'은 한국, 일본, 특히 미국의 입장에서 유쾌한 이야기일 수만은 없다. 중국이 G2로 부상하면서 1840년 아편전쟁 이후 끊임없이 꿈꿔왔던 강국에 대한 열망, 강국몽 혹은 대국몽이라고 할까? 이런 꿈이 구체화되는 단계에 들어섰고, 이를 집약하는 말이 바로 '중국몽'이다. 또한 '중국몽'은 새로운 문명사적인 전환을 향한 중국의 비전을 상징한다.

왜 '중국몽'에 주목해야 하는가

∷ 동아시아 지역질서의 구조변동

우선 '중국몽'의 등장과 관련해서 무엇보다 염두에 둬야 할 문제는 동아시아 지역질서의 변화이다. 이와 관련된 상징적인 사례를 하나 소개하겠다. 2014년 5월 30~31일 싱가포르에서 제13차 아시아안보회의(샹그릴라 대화)가 열렸다. 일본 수상 아베 신조(安倍晉三)는 기조연설에서 "동아시아의 현상을 변화시키려는 움직임은 강한 비난의 대상이 될 수밖에 없다"라고 말했다. 그리고 일본 방위상 오노데라 이쓰노리(小野寺五典)가 성명을 발표해 아베의 발언을 좀 더 구체화했는데, "힘에 의한 일방적인 현상변경에 반대한다"라는 입장을 다시 한 번 강조했다.

짐작대로 이러한 발언의 직접적인 표적은 중국이다. 나는 이 말을 들으면서 머지않아 동아시아에서 열전(熱戰)의 가능성이 전혀 없다고는 할 수 없겠다는 생각을 했다. 최근 중국으로의 세력전이가 가시권에 들어오면서 약 150년간 진행된 패권경쟁을 통해 구축되었던 일본 중심의 동아시아 질서가 지각변동을 하고 있기 때문이다. 일본의 위기감은 이러한 변화에서 연원한다고 말할 수 있다. 여하튼 중국이라는 거대한 지각과 일본이라는 큰 지각이 부딪치게 된다면 강한 진동을 동반한 혼란이 불가피할 것이다.

동아시아 근현대사를 보면 두 차례의 '세력전이'를 확인할 수 있다. 하나는 약 150년 전에 시작되었고, 또 하나는 최근 진행되고 있다. 먼저 전자에 대해 살펴보면 다음과 같다. 동아시아 근대의 가장 큰 특징 중의 하나는 중국 중심의 질서가 해체되었다는 사실이다. 그리고 우리가 일반적

상식으로 받아들이는 현재의 동아시아 질서는 그 결과물이라 할 수 있다. 논란의 여지는 있지만 근대 이전 중국을 중심으로 하는 규범적인 질서가 존재했던 것은 분명하다. 이를 조공질서, 중국 중심의 천하질서 혹은 중국적 세계질서(Chinese world order)라고 부른다. 이렇게 불린 전통적 지역질서는 아편전쟁 특히 타이완 사건(1874년)과 청일전쟁(1894~1895년)을 거치면서 지역 세계사적 '세력전이'로 인해 일본 중심의 '제국질서[동아질서(東亞秩序)]'로 대체되었다. 일본 중심의 지역질서는 1945년 이후 '일본+미국' 주도의 질서로 변형·연장되어 현재에 이르고 있다. 말하자면 현재 동아시아 지역질서는 본질적으로 청일전쟁에서 구축된 질서의 연장선에 있다고 할 수 있다.

그런데 이러한 변화에는 군사적·경제적·정치적 패권의 전이라는 차원을 넘어 문명의 표준이 뒤바뀌는 문명사적 전환이 수반되었다는 사실을 간과해서는 안 된다는 점을 강조하고 싶다. 문명사적 전환은 쉽게 말하면 '상식'이 바뀌는 것이다. 이전에는 유교적 보편가치가 상식이었다. '추상이상(抽象理想)'인 삼강(三綱)과 인의예지신(仁義禮智信) 오상(五常)에 근거한 규범체계를 당위로 받아들였다. 하지만 문명의 표준이 바뀌면서 서구적 합리성과 근대적 개인에 근거한 천부인권, 민주, 자유, 평등 같은 개념이 보편가치가 되었다. 아편전쟁과 청일전쟁 이후 근대의 새로운 상식이 전통적 상식을 대체해 현재에 이르고 있다.

최근 진행되고 있는 '세력전이'는 동아시아 지역질서의 중심축이 중국으로 옮겨가고 있는 상황을 말한다. G2, '신형대국관계' 등으로 표현되는 중국의 급속한 대국화가 바로 그것이다. 일본의 보수화 경향과 미국의 대중국견제전략의 강화는 중국으로의 '세력전이'와 동전의 양면이라 하겠다. 센카쿠열도(尖閣列島)/댜오위다오(釣魚島)를 둘러싼 중·일 간 영토

분쟁, 남중국해에 산재한 섬을 둘러싼 중국과 동남아시아의 분쟁을 매개로 한 중국과 미국의 갈등은 '세력전이'가 초래하는 진통과 혼돈이 표면화한 사례이다.

나는 이러한 현상은 '빙산의 일각'일 뿐이고 그 근원에는 좀 더 구조적인 변화가 자리 잡고 있다고 생각한다. 최근 요동치는 지역질서의 불안정성은 근대 이후 정착된 일본(그리고 미국) 중심의 질서가 퇴조하고 중국 중심의 질서가 새롭게 정착되는 과정, 즉 근대적 동아시아 지역질서가 구조적으로 변동하는 현상의 산물이라고 볼 수 있다. 따라서 지역질서의 지각변동이 불러일으킨 이 불안정성은 단시일에 해소될 수 없다. 마치 지진이 일어날 때 응축된 힘이 클수록 그 폭발력이 강력하고 오래 지속되는 이치와 같다. 바로 이 지점에서 한국사회는 그러한 변화를 촉발시킨 '중국몽'의 실체를 깊이 있게 파악해 한국의 미래전략을 심도 있게 모색해야 하는 학문적·사회적 과제를 안게 되었다고 할 수 있다.

중국 파워엘리트와 지식인의 미래기획

앞선 내용이 중국 외부에서 '중국몽'을 보는 시선이었다면 중국 내부의 시선은 어떠한가? '중국몽'이란 화두가 나온 것은 2013년이다. 시진핑(習近平) 국가주석이 주석직 수락연설 격인 제12차 전국인민대표대회 폐회연설(2013년 3월)에서 이 용어를 꺼내며 "중화민족의 위대한 부흥을 실현하는 것이 중국의 꿈[中國夢]"이라고 정의했다. 그러면서 "중국의 꿈은 반드시 중국의 길[中國道路]을 걷고 중국의 정신[中國精神]을 선양하며 중국의 힘[中國力量]을 결집해서 실현해야 한다"고 주장했다. 국제기준(global standard)이 아닌 중국 고유의 기준에 근거해 대국의 내실을 확충해야 한다는 점을 강조한 것이다.

시진핑의 연설을 보면서 중국은 신자유주의적 국제기준의 대안적 모색이 학자들뿐 아니라 파워엘리트의 차원에서 구체화되고 있다는 생각을 했다. 굴곡진 중국 근현대사의 전개를 생각할 때, 국정 최고 책임자가 이처럼 강한 어조로 '강한 중국'을 직접 언급한 것은 대단히 이례적이다. 그뿐만 아니라 시진핑의 선언은 굴욕의 시대를 청산하고 중화제국의 옛 영화를 떠올리게 하는 '강한 중국'의 국격을 세계에 선포한 것이 아닌가 싶다.

그러면 중국의 지식인들은 어떠한가? 중국은 개혁개방 이후 1980년대 '문화열 논쟁'만 하더라도 그렇지 않았으나, 1990년대, 2000년대를 지나면서 '중국성(中國性)', '본토성(本土性)'을 긍정적으로 해석하는 경향이 강해졌다. 이러한 경향을 두고 중화에 대한 자신감 회복이라고 단순히 해석할 수도 있을 것이다. 하지만 이 경향을 좀 더 자세히 살펴보면 아편전쟁 이후 문명사적 전환으로 구축된 지난 150여 년의 지식 패러다임에 어떤 변화가 생기고 있음을 발견할 수 있다. '조공질서'에 대한 해석이 대표적인 예로, '신좌파' 학자인 왕후이(汪暉)는 『아시아는 세계다(亞洲視野)』(2010)라는 책에서 조공질서를 '왕도(王道)에 기반을 둔 관용적 질서'로 보고 이를 새로운 국제질서의 대안으로 제시한다.

흥미롭게도 이런 관점이 실제 국제정치학계에서 상당 부분 받아들여지고 있다. 마틴 자크(Martin Jacques)의 『중국이 세계를 지배하면(When China rules the world)』(2009)을 보면 중국이 아시아의 중심으로 부상하면서 과거 조공제도의 요소들이 새롭게 등장할 것이고, 이는 "향후 중국 주도의 새로운 세계질서의 유영방식이 될 것"이라는 전망이 있다. 그뿐만 아니라 국제정치학자인 브랜틀리 워맥(Brantly Womack)도 조공체제는 무력을 통한 복종, 수탈이 아니라 중국과 비대칭적 관계를 맺은 이웃 국가들 간의 합리적 선택과 전략직 상호작용의 결과, 중국으로서는 가장 적은 비용으로 중국 중심의 질서를 안정적으로 유지하고 주변국 또한 최소 비용으로 자국의 안전을 보장받을 수 있는 질서였다고 주장한다. 그리고 이로 인해 동아시아의 장기적인 평화와 안정이 가능했다고 설명한다.

또 하나의 사례는 자오팅양(趙汀陽)의 '천하체계론'이다. '천하체계론'이란 중국의 전통적 천하관을 21세기 평화의 세계질서 원리로 복원하자는 것이다. 그에 따르면 중국인의 세계관인 천하 관념은 다층적이고 복합적이며 그 관념 속의 천하, 즉 중화제국은 근본적으로 '국가'가 아니라 일종의 정치·문화 제도이자 하나의 세계사회이다. 그런데 이 주장의 이면에는 "중국이 세계를 어떻게 책임지고, 세계를 위한 이념을 어떻게 창조하려고 하는지, 그것이 우리의 진정한 문제여야 한다"라는 인식이 자리 잡고 있다. 다시 말해 "세계를 사유단위로 삼아 문제를 분석하고 세계를 책임지는 것을 중국의 소임으로 삼아 새로운 세계이념과 세계제도를 창조해야 한다"라는 자신감이 묻어 있다.

사실 중국 중심의 천하질서는 근대 이후 분명히 극복되어야 했던 질서였고, 현재 우리가 생각할 때 현재와 미래의 세계질서나 동아시아 질서를 규율할 수 있는 규범으로 작동하기는 어려운 것으로 보인다. 그럼에도 중국인들은 이 천하질서에 대한 해석과 새로운 재구성을 포기한 적이 없는 것 같다. 예컨대 쑨원(孫文)의 '삼민주의(三民主義)'를 보면 그가 실현하고자 했던 세계도 자오팅양의 구상과 크게 다르지 않다. 20세기 초에 살았던 그가 내세웠던 것은 '중화' 중심의 평화질서, 패도가 아닌 왕도의 대동(大同)세계, 즉 단순하게 부강한 나라가 아니라 도덕적으로 풍성하고 문화적으로 부강한 나라, 그래서 세계의 가치를 이끌어나가는 대국으로서의 중국이었다.

이런 구상이 한동안 표류하다가 최근 문화보수주의자, 자유주의자, 신좌파 등 중국사상계를 선도하는 일련의 지식인들을 통해 상당 부분 분출되고 있는 것이 아닌가 한다. 결국 '중국몽'은 새로운 제국으로서의 중국을 건설하는 것이고, 이는 중국 중심의 질서가 150여 년의 고난의 역정을 거쳐 재구축의 도정에 들어섰음을 의미한다고 생각한다.

21세기 새로운 제국으로서 중국

하지만 아직은 중국이 전 지구적 차원에서 제국적 기획을 시도하거나 이를 실현할 만한 정치적·문화적 역량을 지니고 있지는 않다. 더욱이 현재 중국이 창안하려는 가치나 소프트파워를 주변국이 공유하고 인정할 수 있을지에 대해서 나는 아직 회의적이다. 따라서 앞서 말했던 왕후이, 자오팅양 등이 주장하는 새로운 조공질서, 천하질서 혹은 신(新)천하체계와 같은 중국 중심의 규범적 질서의 부활을 전망하는 것은 때 이른 논단(論斷)이라고 판단한다. 그러나 21세기 중국이 G2의 경제력과 정치력을 바탕으로 제국으로서 내실을 확충하고 있는 상황은 확실하고, 나아가 과거 중화제국의 유산을 계승해 자신들의 문화, 전통, 역사를 자산으로 새로운 제국으로의 전환을 추구하고 있는 것은 분명해 보인다.

중국이 '중국몽'을 실현하고자 할 때 관건은 바로 중화제국 소프트파워의 계승 문제이다. 소프트파워는 하드파워와 함께 대국의 필수요건이다. 대국뿐만 아니라 사실 어떤 국가든지 이런 것이 필요하다. 그런데 문명사적 전환이라는 측면에서 볼 때 현재 중국이 추구하는 소프트파워 확충 문제는 결국 중국적 보편가치의 계승과 창안이라는 문제와 밀접히 연결되어 있다. 특히 과거를 모델로 미래를 기획하는 중국의 문화사적 관성과 시진핑이 '중국의 길, 중국의 정신'을 강조한 것에 주목해볼 때 과거 중화제국 운영의 경험은 '중국몽'의 실현에 활용될 것임이 분명하다.

과거 중화제국은 세계가 공유할 수 있는 보편적인 문화와 가치를 만들어낸 경험이 있다. 우리가 흔히 유교 또는 유교적 가치라고 하는 것은 국가와 인종을 막론하고 보편적으로 받아들이고 적용할 수 있는 가치였다. 그런 중화제국의 유산을 어떻게 계승해서 현재와 미래의 보편이념을 제시할지가 중국 소프트파워 전략의 핵심이란 생각이 든다. 이것은 아편전쟁 이후 동아시아가 근대를 맞이하면서 바뀌었던 문명의 표준을 다시 한번 뒤바꾸는 문명사적 전환을 모색하는 과정이기도 하다.

문정일체(文政一體)의 문화주의

⁝ 문화주의: 치국의 요체로서의 '문'

'소프트파워'를 중국식으로 표현하면 '문화', 즉 '문(文)'이라고 할 수 있다. 중국에는 천하가 공유할 수 있는 이념(보편가치)과 문화(보편문화)를 창안하고 그것을 구현할 수 있는 정치, 사회, 경제 제도를 만들어 천하를 안정적이고 영속적으로 운영해야 한다는 문화주의 전통이 뿌리 깊게 자리 잡고 있다. 그것은 적어도 고대 중국에서 국가정책의 핵심 문제였다. 『사기(史記)』 역생육가열전(酈生陸賈列傳)에 보면 이에 관한 한(漢) 고조(高祖)와 육가의 대화가 나온다.

한나라를 건국한 유방(劉邦)은 별다른 배경이 없는 사람이다. 그런 사람이 무력으로 귀족 출신의 패왕 항우(項羽)를 물리치고 천하의 주인이 된다. 원래 유방은 힘이면 된다고 생각했는데, 육가(陸賈)는 그런 고조를 만날 때마다 "문화가 중요하다. 『시경』, 『서경』 같은 경전이 중요하다" 라고 설득한다. 이에 고조가 "무력으로 천하를 얻었는데 문이 왜 필요하냐?"라며 힐난하자 육가는 "치국(治國)의 요체는 문화에 있다"라고 강조하면서 "말 위에서 천하를 얻을 수 있어도 말 위에서 천하를 유지할 수는 없으며, 지속가능한 발전을 이루기 위해서는 문무의 병용이 필수적이다" 라고 역설한다. 그래서 문화주의를 기반에 둔 중국의 제국 시스템이 확립되는 계기가 만들어졌다.

중국의 거의 모든 시스템은 한나라에서 그 전형이 만들어진다. 중국 사람을 '한족(漢族)'이라 하고, 그 글자를 '한문(漢文)'이라고 하며, 그 언어를 '한어(漢語)'라고 하는 것은 중국 문화와 시스템의 기본 전형이 이 시기에 확립되었기 때문이다. 본래 지명이었던 '한'이 이후 중국 역사와 문화를 상징하는 개념으로 정착된 것이다. 제국의 통치이념과 시스템을 비롯해 2000년 동안 지속된 제국 운영의 핵심적인 소프트파워가 이때 만들어졌다.

그렇다면 문화, 즉 '문'은 무엇일까? 중국에서 '문'은 현재의 개념과 달리 문화 일반이 아니라 이념, 즉 보편가치를 가리킨다. 『주역(周易)』을 보면 "천문(天文)을 관찰해 때의 변화[時變]을 살피고, 인문(人文)을 꿰뚫어 보면서 천하를 바꾸어나간다[化成]"라는 말이 있다. 여기서 나오는 '인문으로 인간과 세상을 변화시킨다[人文化成]'는 것이 문화의 본래 의미이다. 하늘[天]에는 불변의 원리, 즉 절대적 법칙성[天文=天道]이 존재한다고 인식했다. 이와 마찬가지로 인간 세계에도 불변의 원리와 모든 인간에게 적용되는 보편적 원리가 존재한다고 보았다. 그리고 그것을 삼강과 오상으로 개념화했던 것이다. 이러한 보편적 가치 실현을 위해 수양하고 교화하는 것을 당위로 여겼다. 결국 문화란 보편적 가치를 구현하도록 인간을 교육하고, 그러한 가치가 구현된 제도를 만들며, 그러한 가치에 따라 사회와 국가를 운영하는 것을 가리킨다. 즉, 문화란 보편가치를 구현한 각종 제도와 사회질서를 포괄하는 개념인 것이다.

따라서 '문화주의'란 보편가치인 유교적 가치, 즉 인의예지신(仁義禮智信)의 가치체계에 준거해 백성을 교화하고 사회질서를 유지하며 예와 덕을 구현할 수 있는 각종 제도를 만들어 천하를 운영해야 한다는 이념으로 정의할 수 있다. 우리는 프랑스혁명의 정신인 자유, 평등, 박애를 근대의 보편가치로 받아들인다. 오상 역시 이러한 가치를 내포하는 개념이다. 인(仁)은 사랑 혹은 인간애, 의(義)는 공정 혹은 정의를 의미한다. 예(禮)는 적정성 혹은 타당성으로 적정하다는 것은 조화의 가치이고, 지(智)는 지혜와 분별을 의미하고, 신(信)은 신의와 성실을 의미한다.

문명사적 전환이라는 관점에서 보면, 중국에서 근대로의 전환은 이 같은 유교적 가치체계에 준거해서 제도가 만들어지고 사회가 운영되며 통치가 이뤄지는 하나의 구조(이것을 '천하일통' 메커니즘이라고 부를 수 있다)가 해체되고 재구성되는 과정이었다고 할 수 있다. 중국의 근현대사를 보면 19세기 말 중체서용(中體西用) 논쟁으로부터 1990년대 국학열 논쟁에 이르기까지 끊임없이 문화논쟁이 일어나고 문화중건(文化重建) 문제가 논란의 중심이 되었다. 이것은 문화의 중건이 각종 질서와 제도 그리고 국가를 새로 만드는 근본이었기 때문이다. 그리고 지금도 신좌파와 자유주의자들 사이에서 진행되고 있는 치열한 문화논쟁은 바로 문화가 질서, 제도, 통치 시스템을 만드는 근원이라는 문화주의의 전통에서 비롯된 것이다.

중국에서 문화논쟁의 중요성은 이 때문이며, 문화논쟁의 이러한 함의를 이해하지 않고서는 왜 100여 년 동안 비슷한 논쟁이 반복되는지를 도저히 이해할 수 없다. 예컨대 문화대혁명은 중국을 10년간 '대동란'의 시대로 내몰았다. 순결무구한 무산계급을 양성해 영구 계급혁명을 하자는 혁명에 왜 '문화'라는 말을 붙일까? 그것은 중국인의 의식 속에 혁명이 문화의 층위와 연관되어 있음을 보여준다. 질서와 제도와 통치 시스템을 규율하는 근원이 문화이기 때문이다. 이런 예들이 중국에서 문화주의의 전통이 지속되고 있음을 보여주는 대목이라고 하겠다.

:: 문화주의의 실체

※ 화이론적 천하관념

문화주의의 실체에 대해서는 다음 몇 가지 주제로 나눠 설명하겠다. 먼저 '화이론적 천하관념'에서 화이론(華夷論)은 천하를 문명세계인 '화(華)'와 야만세계인 '이(夷)'로 구분하는 관념이다. '화'는 보편문화의 가치를 구현한 세계의 중심[中]이고, '이'는 그런 가치를 구현하지 못한 중국 밖의 세상이다. 그런데 여기서 '화'로 상징되는 보편문화는 중국만이 배타적으로 가져야 되는 것은 아니다. '이', 즉 오랑캐의 세계에서도 당위적으로 공유해야 할 보편가치이다.

바로 이 같은 구도에서 '조선중화론'도 탄탄한 논리적·학문적 근거를 갖게 된다. 비록 중국 중심의 천하질서가 중국의 압도적인 정치력·군사력·경제력에 의해 작동되기는 했지만 실제로 이 같은 힘의 우위는 보편문화와 보편가치를 구현하는 수단에 지나지 않았다는 사실에 주목해야 한다. 삼강오상(三綱五常)으로 집약되는 유교적 가치가 중국 중심의 천하질서를 지탱하는 실질적인 근간이었다.

그러므로 자오팅양이나 왕후이 같은 사람이 왜 그렇게 이 문제에 집착하는지 알 수 있다. 화이론적 천하질서는 결코 억압적이거나 폭압적인 힘의 질서가 아니다. 그야말로 왕도의 문화적·도덕적 질서로서 어느 누구도 손해 볼 성질의 질서가 아니다. 그러나 화이론적 질서에 자아와 타자를 구분하는 배제의 논리체계가 없는 것은 아니다. 다만 '이'를 '화'의 교화 대상, 즉 문명화(文)의 대상으로 설정하는 동시에 '이'도 보편가치를 수용함으로써 '화'가 된다는 점에서 '화'의 경계가 무한히 확대되고, '이'를 포용하는 속성을 가진다.

따라서 화이론은 일견 배제의 논리로 보이지만 포용의 논리로도 작용하는 측면이 있다. 문화주의에 입각한 화이론적 천하관은 '중화'의 무경계성을 보장하는 논리로, 바로 이런 점에서 보편적 세계관이 될 수 있는 근거이다.

덕치국가의 구현

다음으로 중국의 전통적 국가론인 덕치국가론을 설명하겠다. 중국은 국가, 좁게는 국가권력을 문화적 보편성에 이르는 수단으로 보는 관념이 오랫동안 있었다. 사실 이것은 근대 유럽이 만들어낸 국가론과는 전혀 다른 차원의 국가론이다. 심도 있는 연구가 필요하지만 전통시대 중국에서 국가/왕조의 정통성이 어디에 있는지를 살펴보면 다음 두 가지로 정리할 수 있다.

먼저 영역적 통일이다. 중국을 하나의 중국, 즉 정치적·영토적으로 통일해야 한다는 것은 국가/왕조의 정통성을 만들어내는 가장 근본적인 요소이다. 다른 하나는 문화적 통합이다. 중국이라는 하나의 문화적·도덕적 공동체를 천하에 구현하는 것이 국가/왕조의 정통성을 가늠하는 중요한 잣대가 된다. 전통적 국가론에 따르면 국가/왕조는 인간의 행위기준을 제시하고 성인(聖人)의 가르침에 따라 도(道)를 실현하고 사회의 조화를 꾀하는 것이 지상의 임무였다. 이 경우 국가의 기능은 모든 구성원이 공유할 수 있는 문화적 보편성을 추구하는 데 초점이 맞춰지게 된다. 국가는 사회의 전 구성원이 공유할 수 있는 문화적·도덕적 원리를 만들어내야 하고 그러한 원리에 따라 사회 구성원을 단결시키는 기능을 해야 한다. 이런 것들을 생각하면 쑨원이나 마오쩌둥(毛澤東)이 왜 그렇게 이념에 집착했는지 실마리를 찾을 수 있다. 군사력이나 경제력도 중요하지만 이들이 더 중시했던 것은 이념이다. 이들 역시 문화적 보편성을 추구하는 것이 국가의 기능이라고 여겼던 전통적 국가론의 연장선에서 국가건설의 방향을 모색했던 것 같다.

통치행위 역시 마찬가지이다. 단순히 인민을 통제하고 국가의 합목적성에 부합하는 인적·물적 자원을 동원하기 위한 효율적인 시스템의 운영이라는 차원을 넘어 통치행위 그 자체가 도덕적 행위가 되어야만 보편적 통치체로서 인정을 받을 수 있었다. 이로써 국가는 정치권력의 구현체임과 동시에 문화의 담지체로서 유일무이한 가치를 지닌 보편성을 획득하게 되고, '국가/왕조=천하'라는 등식이 성립될 수 있었다. 이러한 국가론에서 법과 제도는 문화적 보편성을 구현하는 수단이 되기 때문에 '법치'보다 문화적 보편성, 즉 도덕에 준거한 '덕치'이 우위가 가능해진다.

※ 도통 우위의 전통

중국에는 도통(道統), 학통(學統), 정통(政統)이라는 세 가지 전통이 있다. 도통은 전 사회가 공유할 수 있는 보편가치, 이념, 도덕을 만들고 계승하는 것을 의미한다. 도통이 확립되어야 덕치가 실현될 수 있다. 학통은 도통을 구현하기 위한 수기(修己)와 치인(治人)의 도덕적 전범을 제공하는 행위이다. 정통은 도통을 현실에서 구현하는 경세(經世) 행위를 가리킨다. 이 세 가지 중에서 '도통'이 가장 우위에 있다. 학통(학술)과 정통(정치)은 도통을 만들고 지키기 위한 수단이다. 그러므로 지식인 엘리트에게 학문을 연마하고 경세로 나아가는 것은 선택 사항이 아니라 소명이자 당위이다.

이처럼 모든 학술적·정치적 행위가 도통으로 수렴되는 가치체계에서 나타나는 현상은 두 가지이다. 첫 번째는 '학문의 경세성', 즉 학술과 정치, 도덕과 정치가 구분되지 않고 일체화되는 것이다. 지식인 엘리트의 궁극적인 목적은 덕치국가의 실현이고, 이를 위한 자질을 갖추기 위해 도덕과 학문을 수양해야 한다. 그리고 열심히 공부해서 자질을 갖춘 후에는 경세로 나아가서 치국(治國)과 평천하(平天下)를 실현하기 위해 전력해야 한다. 이런 상황에서 경세를 위한 도덕적·학문적 역량을 갖춘 지식인 엘리트들이 높은 사회적 지위와 권위를 갖는 것은 자연스런 일이다. 바로 여기서 중국사회의 강한 권위주의 전통과 문화가 만들어진다. 지금도 중국의 정치문화를 대단히 권위적이라고 말하는데, 이러한 문화전통에서 연원한 현상이라고 생각된다. 이것을 단순히 사회주의나 중국공산당 체제의 문제만으로 돌리기는 어렵다.

도통 우위가 가져온 두 번째 현상은 '학문과 지식인 존중'이다. 도통을 구현하기 위해 학문을 하고 정치에 나서는 것이 당위로 여겨지는 문화에서 어떤 권력자도 학문과 지식인을 존중하지 않을 수 없고, 그들을 배척하고서 국가권력의 정통성을 확보하기 어렵다. 그래서 왕조가 성립되면 어떤 군주든지 문화군주를 자임한다. 물론 정치적 숙청도 많이 하지만 바로 뒤따라 나오는 것은 문화 사업이었다. 학문과 지식인을 통해서 그리고 이들이 생산해낸 가치를 통해서 권력의 정당성을 확보하고 또 이렇게 하는 것이 역사적으로 평가받는 권력자의 의무라고 생각했다. 참고로 이러한 인식의 연장선에서 황제 이하 모든 지배계층에게는 군자의 도덕성이 요구되었으며, 도덕성이 인물 평가의 기준이 되었다.

도통의 구현을 당위로 여기는 문화 속에서 권력과 부를 원하는 사람은 학문과 지식인의 대열에 참여하지 않을 수 없었다. 권력과 부를 원한다면 아무리 공부가 싫어도 도통을 구현하기 위한 최소한의 학문을 수양해야 한다. 학문과 권력과 도덕, 이 세 가지를 뭉쳐서 하나의 시스템으로 만들어낸 것이 바로 과거제도이고, 이를 통해 학통과 정통과 도통을 현실에서 구현할 수 있는 능력의 유무를 시험한다. 결과적으로 과거제도는 학문을 권력으로 전환시키는 역할을 하며, 이 같은 학문과 권력의 일체화는 오히려 학문의 발전을 저해하는 부작용이 있음에도 불구하고 강고하게 지속된다.

도통 우위의 전통은 20세기의 쑨원에게서도 발견된다. 쑨원은 자기 자신을 요순(堯舜)과 공맹(孔孟)으로 이어지는 중화 도통의 계승자로 명확하게 인식한다. 이 경우를 볼 때, 중국의 정치문화에서 도통 우위 전통의 뿌리 깊은 지속성은 20세기에도 확인할 수 있다.

※ 보편지배의 주체

보편지배의 주체란 사대부 엘리트, 즉 지식인 엘리트를 가리킨다. 이들에 의해 이뤄지는 이상적인 통치 형태를 '인치(人治)'라고 하는데, 우리가 보통 이 말을 사용할 때는 대단히 부정적인 의미로 쓴다. 흔히 '인치'라고 하면 권력을 가진 사람이 자의적으로 자기 이익을 위해 권력을 행사하는 것으로 여기지만, 본래의 의미는 그렇지 않다.

인치는 제도나 규율보다는 인간의 상식과 가치에 근거한 통치를 가리킨다. 이것은 이념적·도덕적으로 자질을 갖춘 성인 혹은 현인(賢人)에 의한 통치이며, 법은 그러한 통치를 보완하는 수단으로 도덕적 자질을 갖춘 통치자의 뜻에 따라 적용될 수도, 그렇지 않을 수도 있다. 그렇다고 덕치를 표방한 인치가 권력의 자의적인 행사를 의미하는 것은 아니었다. 인치는 다음의 두 가지 조건을 전제로 이뤄진다. 하나는 고도의 훈련, 즉 교육이고, 다른 하나는 사회에 대한 소명의식이다. 이 양자가 전제가 되는 이상적인 통치 형태가 인치이지, 법치를 무시한 권력의 자의적인 행사가 인치의 본의는 아니다.

첫째 전제인 교육은 인치에서 가장 중요한 요건이다. 한 집안을 다스리는 것도 복잡다단한데, 사회 나아가 천하를 조화롭게 만드는 것은 고도의 경륜과 능력을 요구하는 일이라 할 수 있다. 중국에서는 그런 자질을 함양하기 위한 엄격한 교육이 일찍부터 중시되었다. 전국시대 이후에 교육받은 자, 즉 현인에 의한 관료 지배를 최선으로 생각하는 전통이 확립되었다. 사실상 중국은 무한경쟁의 사회였다. 예컨대 명청(明淸)시대에 들어오면 2대 이상 과거에 급제한 집안을 찾기가 쉽지 않다. 중국의 관료사회는 엄청난 경쟁으로 유지되는 사회였다. 조선 같은 경우는 500년 역사를 통틀어 과거 급제자를 배출한 가문이 50여 개에 지나지 않았다. 특히 임진왜란 이후에는 30여 개 가문에서 과거에 급제한 자를 과점하고 지역적으로도 편중된 현상이 있었다.

관료 지배의 궁극적인 목표는 덕치, 즉 도덕국가의 건설이다. 통치자는 사회 구성원이 보편적으로 공유할 수 있는 문화적·도덕적 원리를 만들고 자신들이 창안한 보편적 가치를 현실에서 구현해야 할 의무가 있다.

그리고 이러한 자질을 갖춘 관료, 즉 현인들이 운영하는 '좋은 정부', 즉 '호인정부(好人政府)'가 인치를 실현할 수 있는 이상적인 정부 형태였다.

인치의 둘째 전제인 강한 소명의식은 송나라 범중엄(範仲淹)의 『악양루기(岳陽樓記)』에 나오는 유명한 문구인 "천하의 사람들이 근심하기 전에 근심하고, 천하의 사람들이 즐거워한 후에 즐거워하라[先天下之憂而憂 後天下之樂而樂]" 하는 표현에서 잘 드러나 있다. 또 주희(朱熹)가 지은 『근사록(近思錄)』에서 "하늘과 땅에 근거해 참된 마음을 정하고 백성을 위해 소명을 정하고 옛 성인에 근거해 참된 학문을 계승하고 미래를 위해 태평세계를 열라" 하는 구절이 있는데 이는 중국의 사대부 지식인이라면 태어나서 죽을 때까지 귀에 못이 박히도록 듣는 말이다.

개인의 이득보다는 천하의 안위와 문화적 연속성을 중시하고 백성의 행복과 안정된 생활을 보장하는 통치가 사대부 지식인, 즉 관료 엘리트들이 지향해야 할 소명이라는 것이다. 이것이 바로 중국 지식인 엘리트들의 자부심의 원천이었다. 하지만 그러한 도덕적 의무와 소명을 실천하기란 현실적으로 어려운 일이다. 그와 같은 도덕적 기준으로 재면 거의 대부분의 사람들이 부족할 수밖에 없다. 그래서 '문인상경(文人相輕)', 즉 높은 도덕적 기준을 서로에게 들이대며 서로를 무시하는 경향이 생겼다. 하지만 이 같은 도덕적 의무에 관한 소명의식은 당연한 '상식'으로 여겨졌고, 실제 중국이라는 문명의 영속성을 만들어내는 주요 요인으로 작용했다. 한편으로 이러한 도덕적 우월감은 통치자의 권위주의와 강력한 리더십을 정당화하는 논리로도 작용한다. 도덕적 우월감에 기초한 권위주의는 천하의 안정과 보전이라는 명제와 결합됨으로써 중국 문화의 주요한 요소로 정착된다.

나가며: 중국의 제국화와 문화주의 전통

∷ 회복되는 문화주의 전통

마지막으로 현대 중국의 제국화와 문화주의 전통이 어떻게 관련되어 있는지 다음 세 가지 주제를 통해 설명하겠다.

먼저 회복되는 문화주의 전통이다. 자존심이 센 사람들이 한번 나락으로 떨어지면 그들이 느끼는 절망은 그렇지 않은 사람들보다 훨씬 클 수밖에 없다. 특정 문화에 깊이 몰입한 사람은 그 문화의 가치가 없어지면 스스로의 정체성이 사라지고 살아갈 기반을 잃게 된다. 보편문화와 보편가치를 만들어내고 그것에 자부심을 갖고 있던 중국인들이 아편전쟁 이후에 완전히 새로운 보편문화, 보편가치로서의 서양을 만났다. 이 과정에서 자신들의 문화적 정체성이 붕괴되었다. 이러한 상황에서 기인하는 절망감은 우리가 상상하는 것 이상이었다.

중국 근현대사를 통틀어서 이와 같은 상황을 가장 상징적으로 보여주는 것이 국학대사라고 일컬어지는 왕국유(王國維)의 자살이다. 금전 문제로 자살했다는 말도 있지만 이는 항간에 떠도는 소문일 뿐, 그의 자살은 중국문명, 즉 중국적 가치의 붕괴와 관련이 있다. 유교적 보편가치가 근대적 보편가치로 전환되는 과정에서 불가피했던 '중화'의 소멸에 대한 위기감이 그를 죽음에 이르게 했다. 그리고 그 심층에는 유일무이한 문명적 가치의 붕괴, 다시 말해 보편가치인 삼강오상을 체현한 보편문화인 '중화'의 해체가 자리 잡고 있었다.

중국 근현대사는 한마디로 '부정'의 역사이다. 자기를 만들어왔던 것을 철저하게 부정하는 역사, 중체서용도 단순하게 해석하면 반은 부정하고 반은 살려두자는 것이다. 1910년대 말 '5·4신문화운동'의 본질 역시 사상 혁명이다. '누른 황하'로 상징되는 낡고 고리타분한 것을 모조리 버리고 '푸른 바다'로 표상되는 근대적 가치, 즉 자유와 평등, 민주와 합리, 과학적 사고와 과학기술 같은 것들로 새롭게 무장하자는 것이다.

다만 쟁점은 어느 정도 부정할 것인가, 얼마만큼 새로운 가치를 받아들여 자신의 정체성을 재구성할 것인가의 문제였지 부정이라는 큰 방향에는 이견이 없었다. 그 부정이 극단적으로 나타난 사례가 문화대혁명이다. 문화대혁명 시기 홍위병들이 곡부(曲埠)의 공자상을 파괴했다. 베이징(北京)의 이허위안(頤和園)에 가면 탑에 새겨진 불상들이 깨져 있다. 이 역시 문화대혁명 시절 전통의 부정이라는 명분으로 자행된 일이다. 이런 철저한 자기 부정이 굴욕의 역사에 대한 반증이라고 하겠다.

그런데 이런 부정의 인식이 최근 바뀌기 시작했다. G2로서 자신감을 근거로 '중국몽'이라는 화두를 통해 전통을 부정하고 서구 중심의 근대성을 좇아가던 상황에서 벗어나, 이제는 중화 문화의 전통을 긍정하고 재창조하려는 경향을 뚜렷하게 드러낸 것이다. 부정에서 긍정의 역사로 전환하며 중국의 문화적 정체성을 강화하는 한편, 문명사적 전환이란 측면에서 세계가 공유할 수 있는 문화건설의 모색이 본격적으로 진행되고 있다고 할 수 있다.

:: 새로운 모색의 두 가지 상징적 현상

중국이 문화주의 전통의 회복을 통해 문명사적 전환을 모색하고 있음을 보여주는 두 가지 상징적인 현상이 있다. 첫째, 중화 문화의 역사성을 긍정하는 지식 구조의 확산이다. 둘째, 중국 특유의 사회·경제 관행과 문화를 토대로 운영되는 사회건설의 움직임이다.

최근 들어 중국에서 유행하는 '문화보수주의'의 내용을 보면 장구한 중국 역사에서 형성된 자신들의 전통을 파괴하기보다 전통 역시 시대의 변화에 비춰 비판하고 현재와 미래의 가치를 만들어내는 자산으로 활용하자는 방향으로 인식이 전환되는 것을 알 수 있다. 결국 발전적 재구성을 통해서 전통 문화의 현재적 효용성을 만들고 중국이라는 문화체의 정체성을 지속시키자는 것이다.

톈안먼(天安門) 광장에 가면 커다란 마오쩌둥 초상화가 걸려 있고 거기서 보면 광장 왼쪽에 국가박물관이 있다. 몇 년 전 그 앞에 마오쩌둥과 서로 마주 보게끔 공자 동상을 세운 적이 있다. 결국 논란이 일어 동상을 국가박물관 안으로 옮겼지만 공자로 상징되는 전통의 지식과 문화가 이제는 지식인의 담론이 아니라 톈안먼 광장으로 나왔다는 것은 상당한 의미가 있다. 이는 권력, 즉 파워엘리트의 의식에 전통의 긍정과 재구성에 대한 의지가 있단 뜻이다. 전통의 발전적 재구성은 이미 상당 부분 궤도에 올랐거나 실제로 많이 진행되어 있는 것이 분명하다. 앞서 설명한 신조공질서, 신천하체계 같은 중국적 세계질서 모색에 관한 논의들이 넘쳐나고 있는 것도 이러한 흐름을 보여준다고 할 수 있다.

유교적인 통치 이념의 재해석, 그리고 전략적인 의미를 내포한 다양한 역사연구의 확산도 모두 같은 맥락에 있다. 동북공정, 중국 고대문명탐원공정, 하상주(夏商周)단대공정, 청사(清史)편찬 등이 대표적인 사례이다. 이러한 역사 공정이야말로 미래의 중국을 어떻게 만들 것인가라는 문제와 맞닿아 있는 사업이다.

특히 청사 편찬 문제는 중화인민공화국으로서는 어떻게든 중화인민공화국의 관점으로 청대사를 해석해야 하는 필요성이 있다. 역사상 한족이 만든 '중국' 중에서 중화인민공화국만큼 넓은 영역을 통치한 경우는 없다. 현재의 영토는 당(唐)도 아니고 명도 아닌 청이라는 제국이 만들어준 유산이다. 비(非)중화의 세계가 만든 유산을 중화의 세계와 한족이 계승하고 있는 형국이다. 그런데 대청제국의 유산을 지속가능하게 유지하기 위해서는 중국 자체의 문화적·정치적·민족적인 갈등이라는 대단히 어려운 문제를 해소해야만 한다. 이를 해결하기 위한 거울로서 청사가 필요하고, 그런 까닭에 중국공산당 정치국 상무위원회가 나서서 청사 편찬 사업의 추진을 결정할 만큼 국가적 중대사였다.

둘째 현상은 중국 특색의 사회건설 움직임이다. 중국의 체제를 사회주의 시장경제 체제라고 한다. 이 체제는 흔히 알고 있는 국제기준과는 다른 표준임이 분명하다. 중국의 지도자들은 중국에는 오랜 역사과정을 통해 형성된 자신들의 사회·경제 관행이 존재하며, 바로 그것에 의거해서 경제질서나 사회운영이 이뤄져야 한다는 생각을 하고 있다. 말하자면 자신들의 표준이 있다는 것이다. 역사적으로 형성된 자신들의 표준과 사회·경제 관행이야말로 중국을 중국답게 만드는, 즉 중국 특색의 사회를 건설하는 핵심적인 요소라고 인식하고 있고, 또 그러한 표준과 관행이 미래지향적으로 작동되는 중국을 만들어가고자 한다.

이러한 노력은 중국의 관행을 토대로 글로벌 시대의 특성에 맞는 새로운 규범을 모색하는 것으로 진행하게 될 가능성이 크다. 중국이 대국으로의 지향을 본격화하기 전까지는 전통적인 사회·경제 관행은 중국에서 청산의 대상이거나 적어도 근대화를 위한 극복의 대상으로 인식되었다. 그러나 최근 그것은 중국이 미국 중심의 국제기준을 비판하면서 동시에 중국 고유의 사회·경제 메커니즘을 전제로 한 중국 특색의 사회를 건설하기 위한 자원으로 적극 활용되고 있다.

이상에서 언급한 두 가지 현상은 오랜 전통의 중화 문화를 토양으로 삼아 중국적 보편(중국적 표준)을 회복하고 명실상부한 대국으로 발전하려는 중국의 미래 기획의 양 날개라고 할 수 있다. '중국몽'의 실체는 바로 여기에 있는 것이 아닌가 생각한다.

∷ 전통적 국가론의 현대적 변용

중국에서 천하일통(대일통)의 실현과 수호는 국가 및 지식인 엘리트의 본질적인 사명이고 존립 근거이다. 그런데 여기서 말하는 천하일통은 공간적인 통일만을 의미하는 것이 아니다. 이 외에도 정치, 사회, 경제, 문화가 하나의 구조로 통합되는 통일을 가리킨다. 즉, 공간적 통일과 문화적 통일(보편문화에 기반을 둔 문화공동체)이 이뤄진 상태가 천하일통의 진정한 의미이다.

중국인들은 이러한 천하일통의 국면을 매우 중시했고, 이는 근현대사의 전개를 통해서도 다시 한 번 확인할 수 있다. 실제 중국공산당과 중국국민당의 국가건설 과정이나 구상을 보면 대일통 천하체제의 수호와 지속에 상당 부분 초점이 맞춰져 있다. 중국에서 이른바 '당(黨)'이라는 것을 예전 사대부 엘리트의 집체화 형태로 봐도 무방하다고 생각한다. 중화에 대한 철저한 소명의식을 가진 엘리트의 현대적 표현이 집체로서의 '당'이라는 것이다.

쑨원과 마오쩌둥은 모두 이 같은 당, 다시 말해 선각자적 전위집단에 의한 통치와 국가건설을 중시했다. 이것이 바로 '이당치국(以黨治國)', 즉 당이 국가를 다스린다는 것이다. 근대적인 국민국가를 만들자는 것도 결국 대일통 천하체제 수호를 위한 수단이 아니었나 싶다. 그들의 국민국가 건설은 대일통 천하체제를 통해 '중화'의 영속성을 보장하려는 의지를 근대적 체제인 국민국가라는 외피를 쓰고 달성하고자 했던 지극히 중국적인 근대 적응의 한 형태가 아니었을까?

그래서 나는 현재의 중화인민공화국을 근대 유럽이 창안한 근대적 국민국가와 달리 '제국성 국민국가'로 불러야 한다고 주장한 바 있다. 중국은 분명히 제국적인 요소를 가지고 있다. 그 근거의 하나로 문화주의 전통에서 발원하는 이념 우위 현상을 들 수 있다. 쑨원의 삼민주의나 마오쩌둥의 사상에서 공통적으로 나타나는 이념 우선의 국가건설 구상은 강력한 권력과 함께 문화적·도덕적 차원의 통합을 추구하는 전통시대 천하일통의 양상과 다르지 않다.

또한 사회주의 시장경제가 발전하면서 사회주의적 국민통합의 기제가 갈수록 약화되고 있는 현시점에서 '중화'에 근거한 정체성과 강한 자부심을 핵심자원으로 삼아 인민통합을 시도하는 것 역시 과거 문화주의의 전통, 즉 '중화'의 보편가치를 활용한 인민 통합의 현대적인 모습이다.

지금까지 설명한 맥락에서 '중국몽'이라고 하는 것은 과연 무엇인가? 정치학적인 입장의 여러 설명이 있겠지만 새로운 문명사적인 전환을 향한 중국의 도전이라는 관점에서 조금 더 그 실체에 대해 주목할 필요가 있을 것 같다.

(강연일 2014.6.11)

더 읽을 책

구범진. 2012. 『청나라, 키메라의 제국』. 민음사.
김광억 · 양일모 엮음. 2014. 『중국 문명의 보편성과 다원성』. 아카넷.
백영서. 2013. 『핵심현장에서 동아시아를 다시 묻다』. 창비.
왕후이(汪暉). 2011. 『아시아는 세계다』. 송인재 옮김. 글항아리.
자크, 마틴(Martin Jacques). 2010. 『중국이 세계를 지배하면』. 안세민 옮김. 부키.

지은이 소개 (가나다순)

강광문

중국 베이징대(北京大) 국제정치학과 법학 학사, 중국 정법대(政法大) 법률 석사, 일본 도쿄대(東京大) 법학 석·박사. 현재 서울대 법대/법학전문대학원 교수이다. 주요 저술은 「중국 현행 헌법의 계보에 관한 일고찰: 인민대표대회제도 관련 규정을 실마리로」(2014), 「중국에서 '기본법률'의 효력에 관한 고찰」(2013), 「일본에서 독일 헌법이론의 수용에 관한 연구: 호즈미 야쯔카(穗積八束)의 국가론과 그 독일적 배경을 중심으로」(2013) 외 다수이다.

강진아

서울대 동양사학과 학사, 동 대학원 동양사학과 석사, 일본 도쿄대(東京大) 역사학 박사. 현재 한양대 사학과 교수이다. 주요 저술은 『동순태호: 동아시아 화교 자본과 근대 조선』(2011), 『문명제국에서 국민국가로』(2009), 『1930년대 중국의 중앙·지방·상인』(2005) 외 다수이다.

김광억

서울대 독문학과, 인류학과 학사, 영국 옥스퍼드대(University of Oxford) 사회인류학 석·박사. 현재 서울대 명예교수, 중국 산동대(山東大) 석학교수이다. 주요 저술은 『문화의 정치와 지역사회의 권력구조』(2012), 『인류학도가 본 베이징 일주일』(2009), 『세상읽기와 세상만들기 사회과학의 이해』(2008) 외 다수이다.

김시중

서울대 경제학과 학사, 동 대학원 경제학 석사, 미국 브라운대(Brown University) 경제학 박사. 현재 서강대 국제대학원 교수이다. 주요 저술은 「새 지도부의 등장과 중국경제: 평가와 전망」(2013), "Economic and Trade Relations as an Arena of Korea-China contention" (2012), 「전환기 중국경제의 진단과 전망」(2009) 외 다수이다.

김흥규

서울대 외교학과 학사, 동 대학원 외교학과 석사, 미국 미시간대[University of Michigan(Ann Arbor)] 정치학 박사. 현재 아주대 정치외교학과 교수 겸 중국정책연구소 소장이다. 주요 저술은 『북한의 오늘』(공저, 2014), 『중국 신외교전략과 당면한 이슈들』(2013), 『중국의 정책 결정과 중앙-지방관계』(2007) 외 다수이다.

박승준

서울대 중어중문학과 학사, 고려대 국제관계학 석사, 국제정치학 박사. ≪조선일보≫ 홍콩 특파원(1988~1991), 베이징특파원(1992~1997, 2006~2009)을 역임했고 현재 인천대 중어중국학과 초빙교수이다. 주요 저술은 『New 차이나 트렌드』(2014), 『한국과 중국 100년: 격동의 외교 비록』(2010), 『중국, 중국인 똑바로 보기』(1999) 외 다수이다.

박철희

서울대 정치학과 학사, 동 대학원 정치학 석사, 미국 컬럼비아대(Columbia University) 정치학 박사. 현재 서울대 국제대학원 교수 겸 일본연구소장이다. 주요 저술은 『동아시아 세력전이와 일본 대외전략의 변화』(2014), 『일본 민주당정권의 성공과 실패』(공저, 2014), 『자민당 정권과 전후체제의 변용』(2011) 외 다수이다.

백승욱

서울대 사회학과 학사, 동 대학원 사회학 석·박사. 현재 중앙대 사회학과 교수이다. 주요 저술은 『문화대혁명: 중국 현대사의 트라우마』(2012), 『중국 문화대혁명과 정치의 아포리아: 중앙문혁소조장 천보다와 조반의 시대』(2012), 『세계화의 경계에 선 중국』(2008) 외 다수이다.

백영서

서울대 동양사학과 학사, 단국대 역사학 석사, 서울대 역사학 박사. 현재 연세대 사학과 교수이다. 주요 저술은 『사회인문학의 길: 제도로서의 학문, 운동으로서의 학문』(2014), 『핵심현장에서 동아시아를 다시 묻다』(2013), 『동아시아의 귀환: 중국의 근대성을 묻는다』(2000) 외 다수이다.

양한순

서울대 인류학과 학사, 동 대학원 인류학 석사, 미국 일리노이대(University of Illinois at Urbana-champaign) 문화인류학 박사. 현재 아주대 사회학과 교수이다. 주요 저술은 「마조(媽祖): 민간신앙에서 양안(兩岸)통합과 지역경제의 수호신으로」(2012), 「가짜 논쟁에도 불구하고 다시 기억되는 레이펑」(2012), 「중국 교육의 시장화와 사립학교의 성장」(2011) 외 다수이다.

이남주

서울대 경제학과 학사, 동 대학원 정치학 석사, 중국 베이징대(北京大) 정치학 박사. 현재 성공회대 중어중국학과 교수이다. 주요 저술은 『신중국과 한국전쟁』(공저, 2013), 『이중과제론: 근대적응과 근대극복의 이중과제』(공저, 2009), 『중국시민사회의 형성과 특징』(2007) 외 다수이다.

조영남

서울대 동양사학과 학사, 동 대학원 정치학 석·박사. 현재 서울대 국제대학원 교수이다. 주요 저술은 『중국의 꿈: 시진핑 리더십과 중국의 미래』(2013), 『용과 춤을 추자: 한국의 눈으로 중국 읽기』(2012), 『중국의 법치와 정치 개혁』(2012) 외 다수이다.

전인갑

서울대 동양사학과 학사, 동 대학원 역사학 석·박사. 현재 서강대 사학과 교수이다. 주요 저술은 『중국관행연구의 이론과 재구성』(공저, 2012), 『공자, 현대 중국을 가로지르다』(공저, 2006), 『20세기 전반기 상해사회의 지역주의와 노동자』(2002) 외 다수이다.

정영록

서울대 경제학과 학사, 미국 서던캘리포니아대(University of Southern California) 경제학 석·박사. 주중한국대사관 경제공사(2011~2014)를 역임했고 현재 서울대 국제대학원 교수이다. 주요 저술은 『한일 신시대와 경제협력 2』(공저, 2012), 『중국의 중부지역 발전과 한중 경제협력』(2011), 『현대중국경제』(공저, 2004) 외 다수이다.

정재호

서울대 국어교육학과 학사, 미국 브라운대(Brown University) 역사학 석사, 미국 미시간대(University of Michigan) 정치학 박사. 현재 서울대 정치외교학부 교수이다. 주요 저술은 『미·중 관계 연구론』(2014), 『중국의 부상과 한반도의 미래』(2011), 『중국연구 방법론』(2010) 외 다수이다.

지만수

서울대 경제학과 학사, 동 대학원 경제학 석·박사. 현재 한국금융연구원 거시국제금융연구실 연구위원이다. 주요 저술은 『실사구시 한국경제』(공저, 2013), 『중국의 경기순환 및 거시경제정책』(2010), 『중국의 미래 내수시장 형성전략과 시사점: 중부지역의 4대 도시군 형성전략』(2010) 외 다수이다.

최병일

서울대 경제학과 학사, 미국 예일대(Yale University) 경제학 석·박사. 현재 이화여대 국제대학원 교수 겸 FTA 교수연구회 회장이다. 주요 저술은 『1%에 사로잡힌 나라』(2014), 『한미 FTA 역전 시나리오』(2006), 『한국의 통상협상: 쌀에서 스크린쿼터까지』(공저, 2004) 외 다수이다.

허성도

서울대 중어중문학과 학사, 동 대학원 중어중문학 석·박사. 현재 서울대 명예교수이다. 주요 저술은 『현대 중국어 어법의 이해』(2014), 『쉽게 배우는 중국어 입문』(2011), 『생각: 허성도 교수의 중국고전 명상』(2006) 외 다수이다.

한국고등교육재단

1974년 SK 그룹 고(故) 최종현 회장이 세계 수준의 학자를 양성해 학문 및 국가 발전에 기여하고자 설립한 비영리 공익법인이다. 설립 이래 매년 우수한 인재들을 선발, 세계 최고 수준의 교육기관에서 박사학위를 받을 수 있도록 학비 및 생활비를 지원하는 해외유학장학사업을 실시해 지금까지 사회과학, 자연과학, 동양학, 정보통신 분야에서 640여 명의 박사학위자를 배출했고, 현재 재단의 지원으로 해외에서 수학하고 있는 학생도 180여 명에 이른다. 해외유학장학사업 이외에도 한학연수장학사업, 국내대학원 정보통신장학사업 및 학부생 대상 대학특별장학사업을 운영해 각 분야의 인재들이 우수한 학자로 성장하도록 지원하고 있다. 2000년 국제학술교류지원사업을 신설, 현재까지 중국을 비롯한 아시아 각국에서 800여 명의 학자들을 한국에 초청해 연구를 수행할 수 있도록 지원했으며, 중국, 몽골, 베트남, 라오스 등 아시아 7개국에 17개의 아시아연구센터를 설립해 현지 학자들의 학술활동을 지원하고 있다. 또한 베이징포럼, 상하이포럼 등 세계 수준의 학술포럼을 개최해 국제학술교류 증진에 기여하고 있다. 중국에 대한 좀 더 정확하고 다양한 이해를 확산·심화시키고자 '한중수교 20주년 기념 국제학술회의'(2012)를 개최하고 이를 계기로 'Understanding CHNIA(理解中國)' 프로그램을 개설, '시진핑 정부의 대외전략과 사회개혁'(2013.7), '시진핑 정부의 경제정책: 도전과 전망'(2013.9) 등의 포럼을 개최했으며 매월 'Understanding CHNIA(理解中國) 중국강연 시리즈' 강연회를 개최하고 있다. 또한 중국 베이징대학교, 미국 브루킹스 연구소와 공동으로 한·미·중 3자 컨퍼런스를 진행해오고 있다.

한울아카데미 1771

중국, 새로운 패러다임
18인 석학에게 묻다

엮은이 | 한국고등교육재단
지은이 | 강광문, 강진아, 김광억, 김시중, 김홍규, 박승준, 박철희, 백승욱, 백영서, 양한순,
이남주, 조영남, 전인갑, 정영록, 정재호, 지만수, 최병일, 허성도
펴낸이 | 김종수
펴낸곳 | 한울엠플러스(주)
편집책임 | 배유진

초판 1쇄 발행 | 2015년 12월 9일
초판 2쇄 발행 | 2016년 12월 20일

주소 | 10881 경기도 파주시 광인사길 153 한울시소빌딩 3층
전화 | 031-955-0655
팩스 | 031-955-0656
홈페이지 | www.hanulmplus.kr
등록 | 제406-2015-000143호

Printed in Korea.
ISBN 978-89-460-6263-4 03300 (양장)
ISBN 978-89-460-6062-3 03300 (반양장)

* 책값은 겉표지에 표시되어 있습니다.
* 이 책은 강의를 위한 학생판 교재를 따로 준비했습니다.
강의 교재로 사용하실 때에는 본사로 연락해주십시오.